컴퓨팅 사고력을 위한
소프트웨어 교육

한선관 · 류미영 지음

생능출판

컴퓨팅 사고력을 위한
소프트웨어 교육

초판 발행 2016년 4월 22일
제1판 2쇄 2017년 8월 30일

지은이 | 한선관, 류미영
펴낸이 | 김승기
펴낸곳 | (주)생능출판사
등   록 | 제406-2005-000002호(2005년 1월 21일)
주   소 | 10881 경기도 파주시 광인사길 143
전   화 | (031)955-0761
팩   스 | (031)955-0768
홈페이지 | http://www.booksr.co.kr

책임편집 | 최일연
편   집 | 신성민, 손정희, 김민보
디자인 | 유준범
마케팅 | 백승욱, 최복락, 김민수, 심수경, 최권혁, 백수정, 최태웅, 김민정
인   쇄 | 성광인쇄(주)
제   본 | 은정문화사

ISBN 978-89-7050-871-9 93000
값 28,000원

● 이 책의 국립중앙도서관 출판예정도서목록(CIP)은 서지정보유통지원시스템 홈페이지(http://seoji.nl.go.kr)와 국가자료공동 목록시스템
  (http://www.nl.go.kr/kolisnet)에서 이용하실 수 있습니다.(CIP제어번호: CIP2016007362)

창의컴퓨팅 시대를 맞이하며

현장 교사 생활을 떠난 지 어언 13년이 지났다. 그동안 대학으로 자리를 옮겨 정보기술과 교육에 대해 많은 연구와 고민을 하였다. 2014년, 정부는 '소프트웨어 중심 사회 실현'이라는 정책을 발표하고 디지털 기술이 더욱 견고해진 글로벌 사회에서 살아가기 위한 방법으로 소프트웨어를 키워드로 설정하였다. 정부는 대학 교육뿐 아니라 초·중등 교육에서 소프트웨어와 관련된 체험과 실습을 통해 21세기에 걸맞는 학습 역량을 갖춘 인재 양성을 위한 실천 전략을 제시하였다.

초·중등 교육과정에서 컴퓨터 교육, 정보통신기술 교육, 정보 교육으로 진화해 온 정보 교과는 다시 한 번 국가와 세계로부터 새로운 도전을 받게 되었다. 우리나라는 정보화 교육 분야의 개혁을 전 세계에서 가장 먼저 추진해 왔으나, 정책만 난무하고 실질적이고 체계적인 교과로서의 정보 교과가 초·중등 교육에 안착되지는 못하였다. 기능 교과이자 활용 교과로 보는 소프트웨어 교육을 벗어나지 못하면 탈출구가 없는 재귀문처럼 또다시 교육 시스템의 변두리에서 의미 없는 교과로 끝없이 전락하게 될 것이다. 소프트웨어 교육이 미래 교육의 새로운 대안으로서 충실한 역할을 할 때, 비로소 떳떳한 교과로서 자리매김하며 기존 교과만으로 부족한 면을 상호보완적으로 도와줄 수 있을 것이다.

이 책은 소프트웨어 교육이 코딩 교육이나 프로그래밍 문법을 가르치는 교육으로 인식되는 것을 지양하고, 게임이나 스마트폰에 의해 발생하는 정보화 역기능의 부정적 영향들을 해결하며, 창의적 문제 해결을 위한 사고력 중심의 교육 내용으로 설계하였다. 창의컴퓨팅을 위한 교과로서 정보 교육이 전개되도록 방향을 설정하였으며, 창의컴퓨팅 교육을 통해 미래를 설계하는 디자인 사고의 신장, 체계적인 문제 해결의 과정을 통한 논리적 사고의 향상, 실세계와의 융합을 통한 진로의 탐색을 위주로 구성하였다.

산업 시대의 중심 교과들이 학생들의 서열 매김과 선발을 위한 평가를 무기로 기존 교육을 유지시키며 변화를 외면하기도 했지만, 정보 교육과 관련된 연구자와 교육자들의 노력도 역시 부족한 면이 없지 않았다. 그러나 이제 기존 교육으로는 미래를 보장받기 어렵다는 것과 반드시 기존 교육의 틀이 변해야 우리가 산다는 인식이 바로 교육의 주체인 교사와 학부모들로부터 생기고 있다.

2018년부터 작게 시작하는 한 교과의 등장으로 우리 교육의 변화와 아이들의 미래를 거론하기에는 너무 버겁고 무거운 주제이지만, 이제는 모든 것을 열어놓고 허심탄회하게 논의할 때가 되었다. 새로운 교육정책이 나올 때마다 전시 행정에 불과하며 금방 사라질 것이라는 편견 대신 새로운 교육 방법이 주도할 교육 트렌드의 변화와 이것을 어떻게 받아들여 학생들의 성장에 도움을 줄지에 대해 고민해야 한다.

우리의 교육 제도는 커다란 도전을 받고 있다. 교육 제도의 존재는 정책자들이 살아가기 위한 도구가 아니며, 교사들의 직장을 유지하기 위한 수단도 아니며, 학부모들이 자기 자식의 직업과 부를 달성하도록 도와주는 것도 아니다. 교육이 학생들의 행복을 위한 자양분이라는 것을 잊지 말고 본질로 돌아가야 한다.

이 책이 나오기까지 함께 교육 현장에 창의컴퓨팅 교육을 적용하고 확산하기 위해 노력했던 경인교육대학교 미래인재연구소의 모든 연구원들과 처음부터 끝까지 이 책의 아이디어를 제공하고 자료 수집 및 편집을 위해 모든 것을 쏟아준 이진태, 전수진, 홍수빈 선생님께 한없는 고마움을 전한다. 또한 이 책의 출판을 위해 물심양면으로 도와주신 생능출판사의 김승기 대표님과 최일연 이사님께 감사드린다.

끝으로 우리의 소프트웨어 교육이 컴퓨터 과학자나 게임 개발자를 양산하는 교육이 아니라 창의적 문제 해결력을 신장시키는 교육으로서, 삶을 효율적으로 설계하는 능력을 신장시키는 교육으로서, 다른 분야와의 융합을 통해 세상을 능동적으로 구성해가는 역량을 신장시키는 창의컴퓨팅 교육으로서 거듭나길 바란다. 이 책에서 제시하고 있는 새로운 소프트웨어 교육의 내용과 방법이 현장 교육을 변화시키고, 우리 교육의 미래를 위한 발전의 작은 불씨가 되기를 기대한다.

계양산 앞 인천캠퍼스에서
2016년 3월 10일
한선관, 류미영

소프트웨어 교육에 대한 생각들

스마트폰이 아이들 손에 들어가면 중독과 같은 역기능이 폭발할 거예요. 컴퓨터 때문에 우리
아이를 바보로 만들고 싶지는 않아요!

– 어떤 학부모

소프트웨어 교육과 정책에 대해 초·중등 교사 그리고 학부모와 함께 논의하는 시간을 가
졌다. 다음은 많은 교사와 학부모가 가진 공통적인 생각을 정리한 것이다.

"새로운 수학 교육과정에 계산기를 수업 시간에 활용할 수 있도록 한다는데, 이렇게 하면
학생들의 사고력 신장에 도움이 되지 않을 것 같습니다. 그래서 소프트웨어 교육은 바람
직하지 않다고 봅니다. 주판을 배우던 시절이 더 좋았던 것 같아요."

"스마트폰 중독 학생이 점점 늘어나고 있는데, 소프트웨어 교육을 하면 이런 역기능이 점
점 더 늘어날 것 같아요. 개인 정보 문제도 그렇고 저작권 문제도 그렇고요."

"컴퓨터 과학, 프로그래밍을 전혀 배우지 않은 우리(교사)가 정말 가르칠 수 있을까요? 연
수 몇 시간을 이수해서는 가르칠 수 없을 것 같은데 말이죠. 이러다가 프로그래밍을 하지
못하는 교사는 학교에서 퇴출되는 거 아닌지 걱정이 앞서요."

"코딩이나 프로그래밍을 할 거라면 차라리 학원이나 방과 후 교육에서 집중적으로 가르
치는 게 더 좋을 것 같아요. 이러한 실습 위주의 교육은 전문적으로 특성화된 고등학교나
대학교에서 배우는 것이 더 효율적일 것 같고요."

"지금도 학생들이 발표할 자료를 직접 파워포인트나 한글 문서 작업을 통해 만들고 있습니다. 소프트웨어 교육에서 이 정도면 학생들에게 충분하지 않나요?"

"사회 변화에 맞추어 학생들에게 맞는 교육과정을 개정하는 것은 필요하다고 생각합니다. 하지만 새로운 교육 사조들이 유행처럼 교육 현장에 들어왔다가 2~3년 지나면 잠잠해지는 현상이 되풀이되고 있습니다. 소프트웨어 교육도 지금은 이슈가 되고 있지만 2~3년 후에는 사라질 것 같아요. 현장 교사들이 매번 이런 정책에 휘둘리는 것 같아 속상합니다."

-교사들의 생각

"스마트폰이나 컴퓨터만 보면 내다 버리고 싶어요. 다른 애들도 가지고 있어서 어쩔 수 없이 사주었지만 그런 기계 때문에 아이가 바보가 되어가는 것 같아요. 잠도 자지 않고 게임만 하는 것을 못하게 할 수 있는 방법이 없나요?"

"시대가 급격히 바뀌고 있다는 것을 느껴요. 10년 뒤의 유망 직종을 보더라도 소프트웨어와 관련한 직종이 우대받고 점점 늘어나고 있는 상황이라 이와 관련한 교육이 필요하다는 생각은 들어요. 하지만 아이가 컴퓨터 앞에 앉거나 스마트폰을 손에 쥐기만 하면 게임을 하거나 검색하는 데 모든 시간을 쏟아버리니 아이의 장래를 생각하기보다는 컴퓨터나 스마트폰을 아예 손에 쥐지 못하도록 방어하기 바쁜 현실입니다.

"솔직히 컴퓨터나 스마트폰으로 우리 아이에게 무엇을 하라고 해야 할지 모르겠어요. 과제를 컴퓨터로 한다거나 자료를 검색해서 출력할 때 외에는 우리 아이에게 유용한 점을 찾지 못하겠어요. 컴퓨터는 이렇게 쓰는 것 말고는 정말 도움이 되는 게 없을까요?"

"소프트웨어 교육과 관련된 행사에 참여해보면 우리 아이의 미래에 매우 도움이 된다는 것을 알겠어요. 하지만 행사가 끝나면 배울 곳이 없어요. 학교에서는 가르치지도 않고, 도대체 어디서 누구에게 제대로 체계적으로 배울 수 있을까요?"

"프로그램을 짜거나 코딩을 잘하면 미래에 좋은 직업을 얻거나 성공한다는 이야기를 많이 들었어요. 소프트웨어 교육은 프로그래밍을 잘할 수 있도록 도와주는 건가요?"

"우리 아이가 대학에 들어가려면 이제 소프트웨어 교육도 꼭 준비를 해야 할 거 같아요.
 학교에서 못해준다면 학원이나 과외를 통해서 미리 공부하게 해야 하나요?"

—학부모들의 생각

소프트웨어 교육과 정책에 대해 교사와 학부모들 간의 다양한 의견에서 공통점과 차이점을 발견할 수 있었다.

먼저, 공통적으로 '컴퓨터'와 '스마트폰' 두 개의 단어를 빠뜨리지 않고 대답해주었는데, 이 단어에서 긍정적인 면보다는 정보화 역기능과 같은 부정적인 면이 더 많았다. 또한 컴퓨터와 스마트폰의 기능을 활용하는 것이 소프트웨어 교육이라는 측면에서 많은 이야기가 오고 갔다.

정말 컴퓨터와 스마트폰을 활용하는 것이 소프트웨어 교육이라고 할 수 있을까?

한편으로는 교사와 학부모가 서로 상반된 의견을 말한 것이 있는데, 우리 아이들에게 소프트웨어 교육이 필요한지에 대한 부분이었다. 학부모들은 소프트웨어 교육과 관련된 역량이 우리 아이의 미래에 분명히 도움이 되고 반드시 필요한 것이라고 믿고 있는 반면에 교사들은 학부모의 요구에 비해 학교 현실에 비추어 소프트웨어 교육의 도입에 대한 어려움을 이야기해주었다.

왜 이런 차이를 보이는 것일까? 누구의 의견이 옳을까? 두 집단의 의견이 모두 옳다면 어떻게 그 차이를 좁힐 수 있을까?

명확한 것은 정보기술로 인한 부정적 영향 때문에 우리 삶이 큰 충격을 받았다는 점과 세계적인 변화의 흐름이나 국가에서 추진 중인 정책에 대해 많은 국민들이 아직 정확하게 이해하지 못하고 있다는 점이다. 또 한 가지는 우리의 미래가 교육에 달려 있으며 현재 교육은 근본적으로 변화해야 한다는 것에 대해 누구도 의심하지 않고 있다는 것이다.

이 책을 통해 변화를 이끌어 내고 미래를 창조해 나가는 교육으로서의 소프트웨어 교육, 정보 교육, 창의컴퓨팅 교육에 대해 함께 고민해보고자 한다.

차례

CONTENTS

|머리말| 창의컴퓨팅 시대를 맞이하며   3

|들어가며| 소프트웨어 교육에 대한 생각들   6

Part 1 왜 소프트웨어 교육인가?

Chapter 01 **소프트웨어 교육, 미래 교육이다**   14

소프트웨어 중심 사회 15 | 소프트웨어 혁명 17 | 소프트웨어와 교육 25 |
소프트웨어와 미래 인재의 역량 29 | 소프트웨어 교육과 변화 33

Chapter 02 **소프트웨어 교육, 어떻게 가르쳐야 하나?**   42

소프트웨어 교육을 위한 교육 사조 43 | 소프트웨어 교육의 목표 47 |
소프트웨어 교육의 교육과정과 내용 50 | 소프트웨어 교육의 방법 61 |
소프트웨어 교육의 평가 67

Chapter 03 **소프트웨어 교육, 컴퓨팅 사고력이다**   84

소프트웨어 교육과 컴퓨팅 사고 85 | 지넷 윙의 컴퓨팅 사고 91 |
CSTA와 ISTE의 컴퓨팅 사고 94 | 구글의 컴퓨팅 사고 97 |
창의적 문제 해결 능력을 위한 컴퓨팅 사고 110

Part 2 왜 창의컴퓨팅 교육인가?

Chapter 04 **소프트웨어 교육, 창의컴퓨팅 교육이다**   122

소프트웨어 교육을 보는 시각 123 | 창의컴퓨팅으로서의 소프트웨어 교육 127

Chapter 05 **창의컴퓨팅 교육, 어떻게 가르쳐야 하나?**   134

창의컴퓨팅 교육 개요 135 | 창의컴퓨팅 교육 목표 136 | 창의컴퓨팅 교육과정 138 |
창의컴퓨팅 교육 내용 147 | 창의컴퓨팅 교육 방법 161 | 창의컴퓨팅 교육 평가 178

Part 3 무엇이 창의컴퓨팅 교육인가?

Chapter 06 **놀이를 통한 컴퓨터 과학의 이해, 언플러그드 컴퓨팅**   190

언플러그드 컴퓨팅 개요 191 | 언플러그드 활동에서 배우는 컴퓨터 과학 204 |
언플러그드 컴퓨팅 개발 전략 214 | 언플러그드 컴퓨팅 수업 모형 226

Chapter 07 **알고리즘과 프로그래밍을 통한 절차적 사고, EPL 컴퓨팅**   242

EPL 컴퓨팅 개요 243 | EPL의 교육적 접근 252 |
프로그래밍 개발 방법론에 의한 프로그래밍 언어 학습 전략 262 |
프로그래밍 철학과 인간의 사고력 267 | 페어 프로그래밍 기법 288

Chapter 08 **소프트웨어와 하드웨어의 연결, 피지컬 컴퓨팅**   298

피지컬 컴퓨팅 개요 299 | 피지컬 컴퓨팅 수업 전략 304

Chapter 09 **컴퓨팅과 실세계와의 융합, 컴퓨팅 융합**   336

컴퓨팅 융합 개요 337 | STEAM과 컴퓨팅 융합 341

Chapter 10 **디자인 사고를 통한 컴퓨팅 문제 해결, 컴퓨팅 디자인**   360

컴퓨팅 디자인 개요 361 | 소프트웨어 공학으로서 컴퓨팅 디자인 교육 388

Part 4 소프트웨어 교육의 이슈와 도구

Chapter 11 **소프트웨어 교육의 이슈**　404

저작권과 카피레프트 405 | 3D 프린터 407 | 정보화 역기능 해소 교육 409 |
디지털 독서와 아날로그 독서 413 | 정보 소양 교육 vs 정보 활용 교육 414 |
모라벡의 역설과 교육의 미래 415

Chapter 12 **소프트웨어 교육의 도구**　416

EPL 컴퓨팅의 대표적 도구 417 | 피지컬 컴퓨팅의 대표적 도구 435

부록　　**우리나라와 다른 나라의 소프트웨어 교육**　449

우리나라의 소프트웨어 교육 정책　450

다른 나라의 소프트웨어 교육 정책　463

참고문헌　480

찾아보기　488

컴퓨팅 사고력을 위한 **소프트웨어 교육**

Part 1

왜 소프트웨어 교육인가?

소프트웨어 교육,
미래 교육이다

사람들은 컴퓨터가 등장했을 때 그것이 중요하다는 것을 바로 알았다.

빌 게이츠Bill Gates

Chapter 01 | 소프트웨어 교육, 미래 교육이다

소프트웨어 중심 사회

인터넷 웹 브라우저를 최초로 개발한 마크 앤드리슨Marc Lowell Andreessen은 디지털 컴퓨터가 등장한 지 60년, 마이크로프로세서가 발명된 지 40년, 인터넷이 서비스된 지 20년 만에 소프트웨어를 통해 기존 산업 전체를 탈바꿈시킬 수 있는 정보기술들이 전 세계에 범람하고 있다고 했다. 이 말은 소프트웨어가 변화를 주도하는 사회, 즉 소프트웨어가 중심이 되는 사회로 변하고 있다는 것이다. 한국과학창의재단에서 2014년 발표한 보고서에 따르면 소프트웨어에 대한 기본적인 소양을 갖추고 자기 생각과 가치관을 소프트웨어로 구현할 수 있는 능력이 개인의 발전과 기업의 생존, 더 나아가 국가의 경쟁력을 결정짓는 시기가 되었다. 산업혁명 시기를 지나면서 수학, 물리, 화학, 생물과 같은 기초과학의 수준이 각 나라의 산업 수준을 결정지었다면, 디지털 혁명이 진행되고 있는 지금 소프트웨어의 지식이 무엇보다 중요해지고 있는 것이다.

[그림 1-1]을 보면 2012년의 세계 소프트웨어 시장 규모는 1조 3,000억 달러 정도이

다. 휴대폰 시장(2,446억 달러)의 5.4배, 반도체 시장(3,161억 달러)의 4.2배에 달한다. 그런데 세계 소프트웨어 시장에서 우리나라가 차지하는 점유율은 약 2.8%(게임, 인터넷 포함)에 불과하다. 사실상 세계 시장에서 우리나라의 소프트웨어 점유율은 미미하다고 볼 수 있다. 이러한 가운데, 통신기기나 자동차 등의 개발 원가에서 소프트웨어가 차지하는 비중은 날로 커지고 있다. [그림 1-2]에서 보듯이 2008년에 이미 통신기기는 53%, 자동차는 52%, 항공은 51% 등으로 소프트웨어가 차지하는 비중이 절반을 넘어서고 있다.

다행히도 우리나라의 IT 인프라는 세계 최고 수준이어서 이를 바탕으로 한 소프트웨어의 발전 가능성은 매우 높다고 볼 수 있다.

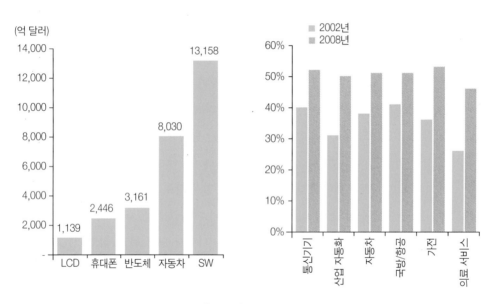

그림 1-1 │ **산업별 세계 시장 규모 비교(2012년)** 그림 1-2 │ **SW가 기업과 제품, 서비스의 경쟁력 좌우**

출처: 유진투자증권, '2014 Insight Report: 이젠 소프트웨어 산업에 투자하라', 2014.

소프트웨어
혁명

소프트웨어 혁명이란 '소프트웨어 개발 능력으로 경쟁의 법칙을 바꾸고 기존의 시장 질서를 파괴하며 글로벌 시장을 석권'하는 것을 말한다. 이제 소프트웨어는 산업 전반에서 필수 요소가 되었다. 마크 앤드리슨은 2011년 〈월스트리트 저널The Wall Street Journal〉에서 '왜 소프트웨어가 세상을 먹어 치우고 있는가?Why Software Is Eating the World'라는 글을 통해 소프트웨어의 혁명과 그 중요성에 대해 강조하였다. 그렇다면 소프트웨어 혁명은 어떤 분야에서 일어나고 있는 것일까? 다음은 마크 앤드리슨이 소개한 소프트웨어 혁명 사례이다.

자동차

"이전의 자동차는 석유로 움직였지만, 이제는 소프트웨어로 움직이고 있다."라는 다임러 그룹 CEO 디터 제체Dieter Zetsche의 말처럼 자동차의 핵심 기술과 가격이 소프트웨어에 의해 결정되는 시대가 되었다. 소프트웨어가 엔진을 작동하고, 안전장치를 조절하며, 운전자를 즐겁게 해주고, 탑승자를 목적지로 편하게 안내한다. 그리고 자동차를 모바일, 위성, GPS 네트워크에 연결해준다.

자동차가 하이브리드 자동차나 전기자동차로 진화하면서 자동차의 소프트웨어화가 가속화하고 있다. 이 자동차들은 컴퓨터에 의해 작동되기 때문이다. 2013년 에릭 슈미트Eric Emerson Schmidt 구글 회장은 "필름 카메라가 한순간에 디지털 카메라로 바뀐 것과 마찬가지로 자동차도 이와 같이 될 가능성이 크다."라고 말하며, 구글의 전기자동차 개발에 대한 의지를 나타내었다. 구글은 이미 300개가 넘는 전기자동차 관련 특허를 보유하고 무인자동차를 개발하고 있으며, 애플 역시 운영시스템인 iOS 기술 개발에 성공하였다. 이렇듯 자동차와 IT의 융·복합이 현실화되어 가고 있다.

콘텐츠

'아바타'는 3만 6,000대의 리눅스 컴퓨터를 병렬로 구성한 고성능 PC를 이용하여 제작한 영화이다. 제작비가 약 6억 달러(약 7,000억 원), 제작 기간 4년으로 오픈 소프트웨어를 활용하여 영화의 품질을 높이면서도 제작 기간, 제작비를 대폭 줄였다. 애플 아이튠즈iTunes, 스포티파이Spotify, 판도라Pandora 같은 서비스를 제공하는 음악 회사들 또한 소프트웨어 회사로 변모하였다. 전통적인 음반사들은 이런 소프트웨어 회사를 통해 음악 콘텐츠만 제공하고 있을 뿐이다. 유명한 디즈니도 애니메이션 업계에서 살아남기 위해 소프트웨어 기반 콘텐츠 영화 회사인 픽사Pixar를 인수하였다.

도서

아마존Amazon은 업계 최초로 전자책 킨들kindle을 종이책보다 우선순위로 홍보하기 위해 웹사이트를 개편하였고, 책 자체를 디지털화하여 소프트웨어 콘텐츠로 만들었다. 현재 세계 최대의 도서 판매업자인 아마존은 도서 판매를 넘어 다양한 IT 서비스를 지원하는 소프트웨어 회사로 자리매김하였다. 아마존의 핵심 사업이 온라인에서 제품을 팔기 위해 디지털 공간을 대여해주는 클라우드 서비스 기반의 소프트웨어 엔진으로 탈바꿈하였기 때문이다.

사진

필름이 사라지고 디지털 기반의 소프트웨어가 그 자리를 채우고 있다. 디지털카메라를 이용하는 사람들은 점점 줄어들고 소프트웨어에 의해 제어되는 카메라가 장착된 스마트폰을 이용하는 사람들이 대다수를 차지하고 있다. 스마트폰으로 찍은 사진은 저장과 공유를 위해 곧바로 인터넷에 전송된다. 셔터플라이Shutterfly, 스냅피시Snapfish, 플리커Flickr 같은 회사들이 코닥Kodak의 자리를 이미 넘겨받았고 기존의 디지털카메라 회사들도 사라지고 있다.

농업

농사짓는 것도 소프트웨어의 힘을 빌리고 있다. 기상 관련 빅데이터를 이용하여 농사의 최적 시기를 결정하고, 고품질의 농산물을 생산하기 위해 재배·판매·홍보·보관·유통 등의 과정을 체계화된 관리 시스템으로 지원하고 있다. 또한 농기계 센서와 소프트웨어를 활용한 정밀 농업을 통해 수확량에 관한 정확한 정보를 얻어 재배와 판매에 활용하기도 한다. 위성을 이용한 토양 분석을 통해 적합한 품종의 씨앗을 선택하는 알고리즘 기술도 그 예 중의 하나이다. 농업과 정보기술이 융합되어 과거의 작물을 그냥 재배하는 데 그치지 않고 가든 센서, 스마트 화분 등 사물인터넷 기반 기술을 적용한 상품들이 나오고 있다. IT 기업들도 반도체 설비를 응용해 건물 안에서의 온도, 습도 등의 통제가 가능한 식물 공장을 자동화하여 운영하고 있다. 우리나라에서도 통신 회사가 스마트폰을 활용한 온실 자동화 설비와 같은 스마트팜 서비스를 시행하고 있다.

금융

커피 한 잔을 사는 것에서부터 1조 원짜리 신용파생 상품의 처리에 이르기까지 실질적으로 모든 금융 거래는 소프트웨어에 의해 이루어지고 있다. 실제 혁신적으로 금융 서비스를 선도하는 많은 업체들은 소프트웨어 회사들이다.

금융과 ICT(정보통신기술)의 융합을 의미하는 핀테크가 기존의 금융회사들을 뒤흔들고 있는데, 그 배경에는 빠른 속도로 보급된 스마트폰이 만든 모바일 인터넷 환경이 자리 잡고 있다. 전 시티은행 회장 월터 리스턴Walter Wriston은 "금융업에 대한 정보는 돈 그 자체만큼이나 중요해졌다."라고 말하며 금융업의 본질이 정보라는 것을 강조하였다. 핀테크 스타트업 역시 금융의 본질이 정보란 것을 파악하고, 소프트웨어를 무기로 금융서비스banking를 금융회사bank에서 분리하기 시작했다. 핀테크의 영역은 지급 결제, 예금과 대출 등 자금 중개, 자산 운용, 위험 관리, 신용정보 관리 등 기존의 금융서비스 영역 중 미치지 않는 것이 없다.

화폐의 자리에 이미 다양한 종류의 카드가 차지하고 있는데, 이젠 이마저도 스마트폰에 내장된 소프트웨어가 대체해가고 있다. 또한 가상 화폐로서 비트코인이 실제 화폐의 물리적 특성을 제거하고 화폐의 거래 방식마저 바꾸고 있다.

제조업

3D 프린터가 세상을 바꾸고 있다. 머지않아 누구나 3D 프린터를 활용해 값싼 옷들을 만들어 입을 수 있는 세상이 올 것이다. 또한 설계도면과 재료만 있으면 3D 프린터로 집이나 건물도 지을 수 있을 것이다. 이미 3D 프린터로 운동화·옷 등이 만들어지고, 인공뼈·치아 등의 의료 제품까지 만들어져 3D 프린터의 영역이 빠르게 확산되고 있다.

3D 프린터를 활용하면 다양한 제품들을 소량 생산하는 것이 가능하며, 제품 개발에 소요되는 시간과 비용을 획기적으로 줄일 수 있다. 생명기술, 나노기술, 정보기술이 융

합되면서 3D 프린터로 누구나 아이디어가 있으면 원하는 물건을 직접 구현해 낼 수 있다. 이제 3D 프린터는 디지털 세계를 현실로 끌어내주는 역할을 지원하며 기존 산업의 구조를 전면 재편하고 있다.

국방

현대 군사력은 정보, 통신, 물류, 무기 사용법 등을 제공하는 소프트웨어 망에 연결되어 있다. 인간 조종사가 위험을 감수하지 않아도 소프트웨어로 조종되는 무인 항공기를 이용하여 공격을 할 수 있다. 정보기관들은 잠재적인 테러 계획을 밝혀내고 추적하기 위해 소프트웨어를 이용한 대규모의 정보를 분석하는 데이터 마이닝 기법을 이용한다. 인명 살상을 통한 전쟁이 아닌, 보안과 암호 기술을 이용하여 국가 통제 시스템을 무력화하는 정보기술전이 미래 국방의 주요 이슈가 되고 있다.

교육

이제 과학 시간은 더 이상 교과서만 가지고 공부하는 시간이 아니다. 하얀 칠판이 아닌 빔 프로젝터를 이용하여 수업 화면이 띄워지고, 지난 시간에 계획한 우주 탐사 팀을 노래와 움직이는 사진으로 보여준다. 학생들은 수업 시작부터 흥미를 보이며 화면에 떠다니는 친구들의 얼굴에 서로 재미있어 한다. 오늘 수업은 태양계에 가기 위해 미션 6가지를 수행하는 활동이다. 화면이 몸을 인지해서 몸이 이동하는 대로 우주선이 따라가 달에 착륙해보는 미션 1부터 시작해서 앱을 이용하여 태양계 지식을 배우고 문제를 풀어보는 미션 6까지 다양한 활동이다. 이 모든 활동은 정보기술을 접목하여 태블릿과 각종 스마트 기기를 이용해 진행된다. 과학이 어렵다고 생각하는 아이들까지 모두 즐겁게 참여하여 미션을 수행하며 태양계를 알아가는 모습을 볼 수 있다.

이상은 교육부 블로그에 올려진 '미래의 교육은 어떤 모습일까?'에서 그려진 미래 학교의 수업 모습이다. 이처럼 미래의 학교 교육은 더 이상 칠판과 판서하는 선생님, 받아 적는 학생들이 있는 교실의 모습이 아니다. 첨단 ICT를 활용하여 가상체험 등을 하는 수업이 될 것이다.

교육의 형태 역시 오프라인 교실 강좌에서 온라인 강좌로 바뀌고 있다. MOOC^{Massive} Open Online Course 형태의 코세라^{Coursera}, 칸 아카데미^{Khan Academy}에서 인기 강좌를 무료로 공개하면서 누구나 전 세계 어디에서나 최고 수준의 교육을 받게 되었다. 유수 대학의 강좌가 온라인으로 공개되고 최고의 강좌를 인터넷이 되는 어떤 곳에서라도 쉽게 수강할 수 있어, 기존 대학이 생존의 위협을 받고 있다. 머지않아 지금과 같은 대학들은 사라질지도 모른다.

학문

2013년 노벨화학상은 '다중 척도 모델링'을 개발한 하버드대학교 교수 마틴 카플러스^{Martin Karplus}, 스탠퍼드대학교 교수 마이클 레빗^{Michael Levit}, 서던 캘리포니아대학교^{USC} 교수 아리 워셜^{Arieh Warshel}이 받았다. 이들이 개발한 다중 척도 모델링은 단백질의 복잡한 화학반응을 이해하고 이들의 분자 조합을 예측하기 위한 컴퓨터 시뮬레이션으로 지금까지의 노벨화학상 수상 연구 업적과는 다른 컴퓨터를 활용한 분석 연구법이었다.

이제 컴퓨터 프로그램을 다루며 논리적인 사고로 문제를 해결하거나 새로운 것을 창의적으로 산출하는 과학자들이 노벨상을 받는 시대가 되었다. 그만큼 새로운 과학적 발견과 기술의 혁신이 너무도 복잡하여 인간이 다루기에는 한계를 보이고 있기 때문이다. 노벨상뿐만이 아니라 수학의 필즈상·아벨상, 컴퓨터 과학의 튜링상에서도 업적을 증명하거나 실제 해결 전략을 보여주기 위해서는 반드시 컴퓨팅 능력이 필요한 시대가 되었다.

게임

　1997년 IBM의 딥 블루Deep Blue는 당시 세계 체스 챔피언인 게리 카스파로브Gary Kasparov를 이기면서, 높은 수준의 체스 게임은 인간만이 할 수 있다는 생각을 지워버렸다. 2011년에는 IBM의 왓슨Watson이 TV 쇼 프로그램인 제퍼디Jeopardy에 출연해 컴퓨터가 상식 수준을 겨루는 경쟁에서 최고의 인간 참가자와 경쟁해 이길 수 있음을 증명해 보였다. 2016년에는 구글 딥마인드가 만든 인공지능 알파고AlphaGo와 바둑의 최고수인 우리나라 이세돌 9단이 세기의 바둑 게임을 벌였다. 그동안은 경우의 수가 361펙토리얼로 알려진 바둑에서 컴퓨터가 인간을 이기리라고는 그 누구도 생각하지 못하였다. 하지만 알파고의 완승으로 끝났다. 이제는 컴퓨터가 계산 능력뿐 아니라 인간의 직관과 추론까지 넘보는 단계에 이른 것이다.

　이런 '게임' 외에도 과거에는 컴퓨터로 불가능했던 여러 업무나 작업에 이와 같은 상황인식 컴퓨팅 기술이 적용되고 있다. 구조화된 방식으로 데이터를 처리하거나 수학적 분석을 실시하는 대신, 많은 정보를 흡수해 관련성이나 정황에 바탕을 둔 가설을 생성해 인간의 의사결정을 돕는 것이 가능해지고 있다. 기계학습을 넘어 딥러닝Deep Learning 기술을 선보이며 인간의 지능에 도전하고 있는 것이다.

　이상의 사례와 같이 산업의 전체 영역이 지식화, 디지털화, 네트워크화가 되는 세상이 되었다. 여러 가지 흩어진 분야를 연결해주는 융합기술 중의 핵심이 바로 소프트웨어이다. 게다가 이러한 소프트웨어를 사용하고 운영하는 데 드는 비용이 점점 낮아지고 있으며, 온라인 서비스 시장의 확장으로 인해 1990년대 초반 꿈꾸던 디지털로 초연결된 세상이 웨어러블 컴퓨터와 유비쿼터스, 사물인터넷, 인공지능이라는 이름으로 현실이 되어 가고 있다.

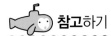 **참고하기**

➡ **컴퓨터, 소프트웨어와 관련된 재미있는 예측**

- 1899년 미국 특허청장 찰스 듀엘(Charles H. Duell)은 "발명할 수 있는 것은 모두 발명되었다."라고 하였다. 하지만 여전히 새로운 것이 발명되고 있다. 특히, 정보기술 분야에서 많은 것이 발명되고 있다.
- 1948년 IBM 사 CEO 토머스 왓슨(Thomas J. Watson)은 "전 세계적으로 컴퓨터의 수요는 5대 정도일 것이다."라고 예측하였다. 하지만 이러한 예측을 무시하고 스티브 잡스는 개인용 컴퓨터 시장을 개척하였다.
- 1949년 수학자 존 폰 노이만(John Von Neumann)은 "말하기 조심스럽고 어리석게 들릴지도 모르겠지만, 우리가 컴퓨터 기술로 이룰 수 있는 것들은 한계에 이른 것처럼 보인다."라고 말하였다. 하지만 컴퓨터 기술은 스마트폰을 중심으로 날로 발전하고 있다.
- 1977년 DEC 사 CEO 켄 올슨(Ken Olson)은 "사람들이 자기 집에 컴퓨터를 가질 이유는 전혀 없다."라고 단언하였다. 하지만 빌 게이츠와 스티브 잡스는 각각 마이크로소프트 사와 애플 사를 창업하며 PC 시대를 열었다.
- 1992년 마이크로소프트 사는 윈도우 NT를 개발하면서 "윈도우 NT는 2GB 램을 지원한다. 2GB 이상을 필요로 하는 애플리케이션은 없을 것이기 때문이다."라고 하였다. 하지만 지금 어떤가?
- 1957년 건축가 프랭크 로이드 라이트(Frank Lloyd Wright)는 "이대로라면 사람들의 근육은 퇴화해 버려서 버튼을 누를 손가락만 남을 것이다."라고 예측하였다. 하지만 지금은 컴퓨터가 센서에 따라 작동하지 않는가?

출처: http://www.whileifblog.com(원문), https://subokim.wordpress.com(번역)

시대가 요구하는 교육

디지털 기반 산업이 대세인 시대적 상황에 비추어볼 때 야기되는 문제점이 있다. 그것은 전 세계의 많은 사람이 소프트웨어 혁명으로 생겨난 산업 분야나 신생 기업들에 요구되는 적절한 기술과 교육을 적시에 받지 못하고 있다는 점이다.

지금 전 세계에는 금융, 전자, IT 분야에서 높은 소득이 보장되는 안정된 직장에서 풍요로운 삶을 누리는 사람들이 있는 반면, 생계의 위협을 받을 정도의 삶을 사는 사람들도 있다. 우리나라만 보더라도 OECD 국가 중 자영업자의 비율이 매우 높을 정도로 심각한 수준의 실업과 불완전 고용에 노출되어 있다. 기존의 안정적인 산업계에 몸담고 있는 사람들일지라도 소프트웨어 기반에서 비롯된 창조적 변화 때문에 직업적으로 소외당하는 쪽으로 내몰릴 것이고, 그들이 능력을 발휘하거나 일할 수 있는 영역 또한 점점 사라질 것이다.

소프트웨어가 중심이 되는 사회에서는 타 분야와 융합하여 더 크고 복잡한 문제들을 해결해내는 데 소프트웨어가 필수적이다. 이렇게 소프트웨어와 관련된 새로운 분야가 계속 생겨나고 있다는 것을 바로 인식하고 그 변화에 도전하는 사람들이 되어야 새로운 기회를 얻을 수 있다. 이러한 기회를 제공해줄 효과적인 방법이 교육이라고 할 때, 소프트웨어 교육이 왜 필요하고 중요한지 이해할 수 있을 것이다.

사회가 요구하는 교육

2014년 한국과학창의재단에서 시행한 설문조사 결과에 따르면, 일반 국민이 생각하는 소프트웨어 교육에 대한 사회적 요구가 매우 크다는 것을 알 수 있다. 다가오는 미래에 소프트웨어가 중요해질 것이라고 생각하는 응답자 비율이 96%로 높게 나타났으며, 소프트웨어가 우리나라 경제발전에 큰 영향을 미칠 것으로 생각하는 응답자 비율도 92%로 높게 나타났다. 이는 사회적으로 이미 소프트웨어의 중요성에 대한 공감대가 형성되어 있음을 보여준다.

OECD에서 실시한 PISA 2012 컴퓨터 기반 문제 해결력 평가 결과를 보면, 우리나라는 학교에서 컴퓨터를 사용하는 학생 비율이 42.7%로 OECD 상위 10개 국가 중 9위에 해당하였으며, OECD 평균인 71.7%에도 크게 못 미치는 수준이었다. 이는 초·중등 교육에서 컴퓨터(정보) 교육을 중단하거나 축소하면서 학생들이 학교 안에서 디지털 기기를 사용할 기회가 줄어들어 생겨난 결과인 것으로 풀이된다. 또한 디지털 기기를 생산의 도구가 아닌 활용이나 소비의 도구로 사용하면서 학생들의 사고력이나 문제 해결 능력에 도움이 되지 않는 교육적 현실에 의해 나타난 것으로도 볼 수 있다.

이러한 현실에도 불구하고 2015년 한국과학창의재단이 발표한 '초·중등 소프트웨어 교육 강화를 위한 실천 방안 기획 연구'에서는 학교와 학교 밖에서 소프트웨어 교육을 확대할 필요가 있다고 생각하는 응답자 비율이 82%나 되었다. 이는 학교에서의 컴퓨터 사용 및 소프트웨어 교육의 확대에 대한 사회적 요구라고 볼 수 있다. 또한 초등학교에서 다루면 좋을 소프트웨어 교육 내용으로는 올바른 정보 생활(정보윤리, 46.5%), 생활 속 정보와 문제 해결 방법(44.5%)이 가장 높게 나타났으며, 중·고등학교에서 다루면 좋을 소프트웨어 교육 내용으로는 인터넷 기술의 활용(38.2%), 정보윤리 및 정보보안(38.1%), 교육용 프로그래밍(33.4%) 순으로 높게 나타났다. 이는 기존의 소프트웨어 사용법을 교육하던 방식과는 달리 문제 해결을 위한 사고력 중심과 정보윤리 중심의 교육이 이루어지는 방향으로 사회적 요구가 형성되고 있음을 알 수 있다.

디지털 세대가 요구하는 교육

2012년 통계청 자료에 따르면 디지털 환경에서 자라난 우리나라 30세 미만의 인구수가 2,000만 명을 넘어 총 인구의 43%를 차지하고 있다고 한다. 돈 탭스콧Don Tapscot 등의 미래학자들은 태어나면서부터 디지털 기기를 친숙하게 접하고 다루는 디지털 세대를 '디지털 네이티브Digital Native'라고 부른다. 돌이 갓 된 아기의 손에도 스마트폰이 쥐어져 있고, 배우지 않았지만 기가 막히게 클릭해가며 자신이 원하는 앱을 실행시키는 아이들의 모습도 쉽게 볼 수 있다. 이러한 디지털 세대는 기존 기성세대와는 분명 다른 특성이 있다.

인터넷이 널리 퍼지고 사용이 편리해지면서 인간의 메모리 사용법과 연산 능력이 바뀌고 있다. 굳이 세부적인 정보와 내용을 기억할 필요가 없어졌으며, 메타 정보(연결된 사이트 명, 검색 키워드, 찾아가는 경로 등)만을 이용하여 자신이 처한 문제를 해결하거나 정보를 가치화하고 있다. 이런 것을 경험한 세대와 경험하지 못한 세대와의 차이는 분명하다.

이렇듯 성장 환경에서 겪게 되는 디지털 경험은 인간의 뇌에도 큰 영향을 미친다. 노인의 뇌와 일반 성인의 뇌 그리고 청소년의 뇌는 경험에 따른 가소성도 다르고 그 사용 전략이 다르다. 이미 퇴화된 성인의 뇌로 말랑말랑한 아이들의 뇌에 깊은 영감을 주고 디지털 세대에 맞는 삶의 진로를 제공해줄 수 있을까? 우리는 기존 교육에 대한 성찰과 함께 새로운 교육에 대한 고민이 요구되는 시대의 갈림길에 서 있다.

 **참고**하기

돈 탭스콧은 《디지털 네이티브》라는 책에서 부모 세대와 구분되는 넷세대net generation의 대표적인 특성을 다음과 같이 설명하였다.

"첫째, 그들은 자유와 선택의 자유를 중시한다. 둘째, 물건을 자신의 개성에 맞게 고쳐서 쓰기를 원한다. 셋째, 천부적으로 협업에 뛰어나다. 넷째, 강의가 아니라 대화를 즐긴다. 다섯째, 기성세대와 기성세대 조직을 철저히 조사한다. 여섯째, 성실성을 중시한다. 일곱째, 학교와 직장에서도 즐겁게 생활하기를 원한다. 여덟째, 그들에게 속도는 일상적인 것이며 혁신도 생활의 일부이다."

그리고 그는 넷세대들의 컴퓨터와 인터넷 중독에 대해서도 기성세대들의 기우일 뿐이라고 말한다. 기성세대들 역시 어린 시절 밤을 새워 라디오에 귀를 기울였고 일주일에 평균 22시간 TV에 빠져 살았던 세대들이기 때문이라는 것이다. 넷세대는 이른바 '멀티태스킹'과 '디지털 몰입'이 가능하며, 네트워크화된 세상에 맞게 적응하고 있을 뿐이라는 것이다.

소프트웨어 교육의 필연성

급속히 변화하는 사회적 환경에 대처하고 문제를 해결하는 능력을 키우는 데 효과적인 최선의 방법은 교육이다. 현재 대부분의 정보는 디지털로 변화되어 저장되고 전송·공유·확산되고 있으며, 이에 맞추어 디지털 정보를 다룰 수 있는 능력이 요구되고 있다. 하지만 디지털 정보를 다루기 위해 단순히 프로그래밍 기능을 익혀 소프트웨어 인력을 양성하는 것에 초점을 두어서는 올바른 교육이라고 할 수 없다. 흩어져 있는 정보들을 목적에 맞게 찾아내고 이를 분석하는 논리적 사고 능력과 창의적으로 문제를 해결할 수 있는 능력을 키우는 데 초점을 맞추어야 한다.

이 시대에 정보를 직접 다루고 제어할 수 있는 도구를 잘 사용하면 강력한 힘이 된다는 것은 이제 두말할 필요가 없다. 미래를 살아갈 아이들은 넘쳐나는 디지털 정보를 분석하고 이를 통해 새로운 것을 만들어 내며 문제를 해결하는 일들이 다반사일 것이다. 그래서 미국과 영국, 인도, 이스라엘 등 주요 국가들은 미래 경쟁력 확보를 위해 초·중등 소프트웨어 교육과 관련된 정보 교육을 강화하고 의무화하기 시작하였다.

우리나라도 이에 대한 정책을 제시하고 있다. 미래창조과학부가 중심이 되어 '소프트웨어 혁신 전략'으로 2017년까지 소프트웨어 분야에서 10만 명의 인력을 양성하기로 하였고, 교육부와 함께 2018년부터 초·중등 교육에서 소프트웨어 교육을 포함한 정보 교과를 정규 교과로 운영하기로 하였다. 이는 지금의 창조경제 시대에 걸맞게 어린 시절부터 소프트웨어 교육이 필요한 현실을 절실히 반영하고 있는 것이다.

소프트웨어와 미래 인재의 역량

21세기 학습자 역량

시대적 요구에 따라 미래를 준비해야 하는 우리 학생들이 사회 구성원으로서 자신의 역할을 수행하고 능력을 발휘하기 위해 필수적으로 갖추어야 할 역량도 산업 사회에서 요구하는 능력과는 다르게 바뀌고 있다.

21세기 역량을 위한 파트너십The Partnership for 21st Century Skills에서 제시한 21세기 학습자 핵심 역량은 학습과 혁신 역량, 생애와 경력 역량, 정보·매체·기술 역량이다. 이들 핵심 역량과 언어·예술·수학·경제·과학·지리·역사·사회 등의 기초 핵심 교과 교육이 결합하여 더 높은 수준에서 학문적 내용을 성취하도록 하고 있다(그림 1-3). 21세기 학습자의 핵심 역량을 영역별로 살펴보면 다음과 같다.

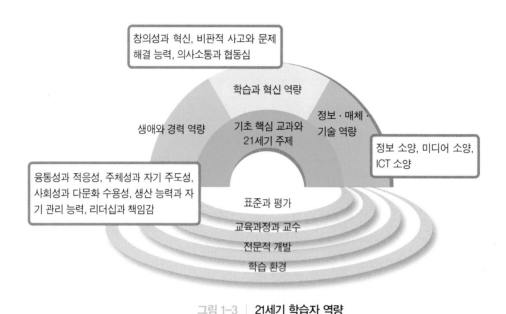

그림 1-3 | **21세기 학습자 역량**

출처: http://p21.org

첫째, 학습과 혁신 역량은 복잡한 생활과 작업 환경에 유연하게 대응할 수 있는 능력으로 창의성, 혁신, 비판적 사고 능력, 문제 해결 능력, 의사소통과 협동심 등이 포함된다.

둘째, 생애와 경력 역량은 일상생활과 사회생활 그리고 직업 생활 안에서 변화에 빠르게 적응하고 유연하게 대응해 나갈 수 있는 지식 그 이상의 능력으로 융통성과 적응성, 주체성과 자기 주도성, 사회성과 다문화 수용성, 생산 능력과 자기 관리 능력, 리더십과 책임감이 포함된다.

셋째, 정보 · 매체 · 기술 역량은 많은 정보에 대한 접근과 선택, 분석, 활용을 효율적으로 할 수 있는 능력으로 미디어 활용 능력 그리고 통신기술을 효과적으로 적용할 수 있는 능력이다. 정보 소양, 미디어 소양, ICT 소양 등이 포함된다.

허희옥 · 이지연(2011) 등은 P21, UNESCO, OECD와 같은 국제기구들이 규정한 핵심 역량을 바탕으로 우리나라 사회의 특성을 고려하여 21세기 학습자의 핵심 역량을 다음과 같이 새롭게 구분하여 제안하였다.

- 기초 능력 개발 영역: 창의적 능력, 문제 해결력, 의사소통, 협력, 기술 소양, 예술적 사고 등
- 인성 개발 영역: 배려, 전심전력, 도전 의식, 윤리 의식 등
- 경력 증진 영역: 사회적 능력, 유연성, 자기 주도성, 리더십, 책무성 등

또한 교사와 교육 전문가들을 대상으로 한 델파이 조사를 통해 여러 역량 가운데 가장 중요한 핵심 역량으로 문제 해결과 협력, 창의적 능력, 의사소통, 윤리 의식 등을 강조하였다.

2015년 2월 교육부에서 발표한 소프트웨어 교육의 운영 지침을 보면 추구하는 인재상으로 '컴퓨팅 사고력을 가진 창의 · 융합 인재'를 내세우고 있다. 기존 정보통신기술 교육에서 제시하였던 ICT 소양 및 활용 교육의 관점을 확장하여, 학습자들이 미래 사회에서 살아가는 데 필요한 컴퓨팅 사고력을 기반으로 문제를 해결하는 역량을 기르는 것을 기본 방향으로 하고 있다.

이처럼 21세기 학습자가 갖추어야 할 핵심 역량을 국내 · 외의 연구 사례와 교육부의 소프트웨어 교육 인재상에서 살펴보면 공통적으로 문제 해결 능력, 의사소통, 창의력, 기술 소양(특히, 정보기술)의 중요성에 대해 강조하고 있음을 알 수 있다.

초등학교 (체험, 활동)	중학교 (개념 이해)	고등학교 (개발, 융합)
건전한 정보윤리의식을 바탕으로 알고리즘과 프로그래밍을 체험하여 실생활의 다양한 문제를 이해할 수 있다.	간단한 알고리즘을 설계하고 프로그램을 개발하여 창의적으로 문제를 해결할 수 있다.	효율적인 알고리즘을 설계하고 다양한 분야와 융합하여 문제를 해결할 수 있다.

컴퓨팅 사고력

그림 1-4 | **교육부 소프트웨어 교육 운영 지침**

추구하는 핵심 사고력

소프트웨어 교육에서 추구하는 핵심 사고력은 컴퓨팅 사고력Computational Thinking, CT이다. 컴퓨팅 사고력은 다양한 사고와 결합하여 분석적 도구로 활용될 수 있다. 수학적 사고와 결합하여 계산을 중심으로 하는 문제를 해결할 수 있고, 공학적 사고와 결합하여 복잡한 기술을 구현해 낼 수 있으며, 과학적 사고와 결합하여 우리가 이해하고 있는 세상을 계산 가능한 접근 방법으로 도와준다. 컴퓨팅 사고력은 인간이 처리하기 복잡한 문제의 해결, 고도의 시스템 설계, 인간 행동과 사고 과정을 이해하는 사고를 포함하는 개념이라고 할 수 있다.

이러한 컴퓨팅 사고력은 다른 학문에도 많은 영향을 주었다. 통계학이 기계 학습으로 진화했고, 데이터 구조와 알고리즘을 바탕으로 하는 컴퓨터 생명공학과 생물정보학이 생물학자들의 생각을 바꾸었다. 마찬가지로 컴퓨터 게임이론은 경제학자들의 생각을, 나노컴퓨팅은 화학자들의 생각을, 퀀텀컴퓨팅은 물리학자들의 생각을 바꾸었다(지넷 윙Jeannette M. Wing, 고영남 등, 2011). 이렇듯 컴퓨팅 사고력은 소프트웨어 중심 사회에서 모든 사람들이 지녀야 할 핵심 사고력으로 자리 잡아가고 있다.

소프트웨어 교육과 변화

소프트웨어 교육을 바라보는 시선

소프트웨어 교육의 도입과 취지에 대한 생각은 그것이 올바른 정책일지라도 바라보는 시각에 따라 다르고 자신이 가진 가치관에 따라 다르게 느낄 수 있다. 교육을 실제적으로 추진하고 지원하는 교사, 학부모, 정책자들이 바라본 소프트웨어 교육의 관점을 통해 소프트웨어 교육의 현 위치를 조망해본다. 그러나 가장 중요한 것은 교육의 중심인 학생들의 눈높이에서 그들의 삶과 미래에 대해 충분히 생각하고 고민을 해야 한다는 것을 간과해서는 안 된다.

'소프트웨어는 게임이다. 스마트폰은 게임기다.'
'정보화 역기능이 폭발할 거야. 특히, 게임 중독이 많아지겠지.'
'소프트웨어 교육이 과연 우리 자녀에게 도움이 될까?'
'소프트웨어 교육이 대학 들어가는 데 도움이 될까?'
'수능에 포함되면 또 하나의 사교육 비용과 우리 아이에게 부담이 되지 않을까?'

'소프트웨어 교육을 학교에서 가르쳐주면 좋겠는데….'

– 학부모 생각

'과연 소프트웨어 교육을 모든 학생들이 배워야 할까?'

'생소한 교육이라 낯설고 부담된다.'

'굳이 새로운 교과를 만들어야 할까?'

'새로운 것인데, 누가 가르쳐야 할까?'

'신규 교과보다는 다른 교과와 연계하거나 교육 내용을 재구성하여 적용하면 되지 않을까?'

'기존 교과만으로도 미래를 살아가는 데 충분할 것 같다.'

'학생에게 소프트웨어 교육이 정말 필요한지는 모르겠다.'

'내 수업 시수가 줄어드는 것은 아닐까?'

'이런 정책이 금방 또 사라지면 어떡하지?'

'소프트웨어 교육에 필요한 기자재가 많으니 가르치는 데 비용이 많이 든다.'

'인터넷, 컴퓨터 기반 환경 조성 비용이 비싸고 유지 관리가 어렵다.'

'수업 시간에 컴퓨터나 디지털 기기를 주는 것은 학생들의 사고력과 습관에 나쁜 영향을 줄 수 있다.'

' 학생들에게 가르쳐주고 싶은데, 어디서부터 시작해야 할지 모르겠다.'

– 교사 생각

'이 교과가 정말 필요할까?'

'이 교과의 정책이 과연 유효할까?'

'이 정책이 나에게 미치는 영향은 어떨까?'

'한 부서에서만 담당하고 추진하면 되겠지.'

'새로운 교과이니 여러 교과의 부서가 도와서 잘 협력할 거야.'

'교육의 성과는 어떻게 보여주지?'

'정책을 추진하는 데 많은 비용이 드는데 과연 실현 가능할까?'

'적은 비용을 투입하고도 많은 산출이 나게 하려면 어떻게 해야 할까?'

'교육의 철학과 함께 외부로 많이 보여줄 수 있는 것도 필요해.'

'적용하면 효과가 바로 나타나겠지.'

– 정책자 생각

소프트웨어 교육의 이러한 차이에 대한 해결 방안은 교육 정책자, 초·중등 교사, 학부모가 학생들의 미래를 위한 대의적 관점에서 각각의 고민에 대해 스스로 답해야 할 것이다. 그러기 위해서는 소프트웨어 교육에 대한 근시안적 입장을 버리는 자세가 중요하다. 정책자들은 정치의 수단으로 교육을 생각하지 말아야 하고, 학부모들은 현재 자녀의 진학에 유리한 교육만으로 선택하지 말아야 한다. 교사들은 교육이 교사 자신보다 학생들을 위한 것임을 깨닫고 소프트웨어 교육의 필요성에 대해 이해할 때 불안감과 선입견은 사라지게 될 것이다. 장기적인 관점에서 고민한 선택이 모든 사람을 위해, 모든 학생을 위해, 우리나라의 행복한 미래를 위해 도움이 되는지 깊게 성찰해야 한다.

변화를 위한 소프트웨어 교육

김현철(2015)의 연구 결과를 살펴보자. 그는 대학교 학부 신입생을 대상으로 소프트웨어 교육에 대한 설문 조사를 하여 그 내용을 분석하였다. 그에 따르면 중·고등학교 시절 컴퓨터 관련 수업을 받은 학생들이 컴퓨터 관련 학과를 전공으로 선택하는 비율이 높았다. 또한 소프트웨어 교육을 받은 초·중등 학생들이 일반 학생들보다 문제 해결력이 20% 이상 높았고, 논리적 사고력도 35% 이상 우수했다. 이는 초·중등 교육에서 소프트웨어 교육이 학생의 진로에 큰 영향을 주는 동시에 소프트웨어 교육이 얼마나 중요한지를 보여주는 연구 결과이다.

안성진(2014)은 소프트웨어 교육을 이수한 학생들의 문제 해결 능력과 논리적 사고 능력 등의 상관관계를 조사한 논문 100여 편을 모아 메타 분석을 실시하였다. 그 결과 소프트웨어 교육을 받은 학생들의 문제 해결 능력은 20.4%, 논리적 관계를 파악하고 해결책을 찾는 논리적 사고 능력은 37.5% 높은 것으로 나타났다. 또 다양한 아이디어를 산출하는 확산적 사고 능력은 22.3%, 자신이 찾아낸 해결책에 대한 확신과 독립성은 18.1% 높았다.

한편, 한선관(2015)은 소프트웨어 관련 행사에 참여했던 학생과 학부모를 대상으로 소프트웨어 교육에 대한 인식을 분석하였다. 그 결과, 학생들은 창의컴퓨팅 교육을 재미있고 유용하다고 생각하였으며, 학교에서도 그러한 교육이 이루어지기를 희망하였다. 이는 창의컴퓨팅 교육의 재미, 용이성, 유용성이 학교 교육에 필요하고, 그에 따라 창의컴퓨팅 교육이 이루어져야 한다는 것을 보여준다. 또한 학부모들은 소프트웨어 교육정책과 초등 소프트웨어 교과의 필요성에 대해 긍정적이었는데, 초등 소프트웨어 교과의 필요성에 대한 학부모의 인식을 드러낸 것이라 볼 수 있다. 특히, 소프트웨어 관련 행사에 참여한 학부모가 참여 경험이 없는 학부모보다 소프트웨어 교육에 더욱 긍정적이었는데, 이는 학부모를 대상으로 소프트웨어 관련 행사를 다양하게 실시하고 홍보를 해야한다는 것을 보여준다.

진로와 소프트웨어 교육

지금까지의 컴퓨터 활용 교육, ICT 교육, 스마트 교육, 디지털 교과서 활용 교육은 다른 교과에 도움을 줄지언정 학생들의 고급 사고력, 문제 해결력, 창의력, 미래 진로의 직업적 전문성을 지원하는 데는 근본적인 한계가 있다. 재미와 단기적 집중을 위한 디지털 기기를 활용한 교육의 형태는 이제 변화해야 한다. 소비적 디지털 기기의 폐해(예를 들어, 게임 중독, 정보화 역기능, 고비용 요구, 인프라 비용에 모든 정책 예산이 들어가는 기업 위주의 정책 등)를 막고 이 영역에 지원되는 비용과 노력, 교육정책을 소프트웨어 교육에 집중함으로써 디지털 세대에게 미래를 준비할 수 있도록 하는 인식의 전환이 필요하다.

한편, IT가 기존의 일자리를 감소시켜 고용과 취업을 어렵게 만든다고 한다. 하지만 이것은 IT의 한쪽 면만을 본 것이다. 소프트웨어 산업으로 인한 고용 창출 효과는 단순 노동 일자리 대신 고소득 일자리를 창출하는 효과가 있다. 미국에서 최고 수준의 일자리를 제공하는 좋은 직장의 순위를 보면 마이크로소프트, SAS, NetApp, 구글, 애플, 페이스북 순으로 IT 관련 업계의 고소득 미래형 일자리가 소프트웨어와 관련이 있음을 알 수 있다.

스티브 잡스와 애플 사에 의해 촉발된 스마트 기기와 앱은 새로운 디지털 경제를 제공하며 '하나의 응용프로그램당 하나의 직업1 Job per 1 App'이라는 신조어도 만들었다. 앱을 기반으로 하는 소프트웨어 관련 창업은 '쉽다, 기회가 많다, 생산비가 적다, 빨리 성장한다, 가볍다, 젊다, 작은 아이디어로 가능하다'는 장점으로 우리 미래를 주도할 청소년들에게 무한한 기회를 제공하고 있다(김진형, 2014).

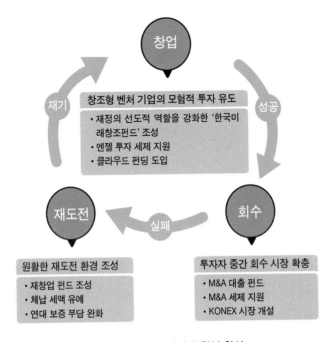

창업

재기

창조형 벤처 기업의 모험적 투자 유도
· 재정의 선도적 역할을 강화한 '한국미
  래창조펀드' 조성
· 엔젤 투자 세제 지원
· 클라우드 펀딩 도입

성공

재도전

실패

회수

원활한 재도전 환경 조성
· 재창업 펀드 조성
· 체납 세액 유예
· 연대 보증 부담 완화

투자자 중간 회수 시장 확충
· M&A 대출 펀드
· M&A 세제 지원
· KONEX 시장 개설

그림 1-5 │ **소프트웨어와 창업 확산**

출처: 소프트웨어 중심 사회 실현 정책 보고 자료에서, 미래창조과학부 홈페이지

코드닷오알지(Code.org)는 2020년이 되면 미국 대학의 컴퓨터 공학 전공자들보다 100만 명이나 많은 컴퓨터 과학Computer Science 관련 일자리가 창출될 것이라 예측하였다. 따라서 매년 컴퓨터 과학 교육 주간 캠페인을 개최하여 학생과 일반인이 스스로 프로그래밍할 수 있는 행사를 열어 코딩 문화 확산을 위해 노력하고 있다. 이제는 누구나 컴퓨팅 언어, 즉 프로그래밍 언어를 통한 코딩을 배우고 할 수 있어야 한다. 그래야 다가올 미래를 안정적으로 대비할 수 있다.

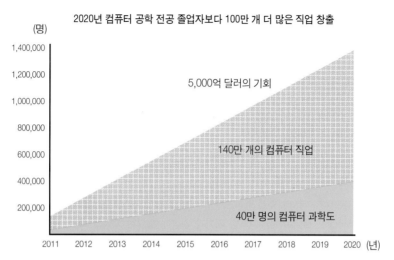

앞으로 컴퓨터 과학은 가장 급여가 높은 전공 중의 하나가 될 것이며, 소프트웨어 관련 직업은 일반 직업의 평균 급여보다 2배 이상 높아질 것이다.

그림 1-6 │ **소프트웨어 교육을 통한 미래의 기회**

출처: Code.org(https://code.org)

미국 직업 안내 사이트 '커리어 캐스트 닷컴www.careercast.com'의 '2013년 주요 직업 200개 평가 결과'에 의하면 소프트웨어 엔지니어, 컴퓨터 시스템 분석가, 웹 개발자, 컴퓨터 프로그래머 등 소프트웨어 관련 5개 이상의 직종이 상위 40위의 직종에 포함되었다. 그 밖에 다른 직종이지만 소프트웨어와 융합되어야 하는 보험 계리사, 금융 설계사, 환경공학 엔지니어, 기상학자 등이 포함되었다.

또한 포브스지, U.S. 뉴스 앤 월드리포트U.S. News & World Report가 2014년에 발표한 유망 직업에는 IT 산업 종사자가 1위로 꼽혔다. 이는 10년간의 일자리 증가율, 10년간의 성장률, 평균 연봉, 직업 전망, 고용률, 스트레스 강도, 일과 삶의 균형 등 7가지 영역에서

1~10점으로 점수를 매긴 결과이다.

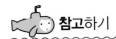 **참고하기**

⇨ **현 세대와 관련된 다양한 용어**

- 디지털 네이티브(digital native) 세대: 디지털 언어와 장비를 모국어처럼 쉽게 다루는 세대를 말함. 인터넷을 통해 새로운 변화를 주도하는 세대
- 테크 네이티브(tech native) 세대: 어릴 때부터 각종 전자기기의 습득이 빠른 세대
- 디지털 치매(digital dementia): 디지털 기기가 일상에 필요한 기억을 대신 저장해주어 디지털 기기 없이는 전화번호, 사람의 이름 등을 기억하지 못하는 현상을 말한다. 주로 디지털 기기에 친숙한 10~30대에서 발견된다. 생활에 심각한 위협이 따르는 것은 아니어서 병으로 분류되지는 않지만, 스트레스를 유발해 공황장애, 정서장애 등이 발생할 수 있으며 치매로 발전할 가능성도 있다.

출처: 네이버 지식백과, 시사상식사전(박문각)

네오러다이트 운동과 미래 직업

　산업혁명이 한창이던 18세기에 영국에서 일자리를 잃은 노동자들이 기계를 파괴하는 사건이 일어났다. 러다이트luddite 운동이라고 불리는 이 사건은 당시 변화의 대열에서 멀어진 자들이 벌인 범죄 행위로 인식되었다. 정보기술이 주도하는 급진적 사회가 점차 자리 잡기 시작한 20세기 후반에는 새로운 형태의 러다이트 운동, 즉 네오러다이트neo-ruddite 운동이 일어났다. 이 운동의 가장 과격한 행위가 바로 유나바머Unabomber, university and airline bomber로 불리는 연쇄 폭탄 테러범인 데오도르 존 카진스키Theodore John Kaczynski의 폭탄 테러이다. 그는 버클리대학 수학 교수로 정보기술의 비약적인 발전에 경고를 하기 위해 1978년부터 18년간 혁신적 정보기술을 선보인 교수와 전문가를 대상으로 15번의 폭탄 테러를 일으켜 많은 사상자가 발생하였다.

　이런 극단적인 러다이트 운동 외에도 운전기사와 승객을 모바일 앱을 통해 중계하는 우버 택시에 반대하는 여러 택시 회사와 운전기사들의 시위운동 등 정보기술에 따른 새로운 문화에 반대하는 입장의 사람들이 늘고 있다. 정보기술의 발전으로 20년 안에 35%의 직업이 사라진다는 전망까지 있어 우리 마음을 어둡게 한다. 하지만 정보기술이 인류의 삶을 개선하고 새로운 직업을 창출하기도 한다는 주장 또한 끊임없이 나오고 있다.

　그렇다면 정보기술은 인류의 적이 될 것인가, 아니면 인류의 행복을 책임질 것인가? 이에 대한 답은 정보기술이 아니라 그것을 사용하는 사람들의 선택이 아닐까?

러다이트 운동

유나바머 체포 장면

우버 택시 반대 시위

소프트웨어 교육,
어떻게 가르쳐야 하나?

오늘날의 모든 소프트웨어는 구조적인 완결성 없이 수천만의 노예들로
벽돌을 한 장 한 장씩 올려 만든 피라미드와 같다.

앨런 케이|Alan Curtis Kay

Chapter 02 | 소프트웨어 교육, 어떻게 가르쳐야 하나?

소프트웨어 교육을 위한
교육 사조

소프트웨어 교육은 이제 기존 교과와는 차별화된 신생 교과로서의 '미래 교육', '변화 교육'이 되어야 한다. 이러한 소프트웨어 교육의 목표는 교육 사조의 특징에 따라 그 추구하는 방향을 설정할 수 있다.

행동주의 관점에서의 소프트웨어 교육은 실천적이다. 학생들이 전문적인 기능과 소프트웨어 산출의 과정을 몸으로 체득하고, 이를 바탕으로 자신의 소질을 개발하여 미래 직업적 소양을 발견하도록 하는 것이다. 이때 코딩 교육과 같이 단순한 프로그래밍 기술을 기르기 위한 직업적 소양 능력이나 컴퓨터 과학 기능 위주의 수업으로 치중되는 것을 경계해야 한다.

인지주의 관점에서의 컴퓨터 과학은 새로운 지능의 이해, 컴퓨팅을 통한 인간의 인지 모델링, 인간의 행동과 사고를 기반으로 하는 컴퓨팅 모델의 생성, 인간의 뇌를 통한 인지 처리 과정을 주로 다룬다. 그래서 사람의 뇌와 인지 모델을 통해서 알고리즘을 이해하고, 절차적으로 문제를 해결하는 능력을 신장시키고자 한다. 또한 새로운 컴퓨팅 시스템의 이론과 지식을 바탕으로 효율적이고 지능적인 시스템을 개발하고 이해하는 것을 목표로 한다. 2014년 소프트웨어 중심 사회 실현의 정책 중에서 고등 교육과 직업 교육을 통해 전문적인 소프트웨어 융합 인재를 양성하고자 하는 목표와 많은 부분이 일치한다.

구성주의 관점에서 소프트웨어 교육은 창의컴퓨팅의 관점으로 접근이 가능하다. 알고리즘과 절차적 사고를 바탕으로 하는 컴퓨팅 사고 기반의 문제 해결력 신장과 함께 확산적인 창의 융합적 사고, 그리고 팀 프로젝트를 통한 대인 관계, 협력, 의사소통, 미래 진로에 대한 디자인 사고 등이 주요 이슈로 다루어진다. 구성주의 관점은 기존 교육을 변화시키고자 하는 새로운 교과로서의 소프트웨어 교육과 미래를 창조해 가는 혁신적 교과의 성격과 많은 부분 부합된다. 특히, 사물의 디지털화를 주도하는 메이커 운동 Maker Movement에서처럼 학생 중심의 능동적 만들기 활동과 작품을 공유하는 과정을 중요시한다. 이러한 활동은 바로 소프트웨어 교육과 맞물려 미래 교육의 거대한 변화로 나타날 것이다.

앞의 3가지 교육 사조 중에서 소프트웨어 교육은 어느 하나의 교육 사조와 부합하여 그에 따른 목표를 추구하기보다는 교육의 내용과 방법 그리고 평가의 단계에서 적절한 교육 사조와 목표를 설정하여 교육의 방향과 교육과정을 구성해야 하며 그에 따른 거시적 교육의 목표를 추구해야 한다.

즉, 초·중등 교육과정에서 추구하는 목표가 전인적 인간 양성이라면 코딩 교육과 프로그래밍 교육에서 요구하는 직업적 전문성 신장의 효과적인 방법인 행동주의나 사고를 중심으로 하는 인지주의 관점에서 추구할 수 있다. 또한 삶을 살아가는 구성원으로서의 다양한 지식과 기능, 행동, 태도, 사회적 관계 등을 함께하는 구성주의 관점에서도 소프트웨어 교육을 중요하게 다루어야 한다.

현재 교육의 상황에서 구성주의적 관점(팀 프로젝트 학습, 의사소통, 협력, 창의력, 디자인 사고 등 21세기 학습자 역량을 달성하기 위한 관점)의 소프트웨어 교육을 정착시키기 위해서는 충분한 교육 시수의 확보가 필수적이다. 부족한 수업 시수를 극복하기 위해서 기존의 교육과정을 넘어서는 새로운 교육과정과 교육 전략이 요구된다. 그 대안으로서 각 교과별로 분리되어 있는 교육과정을 재구성하여 융합 교육의 내용과 방법으로 현장 교육에 적용할 수 있다. 또한 학교 정규 교육과정과 학교 밖 교육 프로그램을 연계하여 운영할 수 있도록 유연하고 혁신적인 교육 방법과 시스템을 도입하는 것도 한 가지 방법이다.

 **참고**하기

⇨ 피아제와 페퍼트의 구성주의

다음 글은 김재원이 〈예병일의 경제노트〉의 칼럼 게시판인 '미래상상노트'에서 '레고 교육과 구성주의 교육 이론'이라는 제목을 통해 발표한 글의 일부 내용을 발췌한 것이다. 여기에서 로고(Logo)를 개발한 페퍼트 교수의 구성주의(constructionism) 교육 철학을 살펴볼 수 있다.

스위스의 심리학자인 장 피아제(Jean Piaget)가 창안한 지식 이론에 바탕을 둔 구성주의(constructivism)와는 차별되게 MIT 대학의 시모어 페퍼트(Seymour Papert)는 학습자 위주의 구성주의(constructionism)를 제안하였다. 피아제의 지식 이론은 지식이란 무엇이며 그것이 어떻게 발달되는지 설명하려는 이론으로 사람은 세상의 경험을 통하여 지식 체계를 생성한다고 보았다.

피아제의 이론을 바탕으로 페퍼트는 교육을 지식과 연관시켜 학습의 본성에 대해 이야기하였다. 즉, 사람의 지식은 선천적으로 타고났는지 후천적으로 생성되는지에 따라 교육의 접근 방식이 다를 수 있다고 보았다. 선천적으로 타고난 경우 그 지식을 밖으로 끌어내는 것이 교육이고 후천적으로 생성될 경우 외부의 지식에 대해 적절한 경험을 제공하여 그것을 이해하도록 하는 것이 교육이라고 하였다.

따라서 구성주의 관점의 교육은 교수자가 잘 가르치는 방법을 찾는 것이 아니고 학습자가 지식을 잘 구성하도록 안내하는 것을 중요시한다. 이것이 바로 페퍼트가 주장하는 구성주의의 핵심 내용이다. 로고 프로그램은 페퍼트가 주장하는 구성주의 관점을 실현하기 위해 만든 언어이다.

⇨ 미셸 레스닉의 분산 구성주의

스크래치를 개발한 MIT 미디어랩의 미셸 레스닉(Micheal Resnick) 교수의 1996년 논문을 보면 스크래치의 기본 철학과 특징을 살펴볼 수 있다. 분산 구성주의라는 제목으로 발표한 논문에는 인터넷의 발달을 통하여 개인 학습자의 내면과 외부 환경의 상호작용을 통한 지식 구성을 넘어서 분산된 학습자들의 지식과 상호작용을 구성하고 그것을 통하여 사회적 구성주의를 형성한다고 하였다.

페퍼트가 제안한 개인 학습자의 급진적 구성주의에 반해서 레스닉은 다양한 학습자의 집단 지식이 새롭게 등장하는 첨단기술의 힘을 빌려 사회적 상호작용을 통해 지식이 활발하게 구성된다고 믿었다.

PC 성능의 발달과 인터페이스의 진보에 의해 텍스트 기반의 로고 언어가 블록형 명령을 가진 스크래치(Scratch) 언어로 버전업이 되고 학습자들은 놀이와 흥미를 통해 자신의 지식을 구성하는 학습 활동을 하게 되었다. 특히, 프로그래밍 중심 또는 수학의 원리를 파악하는 지식 중심의 교육보다는 놀이와 즐거움을 바탕으로 하는 엔터테인먼트 활동을 통해 자연스럽게 학습의 동기를 부여받고 새로운 것에 도전하며 자기 주도적으로 학습하게 되었다.

여기서 더 중요한 것은 인터넷의 역할인데, 로고를 중심으로 하는 페퍼트의 시절에는 개인 PC 중심의 교육이 진행된 반면 스크래치는 명령이 블록으로 시각화되었을 뿐만 아니라 인터넷이 활성화되어 웹 기반으로 개발이 가능하고(다운로드받아 프로그램 설치 후 개발도 가능하다) 즉시 다른 학습자들과 공유할 수 있는 커뮤니티를 제공한다. 분산 구성주의는 이러한 철학을 담고 있다.

스크래치 사이트(http://scratch.mit.edu)는 스크래치 개발을 통한 창의컴퓨팅 활동뿐만 아니라 스크래치 프로젝트의 공유 커뮤니티와 집단 학습 공간을 제공하고 있다. 이러한 공간 안에서 다양한 학습자들이 의사소통하고 작품을 공유하며, 협력 작업과 타인의 작품을 수정 보완하는 과정을 통해 진화된 사회적 프로그램을 이끌어 내고 있다. 스크래치 2.0 버전과 커뮤니티에는 이러한 철학이 고스란히 담겨 있다.

소프트웨어 교육의
목표

2018년 초·중등 정규 교과로 소프트웨어 교육을 추진하기 위해 2015년 소프트웨어 교육의 운영 지침이 발표되었다. 소프트웨어 교육의 운영 지침은 2015 개정 교육 과정이 적용되기 이전까지의 소프트웨어 교육과정의 운영에 관해 제시한 것으로, 이 운영 지침에 따르면 '컴퓨팅 사고력을 가진 창의·융합 인재를 육성'하는 것을 목표로 하고 있다. 이를 위해 정보 교육에서의 CT를 '계산적 사고'에서 '컴퓨팅 사고'로 용어를 바꾸었으며, 기존의 소양 능력 위주의 교육에서 소프트웨어의 기본이 되는 프로그래밍과 알고리즘을 바탕으로 창의적 문제 해결과 융합적 역량을 강조하는 교육으로 수정하였다. 2015 개정 교육과정에 따른 소프트웨어 교육 학교급별 교육 목표를 살펴보면 다음과 같다.

초등학교 소프트웨어 교육 목표

실과 교과의 '기술의 세계' 영역 안에 활동 형태에 따라 생산기술, 수송기술, 통신기술로 나누고, 이 영역 안에서 소프트웨어 교육이 실시되도록 한다.

총괄 목표

기술 시스템과 활용에 대한 기본 소양을 습득하여 기술적 문제 해결 능력, 기술 시스템 설계 능력, 기술 활용 능력을 기름으로써 가정생활과 직업생활에서 개인과 가족이 행복하고 건강한 삶을 영위할 수 있도록 한다.

세부 목표

다양한 자원과 지식을 활용하여 생산·수송·통신 기술의 투입·과정·산출·되먹임의 흐름이 효율적으로 이루어지도록 필요한 장치device를 개발하거나 효율적으로 적용하는 시스템 설계 능력을 기른다.

중·고등학교 소프트웨어 교육 목표

'정보' 교과라는 새로운 교과 안에서 정보윤리 의식, 정보보호 능력, 정보기술 활용 능력을 기르고, 컴퓨터 과학의 기본 개념과 원리, 컴퓨팅 기술을 바탕으로 실생활 및 다양한 학문 분야의 문제를 창의적이고 효율적으로 해결하는 능력과 협력적 태도를 기른다.

정보 교과의 교육 목표

- 정보사회의 특성을 이해하고, 정보윤리 및 정보보호를 올바르게 실천할 수 있는 태도를 기른다.
- 정보기술을 활용하여 정보를 효율적으로 관리하고 생산하는 능력과 태도를 기른다.
- 컴퓨팅 원리에 따라 문제를 추상화하여 해법을 설계하고 프로그래밍 과정을 통해 소프트웨어로 구현하여 자동화할 수 있는 능력을 기른다.
- 컴퓨팅 시스템의 구성 및 동작 원리를 이해하고 실생활의 문제를 해결할 수 있는 창의적 컴퓨팅 시스템을 구현할 수 있는 능력을 기른다.

이러한 정보 교과의 교육 목표를 기반으로 중학교 '정보'에서는 기초적인 정보윤리 의식과 정보보호 능력을 함양하고 실생활의 문제 해결을 위해 정보기술 활용 능력과 컴퓨팅 사고력, 협력적 문제 해결력을 기르는 데 중점을 둔다.

- 정보사회의 특성을 올바르게 이해하고 정보윤리를 실천할 수 있는 태도를 기른다.
- 정보기술을 활용하여 문제 해결에 필요한 자료와 정보를 수집하고 효율적으로 구조화하는 능력과 태도를 기른다.
- 컴퓨터 과학의 기본 개념과 원리에 따라 실생활의 문제를 추상화하여 해법을 설계하고 프로그래밍 과정을 통해 소프트웨어로 구현하여 자동화할 수 있는 능력을 기른다.
- 컴퓨팅 시스템의 구성 및 동작 원리를 이해하고 다양한 입·출력 장치와 프로그래밍을 통해 문제 해결에 적합한 피지컬 컴퓨팅 시스템을 구성하는 능력을 기른다.

또한 고등학교 '정보'에서는 정보윤리 의식을 바탕으로 정보보호를 실천하기 위한 역량을 강화하고 실생활의 기초적인 문제뿐만 아니라 다양한 학문 분야의 복잡한 문제 해결을 위해 정보기술 활용 능력과 컴퓨팅 사고력, 협력적 문제 해결력을 기르는 데 중점을 둔다.

- 정보사회에서 정보과학의 가치와 영향력을 인식하고 정보윤리, 정보 보호 및 보안을 실천할 수 있는 태도를 기른다.
- 정보 활용 목적에 따라 효율적인 디지털 표현 방법을 이해하고 정보 기술을 활용하여 자료와 정보를 수집, 분석, 관리하는 능력과 태도를 기른다.
- 컴퓨터 과학의 기본 개념과 원리에 따라 다양한 학문 분야의 문제를 추상화하여 해법을 설계하고 프로그래밍 과정을 통해 소프트웨어로 구현하여 자동화할 수 있는 능력을 기른다.
- 컴퓨팅 시스템의 효율적인 자원 관리 방법을 이해하고 다양한 학문 분야의 복잡한 문제 해결을 위한 피지컬 컴퓨팅 시스템을 창의적으로 구현할 수 있는 능

력을 기른다.

이처럼 초·중·고등학교 소프트웨어 교육의 목표를 자세히 살펴보면 컴퓨팅 사고를 기반으로 문제를 해결하고 실제적인 컴퓨팅 활동을 통해 소프트웨어를 개발하는 교육과정으로 구성된 것을 알 수 있다. 컴퓨팅 실습을 전면적으로 적용하기 어려운 초·중등 현장에서 이러한 소프트웨어 교육의 목표와 접근 방식은 사고력을 신장시키는 관점에서 매우 적절하다.

그러나 교사들이 이러한 지침을 바탕으로 현장에서 실제 수업을 할 경우 내용과 방법이 구체적이지 않아 실체가 분명하지 않은 교육과정으로 비추어질 수 있어 구체적인 대안이 필요하다. 특히, 학생들이 좋아하는 실습을 배제하고 이론과 지식 전달 중심의 수업으로 인한 소프트웨어 교육의 회피와 싫증은 신규 교과로서 경계해야 할 중요한 부분이다.

따라서 구성주의 관점의 창의컴퓨팅 교육의 철학과 교육 내용, 그리고 창의컴퓨팅을 통하여 창의적 문제 해결력을 신장시키는 구체적인 활동과의 연계가 중요한 대안이 될 것이다.

소프트웨어 교육의 교육과정과 내용

교육부에서 발표한 2015 개정 교육과정에 따른 학교급별 내용 체계와 요소는 〈표 2-1〉과 같다.

표 2-1 | 초등학교 교육 영역에 따른 내용 체계

영역	핵심 개념	내용(일반화된 지식)	내용 요소
기술 시스템	소통	통신기술은 정보를 생산, 가공하여 다양한 수단과 장치를 통하여 송ㆍ수신하여 공유한다.	• 소프트웨어의 이해 • 절차적 알고리즘 • 프로그래밍 요소와 구조
기술 활용	혁신	문제 해결 과정에서의 발명과 기술 개발에서의 표준은 국가와 사회의 혁신과 발전에 기여한다.	• 발명과 문제 해결 • 개인 정보와 지식 재산 보호 • 로봇의 기능과 구조

초등학교에서는 실과 교과 내에 인간 발달과 가족, 가정생활과 안전, 자원 관리와 자립, 기술 시스템, 기술 활용으로 5개 영역을 제시하였다. 그중 소프트웨어 교육은 기술 시스템 영역과 기술 활용 영역에서 실시가 된다. 이에 따른 내용 요소와 성취 기준은 다음과 같다.

기술 시스템

- 소프트웨어가 적용된 사례를 찾아보고 우리 생활에 미치는 영향을 이해한다.
- 절차적 사고에 의한 문제 해결의 순서를 생각하고 적용한다.
- 프로그래밍 도구를 사용하여 기초적인 프로그래밍 과정을 체험한다.
- 자료를 입력하고 필요한 처리를 수행한 후 결과를 출력하는 단순한 프로그램을 설계한다.
- 문제를 해결하는 프로그램을 만드는 과정에서 순차, 선택, 반복 등의 구조를 이해한다.

기술 활용

- 사이버 중독 예방, 개인정보 보호 및 지식재산 보호의 의미를 알고 생활 속에서 실천한다.
- 생활 속에서 로봇 활용 사례를 통해 작동 원리와 활용 분야를 이해한다.
- 여러 가지 센서를 장착한 로봇을 제작한다.

중학교 정보 교과의 내용은 '정보문화', '자료와 정보', '문제 해결과 프로그래밍', '컴퓨팅 시스템' 영역으로 구분되며, '정보문화'와 '자료와 정보' 영역은 정보사회 구성원으로서 갖추어야 할 기본 소양을 증진하는 데 중점을 둔다. '문제 해결과 프로그래밍', '컴퓨팅 시스템' 영역은 컴퓨터 과학을 토대로 한 실생활 및 다양한 학문 분야의 문제 해결 능력을 신장하는 데 중점을 둔다.

정보 교과에서 추구하는 교과 역량은 '정보문화 소양', '컴퓨팅 사고력', '협력적 문제 해결력'으로 역량별 의미와 하위 요소는 다음과 같다.

'정보문화 소양'은 정보사회의 가치를 이해하며 정보사회 구성원으로서 윤리의식과 시민의식을 갖추고 정보기술을 활용하여 문제를 해결할 수 있는 능력을 말한다. '정보문화 소양'은 '정보윤리 의식', '정보보호 능력', '정보기술 활용 능력'을 포함한다.

'컴퓨팅 사고력'은 컴퓨터 과학의 기본 개념과 원리 및 컴퓨팅 시스템을 활용하여 실생활과 다양한 학문 분야의 문제를 이해하고 창의적으로 해법을 구현하여 적용할 수 있는 능력을 말한다. '컴퓨팅 사고력'은 '추상화abstraction 능력'과 프로그래밍으로 대표되는 '자동화automation 능력', '창의·융합 능력'을 포함한다. 추상화는 문제의 복잡성을 제거하기 위해 사용하는 기법으로 핵심 요소 추출, 문제 분해, 모델링, 분류, 일반화 등의 방법으로 이루어진다. 추상화 과정을 통해 도출된 문제 해결 모델은 프로그래밍을 통

표 2-2 | **중학교 교육 영역에 따른 내용 체계**

영역	핵심 개념	내용(일반화된 지식)	내용 요소	기능
정보 문화	정보사회	정보사회는 정보의 생산과 활용이 중심이 되는 사회이며, 정보와 관련된 새로운 직업이 등장하고 있다.	정보사회의 특성과 진로	탐색하기 분석하기 실천하기 계획하기
	정보윤리	정보윤리는 정보사회에서 구성원이 지켜야 하는 올바른 가치관과 행동 양식이다.	• 개인 정보와 저작권 보호 • 사이버 윤리	
자료와 정보	자료와 정보의 표현	숫자, 문자, 그림, 소리 등 아날로그 자료는 디지털로 변환되어 컴퓨터 내부에서 처리된다.	자료의 유형과 디지털 표현	분석하기 표현하기 수집하기 관리하기
	자료와 정보의 분석	문제 해결을 위해 필요한 자료와 정보의 수집과 분석은 검색, 분류, 처리, 구조화 등의 방법으로 이루어진다.	• 자료의 수집 • 정보의 구조화	
문제 해결과 프로그래밍	추상화	추상화는 문제를 이해하고 분석하여 문제 해결을 위해 불필요한 요소를 제거하거나 작은 문제로 나누는 과정이다.	• 문제 이해 • 핵심 요소 추출	비교하기 분석하기 핵심 요소 추출하기 표현하기 프로그래밍하기 구현하기 협력하기
	알고리즘	알고리즘은 문제 해결을 위한 효율적인 방법과 절차이다.	• 알고리즘 이해 • 알고리즘 표현	
	프로그래밍	프로그래밍은 문제의 해결책을 프로그래밍 언어로 구현하여 자동화하는 과정이다.	• 입력과 출력 • 변수와 연산 • 제어 구조 • 프로그래밍 응용	
컴퓨팅 시스템	컴퓨팅 시스템의 동작 원리	다양한 하드웨어와 소프트웨어가 유기적으로 결합된 컴퓨팅 시스템은 외부로부터 자료를 입력받아 효율적으로 처리하여 출력한다.	컴퓨팅 기기의 구성과 동작 원리	분석하기 설계하기 프로그래밍하기 구현하기 협력하기
	피지컬 컴퓨팅	마이크로컨트롤러와 다양한 입·출력 장치로 피지컬 컴퓨팅 시스템을 구성하고 프로그래밍을 통해 제어한다.	센서 기반 프로그램 구현	

해 자동화된다.

'협력적 문제 해결력'은 네트워크 컴퓨팅 환경에 기반한 다양한 지식·학습 공동체에서 공유와 효율적인 의사소통, 협업을 통해 문제를 창의적으로 해결할 수 있는 능력을 말한다. '협력적 문제 해결력'은 '협력적 컴퓨팅 사고력', '디지털 의사소통 능력', '공유와 협업 능력'을 포함한다.

중학교 '정보'는 초등학교 5~6학년군 '실과'에서 이수한 소프트웨어 기초 소양 교육을 바탕으로 이수하며, 고등학교의 일반 선택 과목인 '정보' 및 과학계열 전문 교과 I 과목인 '정보과학'의 선수 과목으로서의 연계성을 갖는다.

각 영역에 따른 성취 기준을 살펴보면 다음과 같다.

정보문화

- 정보기술의 발달과 소프트웨어가 개인의 삶과 사회에 미친 영향과 가치를 분석하고 그에 따른 직업의 특성을 이해하여 자신의 적성에 맞는 진로를 탐색한다.
- 정보사회 구성원으로서 개인 정보와 저작권 보호의 중요성을 인식하고 개인정보 보호, 저작권 보호 방법을 실천한다.
- 정보사회에서 개인이 지켜야 하는 사이버 윤리의 필요성을 이해하고 사이버 폭력 방지와 게임·인터넷·스마트폰 중독의 예방법을 실천한다.

자료와 정보

- 디지털 정보의 속성과 특징을 이해하고 현실 세계에서 여러 가지 다른 형태로 표현되고 있는 자료와 정보를 디지털 형태로 표현한다.
- 인터넷, 응용 소프트웨어 등을 활용하여 문제 해결을 위한 자료를 수집하고 관리

한다.

- 실생활의 정보를 표, 다이어그램 등 다양한 형태로 구조화하여 표현한다.

추상화와 알고리즘

- 실생활 문제 상황에서 문제의 현재 상태, 목표 상태를 이해하고 목표 상태에 도달하기 위해 수행해야 할 작업을 분석한다.
- 문제 해결에 필요한 요소와 불필요한 요소를 분류한다.
- 논리적인 문제 해결 절차인 알고리즘의 의미와 중요성을 이해하고 실생활 문제의 해결 과정을 알고리즘으로 구상한다.
- 문제 해결을 위한 다양한 방법과 절차를 탐색하고 명확하게 표현한다.

프로그래밍

- 사용할 프로그래밍 언어의 개발 환경 및 특성을 이해한다.
- 다양한 형태의 자료를 입력받아 처리하고 출력하기 위한 프로그램을 작성한다.
- 변수의 개념을 이해하고 변수와 연산자를 활용한 프로그램을 작성한다.
- 순차, 선택, 반복의 개념과 원리를 이해하고 세 가지 구조를 활용한 프로그램을 작성한다.
- 실생활 문제 해결을 위한 소프트웨어를 협력하여 설계, 개발, 비교·분석한다.

컴퓨팅 시스템

- 컴퓨팅 시스템을 구성하는 하드웨어와 소프트웨어의 역할을 이해하고 유기적인 상호 관계를 분석한다.

- 센서를 이용한 자료 처리 및 동작 제어 프로그램을 구현한다.

고등학교 정보 과목의 내용 영역과 추구하는 역량은 중학교와 동일하다. 고등학교 '정보'는 중학교에서 이수한 '정보' 교과 교육을 바탕으로 이수하며, 과학 계열 전문 교과 I 과목인 '정보과학'의 선수 과목으로서의 연계성을 갖는다.

각 영역에 따른 성취 기준을 살펴보면 다음과 같다.

정보문화

- 정보사회에서 정보과학의 지식과 기술이 활용되는 분야를 탐색하고 영향력을 평가한다.
- 정보과학 분야의 직업과 진로를 탐색한다.
- 정보보호 제도 및 방법에 따라 올바르게 정보를 공유하는 방법을 실천한다.
- 정보보안의 필요성을 이해하고 암호 설정, 접근 권한 관리 등 정보보안을 실천한다.
- 소프트웨어 저작권 보호 제도 및 방법을 알고 올바르게 활용한다.
- 사이버 공간에서 발생하는 사회적 문제를 예방하기 위한 제도를 이해하고 사이버 윤리를 실천한다.

자료와 정보

- 동일한 정보가 다양한 방법으로 디지털로 변환되어 표현될 수 있음을 이해하고 정보 활용 목적에 따라 보다 효율적인 방법을 선택한다.
- 컴퓨팅 환경에서 생산되는 방대하고 복잡한 종류의 자료들을 수집, 분석, 활용하기 위한 컴퓨팅 기술의 역할과 중요성을 이해한다.

표 2-3 | **고등학교 교육 영역에 따른 내용 체계**

영역	핵심 개념	내용(일반화된 지식)	내용 요소	기능
정보문화	정보사회	정보사회는 정보의 생산과 활용이 중심이 되는 사회이며, 정보와 관련된 새로운 직업이 등장하고 있다.	정보 과학과 진로	탐색하기 평가하기 실천하기 계획하기
	정보윤리	정보윤리는 정보사회에서 구성원이 지켜야 하는 올바른 가치관과 행동 양식이다.	• 정보 보호와 보안 • 저작권 활용 • 사이버 윤리	
자료와 정보	자료와 정보의 표현	숫자, 문자, 그림, 소리 등 아날로그 자료는 디지털로 변환되어 컴퓨터 내부에서 처리된다.	효율적인 디지털 표현	분석하기 선택하기 수집하기 관리하기 협력하기
	자료와 정보의 분석	문제 해결을 위해 필요한 자료와 정보의 수집과 분석은 검색, 분류, 처리, 구조화 등의 방법으로 이루어진다.	• 자료의 분석 • 정보의 관리	
문제 해결과 프로그래밍	추상화	추상화는 문제를 이해하고 분석하여 문제 해결을 위해 불필요한 요소를 제거하거나 작은 문제로 나누는 과정이다.	• 문제 분석 • 문제 분해와 모델링	비교하기 분석하기 핵심 요소 추출하기 분해하기 설계하기 표현하기 프로그래밍하기 구현하기 협력하기
	알고리즘	다양한 제어 구조를 이용하여 알고리즘을 설계하고, 수행 시간의 관점에서 알고리즘을 분석한다.	• 알고리즘 설계 • 알고리즘 분석	
	프로그래밍	프로그래밍은 문제의 해결책을 프로그래밍 언어로 구현하여 자동화하는 과정이다.	• 변수와 자료형 • 연산자 • 표준 입출력과 파일 입출력 • 중첩 제어 구조 • 배열 • 함수 • 프로그래밍 응용	
컴퓨팅 시스템	컴퓨팅 시스템의 동작 원리	다양한 하드웨어와 소프트웨어가 유기적으로 결합된 컴퓨팅 시스템은 외부로부터 자료를 입력받아 효율적으로 처리하여 출력한다.	• 운영체제 역할 • 네트워크 환경설정	활용하기 관리하기 설계하기 프로그래밍하기 구현하기 협력하기
	피지컬 컴퓨팅	마이크로컨트롤러와 다양한 입·출력 장치로 피지컬 컴퓨팅 시스템을 구성하고 프로그래밍을 통해 제어한다.	피지컬 컴퓨팅 구현	

- 인터넷, 응용 소프트웨어 등 컴퓨팅 도구를 활용하여 문제 해결을 위한 자료를 수집하고 분석한다.
- 정보를 관리하는 데 적합한 컴퓨팅 도구를 선택하고 이를 활용하여 정보를 체계적으로 관리한다.

추상화와 알고리즘

- 복잡한 문제 상황에서 문제의 현재 상태, 목표 상태를 이해하고 목표 상태에 도달하기 위해 수행해야 할 작업을 분석한다.
- 복잡한 문제 상황에서 문제 해결에 불필요한 요소를 제거하거나 필요한 요소를 추출한다.
- 복잡하고 어려운 문제를 해결 가능한 작은 단위의 문제로 분해하고 모델링한다.
- 순차 구조, 선택 구조, 반복 구조 등의 제어 구조를 활용하여 논리적이고 효율적인 알고리즘을 설계한다.
- 다양한 알고리즘의 성능을 수행 시간의 관점에서 분석하고 비교한다.

프로그래밍

- 텍스트 기반 프로그래밍 언어의 개발 환경 및 특성을 이해한다.
- 자료형에 적합한 변수를 정의하고 이를 활용한 프로그램을 작성한다.
- 다양한 연산자를 활용한 프로그램을 작성한다.
- 표준 입출력과 파일 입출력을 활용한 프로그램을 작성한다.
- 순차, 선택, 반복 구조를 활용한 프로그램을 작성한다.
- 중첩 제어 구조를 활용한 프로그램을 작성한다.

- 배열의 개념을 이해하고 배열을 활용한 프로그램을 작성한다.
- 함수의 개념을 이해하고 함수를 활용한 프로그램을 작성한다.
- 다양한 학문 분야의 문제 해결을 위한 알고리즘을 협력하여 설계한다.
- 다양한 학문 분야의 문제 해결을 위해 설계한 알고리즘을 프로그램으로 구현하고 효율성을 비교·분석한다.

컴퓨팅 시스템

- 운영체제의 개념과 기능을 이해하고 운영체제를 활용하여 컴퓨팅 시스템의 자원을 효율적으로 관리한다.
- 유무선 네트워크의 특성을 이해하고 사용하는 컴퓨팅 시스템의 네트워크 환경을 설정한다.
- 문제 해결에 적합한 하드웨어를 선택하여 컴퓨팅 장치를 구성한다.
- 피지컬 컴퓨팅 장치의 동작을 제어하기 위한 프로그램을 작성한다.

2015 개정 초·중등 교육과정을 살펴보면 초등학교에서는 응용 소프트웨어의 사용법이나 프로그래밍 언어의 문법 중심의 학습을 최소화하고 있으며, 문제를 해결하기 위한 프로그래밍 과정에서의 컴퓨팅 사고에 초점을 맞추고 있다. 언플러그드 컴퓨팅 활동과 블록 기반의 교육용 프로그래밍 도구를 활용하여 기초적인 프로그래밍 과정을 체험해보도록 하고 있다. 기술 활용 영역에서 센서를 장착한 로봇을 제작해보는 활동을 포함한 피지컬 컴퓨팅에 대한 기초 경험도 이루어지고 있다.

초등학교에서는 소프트웨어 교육에 주어진 시간이 매우 적다. 따라서 컴퓨팅 사고를 소프트웨어 교육 관련 교과뿐 아니라 국어, 사회, 수학, 과학 등 다양한 교과에 반영하도록 하고 있는데, 그에 따라 타 교과에의 적용 가능성도 함께 제시하고 있다.

중학교에서는 정보문화 소양으로 윤리의식, 시민의식과 함께 정보기술 활용 능력의 신장과 컴퓨팅 사고력, 협력적 문제 해결력의 향상을 추구하고 있다. 컴퓨팅 사고력은 문제 해결과 프로그래밍 영역에서 제시하는 기능인 컴퓨팅 사고력 사고 과정(비교하기–분석하기–핵심 요소 추출하기–표현하기–프로그래밍하기–구현하기–협력하기)에 잘 나타나 있다.

프로그래밍 언어는 초등학교에서 블록형 기반의 교육용 프로그래밍 언어를 제시해 준 반면, 중학교에서는 학습자 수준에 적절한 교육용 프로그래밍 언어를 선택하라고 되어 있다. 초등학교에서 적은 시수로 이루어지는 블록형 기반의 교육용 프로그래밍 언어의 학습 경험만으로 중학교 과정에서 배울 수 있는 텍스트형 기반의 교육용 프로그래밍 언어를 가지고 프로그래밍하는 과정의 전이는 매우 어렵다. 초등학교와 중학교 과정을 연계할 수 있는 교육용 프로그래밍 언어(블록형 언어이지만 고난이도의 컴퓨팅을 경험해볼 수 있는 언어, 예를 들면 스냅(http://snap.berkeley.edu) 언어)가 필요하다.

그리고 모든 영역에서 협력적인 문제 해결을 강조하고 있다. 고등학교에서는 중학교에서 제시한 것처럼 정보문화 소양, 컴퓨팅 사고력, 협력적 문제 해결력 향상을 좀 더 깊이 있게 다루며 그에 대한 심화 목표를 추구하고 있다. 또한 텍스트 기반의 프로그래밍을 기반으로 하며, 컴퓨터 과학에 대한 심화된 내용을 다루고 있다. 다양한 학문 분야의 피지컬 컴퓨팅 시스템을 구성하고 구현하는 데 중점을 두는 융합 컴퓨팅의 과정도 중시하고 있다.

초 · 중등 교육에서 모두 컴퓨터 과학에 대한 언플러그드 컴퓨팅, EPL 컴퓨팅, 피지컬 컴퓨팅 활동이 고루 나타나고 있음을 알 수 있으며, 그 과정 안에서 컴퓨팅 사고를 중심으로 융합적인 사고, 디자인 사고, 창의적인 사고 향상을 꾀하고 있음을 알 수 있다.

소프트웨어 교육의
방법

　　교사는 수업을 준비할 때 '수업 모형', '수업 전략', '수업 기술'에 대해 많은 고민을 한다. 교육의 거시적 차원에서 초·중등 교육에서 다루고 있는 일반 교과들에 모두 적용할 수 있는 수업의 방법을 '수업 모형'이라고 한다면, 각 교과별 또는 추구하는 수업의 도달 목표에 적합한 수업의 방법을 '수업 전략'이라고 할 수 있다. 각 차시별 수업의 효과적 지원을 위한 개별 교사의 역량에 따른 수업의 방법은 '수업 기법(기술)'이라고 볼 수 있다.

　　이에 따라 소프트웨어 교육을 위한 수업 방법이 다양하게 제시될 수 있다.

일반 수업의 교수 학습 모형

　　초·중등 교육에 편재된 다양한 교과에서 일반적으로 사용되는 교수 학습 모형을 살펴보면 〈표 2-4〉와 같다.

표 2-4 ┃ **일반적인 교수 · 학습 모형**

• 직접 교수 모형	• 문제 해결 모형
• 선행 조직자 모형	• 창의성 계발 모형
• 개념 형성 모형	• 팀 티칭 모형
• 발견 학습 모형	• 협력 학습 모형
• 탐구 학습 모형	• 토론 모형
	• 프로젝트 모형

출처: 한선관 외, "정보 교육 방법의 실제", 한국학술정보, 2007.

직접 교수 모형은 논리회로의 구성이나 프로그래밍의 문법을 대규모 인원의 강의실에서 강의자가 설명하고 학습자가 따라하면서 실습하는 교육 내용에 적합하다. 선행조직자 모형은 학습자가 선행 경험 또는 지식으로 가지고 있는 개념을 바탕으로 새로운 컴퓨터 과학의 개념(데이터베이스의 개념, 암호 이론 등)을 형성해 가는 강의 방법에서 사용될 수 있다. 팀 티칭 모형은 컴퓨터 과학의 다양한 분야를 연계하여 전문가들이 팀을 이루어 융합적인 내용을 가르칠 때 효과적이다. 각 팀별 수업 방법과 기법은 팀티칭에 참여한 강사진의 전문성과 수업 유형에 따라 다양하게 선택되어 전개된다.

이렇듯 일반 교과의 범용적 교수 학습 모형은 소프트웨어 교육에서 어떻게 적용할지에 대해 교수자들의 다양한 아이디어와 교육적 전문성을 이용하여 유연성 있게 수업에 적용할 수 있다.

소프트웨어 교육의 교수 학습 전략

교수 학습 모형 안에서의 보다 효과적인 수업 방법으로 일반 모형보다 작은 범위의 교수 학습 전략이 있다. 이 전략은 소프트웨어 교육의 수업 목표와 내용에 적합하도록 가르치고 배우는 데 효과적인 방법을 다양하게 찾는 것이다. 소프트웨어 교육에서 새롭게 소개된 교수 학습 전략을 살펴보면 다음과 같다.

소프트웨어 교육에서 대표적인 교수 학습 전략은 〈표 2-5〉와 같이 크게 3가지로 구분할 수 있다. 정보의 사용자 인지 · 심리 기반 교수 학습 전략은 정보의 특징을 바탕으로 아날로그 정보와 디지털 정보를 가공하고 공유하며 새롭게 생성하여 처리하는 내용을 다룬다. 정보과학 원리 기반 교수 학습 전략은 컴퓨터 과학의 이론과 개념에서 담고 있는 속성과 방법, 알고리즘을 활용하여 교수 학습에 적용한 방법이다. 정보기술 환경 기반 교수 학습 전략은 컴퓨터를 교육에 적용한 역사와 일맥상통한다. 정보기술의

표 2-5 │ 소프트웨어 교육의 교수 학습 전략 사례

구분	교수 학습 전략 예시
정보의 사용자 인지 · 심리 기반	• 디지털 정보 처리 교수 학습 • 디지로그 교수 학습 • 정보보호 교수 학습 • 디지털 소통 교수 학습
정보과학 원리 기반	• 언플러그드 컴퓨팅 교수 학습 • 알고리즘 교수 학습 • 객체지향 교수 학습 • 제약 기반 교수 학습 • 사례 기반 교수 학습 • 프로그래밍 교수 학습 • 소프트웨어 공학 교수 학습
정보기술 환경 기반	• CAI(컴퓨터 보조 학습) • ITS(지능형 교수 학습) • WBI(웹 기반 교수 학습) • ICT 교수 학습(정보통신기술 활용, 소양 교수 학습) • x-러닝 교수 학습(e-러닝, m-러닝, u-러닝, s-러닝 등) • 디지털 교과서 교수 학습 • 피지컬 컴퓨팅 교수 학습 • 메이커 교수 학습

발달에 따라 교육 환경이 변화해 왔으며 그 기술에 적합한 다양한 수업 방법들이 제기되어 왔다.

　정보의 사용자 인지 · 심리 기반의 디지털 정보처리 교수 학습 전략은 한선관에 의해 제안되었다. 이 학습 전략의 디지털 정보 처리 모형은 정보통신기술 활용 교육에서 그 원형을 빌려 수정 · 보완한 모형이다. 이것은 앞서 제시된 일반적인 교수 학습 모형 중 일부분을 변형한 모형으로 볼 수 있다.

디지털 정보처리 모형은 정보기능 모형과 정보사고 모형으로 구분할 수 있다. 정보기능 모형은 정보기술을 기능적으로 활용하기 위한 내용으로 구성되었으며, 정보사고 모형은 정보기술을 이용하여 인간의 사고력을 계발하도록 도와주는 모형이다. 이 두 가지 모형은 서로 분리되어 학습하는 것보다 함께 학습하는 것이 바람직하다.

표 2-6 | 디지털 정보처리 모형의 예

정보기능 모형	정보사고 모형
• 정보접근 모형	• 정보인식 모형
• 정보관리 모형	• 정보교류 모형
• 정보공유 모형	• 정보통합 모형
• 정보검색 모형	• 정보평가 모형
• 정보가공 모형	• 정보종합 모형
• 정보생성 모형	• 정보윤리 모형

출처: 한선관 외, "정보 교육 방법의 실제", 한국학술정보, 2007.

정보과학 원리 기반의 교수 학습 전략으로 가장 많이 알려진 방법은 언플러그드 컴퓨팅 교수 학습이다. 이 학습은 팀 벨Tim Bell에 의해 제안되었는데, 놀이와 교구를 통하여 컴퓨터 과학의 경험이 없거나 어린 학생들도 쉽게 이해할 수 있도록 컴퓨터 과학의 개념과 원리를 안내하고 있다. 이처럼 교수 학습 전략은 정보기술의 발전과 교육의 영향이 깊어질수록 다양한 방법들이 적용되어 개발되고 있다.

소프트웨어 교육을 위한 수업 기법

현장 교사들의 가장 큰 고민은 소프트웨어 교육에서 무엇을 가르쳐야 하느냐는 것이다. 초·중등 교육에서 학문적 정립이 아직 부족한 신생 교과인 소프트웨어 교육을 과연 어디까지 가르쳐야 하고, 어떤 내용으로 학생들의 수준에 맞게 구성할 것인가?

소프트웨어 교육의 내용은 문제 해결을 위한 절차적 사고와 알고리즘이 중심이다. 소프트웨어에 대한 이해와 정보윤리, 저작권과 같은 영역을 제외하고 컴퓨터 과학의 전반적인 내용보다는 프로그래밍을 중심으로 하는 창의적 문제 해결이 교육의 핵심 내용이다. 단순히 프로그래밍 문법만 다루는 것이 아니라 언플러그드 교수 학습 전략을 이용하여 컴퓨터 과학을 소개하고, 피지컬 컴퓨팅 교수 학습 전략을 이용하여 수학, 과학의 기초 학문을 바탕으로 한 현실 세계를 소프트웨어와 연계하는 융합적 프로젝트를 경험하는 것이다.

이러한 소프트웨어 교육의 내용을 수업 시간에 어떻게 효과적으로 가르쳐야 할까? 직접 교수 학습 모형으로 스크래치를 이용한 프로그래밍 수업과 센서보드와 같은 피지컬 컴퓨팅 교구를 활용하여 아날로그 정보를 디지털 정보로 센싱 값을 처리하는 교수 학습이 아무리 흥미로워도 학습자들의 관심을 지속적으로 끌기는 어렵다.

실제 현장에서의 프로그래밍 수업에서 가장 어려운 점은 보통 3개월(10~15차시)의 과정이 지나면 대부분의 학생들이 흥미를 잃는다는 것이다. 프로그래밍의 문법을 이해하고 프로젝트를 몇 가지 개발하는 과정을 수행했더라도, 이 분야의 소양이 뛰어나거나 영재성을 지닌 학생이 아닌 한 지속성을 가지고 계속 수업을 끌어가기가 매우 어렵다.

이러한 이유는 소프트웨어 교육을 코딩 교육과 프로그래밍 교육으로 동일시하여 접근하기 때문이다. 학습자들의 사고력을 신장시키고 구성주의 관점에서 자신이 직접 세상과의 소통을 통해 지식과 삶을 구성해 가는 방식이 부족하기 때문이다. 이 부분이 소프트웨어 교육에서 가장 심각하게 고민해야 할 부분이다. 직접적으로 소프트웨어를 개발하는 프로그래밍의 과정을 거치기는 하지만 컴퓨터 과학자나 소프트웨어 개발자를 양산하는 교육이 아니라, 아날로그와 디지털로 융합된 미래 세계를 살아가는 데 도움이 되는 정보 교육이 되어야 하는 것이다.

체계화되고 입증된 교수 학습 모형과 새롭게 시도되고 있는 교수 학습 전략보다도 학생들과의 상호작용에서 바로 처방 가능한 수업 기법이 필요한 이유이기도 하다. 이러한 수업 기법들을 학생들이 경험하고, 그에 따른 새로운 교수 학습 전략이 모형으로 연계되면 탄탄한 수업으로 발전하게 될 뿐만 아니라 교사들에게도 수업의 전문성이 쌓이는 좋은 기회가 될 것이다.

대표적인 수업 기법 예를 세 가지만 살펴보자.

먼저 페어프로그래밍Paired-Programming 기법이다. 코딩이나 프로그래밍의 과정에서 한 명의 학습자가 프로그램을 작성하는 과정을 거치고 나면 2명의 학생들을 팀으로 구성하여 한 가지 프로그램 또는 문제를 해결하도록 과제를 제시한다. 이때 한두 개의 제약을 제공하여 문제 해결의 복잡성을 더해 간다. 프로그램을 작성하는 미션을 수행하면서 상대 학생의 인지적 상태나 지식을 이해하는 과정이 요구된다. 프로그래밍의 과정에서 다른 학생과의 인지적 소통 또는 직접적인 소통을 통해 서로 가르치면서 문제를 해결하거나 상호작용하게 된다. 프로그래밍의 과정에서 자연스럽게 구성주의 관점에서 학습이 전개된다(7장에서 자세히 안내한다).

다음으로 메이커 운동을 적용한 수업 기법이다. 현실의 문제를 해결하기 위해 컴퓨팅 능력을 이용하고 소프트웨어를 적용하는 것은 물론이고, 초 · 중등 교육에서 오랫동안 적용해 왔던 공작 수업, 발명 수업, 공학 수업 등의 내용을 융합하는 것이다. 코딩의 과정으로 프로그램을 구현하는 것을 넘어서 현실 세계의 문제를 해결하기 위해 직접 만들어보고 소프트웨어와 연계하여 추상화와 자동화를 통해 세상을 바꾸는 꿈을 제공하는 메이커 페어 행사를 교실에서 학생들과 추진하는 것이다. 딱딱했던 교실이 행복한 삶을 누릴 수 있는 작은 공간으로 변모하게 될 것이다.

마지막으로 언플러그 컴퓨팅 교수 학습 전략인 교구나 신체 활동의 놀이를 통하여 컴퓨터 과학을 이해하는 방법뿐만 아니라 스토리텔링을 이용하는 수업이다. 학생들이 컴퓨터 과학자의 생각이나 컴퓨터의 새로운 기술 개발, 하드웨어를 이야기로 만들며 프로젝트를 해결함으로써 컴퓨터 과학의 발전을 자연스럽게 이해하는 것이다.

이러한 수업 기법들이 현장 교육에 많이 소개되고 교사들이 사용함에 따라 소프트웨어 교육이 코딩에 그치는 것이 아니고 정보기술이 삶을 살아가는 데 중요한 도구로 쓰일 수 있다는 것을 인식하게 될 것이다.

소프트웨어 교육의 평가

소프트웨어 교육에서의 평가는 교육의 목표를 달성했는지에 대한 일반적인 평가, 학생들의 역량 평가, 산출물에 대한 평가 등 다양한 관점에서 접근할 수 있다. 평가는 크게 양적 평가와 질적 평가의 방법으로 구분할 수 있으며, 지식에 대한 평가, 실기 능력에 대한 평가, 산출 결과에 대한 평가로 세부적으로 구분된다.

창의컴퓨팅 교육의 관점에서 평가는 창의력, 융합적 사고, 디자인 사고에서 나타나는 특별한 영역의 평가 내용 외에 구성주의 관점에서 중요시하는 인성, 협업 능력, 의사소통 능력, 윤리 의식 등의 평가 내용을 포함할 수 있다.

컴퓨팅 사고력 평가는 소프트웨어 교육의 관점에서 평가의 내용이 제한적일 수 있다. 사고력에 대한 평가는 객관적인 평가 기준과 구체적인 평가 문항의 부족으로 현재 많이 어려운 편이다. 또한 다양한 교과와의 융합에 대한 평가는 소프트웨어 교과의 본질적인 평가에 많은 제약을 주고 있다.

양적 평가

양적 평가는 컴퓨터 과학을 기반으로 기초 개념, 원리가 포함된 지식을 묻는 평가로 실기 평가의 경우 컴퓨팅 사고력 능력을 측정하는 영역이 있다. 전통적인 지필 평가와 함께 온라인을 이용하여 자동으로 채점하는 방식, 프로그래밍 코드의 컴파일을 이용하여 프로그래밍 결과의 오류를 평가하는 시스템을 활용하여 평가를 쉽게 할 수 있다.

실제로 컴퓨터 과학의 지식 평가는 어떻게 하는지 알아보자.

컴퓨터 과학의 기초 개념과 원리, IT의 지식에 대한 평가를 실시하며 기존의 지필 평가와 같은 방법을 사용하여 객관식과 주관식의 방법으로 진행한다. 전통적으로 이산수학과 자료구조, 하드웨어 등의 단순 지식 암기, 문제 풀이에 관련된 문항으로 구성된다.

다음 사례는 정보올림피아드의 예선 문제에서 컴퓨터 프로그래밍 없이 학생들의 기초 지식을 평가하기 위해 사용되는 문항을 보여준 것이다. 주로 수학 교과에서 사용되는 문제 풀이 형태의 계산형 문항들로 구성되어 있다. 기존 수학과 다른 점은 이산수학의 영역 중 알고리즘과 프로그래밍 구현에 필요한 문제 해결 과정을 다루고 있다는 것이다.

2012 시·도 예선 정보올림피아드 초등부 문제

1. 아래 그림은 스키장에 있는 7개 지점 사이에 스키를 타고 내려갈 수 있는 길을 나타내고 있다. ① 지점에서 출발하여 ⑦ 지점에 도착할 수 있는 방법은 모두 몇 가지인가? 예를 들면, ①에서 ②를 거쳐 ⑦까지 가는 방법 ①→②→⑦이 있고, 다른 방법으로 ①→②→⑥→⑦도 있다.

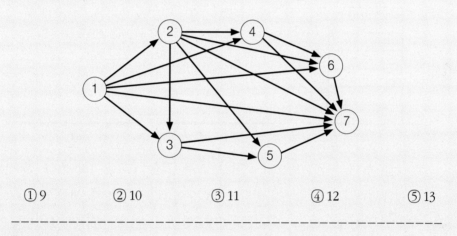

① 9　　　② 10　　　③ 11　　　④ 12　　　⑤ 13

정답: ⑤ 13

컴퓨터 과학의 배경지식　알고리즘에서 NP 문제를 다루는 대표적인 문항이다. 해밀턴 경로, 즉 세일즈맨 문제의 기초가 되는 그래프의 형태를 지니며 경로의 가짓수를 계산하는 규칙을 발견하는 것을 목표로 하고 있다. 다익스트라 알고리즘, 최소 신장 트리와 관련된 컴퓨터 과학의 기초가 된다.

2. 1부터 6까지 번호가 매겨진 동전이 6개 있고, 다음 그림과 같이 이 동전들은 위에서 아래로 번호가 '1, 2, 3, 4, 5, 6'이 되도록 쌓아서 작은 탑을 이루고 있다. 현재 동전이 쌓여 있는 위치를 A라 할 때, 다음과 같은 세 가지 연산을 이용하여 이 동전을 모두 위치 C로 옮겨서 쌓고자 한다.

(1) 위치 A의 맨 위에 있는 동전 하나를 위치 B의 맨 위로 옮긴다.

(2) 위치 A의 맨 위에 있는 동전 하나를 위치 C의 맨 위로 옮긴다.

(3) 위치 B의 맨 위에 있는 동전 하나를 위치 C의 맨 위로 옮긴다.

```
┌─────┐
│  1  │
├─────┤
│  2  │
├─────┤
│  3  │
├─────┤
│  4  │
├─────┤
│  5  │
├─────┤
│  6  │
└─────┘
━━━━━━━━      ━━━━━━━━      ━━━━━━━━
   A             B             C
```

　　예를 들어, 연산 (2)를 6회 실행하면 모든 동전이 C로 옮겨질 것이고, 동전은 위에서 아래로 '6, 5, 4, 3, 2, 1'의 순서로 쌓여 있게 될 것이다. 만약 연산을 (1), (2), (2), (2), (2), (2), (3)의 순서로 실행하면 위치 C의 동전은 위에서 아래로 '1, 6, 5, 4, 3, 2'의 순서가 될 것이다. 이와 같은 방법으로 동전을 옮길 때 위치 C에서 나타날 수 없는 순서는?

① 1, 2, 3, 4, 5, 6 　　　　② 1, 2, 4, 6, 5, 3 　　　　③ 3, 6, 5, 4, 2, 1

④ 5, 6, 4, 3, 2, 1 　　　　⑤ 2, 1, 6, 5, 4, 3

——

정답: ⑤ 2, 1, 6, 5, 4, 3

컴퓨터 과학의 배경지식 인공지능의 대표적인 문제로 하노이탑 문제의 원형이다. 일정한 제약을 지닌 상태에서 그 제약을 만족하면서 문제의 정답을 찾으며, 가짓수가 증가할 때 해결 가능 시간의 지수적 증가로 인공지능 해법을 적용하는 사례로 제시된다. 이 문항은 하노이탑을 배경으로 자료구조의 스택, 큐의 선형 구조에 대한 입출력 알고리즘을 적용하여 변형한 문항이다.

ICT 소양 평가 문항 예시

이 사례는 2007년 전국 초·중등 학생의 ICT 소양 평가를 위해 개발된 예시 문항이다. 검사의 내용은 컴퓨터 과학에서 핵심적으로 다루는 비트의 개념을 통해 문제를 해결하거나 로고(스크래치)와 같은 프로그래밍 언어의 명령어들을 이해하는지를 확인하는 것이다.

컴퓨터 과학의 원리(비트와 이진수)에 대한 평가 문항

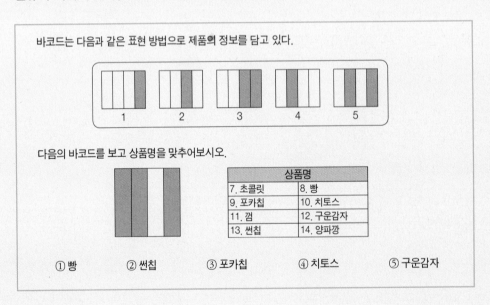

정답: ② 썬칩

컴퓨터 과학의 배경지식   컴퓨터가 데이터를 처리하는 기본값인 0과 1을 바탕으로 한 이진수에 관한 내용이다. 비트는 최소의 정보저장 단위이며, 하나의 비트는 0이나 1의 값을 가질 수 있다. 앞의 문제는 오른쪽에서부터 첫 칸은 1, 셋째 칸은 4, 넷째 칸은 8을 의미한다. 그래서 1+4+8=13. 13번에 해당하는 상품은 2번, 썬칩이다.

알고리즘 및 프로그래밍 평가 문항

적들의 스파이가 움직이는 경로를 수집한 다음 함정에 빠뜨리려고 한다. 스파이의 경로는 아래의 내용처럼 수집하였다. 이 경로를 따라 스파이가 움직일 때 함정에 빠질 수 있도록 함정을 잘 설치한 미로는 어느 것인지 고르시오.

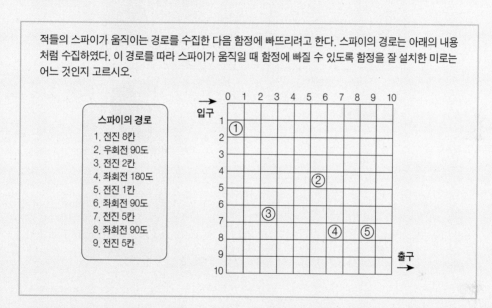

스파이의 경로

1. 전진 8칸
2. 우회전 90도
3. 전진 2칸
4. 좌회전 180도
5. 전진 1칸
6. 좌회전 90도
7. 전진 5칸
8. 좌회전 90도
9. 전진 5칸

정답: ③

컴퓨터 과학의 배경지식 알고리즘 및 프로그래밍과 관련된 문항으로 기본이 되는 문항이다. 로고Logo와 스크래치에서 기본적으로 요구하는 이동 알고리즘과 이를 수행하기 위해 프로그래밍 명령을 절차적으로 처리하여 절차적 사고를 신장시키는 대표적인 문항이다.

 참고하기

⇨ 영국의 CS 평가(언플러그드 평가)

UK Bebras Computational Thinking Challenge(http://www.beaver-comp.org.uk)

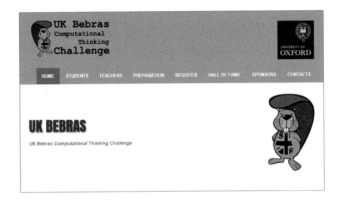

영국에서 실시하는 베브라스 대회는 학생들에게 컴퓨터 과학을 소개하기 위해 개발되었고, 컴퓨팅 사고를 신장시키기 위해 'UK Bebras Computational Thinking Challenge'로 명명하여, 다양한 컴퓨터 과학 관련 문항을 제공한다.

CS에 관한 평가 문항(예시)

마법의 단어

질문 상자를 열기 위해서는 마법의 단어를 알아야 한다. 각 숫자에는 각각의 단어를 연결하는 비밀 코드가 있다. 마법의 단어를 해결하기 위한 코드는 상자 밖에 적혀 있다.

상자 밖에 쓰여진 마법의 단어는 무엇일까?

① LOOSER   ② WINNER   ③ LOTTOS   ④ TICKET

정답: ② WINNER

컴퓨터 과학의 배경지식 컴퓨터는 정보를 입력하거나 분석할 때 코드를 사용한다. 가장 대표적인 것이 아스키American Standard Code for Information Interchange, ASCII 코드이다. 아스키코드는 키보드에 있는 알파벳과 숫자, 특수 문자를 나타낸다. 예를 들어, 아스키코드 65번은 알파벳 A로, 아스키코드 35번은 #을 의미한다. 총 128개의 아스키코드를 사용할 수 있다. 위의 문제는 숫자가 나타난 규칙과 알파벳의 규칙, 즉 같은 숫자가 나타난 자리에 같은 알파벳이 있는 것을 찾으면 문제를 해결할 수 있다.

질적 평가

소프트웨어 교육에서 질적 평가는 양적 평가보다 중요하게 다루어야 할 영역이다. 학생에 대한 객관적 평가가 가능한 양적 평가를 많이 활용하고 있지만, 소프트웨어 교육 분야에서는 창의적 문제 해결 과정과 소프트웨어 산출 결과에 대한 평가가 매우 중요하다. 따라서 그 기반이 되는 이론 지식, 개념, 기능의 측정보다 21세기 학습자 역량에서 요구하는 사고력과 태도에 대한 평가가 중요하다. 특히, 다른 교과의 질적 연구와 다르게 학생들이 개발한 컴퓨팅 산출물을 바탕으로 다양한 구성주의 관점에서 평가를 할 수 있다.

질적 평가 방법에는 관찰법을 통한 학습자 능력 평가, 인터뷰를 통한 학습자 인식과 과정에 대한 참여도 평가 등이 있으며, 평가 전략으로 타인에 의한 관찰과 인터뷰 분석 전략 및 자기 평가 그리고 함께 참여한 동료들의 평가가 있다.

질적 평가의 한 부분인 컴퓨터 과학의 절차적 사고 평가는 어떻게 하는지 알아보자.

컴퓨터 과학에서 절차적 과정을 처리하는 부분은 알고리즘과 프로그래밍이다. 그래서 절차적인 사고의 평가는 변수, 연산자, 반복과 같은 프로그래밍의 기초 개념과 의사 코드, 프로그래밍 개발(코딩 교육), 프로그램 문법 등이다.

평가의 방법은 실제 지필 평가와 실기 평가를 통하여 프로그래밍의 명령어의 기능, 완성된 프로그램 코드의 수정, 디버깅과 테스트 등으로 할 수 있다. 지필 평가는 주로 한 가지 프로그래밍 언어를 선택하여 완성된 코드를 제시하고, 일부분을 공백으로 두어 채우게 하거나 틀린 부분을 찾아 수정하도록 한다. 실기 평가는 주어진 제약 조건(입력, 출력, 프로그래밍 언어)과 한정된 자원(메모리, 속도, 횟수)을 가지고 최적화된 알고리즘으로 시뮬레이션 프로그램을 개발한 결과물로 한다.

코딩을 직접적으로 하여 주어진 문제를 프로그램으로 작성하는 방법과 온라인 평가 시스템을 이용하여 평가를 자동으로 하는 방법이 있다. 즉, 프로그래밍으로 간단히 구현하거나 오류를 수정하는 방식으로 평가가 가능하다. 또한 https://algospot.com과 같은 알고리즘 평가 사이트에서 코딩 결과를 자동 채점하여 평가를 효과적으로 할 수도 있다.

한국정보올림피아드 전국 본선 문제
(2014년도 중등) – 실기 평가

관중석

KOI 공연장의 관중석에는 가운데에 있는 무대를 중심으로 반지름이 자연수인 동심원(중심이 같은 여러 원들) 위에 다음과 같이 좌석들이 배치되어 있다. 반지름이 1인 원 위에는 좌석이 1개, 반지름이 2인 원 위에는 좌석이 2개, 이런 식으로 반지름이 D인 원 위에는 좌석이 D개가 있다. 또한 무대에서 정확히 북쪽 방향에는 모든 원들에 좌석이 있으며, 하나의 원 위에 있는 좌석들은 동일한 간격을 두고 배치되어 있다. 이번 공연에 반지름이 D1보다 같거나 크고, D2(D1≤D2)보다 같거나 작은 원들에 배치된 좌석만을 활용하려고 한다. 단, 좌석을 점으로 간주했을 때, 다른 좌석에 의해 무대 중심이 가려지는 좌석은 사용하지 않고, 그렇지 않은 좌석은 모두 사용한다.

옆의 그림은 D1=3, D2=6일 때, 배치된 좌석 및 좌석의 사용 여부를 나타낸다. 숫자는 원의 반지름을 나타내고, ●은 공연에 사용되는 좌석, ⊗은 공연에 사용되지 않는 좌석을 나타낸다.

원의 반지름과 D1과 D2를 입력받아 사용되는 좌석의 수를 출력하는 프로그램을 작성하라. 소스 파일의 이름은 seat.c 또는 seat.cpp이며 수행 시간은 1초를 넘을 수 없다. 메모리 제한은 64MB이다.

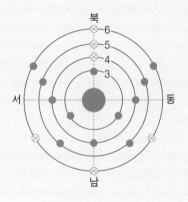

입력 형식

입력 파일의 이름은 input.txt로 한다. 입력 파일의 첫 줄에 원의 반지름 D1과 D2가 양의 정수로 주어진다. 단, $1 \leq D1 \leq D2 \leq 2,000$이다.

출력 형식

출력 파일의 이름은 output.txt이다. 사용되는 좌석의 수를 나타내는 하나의 양의 정수를 출력한다.

부분 문제의 제약 조건

부분 문제 1: 전체 점수 100점 중 5점에 해당하며 D1=D2이다.

부분 문제 2: 전체 점수 100점 중 14점에 해당하며 D1=1, D2≤10이다.

부분 문제 3: 전체 점수 100점 중 28점에 해당하며 D2≤50이다.

부분 문제 4: 전체 점수 100점 중 15점에 해당하며 D2≤300이다.

부분 문제 5: 전체 점수 100점 중 38점에 해당하며 원래의 제약 조건 이외에 아무 제약 조건이 없다.

입력과 출력의 예

입력 (input.txt)

3	6

출력 (output.txt)

12

다음은 어떤 프로그램의 일부이다. 다음 부분이 실행된 뒤 s의 값은?

```
s = 1;
for (i = 1; i <= 2008; i++) {
    if (s < 5) {
        s *= 2;
    }
    else {
        s -= 5;
    }
}
```

① 2   ② 3   ③ 4   ④ 6   ⑤ 8

정답: ② 3

다음은 1에서 100까지 소수의 개수를 구하는 프로그램이다.

```
cnt = 0;
for (i = 2; i <= 100; i++) {
    prime = 1;
    j = 2;
    while ( ㉠ ) {
        if (i % j == 0) prime = 0;
        j++;
    }
    cnt += prime;
}
printf("%d/n", cnt);
```

다음 중 ㉠에 들어갔을 때 올바른 답이 출력되지 않는 것은?

① j <= i

② j < i

③ j < i − 1

④ j <= i / 2

⑤ j * j <= i

_____

정답: ① j <= i

컴퓨터 과학의 배경지식　컴퓨터 과학 중 프로그래밍의 기초가 되는 구조적 문법이 있다. 순차 명령, 반복 명령, 조건 명령, 호출 명령, 분기 명령 등이다. 이러한 구조적 프로그래밍의 문법은 코딩의 기초가 되며 인간의 사고력을 알고리즘으로 표현하는 데 기본이 된다.

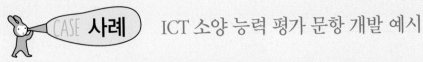

CASE 사례　ICT 소양 능력 평가 문항 개발 예시

　이 사례는 ICT 소양 능력 평가 중 알고리즘과 모델링의 지식을 평가하는 문항으로 프로그래밍의 조건 명령과 반복 명령을 효과적으로 사용하여 문제를 해결하는 능력을 평가하는 것이다. ICT 소양 능력 평가 문항과 정보올림피아드 평가 문항의 차이점은 프로그래밍 언어를 사용하지 않는다는 점이고, 공통점은 프로그래밍 능력을 위하여 절차적 사고와 알고리즘 능력을 평가한다는 점이다.

　따라서 프로그래밍 언어에 대한 기초 지식이나 코딩에 대한 기능의 경험이 없어도 알고리즘과 문제 해결력을 신장시키는 도구로 활용할 수 있다. 주로 저학년 또는 초보자의 사고력 평가 문항에 적합하다.

평가 대상	2단계	
평가 요소	분석/평가	
내용 영역	알고리즘과 모델링	지식 이해
내용 요소	알고리즘의 설계와 적용	
성취 기준	조건과 반복을 모두 사용하여 문제 해결 과정을 설계할 수 있다.	
검사 시간	3분	
난이도	중	

수진이가 만화책, 음료수 캔, 음료수 병을 분리수거하려고 하는데, 어떤 조건에 맞게 재활용품 분리 과정을 정하기로 했다. 조건들이 다음과 같이 주어졌을 때, 다음 그림의 ㉮ 수거통에 넣어야 하는 물건의 특징에 대하여 알맞은 것은 어느 것인가?

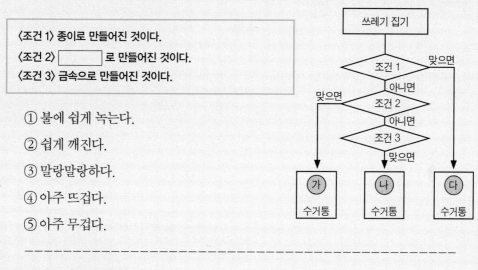

〈조건 1〉 종이로 만들어진 것이다.
〈조건 2〉 □□□□ 로 만들어진 것이다.
〈조건 3〉 금속으로 만들어진 것이다.

① 불에 쉽게 녹는다.
② 쉽게 깨진다.
③ 말랑말랑하다.
④ 아주 뜨겁다.
⑤ 아주 무겁다.

––

정답: ② 쉽게 깨진다.

컴퓨터 과학의 배경지식 알고리즘의 설계와 적용에 대한 대표적인 문항이다. 순서도를 바탕으로 자신의 절차적 사고를 이끌어 내고 조건과 반복의 선택을 통해 논리적 사고와 추론 능력을 이끌어 낸다. 이 문제에서 조건 1은 종이를 선택하는 조건이다. 조건 3은 금속을 선택하는 조건이다. 따라서 조건 2는 종이(만화책), 금속(음료수 캔)을 제외한 유리(음료수 병)를 선택하는 조건이 된다. 또한 유리가 잘 깨진다는 점을 유추하여 이 문제를 해결하는 사고력을 요구한다.

Chapter 03

소프트웨어 교육,
컴퓨팅 사고력이다

모든 사람이 코딩을 배워야 한다. 코딩은 생각하는 법을 가르쳐주기
때문이다.

스티브 잡스Steve Jobs

소프트웨어 교육,
컴퓨팅 사고력이다

소프트웨어 교육과 컴퓨팅 사고

소프트웨어 교육이 추구하는 사고력

논리력, 창의력을 신장시키는 것은 어떠한 교과에서든 가능하다. 초·중등 교과 중에서 창의력 신장을 목표로 하지 않는 교과는 없다. 요지는 어떤 상황에서 어떤 해결 방법을 선택하여 접근할 수 있는 창의력인가 하는 것이다. 언어적인 논리력과 문학 창작 등의 창의력은 국어 교육을 통해서 집중적으로 증진되어 다른 교과에서 활용된다. 언어가 도구 교과이기 때문에 언어의 구조, 언어의 활용 가치 등 키워진 역량이 다른 교과 학습이나 생활에 적용되기 때문이다.

소프트웨어 교육에서의 창의력도 마찬가지이다. 디지털 언어에 대한 이론, 원리, 개념, 구조, 활용 등의 교육을 통하여 다른 학습에서의 방법적인 활용 역량뿐만이 아니라 일상생활에서의 활용 역량을 높여준다.

이처럼 초·중등 교육에 편제되어 있는 교과들은 각자 추구하는 핵심적 사고력이 있다. 과학은 과학적 사고력, 수학은 수학적 사고력을 강조하는 것처럼 소프트웨어 교육도 추구하는 핵심 사고력이 있다.

2015년 교육부에서 발표한 소프트웨어 교육 운영 지침을 보면, 기존의 정보통신기술 교육에서 수행하였던 ICT 소양 및 활용 교육의 관점을 확장하여, 학습자들이 미래 사회에서 살아가는 데 필요한 컴퓨팅 사고력을 기반으로 문제를 해결하는 역량을 기르는 것을 기본 방향으로 삼고 있다. 또한 초·중등학교에서 이루어지는 소프트웨어 교육은 프로그램 개발 역량보다는 정보윤리 의식과 태도를 바탕으로 실생활의 문제를 컴퓨팅 사고로 해결할 수 있도록 하는 것에 역점을 두고 있다. 이를 바탕으로 소프트웨어 교육에서 추구하는 인재상과 교육 목표에서 말하는 컴퓨팅 사고Computational Thinking, CT에 대

컴퓨팅 사고력을 가진 창의 융합 인재

| 초등학교
(체험, 활동) | 중학교
(개념 이해) | 고등학교
(개발, 융합) |

컴퓨팅 사고력

컴퓨팅 사고력	컴퓨팅의 기본적인 개념과 원리를 기반으로 문제를 효율적으로 해결할 수 있는 사고 능력
컴퓨팅 사고력의 구성 요소	• 문제를 컴퓨터로 해결할 수 있는 형태로 구조화하기 • 자료를 분석하고 논리적으로 조직하기 • 모델링이나 시뮬레이션 등의 추상화를 통해 자료를 표현하기 • 알고리즘적 사고를 통하여 해결 방법을 자동화하기 • 효율적인 해결 방법을 수행하고 검증하기 • 문제 해결 과정을 다른 문제에 적용하고 일반화하기

그림 3-1 | **교육부에서 제시한 소프트웨어 교육과 CT**

출처: International Society Technology in Education & Computer Science Teachers Association, 2011.

한 정의는 [그림 3-1]과 같다.

교육부에서 제시하는 CT는 한국과학창의재단의 보고서에서 정의한 '컴퓨팅 사고력'이라는 용어를 사용하였으며, ISTE International Society Technology in Education에서 정의한 내용을 바탕으로 하고 있다. 이에 대한 자세한 내용은 다음 절에 제시하기로 하고 우선 CT의 용어와 개념에 대해 살펴보고자 한다.

CT의 필요성

변화하는 시대의 흐름에 맞추어 소프트웨어 교육의 필요성에 대해서는 1장에서 논의하였다. 소프트웨어 교육의 핵심은 교육부에서 제시한 것처럼 CT를 신장시키는 것이다. 현재의 아이들은 미래를 주도할 디지털 세대이다. 기존의 아날로그 세대에서 디지털 세대로 바뀌면서 미래를 준비하기 위한 핵심 사고력 또한 다르게 진화되고 있다.

정보통신기술의 발달이 결국 인간의 지능을 넘어서는 경계에서 컴퓨터적인 사고를 통해 인간의 지능을 진화시키는 사고력이 바로 CT이다. 따라서 교육 전반에 대한 변화를 주도하는 교과로서 소프트웨어 교육이 중요하다고 할 수 있다.

CT의 명칭

Computational의 사전적 의미는 '계산적인'이다. 계산이라는 낱말은 '수를 헤아림', '어떤 일을 예상하거나 고려함', '값을 치름'이라는 뜻을 지니고 있다. 컴퓨터에서 사용되는 용어로서는 '컴퓨터를 사용한', '컴퓨터식'이란 뜻을 가지고 있다. 따라서 Computational Thinking은 '컴퓨터 사고' 또는 '컴퓨터식 사고'로 정의할 수 있다.

Computational과 유사하게 Computing이라는 용어가 있는데, 이 단어는 '컴퓨터를 활용하는 과정', '컴퓨터를 사용하는 행위'라는 뜻을 내포하고 있다. 따라서 이 정의에

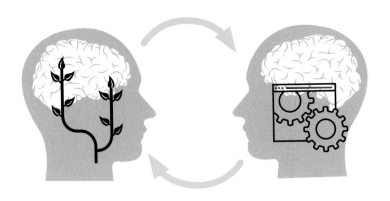

그림 3-2 │ **인간의 아날로그 뇌와 컴퓨터의 디지털 뇌의 상호작용 그림**

따르면 CT를 '컴퓨팅 사고'로 정의할 수 있다.

이처럼 Computational Thinking은 '컴퓨터처럼 생각하기', '컴퓨터처럼 사고하기', '컴퓨터가 처리하는 것처럼 사고하기'로 해석할 수 있으며, '컴퓨터를 처리하는 사람(컴퓨터 과학자, 시스템 설계자, 프로그래머, 해커)처럼 사고하기'로 확대하여 해석해보면 이해하기가 쉽다. 즉, 컴퓨터가 처리하는 방법처럼 사고하거나, 컴퓨터로 일을 처리하기 위한 방법으로 컴퓨터 전문가가 문제를 해결하는 사고력으로 볼 수 있다.

따라서 이 책에서는 Computational Thinking을 '컴퓨팅 사고'로 명명하고 표현은 'CT'로 표기하기로 한다.

CT의 정의

소프트웨어 중심 사회에서 컴퓨터는 우리가 살아가는 일상생활에 지대한 영향을 끼치고 있다. 일상생활 속에 깊이 스며든 제품들이 디지털화됨으로써 컴퓨팅의 원리, 개념, 기술 등이 적용되고 있으며, 소프트웨어를 이용한 다른 분야와 융합하는 사례가 늘어나면서 컴퓨팅에 대한 중요성이 부각되고 있다. 즉, 과거에는 해결하지 못했던 복잡하고 다양한 문제를 이제는 컴퓨터를 활용함으로써 해결할 수 있게 된 것이다. 이와 관련한 분야가 바로 컴퓨터 과학이다. 번디A. Bundy는 2007년 컴퓨팅에 의한 혁신이 이미 모든 분야에 확산되어 다양한 학문 분야에서 생각하는 방식을 바꾸고 있다고 진단했다. 그리고 컴퓨터 과학 분야의 개념들이 각 분야의 가설과 이론을 기술하는 새로운 언어로 활용되고 있고, 컴퓨팅이 인간의 사고력과 인지 능력의 근본적인 확장을 가져다준다고 했다. 이러한 컴퓨터 과학의 핵심이 바로 CT이다.

1980년대에 페퍼트는 아동의 절차적 사고 연구를 통해 사고 과정으로서 컴퓨팅을 체계화하였다. 이때 그는 컴퓨팅 기기를 문제 해결의 창조적인 도구로 활용할 수 있다는 생각에 CT라는 용어에 관심을 가졌다. 그 후 CT는 지넷 윙J. Wing에 의해 본격적으로 알려졌다. 윙은 CT를 "문제를 수립하고 해결책을 만들어 컴퓨팅 시스템을 통해 효과적으로 수행하도록 표현하는 사고 과정이다."라고 정의하였다. [그림 3-3]은 CT를 활용한 문제 해결 과정을 도식화한 것이다.

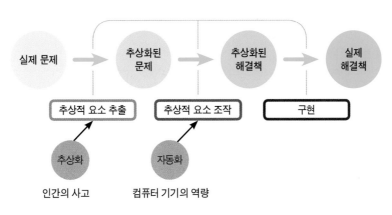

그림 3-3 | CT를 활용한 문제 해결 과정

출처: 안상진 · 서영민 · 이영준, "계산적 사고에 내재된 추상화의 특성 연구", 한국컴퓨터교육학회, 2012.

표 3-1 | CT의 다양한 정의

학자 및 기관	정의
에이브럼슨(Abramson, D.)	지식을 디지털 데이터로 명료화하고, 내재된 암묵적 지식을 가시화하여 컴퓨팅으로 구현하고 산출하는 과정
폭스(Fox, E.)	인간과 세상 그리고 컴퓨터 간의 상호작용에 관련된 일들
리(Lee, P.)	실생활에 응용하기 위한 지능의 사고 과정
무어순드(Moursund, D.)	절차적 사고와 문제 해결력을 바탕으로 페퍼트 교수가 주장한 정의 확대
서스만(Sussman, G.)	주어진 문제나 행동 과정에서 명확하고 바르게 전략을 세우는 과정
윙(Wing, J)	문제를 수립하고 해결책을 만들어 컴퓨팅 시스템을 통해 효과적으로 수행되도록 표현하게 하는 사고 과정
울프(Wulf, B.)	절차적 사고를 중심으로 주어진 문제를 절차에 맞게 추상화하는 능력
류미영, 한선관	문제 해결을 위해 컴퓨터 과학적인 개념과 원리를 바탕으로 이해하고 절차적인 사고 과정을 통해 컴퓨팅 역량을 효과적으로 수행하는 능력
한국과학창의재단	컴퓨팅 시스템의 역량을 활용하여 해결하고자 하는 문제를 효과적이고 효율적으로 해결할 수 있는 절차적 사고 능력

출처: National Academies of Science, 2010.

 **참고하기**

⇨ **컴퓨터 시스템의 활용과 컴퓨팅 사고**

한국과학창의재단에서는 '컴퓨터 시스템의 활용'에 대해서 다음과 같이 설명하였다.

컴퓨팅 기기를 다루거나 누군가가 제작한 응용프로그램을 사용하는 것은 그 프로그램이 가지고 있는 다양한 기능을 활용하는 범위 내에서 문제를 해결할 때에는 효과적인 도구가 될 수 있다. 그러나 그 기능의 범위를 벗어나는 문제일 경우 문제의 해결책을 도출하기 위해 사용할 수 있는 뛰어난 도구가 되지 못한다. 따라서 복잡한 문제를 해결하기 위해서는 이미 만들어져 있는 프로그램이 갖는 기능을 능숙하게 조작하는 수준을 넘어 문제 해결 모델을 설계하고 이를 컴퓨팅 기기가 실천하도록 할 수 있어야 한다. 컴퓨팅 사고력은 이처럼 문제 해결을 위한 컴퓨팅 시스템의 단순한 활용 능력부터 개인의 문제 해결을 위한 맞춤형 컴퓨팅 시스템을 구상하고 설계하는 능력까지를 포함한다.

지넷 윙의 컴퓨팅 사고

지넷 윙은 모든 사람이 3R(읽기, 쓰기, 셈하기)과 더불어 모든 학습자가 CT를 배우고 학습해야 한다고 주장하였으며, CT를 추상화abstraction와 자동화automation를 통한 문제 해결 능력이라고 하였다. 여기에서는 고영남과 김종우가 윙의 정의에 따른 구성 요소를 정리한 내용 중 추상화와 자동화 요소를 발췌하여 그 내용을 제시하였다.

추상화

경험적인 과학은 실험을 통해 구체적인 모델을 만들고 수학을 통해 추상적인 모델을 만들지만, 컴퓨터 과학은 소프트웨어에 의해서 구현되기 때문에 컴퓨터 과학의 모델은 물리적으로 구체적이지 않고 추상적이다. 이러한 면에서 윙은 CT의 본질은 추상화이고 컴퓨터 과학에서는 시간과 공간의 물리적 차원을 넘어선 개념을 추상화한다고 하였다.

물론 수학도 기호와 숫자를 이용하여 추상적인 모델을 만들지만 수학에서의 추상화와 컴퓨터 과학에서의 추상화는 그 본질에 있어서 다르다. 수학에서의 추상화는 추론 구조inference structures를 생성하는 데 그 목표가 있지만 컴퓨터 과학에서의 추상화는 상호작용 패턴interaction patterns을 생성하는 데 그 목표가 있다. 모든 컴퓨터 소프트웨어는 컴퓨터적 처리 과정의 상호작용이며 이것은 기계 지향적인 개념이 숨어 있는 추상화 단계들에 의해 가능하다. 즉, 컴퓨터 소프트웨어는 메모리, 프로세서, 사용자 등의 상호작용 패턴의 총집합으로 만들어지는 것이다. 어떤 과학이든지 주제에 대해 형식적인 수학적 모델을 구성함으로써 성과를 거둔다. 이때 추상화의 과정을 거치면서 불필요한 정보나 관련이 없는 정보를 제거하게 된다. 이것을 정보 부정information neglect(정보 방기)이라고 한다.

하지만 컴퓨터 과학에서의 추상화의 목적은 정보 은닉information hiding이다. 소프트웨어의 관점에서 볼 때 비트bit는 플립플롭flip-flop이라는 추상화에 의해 컴퓨터로 해석되지만 우리들은 플립플롭이 어떻게 만들어진 것인지 알 필요가 없다. 추상화에 플립플롭에 대한 정보가 숨어 있는 것이다. 플립플롭뿐만이 아니다. 바이트byte도 8비트가 모여서 만들어진 것이지만 어떻게 비트가 정렬이 되어 있는지에 대한 정보는 바이트라는 추상화에 숨어 있을 뿐이고 우리는 그냥 바이트를 사용하는 것이다. 이것은 알고리즘도 마찬가지이다. 정렬 알고리즘이 있다면 그 알고리즘 속에는 알고리즘의 동작을 위한 여러 명령어들이 숨어 있을 뿐이고 우리는 명령어들에 대한 정보와 상관없이 알고리즘을 활용하여 데이터를 정렬할 뿐이다. 프로그래밍에서의 클래스, 컴포넌트 등도 전부 정보 은닉이 되어 있는 추상화이다.

윙은 수학과 물리학에서의 추상화와 다르게 컴퓨터 과학의 추상화에 대해 두 가지 차이점을 말했다.

첫째, 컴퓨터 과학의 추상화는 우리가 실생활에서 쓰는 수학적 추상화의 간결하고 명료하게 적용할 수 있는 대수학적 속성을 이용할 수가 없다. 예를 들어, 2개의 추상 자료형인 스택의 개념과 구조를 이용하여 더할 때 두 숫자를 더하듯이 더할 수 없는 것이다.

둘째, 컴퓨터 과학의 추상화는 물리적 세계의 제약 내에서 수행하도록 구현되기 때문에 디스크가 꽉 차 있거나 서버가 응답을 하지 않는다면 어떤 일이 일어날까 등과 같은 예외 상황과 실패 사례를 염두에 두어야 한다. 이는 컴퓨터 과학의 추상화가 우리 실생활과 밀접한 관련이 있음을 시사하는 것이다.

추상화의 과정에는 계층layers이 도입된다. 응용프로그램 인터페이스API나 인터넷 계층 구조처럼 잘 정의된 계층들 간의 인터페이스는 더 크고 복잡한 시스템을 갖출 수 있다.

결국 CT의 핵심 요소인 추상화는 문제 해결을 위한 추상화이고, 이것은 여러 사물들 사이, 사물과 인간 사이 또는 인간과 인간 사이의 상호작용의 패턴 안에 정보를 숨김으로써 추상화하는 것이라고 할 수 있다. 또한 수학처럼 간결하고 명료하게 해결할 수 없고 실생활과 밀접하게 관련이 있기 때문에 더욱 복잡한 사고 능력을 요구하는 것이라고 할 수 있다.

자동화

추상화 능력은 자동화에 의해 강화된다. 자동화는 추상적 개념들을 해석하기 위해 컴퓨터가 필요하다. 가장 대표적인 자동화 장치가 정보를 처리하고 저장하는 컴퓨터이기 때문이다. 하지만 이는 꼭 컴퓨터만을 말하는 것은 아니며 인간도 정보를 처리하고 계산할 수 있기에 인간도 자동화 장치라고 할 수 있다. 달리 말하면 CT가 기계를 요구하는 것은 아니다. 더욱이 우리가 인간과 기계의 조합을 컴퓨터로 여긴다면 우리는 인간과 기계의 결합된 처리 능력을 이용할 수 있다. 즉, 자동화 장치는 기계, 인간, 기계와 인간의 조합이 될 수 있다. 컴퓨팅은 '문제 해결을 위해 어떻게 컴퓨터를 얻을 것인가?'라는 물음에 대한 대답과 관계가 깊다. 그리고 그 대답은 적합한 추상화 개념을 정립하는 것과 과제 수행을 위한 적합한 종류의 컴퓨터를 선택하는 것이다. 불행하게도 이 물음에는 올바른 추상화를 정의하는 것에 깊이 생각하지 않고 문제 해결에 강력한 힘을 가진 기계를 선택하는 것으로 대답하기가 쉽다. 하지만 CT는 이러한 간단한 기계적인 컴퓨터의 사용보다 더 많은 것을 제공한다.

즉, CT는 문제 해결을 위해 적합한 추상화 개념을 정립하고 적합한 자동화 장치를 선택하는 것이며, 단지 컴퓨터의 영역이 아닌 다른 영역에도 긍정적인 영향을 주는 것이다.

이상의 추상화와 자동화는 지넷 윙의 주장에 대해 고영남과 김종우가 매우 적절하게 개념화하였다고 볼 수 있다. 컴퓨터 과학을 해야만 CT가 생긴다거나 프로그래밍을 열심히 배우고 컴퓨터라는 기계를 반드시 사용해야 추상화와 자동화 능력이 생긴다는 오해는 없어야 한다.

최근 발표되고 있는 연구 결과를 보면 아이들의 미래 핵심 역량으로서 CT를 넘어서 그 다음 단계의 사고력을 요구하는 주장이 계속 발표되고 있다.

CSTA와 ISTE의
컴퓨팅 사고

CSTA^{Computer Science Teachers Association}는 CT를 문제를 해결하는 과정으로 정의하고, 다음과 같은 특성을 지닌다고 하였다. 문제 해결을 돕기 위해 컴퓨터와 다른 도구를 이용할 수 있도록 문제를 정립하고 문제 해결을 위한 자료를 논리적으로 구성하며 분석한다.

그리고 모델과 시뮬레이션과 같은 추상화를 통해 자료를 재표현하며 절차적 단계와 알고리즘적 사고를 바탕으로 해결책을 자동화한다. 또한 가장 효율적이고 효과적인 단계와 자원의 조합을 얻기 위해 가능한 해결 방법들을 찾아 분석하고 구현하며 다양한 문제들의 해결 과정을 일반화시키고 전환시킨다.

CSTA와 ISTEInternational Society for Technology in Education는 데이비드 바David Barr, 존 해리슨John Harrison, 레슬리 코너리Leslie Conery의 연구 결과를 바탕으로 정보과학적 사고의 핵심 개념과 능력을 자료 수집data collection, 자료 분석data analysis, 자료 표현data representation, 문제 분해problem decomposition, 추상화abstraction, 알고리즘과 절차algorithms & procedures, 자동화automation, 시뮬레이션simulation, 병렬화parallelization의 9가지 개념으로 구분하고 CT를 K-12의 컴퓨터 과학 표준 교육과정으로 제시하였다.

표 3-2 | CT의 핵심 개념

개념	정의
자료 수집	문제의 이해와 분석을 토대로 문제를 해결하기 위해 자료 모으기
자료 분석	수집된 자료와 문제에 주어진 자료를 세심히 분류하고 분석하기
자료 표현	문제의 내용을 적절한 그래프, 차트, 글, 그림 등으로 표현하기
문제 분해	문제를 해결해 나가기 위해 문제를 나누어 분석하기
추상화	문제의 복잡도를 줄이기 위해 기본 주요 개념의 정의를 설정하기
알고리즘과 절차	지금까지의 문제를 해결하기 위한 과정을 순서적 단계로 표현하기
자동화	순서적으로 나열하고 표현한 내용을 컴퓨터 기기를 이용하여 해결 과정의 최선책 선택하기
시뮬레이션	복잡하고 어려운 해결책이나 현실적으로 실행이 불가능한 해결책을 선택하기 위해 모의 실험하기
병렬화	공동의 목표를 달성하기 위한 작업을 동시에 수행하기

출처: http://www.csta.acm.org/Curriculum/sub/ComputationThinking.htm

CSTA에서 제시하는 CT는 ICT 교육에서 제시하였던 정보통신기술 활용 능력(정보 접근, 정보 수집, 정보 분석, 정보 생성, 정보 평가 등)의 하위 요소와 많은 부분 일치하고 있어 혼란을 일으킨다. 현실의 복잡한 문제를 해결하기 위해 디지털의 특성을 이해하고, 컴퓨터 전문가의 관점으로 문제를 분석하며, 컴퓨터 과학의 이론을 적용하는 데 보다 정교화된 알고리즘과 자동화된 기계와의 상호작용을 통해 아날로그 정보를 디지털 정보로 소통하는 내용으로 CT를 설명하고 있다.

CT의 하위 개념으로 '자료 표현'을 예로 들어보자.

숫자나 문자로 구성된 자료의 제시 대신 스프레드시트의 그래프나 프레젠테이션의 그림으로 표현하는 방식은 자료의 이해를 돕고 교육적 효과를 향상시킨다. 이처럼 교과 내의 수업 향상을 위한 접근 방식을 ICT 활용 교육에서 추구하였다. CT에서의 '자료 표현'은 ICT 활용 교육의 목적을 넘어 표현된 자료 내의 숨겨진 정보를 찾거나 지식을 발견하기 위해 컴퓨팅 능력을 사용하는 데 주력한다. 수많은 데이터에서 인간이 발견하기 어려운 자료를 빅데이터 처리 알고리즘을 이용하여 유용한 정보를 찾아내고 인간이 쉽게 이해하도록 시각화하는 능력이 CT 교육에서 추구하는 것이다. 이를 위해 아날로그의 자료를 디지털로 표현하기 위한 과정을 거쳐야 하며, 컴퓨터가 처리할 수 있도록 자료를 이진화, 비트화(0과 1)된 방법으로 처리하는 전처리 과정을 포함한다. 또한 컴퓨터에서 절차적 처리를 위해 이산적인 자료구조의 형태로 표현하는 것이 효율적이다. 컴퓨팅을 위한 일련의 과정을 거쳐 스프레드시트 그래프나 디지털 그림으로 표현하는 전반적인 과정의 이면에 컴퓨팅 사고를 적용한 소양 능력을 요구한다.

CSTA와 ISTE에서 제시한 CT의 개념과 하위 속성은 단계를 지닌 컴퓨팅 사고 과정이라기보다 컴퓨팅 사고를 이루는 하위 개념으로 보는 것이 나을 것이다. 컴퓨팅 사고를 신장시키기 위해 9개의 하위 속성이 모두 포함된 교육 내용을 구성하거나 자료 수집에서 병렬화까지 일련의 과정을 지닌 교육 절차를 요구하지 않는다. 9개의 속성 중 일부의 속성만을 포함한 교육 절차를 구성하여 수업을 진행할 수 있다. 또한 컴퓨팅 사고의 수업을 통해 9개의 하위 속성 중 특정 속성을 강조해서 수업을 할 수 있으므로 굳이 9개의 속성이 모두 포함된 내용의 수업을 설계할 필요가 없다.

구글의
컴퓨팅 사고

구글에서 제시하는 CT 교육의 초창기 개념은 교육 공학적 관점이나 타 교과 활용 중심이기보다 구글 회사에서 요구하는 프로그래머, 소프트웨어 공학자, 구글 스트리트 뷰 엔지니어, 시스템 설계자(프로그램 매니저 등)를 양성하기 위해 개발된 실제적인 과정 모형에 맞춘 것이다. 또한 문제를 해결하는 과정에서 수학, 과학의 배경지식과 함께 알고리즘(의사 코드), 프로그래밍의 코딩 능력, 시각화된 산출 결과를 보여줄 수 있도록 실제 교육Authentic Learning의 관점으로 개발된 것이다. 구글은 CT 능력을 갖추고 구글의 미래를 이끌어 가는 컴퓨팅 융합 인재를 양성하고자 구체적인 사례를 제시하였다.

구글은 CT의 하위 개념을 4단계로 구분하여 컴퓨팅 사고를 매우 명쾌하고 단순하게 설명하였다. 구글의 4개 하위 개념은 독립된 속성이라기보다 일련의 문제 해결 절차를 가진 절차적 모형이다. 분해 → 패턴 인식 → 추상화 → 알고리즘화의 기초 단계와 선택 단계로 자동화를 위한 프로그래밍 구현 단계로 구성하였다.

이러한 CT의 하위 개념은 2015년에 CSTA에서 제시한 9개의 하위 개념을 바탕으로 전면적인 수정을 하였다. 4단계의 절차 모형 대신 각각의 9개 하위 개념들이 분리되어 모듈화되거나 복합적으로 연계된 형태의 모형을 제시하였다. 하지만 기본적인 4단계의 틀을 포함하여 확산적 모형으로 안내하고 있다.

구글에서 정의한 CT는 일련의 특징과 정돈된 문제 해결의 과정을 보여준다. CT는 소프트웨어 개발의 핵심 사고력이지만 수학, 과학, 인문학을 포함한 모든 분야에서 문제를 해결하는 데 도움을 줄 수 있다. 그래서 CT를 융합적으로 학습한 학생들은 교과들 간의 관계와 학교 그리고 학교 밖 실세계와의 이해력을 폭넓게 갖게 된다.

CT는 아래와 같은 몇 가지 기술이 필요하다.

- 컴퓨터를 이용하기 위해 문제 형성
- 논리적으로 구조화되도록 자료 분석
- 모델과 시뮬레이션으로 추상화된 자료로 표현
- 일련의 절차와 알고리즘적 사고를 통한 자동화된 해결책
- 가장 효율적이고 효과적으로 목표에 도달하기 위해 독립되고 분석 가능하며 구현 가능한 해결책
- 다양한 문제에서 문제를 해결하는 절차를 일반화하고 변화시키는 기술

이러한 기술은 다음과 같은 태도와 역량을 강화하는 데 도움을 준다.

- 복잡성을 다루는 확신감
- 어려운 문제를 처리하는 지속성
- 애매모호함에의 강인함
- 문제를 해결하기 위해 개방적인 능력
- 문제를 해결하기 위해 다른 이와 협력하고 소통하는 능력

 참고하기

구글의 CT 절차 모형

Computational Thinking?

CT는 문제 해결의 기량과 기술을 망라한 사고를 의미한다. 특히, 소프트웨어 공학자들이 검색이나 이메일 전송, 지도 개발과 같은 컴퓨터 애플리케이션의 기저가 되는 프로그램을 구현하기 위해 필요한 사고력이다. 이를 위해 다음과 같은 특별한 기술이 요구된다.

- 분해(decomposition): 문제 또는 과업의 단계나 부분을 잘게 분해하기
- 패턴 인식(pattern recognition): 테스트하기 위해 분해된 자료에서 반복되거나 일정하게 눈에 띄는 패턴을 찾아 모델화하거나 숨어 있는 것 예측하기

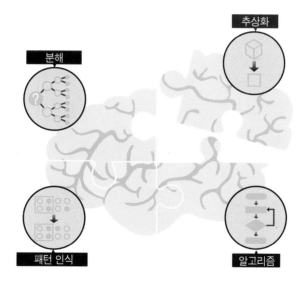

컴퓨팅 사고 4요소

출처: http://www.bbc.co.uk/education/guides/zttrcdm/revision

- 패턴 추상화(pattern abstraction): 찾은 패턴에서 원리와 법칙을 단순하게 기호화, 상징화하기(엔진이 되는 수식과 과학 개념)
- 알고리즘 설계(algorithm design): 유사한 문제를 해결하기 위해 의사 코드로 절차화시키고 구현하기 (아래 2개의 단계를 포함할 수도 있음-컴퓨디 괴학의 경우 소프트웨어 구현을 위주로 하며 다른 영역에서 사용할 경우 알고리즘 디자인 후 공학자 또는 프로그래머에게 의뢰하여 구현)
  - 프로그래밍 구현(programming): 실제 언어로 구현하기
  - 프로그램 산출(program): 시뮬레이션 형태로 산출물 확인하기

출처: Google for Education, 2014. https://www.google.com/edu/resources/programs/exploring-computational-thinking

영국의 '컴퓨팅' 교과에서 추구하는 CT는 구글에서 제시하는 4가지 속성을 따른다.

지넷 윙의 CT와 구글의 CT 비교

구글 CT 교육 프로그램 예시

* 더 많은 수업 사례는 구글의 컴퓨팅 사고력 웹 사이트에서 찾을 수 있다.

컴퓨팅 사고력을 활용하여 물리 모델링하기

교육과정 연계

▶ CC 수학 F-TF: 삼각함수를 이용하여 진자 현상 모델링하기

▶ CC 수학 S-ID: 2개 양적 변수의 데이터를 요약, 표현, 해석하기

▶ CC 수학 G-GPD: 기하학적 특성과 방정식으로 표현하기

교육 개요

구체적인 실험을 통해 자연현상을 분석하여 패턴을 찾고, 방정식을 만들어 규칙을 도출한다. 이러한 과정을 통해 몇 세기에 걸친 과학자들의 노력을 인식하고 컴퓨팅 사고력과의 연계 방법을 이해할 수 있다.

 이 사례는 체계화된 교수-학습 과정안이 아니라 컴퓨팅 사고력을 사용하여 현재의 교과 과정을 보완하기 위한 방법을 제공하는 예시 자료이다.

전제 조건

▶ 학생들은 삼각함수와 루트를 이해하고 있어야 한다.

준비 사항

▶ 모든 사례는 컴퓨터 없이도 수행 가능

화이트보드나 종이, 연필의 사용은 제한 없음

▶ 선택적 준비 사항

- Python 2.7과 VPython 5(Windows, Mac 또는 Linux 운영체제)
- 스프레드시트 소프트웨어: 구글 문서 도구, 오픈 오피스, 엑셀
- 수학 시뮬레이터: GeoGebra(https://www.geogebra.org)
  - 실험 재료
  - 진자(다양한 크기의 추, 다양한 길이의 끈)
  - 경사면(경사면, 미끄러지는 공)
  - 스톱워치, 줄자/눈금자
  - Probeware/센서(트래커 비디오 분석, 파스코, 버니어, 물리학 기즈모)

2가지 예시 프로그램

01 진자 운동

02 경사면과 자유낙하

각각의 개념은 기존의 물리학 수업에서 이미 배운 것이다. 실제 실험보다 가상 모델의 장점 2가지는 다음과 같다.

첫째, 시뮬레이션 실행을 통해 다양한 사례를 분석하고 추적할 수 있다. 실험실의 실험은 측정에 의한 실험 오차를 많이 포함하고 있지만, 가상 시뮬레이션은 정확성과 정밀도를 가진다.

둘째, 실험실에서는 실험이 불가능한 것도 가상 모델을 통해 가설이나 계산을 넘어서 검증 결과를 객관적으로 확인할 수 있다. 예를 들어, 무중력 상태나 그 반대가 되었을 때 나타날 잡음을 없앨 수 있다.

학생들은 가설을 검증하고 수정하기 위한 코드를 미리 제공받고 코드에 관해 질문할 수 있도록 고민해야 한다. 물리 현상에 대한 알고리즘을 생성하기 위해서는 프로그래밍을 직접 구현하기보다 의사 코드를 통해 학생들이 고도의 문제해결 사고를 이끌어 낼 수 있도록 해야 한다.

Examples 01 진자 운동

갈릴레오는 진자 운동의 규칙을 최초로 발견한 과학자이다. 진자는 중심점에서 자유롭게 흔들리며 움직이는 물체이다. 갈릴레오는 흔들리는 샹들리에를 보고 영감을 받아 실험을 하였다고 한다. 샹들리에는 최고조에 다다랐을 때 멈추는 것이 아니라 시작 각도와 상관없이 지속적으로 움직이는 것처럼 보였다. 흥미로운 사실은 그가 스톱워치를 가지고 있지 않았기 때문에 일정한 시간을 측정하기 위해 자신의 맥박에 의존하였다는 것이다.

분해

갈릴레오는 다음의 요소를 통해 진자의 움직임을 이해했을 것이다.

- 줄의 길이
- 추의 질량
- 주기적인 운동(삼각함수)
- 중력(g)

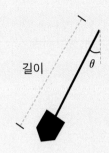

길이

θ

패턴 인식

갈릴레오는 진자 운동의 주기에 영향을 끼치는 것이 진자의 각도, 길이, 질량 중 어떤 것인지 결정하기 위한 실험을 수행하였다. 그는 추의 무게와 관계없이 줄 길이가 짧을수록 진자 운동이 빠르다는 사실을 발견하였다.

패턴 추상화

진자 주기운동의 시간 변화는 진자 길이의 변화와 지수함수적 관계가 있다.

알고리즘 설계

진자의 주기운동 방정식은 갈릴레오의 예측을 확인해주며 진자의 주기 시간을 정확하게 예측해준다.

$$\text{주기 시간(초)} = 2\pi\sqrt{\frac{\text{길이}}{g}}$$

g : 중력가속도(지구 = 9.8m/s^2)

이 방정식은 작은 각도에서 계산할 수 있도록 단순화되어 있다. 만약 새로운 데이터가 발견되면 방정식과 알고리즘은 개선이 이루어진다. 갈릴레오가 발견한 진자 주기의 모델링은 다음 의사 코드를 사용하여 표현할 수 있다.

1. *dt*와 중력 같은 실험 환경을 준비하고 지정된 길이의 진자, 회전축과 각도를 설정한다.

2. 각도를 변경한다.

3. 가속도, 속도 및 새로운 각도의 위치를 업데이트한다.

4. 2~3단계를 반복한다.

⚙️ 코넬대학의 제임스 스테나(James Stehna)가 만든 진자 모델 코딩(파이썬)

```python
from visual import *

#변수 정의 부분은 의사 코드 1번 라인
g = 9.8     #중력 가속도
L = 1.0     #진자의 물리적 길이
theta = (2. * pi) / 3.    #초기 수직으로부터의 각도
velocity = 0.0    #시작 시 진자의 속도
dt = 0.01       #진자의 시간 간격
pen = cylinder(pos=(0,   0, 0), axis = (L * sin(theta), -L * cos(theta), 0),
radius = 0.02)

while (True):   #의사 코드 4번 라인
    rate(50)      #화면에 천천히 보여주기 위한 시간 비율
    #가속도와 속도 계산의 의사 코드 3번 라인
    acceleration = -(g / L) * sin(theta)   #새로운 각도에 대한 가속도 업데이트
    velocity  += acceleration * dt   #가속도에 의한 속도 업데이트
    theta   += velocity * dt   #의사 코드 2번 라인, 위치 업데이트
    pen.axis = (L * sin(theta), -L * cos(theta), 0)   #펜 기능을 이용하여 진자운동 표현
```

⚙️ 진자 운동 출력의 예(시뮬레이터)

자유낙하와 같이 자연스럽게 미끄러지는 공의 가속도를 계산할 수 있을까? 갈릴레오는 여러 각도의 경사면을 사용해 실험할 때 빠르게 움직이는 공의 시간 데이터를 구간별로 나르게 수집하는 것이 어렵다는 것을 알고 있었다.

분해

갈릴레오가 그랬던 것처럼 경사면 아래로 구르는 공을 모델링하기 위해 우리는 각 요소들 간의 문제를 해결해야 한다. 구르는 공의 가속도를 결정하는 인자는 경사면의 각도와 굴러가는 시간이다.

- 경사 각도
- 구르는 시간

패턴 인식

갈릴레오는 각도가 조절 가능한 경사면에서 실험을 준비하였다. 시간의 경과를 측정하기 위해 물시계와 자신의 심박수를 사용하였는데, 정확한 시간을 재는 데 한계가 있었다. 그는 실험에서 경사면의 각도와 가속도가 일정하게 증가한다는 사실을 발견했다. 또한 각도가 90도(수직)에 가까워질수록 가속도의 한계(g)에 접근한다는 것을 발견하였다.

패턴 추상화

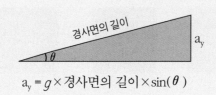

$$a_y = g \times 경사면의\ 길이 \times \sin(\theta)$$

1. θ가 90도에 가까워질수록 g는 한계에 도달한다.
2. θ가 0도에 도달하면 g는 0으로 감소한다. 이후 이 법칙은 아이작 뉴턴의 '운동의 제1법칙'인 '관성의 법칙'으로 진화하였다.

알고리즘 설계

경사면의 각도에 의해 가속도가 변화한다는 사실로부터 우리는 주어진 각도에서 경사면 아래로 구르는 공의 시뮬레이션 자료를 개발할 수 있는 방법을 알게 된다.

의사 코드의 예

1. 실험 환경(예: dt와 중력)을 준비한다.
2. 일정한 각도로 경사를 만든다.
3. 아래로 구르는 공을 만든다.
4. 공이 구르는 동안의 주어진 시간에서 속도와 위치를 업데이트한다.
5. 경사로의 끝에 공이 구를 때까지 4단계를 반복한다.
6. 여러 각도의 경사로를 만들고 2~5단계를 반복한다.

샘플 출력

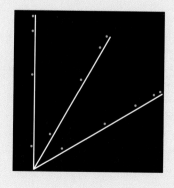

```
from visual import *

#의사 코드 1라인, 물리적 속성 값 설정
r = 0.2
velocity = 30
L = 10 #경사면 길이
dt = 0.01      #시간 변화 값
dv = dt * -velocity      #속도 변화량
scene.center = (L / 3,   L / 2, 0)  #화면 중심 값

#의사 코드 6라인
for theta in range(30, 100, 30):  #30/60/90 각도로 경사 생성
    theta   = radians(theta)  #각도를 래디안 값으로 변경

    #의사 코드 2라인, 경사면 생성
    ramp    = box(pos = ((L * 0.5 * cos(theta)), (L * 0.5 * sin(theta)), 0),
    axis    = (L * cos(theta), L * sin(theta), 0), width = 0.4, height = 0.1)

    #의사 코드 3라인, 경사면을 구르는 공
    ball    = sphere(pos = (ramp.length * cos(theta) - r * sin(theta),
        ramp.length   * sin(theta) + r * cos(theta), 0), radius = r,
        make_trail   = True, trail_type = "points", interval = 30)
    ball.trail_object.color   = color.red

    ball.velocity   = 0  #공의 시작 속도

    while (True):  #의사 코드 5라인
        if ball.pos.y < 0:  #공이 땅에 닿으면 안 보이게
            ball.visible   = 0
            break
        rate(50)     #화면에 천천히 보이게 하는 비율

        #의사 코드 4라인
        ball.velocity   += dv * sin(theta)  #속도 업데이트
        ball.x   += ball.velocity *dt * cos(theta)  #x좌표 업데이트
        ball.y += ball.velocity * dt *   sin(theta)  #y좌표 업데이트
```

구글에서 개발된 예시 콘텐츠를 살펴보면 우선 문제를 해결하기 위해 분해 decomposition의 단계를 가장 먼저 하고 있다는 것을 알 수 있다. 진자 운동을 주제로 다루고 있지만 진자 운동에 포함된 개념과 원리를 적용해서 다른 문제 해결 과정에서도 쓸 수 있다. 진자 운동을 이해하기 위해 거꾸로 수학의 개념을 연계할 수 있으며, 진자의 주기에 관해서 기계적으로 시뮬레이션을 만들어보는 것도 가능하다. 여기에 상수(중력)와 변수(길이, 무게)를 정의내리는 과정이 필요하다. 이러한 과정에서는 학습자가 오류를 범해도 다시 고치는 것이 쉽고 시뮬레이션을 통해 오류와 디버깅의 결과에 대한 확인이 가능하다.

문제를 분해하고 난 뒤 분해된 개념과 자료를 통해 공통적으로 나타나는 패턴을 발견하고 그 결과 값을 구분하여 범주화한다. 이 과정은 과학자들이 세상의 어떠한 물리적 개념과 원리를 발견하는 일반적인 방법이며, 자신의 지식으로 구축해 가는 과정으로 귀납적인 학습 과정의 기본이 된다.

공통 패턴은 이제 이론과 공식으로 정리하여 문제의 해결을 위한 본질적인 추상화 과정을 거친다. 진자 운동에서 주기적인 회전운동의 시간이 변하는 것은 추의 무게가 아니라 끈의 길이 변화라는 것을 물리적 개념이나 수학적 기호로 추상화한다. 추상화하는 과정은 사고력 중 가장 고도의 사고로서 컴퓨팅 사고의 가치를 대표한다.

추상화된 개념과 원리는 문제 해결의 절차적인 사고 과정으로 알고리즘화하고 순서도나 의사 코드를 만들어 표현한다. 진자 운동의 모델링 사례에서는 삼각함수의 개념을 연계하여 수학 교과와의 융합 교육으로 전개하는 것이 효과적이다. 이러한 4가지의 과정을 통하여 세상의 물리적 현상(아날로그적 문제)을 디지털적인 문제로 이해하고 해결하는 것이 컴퓨팅 사고이다.

선택적인 활동이지만 보다 구체적인 컴퓨팅 활동을 통해 컴퓨팅 사고를 신장시키는 활동이 존재한다. 마지막 선택 활동은 컴퓨팅 사고를 위한 핵심 개념으로 추상화와 자동화를 보다 명확히 이해하기 위해 본격적으로 구현의 과정을 거친다. 프로그래밍으로 시뮬레이션을 구현하고 이를 통해 자동화를 이해하며 주어진 문제를 디지털 컴퓨팅 도구를 이용하여 정교하고 정확한 해결 전략을 갖는다.

이러한 CT 교육의 과정에서 중요한 것은 소프트웨어의 개발보다는 바로 문제의 파악으로서 분해, 귀납과 연역으로서의 패턴 인식, 원리와 개념의 추상화, 절차적 사고 과정인 알고리즘을 통해 창의적 문제 해결 과정에 집중해야 한다는 점이다. 여기에 자동화와 시뮬레이션은 추가적인 활동으로 이해하는 것이 컴퓨팅 사고 과정의 모형이라고 할 수 있다.

컴퓨팅 사고를 중심으로 하는 소프트웨어 교육의 목표에 집중할 때 기존의 '정보통신 활용 교육, 코딩 교육, 프로그래밍 교육, 로봇 교육과 다르지 않다'라는 오명에서 벗어날 수 있다.

창의적 문제 해결 능력을 위한 컴퓨팅 사고

컴퓨팅 사고의 프레임워크

논리적 사고와 절차적 사고를 바탕으로 하는 알고리즘과 프로그래밍은 컴퓨터 과학의 꽃이다. 따라서 CT는 알고리즘과 프로그래밍 과정에서 가장 발현되기 쉽다. 다른 교과나 컴퓨터 과학의 DB와 같은 개념의 암기나 단순 지식을 통해서도 CT가 발현될 수 있지만 효율성의 관점에서 프로그래밍과 코딩은 CT를 발현하기 위해 가장 좋은 도구이다. CT는 프로그래밍과 알고리즘의 두 개 영역과 밀접한 관계에 있으며 여기서 나타난 결과물이 소프트웨어이다. 그래서 소프트웨어 교육의 목표를 CT에 두고 있는 것이다. 예를 들어, 정렬에서는 사람이 수의 크기나 순서를 직관적으로 인지하는 과정이 있으나 컴퓨터에서는 자료를 정렬하기 위해 컴퓨터의 디지털 처리 과정과 이진화의 특성에 기반하여 문제를 해결하기 위한 사고력이 요구된다. 이것이 구체적인 CT이다.

우리가 인지하는 논리적 사고력이 CT에서 말하는 논리적 사고력과 약간 다르다고 생각할 수도 있다. 일반적인 논리적 사고력은 주장과 그에 대한 근거를 말할 수 있느냐를 중점에 두지만 CT에서의 논리적 사고력은 알고리즘 또는 자동화를 위한 코딩에 모순이 없어야 한다. 즉, 절차적으로 문제가 없어야 한다. 이렇게 아날로그 상황에서의 논리적 사고력과 CT에서의 논리적 사고력은 차이가 있다. CT를 디지털 상황에 바탕을 둔 논리적 사고력으로 좁혀 보면 조금 더 이해하기 쉽다.

논리적 사고력은 아날로그를 기반으로 하고, 창의적 사고력은 확산적 사고력으로 논리적 사고력과도 관련이 있으며 디지털을 기반으로 한다고 할 수 있다. 이러한 논리적 사고력을 바탕으로 하여 상위 레벨로 올라갈수록 창의적 사고력과 관련이 깊어진다. CT는 모든 사고의 밑바탕에 있다. 왜냐하면 디지털 정보를 기반으로 하는 사고력이기 때문이다.

CT는 문제를 해결하기 위한 사고력으로 컴퓨터적인 문제computational problem를 다룬다. 즉, 디지털 처리 문제를 취급한다. 문제를 해결하는 과정에서 현실 세계(타 분야)를 추상화하여 컴퓨터 과학의 언어로 모델링하고 이를 알고리즘화한다. 알고리즘은 코딩을 위한 필수 단계로 이를 효율적으로 발현하기 위해서는 프로그래밍 능력이 요구된다. 프로그래밍으로 구현된 소프트웨어가 현실 세계에서 효율적인 기능을 발휘하기 위해서는 피지컬 컴퓨팅(하드웨어, 로보틱스, 사물인터넷 등)의 형태로 구현되어야 한다.

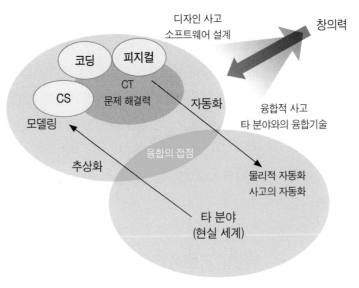

그림 3-4 | **창의성과 CT**

구현된 소프트웨어는 현실 세계에서 물리적인 자동화 시스템(산업 자동화, 홈오토메이션, 사무 자동화 등)과 사고 과정의 자동화(구글 검색 엔진, 주식 투자의 기계 학습 모듈, 날씨 예측 프로그램 등)를 통하여 현실 세계의 문제를 해결한다.

이러한 추상화와 자동화의 단계를 거쳐 소프트웨어를 설계할 때 시스템의 거시적인 그림을 그리는 디자인 사고가 요구된다. 또한 타 분야와의 접목을 위하여 융합적 사고도 필요하다. 디자인 사고와 융합적 사고가 소프트웨어와 만날 때 창의적인 문제 해결력이 요구되며, 세상을 효율적이고 인간을 돕는 창의적인 소프트웨어를 산출하게 된다. 따라서 CT에서 추구하는 창의적 문제 해결력과 디자인 사고, 융합적 사고는 필연적 관계에 있다.

창의 융합 역량을 위한 CT

　교육부에서 제시한 소프트웨어 교육의 목표가 단순히 CT의 신장이라면 기존의 독립 교과들이 개별적으로 운영되는 것처럼 소프트웨어 교과도 개별적으로 분리되어 운영되기 쉽고 21세기 학습자 역량을 신장시키기 위한 목표에 도달하기가 어렵다. 따라서 창의컴퓨팅의 관점에서 CT와 창의성, 융합적 사고, 디자인 사고를 추구하는 구성주의적 관점에서 접근해야 한다.

　소프트웨어 교육에서 컴퓨터 과학(프로그래밍, 알고리즘 등)의 지식과 원리를 이용하여 수학과 과학의 지식, 개념을 연계한 CT는 문제 해결 과정에서 분석적 사고, 논리적 사고, 절차적 사고를 포함하는 수렴적 사고를 바탕으로 한다. 이를 통해 인문 영역의 응용을 통합한 정교한 소프트웨어 산출물(창의적 문제 해결의 결과, 실제 물건이 아

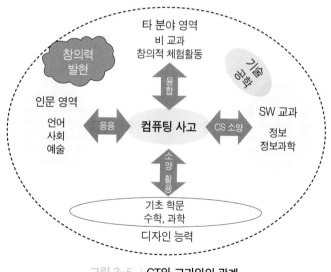

그림 3-5 │ **CT와 교과와의 관계**

닌 추상적인 것 포함)을 끌어낼 수 있다. 특히, 기술과 공학 등 타 분야와의 융합을 통해 실생활에서 인간에게 도움이 되는 융합적 산출물을 통해 융합적 창의력을 발현할 수 있다.

이와 같은 일련의 과정을 체계적이고 효율적으로 진행하기 위해 설계 능력(디자인 사고)이 요구된다. 이는 소프트웨어 교육의 가장 상위 단계에서 가장 중요한 능력으로 단순 코딩 작업자가 아닌 시스템 관리자, 소프트웨어 설계자에게서 필요한 능력이라고 볼 수 있다.

따라서 CT는 창의력을 기르고 타 분야와의 융합을 통하여 인간 중심의 설계까지 이 끌어 내는 소프트웨어 교육의 핵심 사고력으로 볼 수 있다.

타 교과에서의 적용을 위한 CT

소프트웨어 교육의 목표에 부합되는 CT의 수업 사례는 소프트웨어 교과가 정보 교육으로 정식 편제되는 2018년에 본격화될 것으로 기대된다. 이 절에서는 류미영과 한선관이 다른 교과의 내용을 재구성하여 개발한 CT 교육 프로그램을 제시한다. 타 교과에서의 CT 적용 방안은 마인드 툴로서의 컴퓨팅을 제시한 조나선D. Jonassen과 지넷 윙J. Wing이 정의한 것을 바탕으로 크게 세 가지를 제시한다.

첫 번째, 문제 해결 방법을 절차적으로 사고하게 한다. 여기에서는 프로그래밍으로 구현하여 적용할 수 있다는 것을 알 수 있다.

두 번째, 문제 해결 과정에서 컴퓨팅 시스템의 능력을 활용한다는 것으로 이는 IT 시스템의 활용으로 이해할 수 있다. ICT 교육과 매우 유사한 부분이다.

세 번째, 문제 해결 과정에서 컴퓨터 과학적인 개념과 원리를 활용한다. 이는 CT에서 컴퓨터 과학을 적용할 수 있다는 것을 의미한다.

더 구체적으로 살펴보기 위해 수학 교육에서의 CT 적용 방안을 살펴보자.

첫 번째 정의에서의 절차적 사고는 수학 문제의 해결 과정을 프로그래밍을 통해서 비주얼하게 표현한다는 것을 말하며, 인간의 사고 과정 자체를 표현해 내는 것이라고 할 수 있다. 즉, 추상화의 과정이며 자동화의 개념도 여기에서 이해할 수 있다. 추상화와 자동화를 활용한 적용 예시는 스크립트를 통한 프로그래밍 언어 활용, 블록형 프로그램인 스크래치 활용, 절차적 사고를 아날로그적으로 먼저 표현해볼 수 있는 순서도, 의사 명령어인 의사 코드이다.

두 번째 정의에서 IT 시스템 활용은 인간의 뇌가 하는 일을 컴퓨터가 대신하여 수학의 본질에 접근하게 하는 경우를 뜻한다. 여기에서는 자료의 처리와 정보 처리의 활동이 이루어지며, 교육용 프로그램으로 수학 시뮬레이션 프로그램을 활용하고, ICT를 활

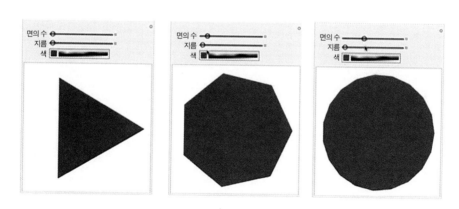

그림 3-6 | 면의 개수에 따라 달라지는 도형 시뮬레이션

출처: Conrad Wolfram(http://www.wolframalpha.com)
Teaching Kids Real Math with Computers(Ted 강의 중 예시 자료)

용하여 자료 수집, 자료 분석, 가공, 평가를 할 수 있다. 또한 울프럼알파(http://www.wolframalpha.com)와 매스메티카(http://www.wolfram.com)와 같은 계산용 툴도 ICT의 활용이리 할 수 있다.

세 번째 정의에서의 CT는 문제 해결 과정에서 컴퓨터 과학적인 개념과 원리를 활용하는 것이다. 즉, 컴퓨터 과학의 개념과 알고리즘을 뜻하는 것으로 개념 이해를 위하여 언플러그드 컴퓨팅, 절차와 원리를 이해하기 위해 분할 정복, 동적 프로그래밍, 탐욕 기법, 재귀 프로그램 등과 같은 알고리즘, 현실의 문제와 연결하기 위한 컴퓨터 과학의 활용을 적용 예로 들 수 있다. 언플러그드 컴퓨팅 방법을 적용하여 수학의 개념을 이해하고 컴퓨터 과학 내의 수학적 원리를 발견하도록 할 수 있다.

다음 사례는 첫 번째 수업 전략인 절차적 사고를 신장시키기 위한 프로그래밍 적용 수업 사례를 CSTA에서 구분한 CT 교육 영역으로 나타낸 것이다.

프로그래밍 수업 적용 사례

수업 주제

여러 가지 방법으로 다각형 그리기

수업 내용

다각형을 손으로 직접 그려보고, 스크래치 프로그램을 활용하여 그려보는 두 가지 활동을 해보면서 학생들은 컴퓨터를 활용한 활동의 효율성을 인식할 수 있게 된다. 프로그래밍을 통해 도형을 그려보는 활동은 언어적 표현과 수학적 상징을 프로그래밍 언어의 관점에서 절차화, 추상화하게 된다. 또 추상화된 프로그램 모듈의 숫자 값을 바꿔가며 확인하는 과정을 통해 자연스레 시뮬레이션 과정과 자동화에 대한 경험도 해볼 수 있다. 이 수업에서는 도형 그리기 활동을 통해 추상화와 자동화의 효율적 사고력을 신장시키고자 한다.

컴퓨팅 사고력

데이터 수집

▶ 도형을 그리려고 할 때 필요한 것

▶ 다각형을 그려볼 수 있는 방법

▶ 정다각형의 조건

데이터 분석

다각형(정오각형, 정육각형) 한 각의 크기 구하기

데이터 분석에서 알아낸 도형 한 각의 크기를 이용하여 손으로, 스크래치로 다각형 그려보기

도형을 그리기 위한 명령문 작성하기

다각형(정사각형, 정삼각형, 정오각형, 정육각형)의 성질 정리하기

CT 교육과 ICT 교육

교육 현장에서의 CT 적용을 살펴보자. 소프트웨어 교육에 대한 관심이 높아지면서 CT를 신장시키기 위한 다양한 교육적 접근 방법이 시도되고 있다. CT 교육은 컴퓨팅 사고를 신장하기 위해 ICT 도구뿐만 아니라 컴퓨팅 능력, 정보과학의 원리와 프로그래밍의 절차적 사고를 활용한다. 이처럼 CT 교육은 ICT 자원 활용, 프로그래밍의 절차적 사고 활용, 컴퓨터 과학에서 제공하는 개념과 원리의 적용을 통해 보다 합리적이고 효과적인 진로의 파악과 디지털 사회의 이해, 미래 사회에 대한 예측, 업무의 효율화를 위해 필요한 능력을 기르도록 하고 있다.

여기에서 주의해야 할 점은 ICT 교육과의 구분이다. CT 교육과 ICT 교육은 유사한 듯 보이나 추구하는 목적과 비전 그리고 동기가 다르다.

ICT 교육(이러닝, 스마트 교육 포함)은 정보통신기술을 이용하여 다른 교과 교육의 질을 개선하는 목적으로 ICT 도구를 사용한다. 기본적인 정보통신기술의 소양 능력과 활용 능력을 통하여 교수학습 방법으로 수업을 개선하는 것이 목적이다. 그러므로 CT에서 추구하는 사고력의 신장과 문제 해결력의 근본적인 내용과 방법에서 그 차이를 보이고 있다. CT 교육의 학습 과정을 구체적으로 살펴보자.

예를 들어, 사각형의 언어적 정의는 복잡하지만 수학적 정의는 고도의 추상화 용어를 통해 단순화하고 기호화한다. 복잡한 언어적 구조는 학생의 이해를 힘들게 하는 인지적 부담을 주게 되고, 수학적 단순화와 기호 상징화 또한 학생의 인식 수준에서 도전 자체를 두려워하게 만든다. 물론 이 두 가지(언어, 수학)의 접근 전략을 통해 고도의 사고력을 신장시킬 수 있지만 그리 쉽지가 않다.

하지만 프로그래밍을 통해 사각형을 표현하면, 사각형을 정의하는 언어적 표현과 수학적 표현을 프로그래밍 언어의 관점에서 절차적 지식으로 조각내고 그 분절된 지식들을 상징(변수)화하게 된다. 상징으로 처리되는 부분은 인자 값으로 정의하여 시각화함으로써 언어적 복잡성과 수학적 상징화의 어려움을 극복하게 된다. 사고의 절차화와 수학적 접근을 통해 추상화 과정을 거치게 되면 보다 적정한 수준에서 용어와 개념을 이해하고 문제를 해결하게 된다. 그리고 추상화된 프로그램 모듈의 인자 값을 변화시키면서 자연스레 시뮬레이션 과정을 거치게 되면, 손으로 사각형, 오각형, 육각형을 그리는 것보다 숫자 값을 다양하게 받은 컴퓨터가 대신 도형을 그려주는 자동화 단계를 거치게 된다. 당연히 학습자들은 힘들게 도형을 머리에 상상하거나 종이에 손으로 그리는 대신 간단히 버튼이나 숫자를 바꾸면서 자신이 추상화한 프로그램 모듈을 활용하여 자동적으로 다양한 시뮬레이션을 확인하면서 개념과 문제를 해결하게 된다.

이러한 수업에서는 추상화와 자동화를 통한 CT의 목표를 명확히 해야 하며, 학습자들이 언어로 사각형을 표현하거나 수학적 기호와 상징으로 표현하는 과정을 프로그래밍 과정과 비교하는 단계가 있어야 한다. 또한 손으로 사각형, 오각형을 그리는 것과 컴퓨터를 활용해 자동적으로 그리는 과정을 비교하여 그 효율성을 학습자들이 인식하고 자신의 미래를 위해 어떤 것을 선택하여 사용할지를 결정하는 과정을 수업에 추가해야 한다.

컴퓨팅 사고력을 위한 **소프트웨어 교육**

Part 2

왜 창의컴퓨팅 교육인가?

소프트웨어 교육,
창의컴퓨팅 교육이다

처음에는 컴퓨터 과학과 이론을 배워라. 그 다음 프로그래밍 스타일을 익혀라.
그리고는 모두 잊어버려라. 그저 개발에 몰입하여 미래를 해킹하라.

조지 카레트George Carrette

Chapter **04** | 소프트웨어 교육, **창의컴퓨팅 교육이다**

소프트웨어 교육을 보는 시각

소프트웨어 교육에 대한 중요성이 커지면서 소프트웨어 교육에 대한 다양한 접근이 이루어지고 있다. 이에 따라 소프트웨어 교육정책도 각기 다른 성격과 지향점을 추구하며 실시되고 있다.

먼저 소프트웨어 교육의 다양한 명칭에 대해 구분지어 정의할 필요가 있다. 우리나라 IT 산업의 현실에서 코딩을 주로 하는 사람과 관리자급인 소프트웨어 개발자, 시스템 설계자의 대우에 많은 차이가 나고 있다. 특히, 초급 개발자인 코더^{coder}의 경우 근무조건이 열악하여 3D 직종으로 여기게 되면서 이 직업을 기피하는 부정적인 인식이 퍼져 있다. 미국 등 선진국의 경우와 비교해볼 때 전문적인 코딩을 하는 프로그래머가 받는 처우는 소프트웨어 관리자 또는 시스템 설계자와 별 차이가 없다. 또 각 분야의 전문적 영역 또는 명칭을 구분 짓지 않고 동등한 대우를 받는 것을 볼 때 극히 이례적이라고 할 수 있다. 이러한 측면에서 우리나라 산업 현실과 소프트웨어 교육이 추구하는 목적을 달성하기 위한 기초 작업으로 명칭을 구분하여 정의해야 할 필요가 있다.

이번 장에서는 소프트웨어 교육의 다양한 접근 방법에 대해 살펴보면서 창의컴퓨팅의 성격과 지향점에 대해 논의한다.

코딩 교육

코딩 교육은 프로그래밍을 능숙하게 작성하는 인재를 양성하기 위하여 실시되는 전문교육이다. 컴퓨터 코드를 작성하는 것이 주요 교육 내용이며, 알고리즘 학습을 통해 논리적 사고력을 기를 수 있다. 하지만 코딩의 행위와 프로그래밍의 기초에 초점이 맞추어져 있고, 작은 모듈 및 그 일부분을 개발하는 것을 목표로 한다는 한계가 있다. 코딩 교육은 주로 단기적으로 IT 분야에 필요한 인력을 집중 양성하는 교육이다. 초·중등 정보올림피아드에서 학생들의 알고리즘 사고와 기초 코딩 능력을 평가하여 선발하는 방법이 코딩 교육의 대표적인 사례라고 볼 수 있다. 여기에서는 사고력 신장보다는 기존 알고리즘, 설계된 소프트웨어의 모듈을 구현하는 데 주안점을 둔다.

프로그래밍 교육

프로그래밍 교육은 소프트웨어를 개발하는 능력을 신장시키는 것이 목표이며, 코딩 능력과 알고리즘의 문제 해결력을 통해 구현된 모듈과 그 모듈들을 완성해 큰 프로그램을 개발하는 과정이 교육의 주요 내용이다. 프로그래밍 교육을 통해 문제 해결력과 창의력을 기를 수 있으며, 타 분야와의 융합도 프로젝트로 확장할 수 있다. 하지만 프로그래밍이 주목적이지 창의력이나 프로젝트를 목표로 하지 않는다는 한계가 있다. 프로그래밍 교육은 대학 교육의 기초 과목에서 주로 이루어지며, 현업에 투입할 전문가를 양성하기 위해 적절하다. 정보올림피아드 공모전에 작품을 프로젝트 형태로 개발하여 제출하는 것이 프로그래밍 교육의 대표적인 사례이다.

컴퓨터 과학 교육(정보과학 교육)

컴퓨터 과학 교육은 컴퓨터를 직접 다루기도 하지만 컴퓨터 과학computer science을 이루는 기초 학문의 개념과 원리를 이론적으로 다루는 교육이다. 컴퓨터 과학 교육에서 다루는 분야는 컴퓨터 구조, 운영체제, 자료구조, 데이터베이스, 알고리즘, 인공지능, 소프트웨어 공학 등 ACM(미국컴퓨터협회)에서 정립한 컴퓨팅 커리큘라(http://www.acm.org)의 학문을 토대로 한다. 컴퓨터 과학 교육이 컴퓨터를 이루는 전반적인 내용을 다루는 반면, 정보과학 교육은 정보시스템을 이루는 하드웨어와 소프트웨어의 지식과 함께 정보처리의 과정에서 요구되는 데이터 처리와 사용자 특성의 관점에서 이루어지는 컴퓨터 과학 교육의 다른 접근이라 볼 수 있다.

이러한 내용은 ACM 컴퓨팅 커리큘라의 정보시스템information system과 정보기술information technology의 교육과정을 참고할 수 있다. 컴퓨터 과학 교육 내용에 타 분야를 융합하고 실세계의 적용을 통해 자신의 진로와 비전을 탐색할 수 있다. 대학에서는 컴퓨터 과학의 모든 분야를 전반적으로 배우게 되나 초·중등에서는 프로그래밍을 중심으로 소프트웨어를 개발하는 과정에 집중하기 때문에 컴퓨터 과학에 대한 학습이 부족한 상황이다. 팀벨 교수에 의해 시작된 언플러그드 컴퓨팅(http://csunplugged.com) 교육 방법을 통하여 컴퓨터 과학의 기초가 되는 핵심 개념을 초·중등 학생들이 쉽게 배울 수 있도록 하고 있다.

정보 교육

외래어인 소프트웨어라는 교과의 명칭이 초·중등 교과명으로 적합하지 않다는 의견에 따라 2018년부터 소프트웨어 교육은 기존 정보 교육^{informatics education}에 편성되어 운영된다. 기존의 정보 교육에서 주로 다루고 있는 분야는 소양 교육과 활용 교육으로 구분되는데, 현실의 문제를 해결하기 위하여 디지털 기술과 정보의 처리(정보 접근, 정보 탐색, 정보 수집, 정보 생성, 정보 평가)의 관점에서 교육 내용이 구성되어 있다. 정보 소양 교육의 경우 앞서 논했던 컴퓨터 과학, 코딩, 알고리즘, 프로그래밍, 소프트웨어의 개발에 대한 기초적인 내용을 포함하고 있다. 이를 바탕으로 하여 문제 해결력과 절차적 사고, 논리적 사고를 신장시키기 위한 방안으로 컴퓨팅 기술을 학습한다.

정보 활용 교육의 경우 문서 작성, 프레젠테이션, 수치 계산, 인터넷 활용, 멀티미디어 개발 등 컴퓨터 과학의 이론적인 내용보다는 컴퓨터를 활용하여 생산적인 디지털 산출물과 현실 세계의 문제를 해결하는 효율적인 방법을 다룬다. 컴퓨터 과학을 이해하지 않아도 컴퓨터 기기를 다루는 역량과 기술만 있으면 쉽게 학생들을 지도할 수 있는 교육이다. 정보통신기술 교육(ICT 교육)은 2013년부터 스마트 교육, 디지털 교과서 교육으로 그 역할이 변화되면서 초·중등 교육 현장에 적용되고 있다. 이러한 정보 교육은 기존의 ICT 교육 또는 정보통신기술의 활용을 중점으로 하는 교육의 이미지로 인하여 그 의미가 많이 변모하였다.

그러나 이번 소프트웨어 중심 사회 실현을 위한 정보 교육의 과학적 배경과 소양 중심의 내용으로 교과가 편재되면서 초·중등 정규 교과명으로 자리 잡게 되었다. 타 교과의 예를 보면 언어를 다루는 국어, 수를 다루는 수학, 자연을 다루는 과학, 사회현상을 다루는 사회, 예술을 다루는 음악과 미술처럼 보이지 않지만 세상을 지배하는 추상적 개념들이 교과에 적용되고 있다. 정보 교과도 세상을 변화시키는 정보, 즉 아날로그 정보와 디지털 정보라는 추상적 개념을 핵심으로 보다 확고한 교과로서의 명칭을 갖게 되었다.

소프트웨어 교육

소프트웨어 교육은 소프트웨어 인재를 양성하기 위한 교육이다. 수업 내용도 소프트웨어 설계와 개발에 주력하고 있으며 개발과 실습의 난이도 때문에 고등 교육 이상에서 실시할 수 있다. 그래서 초·중등 교육의 내용과 교과명으로 적절하다고 볼 수 없다.

소프트웨어 인재를 양성한다는 목적과 소프트웨어 교육이라는 교과명은 산업계에서 필요로 하는 고도의 전문 지식을 가진 인력을 양성하는 의미를 포함하고 있다. 그 이유 중의 하나는 소프트웨어가 컴퓨터의 4가지 구성 요소(하드웨어, 소프트웨어, 데이터, 사용자) 중 하나로서 제품화되어 있는 산출물을 의미하는 경우가 있기 때문이다.

2018년 실시되는 정규 교육에서는 '소프트웨어 교육'이라는 과목의 명칭을 사용하지 않고 '정보'라는 교과명을 사용하지만 소프트웨어 교육 내용을 중심으로 운영된다.*

창의컴퓨팅으로서의 소프트웨어 교육

창의컴퓨팅이란 말은 MIT 미디어랩의 《Creative Computing Guide Book》(2014)에서 먼저 사용하였다. 여기에서의 소프트웨어 교육이란 단순한 코딩 교육이나 성인을 대상으로 한 소프트웨어 개발 교육과 달리 초·중등 학생들을 대상으로 한 창의적 문제

---

* 이 책에서는 창의컴퓨팅으로서의 소프트웨어 교육의 정의와 목표 정립을 위한 과정으로, 코딩 교육, 프로그래밍 교육, 컴퓨터 과학 교육, 정보 교육, 소프트웨어 교육과 비교 분석해 보았다. 제시한 내용은 창의컴퓨팅 용어에서 나타날 수 있는 오개념을 제거하기 위하여 저자들이 개인적으로 구분지은 것이므로 절대적인 의미를 가진 것이 아님을 밝혀둔다.

해결력을 신장시키는 컴퓨팅으로서의 소프트웨어 교육을 지칭하는 의미로 사용한다.

창의컴퓨팅 교육

창의컴퓨팅 교육은 컴퓨터 과학의 이론적 기초와 함께 코딩 능력, 프로그래밍 능력, 정보처리 능력을 이용하여 소프트웨어를 창의적으로 산출하는 교육 활동을 주요 내용으로 다룬다. 초·중등 교육에서는 이러한 컴퓨팅 과정을 통하여 소프트웨어 개발 전문 지식과 기능을 목표로 하기보다는 문제 해결력, 창의적 사고, 팀 프로젝트를 통한 협업 능력 등 초·중등 교육에서 추구하는 사고력 중심의 교육 목표를 세운다. 즉, 컴퓨팅 과정을 통하여 자신의 소질과 적성을 발견하여 미래 비전을 달성하는 전인적 인간을 양성하고자 한다. 따라서 앞서 논의했던 다른 용어의 소프트웨어 교육과는 다르게 컴퓨팅의 지식과 기능을 신장시키는 데 주력하는 것이 아니라 교육의 본질을 달성하는 데 그 목표를 두고 있다.

창의컴퓨팅 교육은 컴퓨팅 과정뿐만이 아니라 자신의 비전을 설계design할 수 있는 능력, 타 분야와 융합convergence할 수 있는 열린 마음, 자신의 소질과 적성을 탐색하여 미래 사회에 적응할 수 있는 유연한 태도를 신장시키는 방향으로 전개해야 한다. 이를 바탕으로 창의컴퓨팅 교육은 '컴퓨팅 활동을 통하여 주어진 문제를 창의적으로 해결하는 교육'이라고 정의할 수 있다. 정의된 내용에는 문제를 설계하기 위한 디자인 사고와 컴퓨팅에서 다루는 논리적 사고, 타 분야와의 융합을 통한 창의적 사고를 추구하는 목표가 포함된다.

디자인 사고가 D-School의 '디자이너처럼 생각하기'로 접근한 것처럼 창의컴퓨팅 교육도 '창의적인 소프트웨어를 설계하는 소프트웨어 설계자architecturer 또는 컴퓨터 과학자처럼 생각할 수 있는 능력'을 길러주어야 한다. 구체적으로 'Tinkering+coding=making'

의 구성주의적 교육과정이 이루어지며, 디자인 기반 학습을 바탕으로 프로그래밍을 중심으로 한 다른 교과와의 융합적 교육과정으로 이루어진다. 이를 통해 컴퓨팅 사고력, 문제 해결력, 창의적 사고력, 논리적 사고력, 융합적 사고력을 기를 수 있다. 하지만 창의 컴퓨팅 교육은 이제 시작 단계이므로 그 깊은 철학을 이해하기 위해서는 많은 교육 경험과 인식의 공감대가 필요하다.

소프트웨어 교육과 창의컴퓨팅 교육의 상보적 관계

지금까지 논한 소프트웨어 교육과 창의컴퓨팅 교육의 관계를 정리하면 상호보완적 관계로 도식화할 수 있다. 창의컴퓨팅 교육의 목적은 컴퓨팅 기능과 컴퓨터 과학적 지식을 바탕으로 하여 컴퓨팅 경험을 통한 사고력의 신장에 있다. 그 사고력은 컴퓨팅 사고를 바탕으로 융합적 사고와 디자인 사고를 활용한 창의적인 문제 해결력이다.

소프트웨어 교육의 목적은 컴퓨팅 사고를 바탕으로 융합적 사고와 디자인 사고를 활용한 창의적인 문제 해결력의 충분한 경험과 함께 코딩, 프로그래밍을 기반으로 하는 소프트웨어 개발의 기능을 신장시키는 데 있다. 교과 용어의 본질적인 해석과 국가에서 필요로 하는 미래 인재의 역량 측면에서 소프트웨어 교육의 목적을 보아야 한다.

어느 교과명이 먼저이고 더 중요한가에 대해서는 그것을 보는 관점, 교육철학, 국가에서 추구하는 미래 인재상에 따라 달라질 수 있다. 이러한 측면에서 [그림 4-1]과 같이 소프트웨어 교육과 창의컴퓨팅 교육은 상호보완적인 관계에 있는 것으로 볼 수 있다.

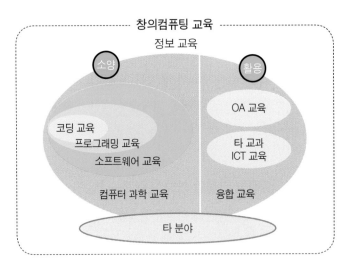

그림 4-1 │ **소프트웨어 교육의 다이어그램**

컴퓨팅 교육

컴퓨팅 교육은 영국에서 교과명으로 채택한 용어이다. 컴퓨터라는 하드웨어, 소프트웨어라는 프로그래밍의 실체, 디지털 기술에 대한 가능성과 윤리적 가치에 대한 논쟁을 컴퓨팅이라는 행동과 사고 과정의 용어로 표현함으로써 영국에서는 초·중등 핵심 교과로 자리매김하고 있다. 컴퓨팅 교육은 초·중등 학생들의 21세기 학습자 역량, 특히 컴퓨팅 사고, 창의적 문제 해결력, 디자인 사고, 융합적 사고를 발현하기 위해 컴퓨팅 이론과 실제의 내용을 중심으로 미래 인재를 양성하는 것을 목표로 한다. 창의라는 수식어를 제외하였지만 창의컴퓨팅 교육과 동일한 목표를 추구한다. 이 책에서 군이 '창의'라는 낱말을 덧붙인 이유는 컴퓨팅을 통하여 창의력을 신장시키는 사고력을 강조하기 위해서이다.

따라서 창의컴퓨팅 교육과 컴퓨팅 교육은 같은 의미를 지닌 용어라고 할 수 있다. 이 책에서는 소프트웨어 교육을 중심으로 하는 정보 교육과 창의컴퓨팅 교육 그리고 컴퓨팅 교육을 같은 개념을 가진 용어로 사용한다.

정보 교육 = 소프트웨어 교육 = 창의컴퓨팅 교육 = 컴퓨팅 교육

 **쉬어가기**

⇨ **소프트웨어 교육에 대한 컴퓨터 전공자들과 컴퓨터 과학자들의 말말말**

"컴퓨터 교육은 컴퓨터를 잘 아는 사람들이 안내해야 해."

"컴퓨터 과학은 프로그래밍을 잘하면 다 되는 거야."

"컴퓨터 과학은 컴퓨팅 사고와 같은 거야."

"프로그래밍을 잘하면 컴퓨팅 사고가 자연스레 신장되지."

"컴퓨팅 사고는 반드시 컴퓨터 과학이나 프로그래밍을 통해 만들어지는 거라고."

"컴퓨터가 나와서 정보화 역기능이 폭발했다고? 그럴 수도 있지. 하지만 아무리 그것이 나쁘다고 해도 이제는 정보기술 없이는 아무것도 할 수 없잖아."

"컴퓨터 교육을 많이 하면 정보화 역기능, 특히 게임 중독 문제는 사라질 거야."

"소프트웨어 교육이니 당연히 소프트웨어를 개발하는 내용을 중심으로 교육과정을 구성해야 해."

"컴퓨터 교육을 하면 아이들의 진로는 다양해질 거고 아이들의 직업도 나아질 거야."

"초등학교에서 컴퓨터 교육은 무리야. 활용하는 정도라면 모를까."

"컴퓨터 교육에서 다른 교과의 내용을 다루는 것은 무리야. 시수도 부족한데다가 컴퓨터 과학 내용이나 프로그래밍을 하는데도 여력이 부족한데 다른 교과의 내용을 다룬다고?"

"컴퓨터 없이 컴퓨터 과학을 과연 가르칠 수 있을까? 반드시 정보화 인프라가 있어야 해."

"대학 입학시험에 컴퓨터 교과가 없으면 아무도 선택하지 않을 거야. 반드시 컴퓨터 교과의 내용이 대학 입학시험에 포함되어야 교과로 안착될 텐데."

"다른 교과들이 자신의 시수를 양보하지 않으니 소프트웨어 교과 같은 새로운 교과가 들어갈 틈이 없잖아. 애들에게 미래를 살아갈 기회를 빼앗는 거야."

"교과 중심의 교육과정에서 역량 중심의 교육과정으로 바뀔 수 없나? 여러 교과가 융합이 되어 역량 또는 진로 중심의 교육으로 바뀐다면 좋을 텐데 말이지."

이처럼 소프트웨어 교육에 대한 주변의 우려와 기대를 어떻게 받아들일 것인가? 이러한 고민들이 모여 단순히 프로그래밍을 잘 가르치는 소프트웨어 교육이 아니라, 삶을 위한 컴퓨팅 교육, 창의적 문제 해결력을 지닌 미래 인재 양성 교육으로서의 창의컴퓨팅 교육이 되어야 한다는 인식이 소프트웨어 교육의 본질에 한발 더 다가가게 도와줄 것이다.

인공지능 로봇 학대 사건

미국의 하이테크 로봇업체인 보스턴 다이내믹스는 진짜 동물처럼 평지에서는 물론이고 계단이나 언덕을 걷고, 발로 차도 넘어지지 않는 로봇 개 '스팟'을 선보였다. 이 로봇 개는 인공지능 시스템을 탑재하여 유연한 움직임을 보였는데, 개발자가 스팟을 발로 밀자 비틀거리다 다시 바로 섰다. 하지만 스팟의 성능을 보여주려 했던 이 장면은 많은 사람들의 공분을 불러일으켰다. 사람들은 로봇 개의 비틀거리는 모습에서 개발자를 잔인하다고 여겼다.

과연 살아있지도 않은 기계를 걷어찬 것이 정말 잔인하고 비윤리적인 일일까? 만약 스팟이 고통을 느끼는 것처럼 표정을 짓거나 (녹음된) 비명을 지른다면 과연 어떠할까? 인공지능 로봇을 학대하는 것처럼 보이는 이 사건이 혹 미래 인간과 로봇이 갈등을 일으키고, 나아가서 전쟁까지 벌이는 한 단초는 아닐까 하는 영화 속의 공상을 해본다.

Chapter 05

창의컴퓨팅 교육,
어떻게 가르쳐야 하나?

훌륭한 기계공은 일반 기계공보다 몇 배의 급여를 더 받는다.
그러나 훌륭한 코드를 만들어 내는 개발자는 일반적인 개발자보다 1만 배
이상의 가치가 있다.

빌 게이츠Bill Gates

Chapter 05 | 창의컴퓨팅 교육, 어떻게 가르쳐야 하나?

창의컴퓨팅 교육 개요

　이번 장에서는 앞서 논의했던 소프트웨어 교육의 궁극적 목표로서 창의컴퓨팅 교육을 살펴본다. 2018년부터 소프트웨어 교과가 정규 교과로 운영되기 위해 현재 소프트웨어 교육 개정안의 기본 방향이 발표되었다. 그에 따라 초·중등 선도학교와 연구학교를 운영하고 있는데, 소프트웨어 교육의 전체적인 교육과정, 교육 내용, 교육 방법, 교육 평가에 대한 내용이 매우 부족한 상황이다. 이의 대안으로서 미국의 creative computing 교육과 영국의 computing 교과 그리고 국내의 선도적인 연구소에서 추진하고 있는 창의컴퓨팅 교육의 내용을 소개하고자 한다. 소프트웨어 교육의 체계적인 교과 구조를 정립하고 초·중등 교육의 정규 교과로서의 성공적인 소프트웨어 교육이 되었으면 하는 바람이다.

창의컴퓨팅
교육 목표

　2015년 교육부에서 발표한 소프트웨어 교육의 목표는 '컴퓨팅 사고력을 가진 창의 · 융합 인재의 육성'이다. 이에 따라 소프트웨어의 기본이 되는 프로그래밍과 알고리즘을 바탕으로 창의적 문제 해결력과 융합적 역량을 강조하고 있다.

　이러한 목표는 앞장에서 논의하였던 컴퓨팅 사고력을 좁은 관점에서 해석한 것으로, 초 · 중등 교육에서 추구하는 전인적 인간 육성과는 많은 차이가 있다. 따라서 컴퓨팅 사고력을 신장시키기 위한 알고리즘, 프로그래밍 능력뿐만 아니라 타 분야와의 융합적 역량을 강조하면서 디자인 사고, 확산적 사고를 가진 미래 인재로서 올바른 가치와 태도를 추구할 수 있도록 목표를 보완하여야 할 필요가 있다.

　창의컴퓨팅에 필요한 사고력은 크게 3가지로 구분할 수 있다. 컴퓨터 과학의 요소를 포함하고 있는 컴퓨팅 사고Computational Thinking, CT, 현실과 미래의 문제를 해결하기 위한 방법의 하나로 컴퓨팅을 중심으로 디자인할 수 있는 디자인 사고Design Thinking, DT, 디지털 기술과 현실 세계와의 접점을 통해 융합적인 관점에서의 접근이 필요하고 또 이를 해결하기 위한 융합적 사고Convergence Thinking, CT가 필요하다.

　이 세 가지 사고를 신장시키기 위해서는 [그림 5-1]과 같이 컴퓨터 과학을 이해하기 위한 언플러그드 컴퓨팅, 프로그래밍을 통하여 절차적 사고를 길러 주는 EPL 컴퓨팅, 실생활과 컴퓨팅을 연계하기 위한 피지컬 컴퓨팅의 세 가지 교육적 접근이 필요하다. 이 세 가지 컴퓨팅 교육 영역은 다음 장에서 자세히 소개한다.

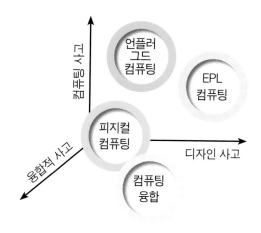

그림 5-1 | **창의컴퓨팅에 필요한 사고력**

또한 창의컴퓨팅 교육에서 추구하고자 하는 학습자의 역량은 창의적 문제 해결 능력, 협업 능력, 소통 능력, 변화 대처 능력, 미래 주도 능력, 디지털 소양 능력 등이다. 이런 측면에서 창의컴퓨팅 교육의 목표와 추구하는 사고력은 다음과 같다.

창의적 문제 해결력을 가진 미래 인재의 역량으로서 컴퓨팅 사고, 디자인 사고, 융합적 사고를 추구한다.

그 세부적인 목표는 다음과 같다.

- 컴퓨팅 사고를 통하여 문제 해결력을 기른다.
- 타 분야와의 융합을 통하여 보다 넓은 시야와 역량을 갖는다.
- 디자인 사고를 통하여 실생활 문제를 창의적으로 해결한다.
- 창의적 컴퓨팅 능력을 통하여 인류의 행복과 발전에 기여하는 마음을 갖는다.

이러한 창의컴퓨팅 교육의 목표는 다음과 같은 컴퓨팅 역량을 통해 학습자들의 성장을 지원하게 된다.

- 컴퓨팅은 지적 능력 신장을 위해 중요한 역할을 한다.
- 컴퓨팅을 통해 문제 해결의 과정을 실제적으로 안내한다.
- 컴퓨팅은 타 분야와의 융합을 통해 다양한 경험을 제공한다.
- 컴퓨팅의 경험은 다양한 진로와 경력을 제공한다.
- 컴퓨팅은 삶의 설계를 통해 학습자의 생애 동기를 부여한다.

이처럼 컴퓨팅의 경험을 통하여 성장한 학습자는 자기 자신과 가정, 이웃과 사회, 국가 그리고 세계를 위해 도움이 되는 활동을 지원하며 인류의 발전에 기여하게 된다.

창의컴퓨팅 교육과정

창의컴퓨팅 교육과정을 안내하기에 앞서 교육과정을 구성하기 위한 세 가지 전략을 소개한다.

첫째, 창의컴퓨팅 교육과정 및 내용은 창의컴퓨팅 역량을 신장시키는 주제로 새롭게 구성하는 대신 소프트웨어 교과의 정규 교육과정에서 이미 발표한 내용을 바탕으로 창의컴퓨팅 교육 방법론에 맞게 재구성하여 적용한다.

둘째, 미래 교육의 관점에서 창의컴퓨팅 활동에 적합한 내용의 성취 기준을 바탕으로 지역 교육청, 학교 단위, 학년 단위에서 직접 구성하여 적용하는 전략으로 배움 중심 교육과정의 철학을 반영할 수 있다.

셋째, 창의컴퓨팅의 특징을 잘 드러내고 있는 국외의 교육과정을 참고하여 우리나라 교육 현실에 맞게 교육과정을 재구성하여 적용한다. 현재 영국은 컴퓨팅 교육을 정식 교과로 도입하여 K−12 교육과정에 적용 중에 있으므로 영국 컴퓨팅 교육을 참고할 수 있다.

이 책에서 추구하는 창의컴퓨팅 교육은 국가에서 정식 교과로 제시한 소프트웨어 교육과 맥을 같이 하고 있으나, 앞서 논의하였던 창의컴퓨팅 교육의 목표에 따라 첫째 안과 셋째 안을 참고하여 교육과정을 개발하기 위한 방법을 제시한다. 또한 표준화된 교육과정이 아니기 때문에 교육 영역으로 표기하고 그 영역은 포괄적인 내용을 안내하는 수준에서 제시한다.

창의컴퓨팅을 위한 교육과정

교육부에서 발표한 2015 개정 교육과정안을 보면 '소프트웨어 중심 사회 실현'을 위한 소프트웨어 인재 양성의 목표를 달성하기에는 한계가 있다. 초·중등 정규 교육의 시수 부족으로 인해 교육 내용이 제한적이고, 초등 소프트웨어 교육의 경우 실과 교과의 일부 단원으로 편제되어 정상적인 교육도 어려운 상황이다. 이렇게 부족한 시수와 제한된 교육 환경 내에서는 컴퓨팅 사고력 신장을 위한 목표보다는 코딩과 프로그래밍, 소프트웨어 개발의 초보적 기능에 치우친 교육과정으로 전개될 가능성이 크다.

창의적 문제 해결력을 신장시키기 위한 교육과정으로서 향후 정상적인 소프트웨어 교육을 위한 초·중등 교육과정을 다음과 같이 제시한다.

창의적 체험 활동 기반 초등학교 창의컴퓨팅 교육과정

이 교육과정에서 제시하는 정규 교과의 경우 핵심이 되는 컴퓨팅 사고 학습과 함께 프로젝트를 기반으로 한 창의컴퓨팅 프로그래밍 실습 교육을 위주로 구성할 수 있다. 초등학교 5~6학년 정규 교과의 타 교과 영역은 신설 교과명으로 개정하여 운영하는 방안도 가능하다. 예를 들면, 실과 교과를 '정보와 생활'이라는 교과로 변경하고 기존의 실과 교육과 창의컴퓨팅 교육을 균형 있게 운영하는 방법이다.

자율 진로 활동은 초등학교 1~6학년까지 문제 해결의 기본이 되는 컴퓨팅 놀이와 미디어, 스토리, 게임의 프로그래밍 실습 그리고 정보윤리 영역으로 구분하여 제시하였다. 이때 자율 진로 활동에서 '소프트웨어' 교과 또는 '정보' 교과를 창의적 체험 활동에

표 5-1 | 창의적 체험 활동 기반 초등학교 창의컴퓨팅 교육과정 예시안

학년	정규 과목		창의적 체험 활동	
			자율·진로 활동	동아리 활동
	형태	소프트웨어 교육 관련 내용	정보 소양 교육 (온라인 과정 연계)	소질·관심 심화 (온라인 과정 연계)
초등 1~2			• 논리적 사고 • 미디어 창의컴퓨팅 • 정보윤리와 에티켓	
초등 3~4			• 창의적 사고 • 스토리 창의컴퓨팅 • 정보윤리와 보호	
초등 5~6	타 교과 영역 (기존 교과 분리)	• 정보와 컴퓨팅 사고(언플러그드 컴퓨팅 교육) • 문제 해결 및 창의컴퓨팅(모듈 프로그램 활용)	• 융합적 사고 • 놀이 창의컴퓨팅 • 소프트웨어 가치와 진로	피지컬 컴퓨팅(로봇, 센서보드)을 활용한 소프트웨어 활동(온라인 과정 연계)

필수 교과로 운영하는 전략을 통하여 중학교 '정보' 교과와 연계성 있게 교육이 진행될 수 있다.

창의적 체험 활동의 자율·진로 활동의 세부 예시안은 〈표 5-2〉와 같다.

표 5-2 | 창의적 체험 활동 자율·진로 활동 세부 예시안

학년	자율·진로 활동	영역	설명
초등 1~2	• 논리적 사고 • 미디어 창의컴퓨팅	멀티 미디어	• 음악, 디자인, 그리기, 댄스의 요소가 포함된 프로젝트 활동 • 절차와 반복과 같은 순차적 프로그래밍 개념 학습
초등 3~4	• 창의적 사고 • 스토리 창의컴퓨팅	스토리텔링	• 캐릭터들과 장면, 이야기를 포함한 스토리텔링 프로젝트 활동 • 이벤트와 병렬 처리와 같은 컴퓨터 개념과 재조합 및 재사용과 같은 컴퓨터 실습
초등 5~6	• 융합적 사고 • 놀이 창의컴퓨팅	놀이 제작	• 목표와 규칙을 가진 게임 제작 프로젝트 활동 • 조건들과 연산, 데이터들과 같은 컴퓨터 개념 및 테스팅과 디버깅과 같은 컴퓨터 실습
종합	정규 교과 또는 동아리 활동에서 진행 가능	최종 프로젝트	• 생활 속의 문제를 해결하는 프로그래밍을 통해 친구들과 소통, 협력하여 독립적인 프로젝트를 개발 • 추상화와 모듈화 같은 컴퓨터 실습

초등학교 5~6학년 정규 과목 독립 필수안

초등학교 5~6학년의 소프트웨어 교육이 정규 교과 독립 필수가 될 경우 중학교 과정과 연계하여 동일한 영역의 유사한 주제로 나선형 교육과정으로 개발한다. 이때 학교급별 지식 구조와 소프트웨어 개발 실습의 수준에 차이를 두어 점진적 심화 학습을 적용하고 소프트웨어와 관련된 전문성을 신장시킬 수 있다.

표 5-3 │ 초등학교 5~6학년 정규 과목 독립 필수의 경우 예시안

학년	정규 과목		창의적 체험 활동	
			자율 · 진로 활동	동아리 활동
	형태	소프트웨어 교육 관련 내용	정보 소양 교육 (온라인 과정 연계)	소질 · 관심 심화 (온라인 과정 연계)
초등 1~2			• 언플러그드 컴퓨팅(정보의 표현과 구조) • 미디어 프로그래밍 • 정보윤리와 에티켓	
초등 3~4			• 언플러그드 컴퓨팅(정보의 처리) • 스토리 프로그래밍 • 정보윤리와 보호	
초등 5~6	독립 필수 (신설 교과)	• 정보와 컴퓨팅 사고(디지털 정보와 알고리즘) • 문제 해결 및 창의컴퓨팅 (다양한 소프트웨어 개발 창의 활동)	• 언플러그드 컴퓨팅(정보 상호작용) • 놀이 제작 프로그래밍 • 소프트웨어 가치와 진로	피지컬 컴퓨팅(로봇, 센서 보드)을 활용한 소프트웨어 활동(온라인 과정 연계)

초등학교 3~4학년, 5~6학년 정규 과목 독립 필수안

〈표 5-4〉의 예시안은 창의컴퓨팅 교육을 통한 21세기 학습자 역량을 달성하기 위해 바람직하다. 창의적 문제 해결력을 신장시키기 위한 조기 교육의 방안으로 초등학교 3~4학년, 5~6학년의 소프트웨어 교육이 정규 독립 필수 교과로 운영된다. 또한 중학교 소프트웨어 교육과정과 연계하기 위하여 동일한 영역의 심화된 주제로 선정하고 나선형 교육과정으로 개발한다. 학교급별 지식 구조와 소프트웨어 개발 실습의 수준에 차이를 두어 점진적 심화 학습을 적용하고 소프트웨어와 관련된 전문성을 신장시킬 수 있다.

표 5-4 | 초등학교 3~6학년 정규 과목 독립 필수 예시안

학년	정규 과목		창의적 체험 활동	
			자율·진로 활동	동아리 활동
	형태	소프트웨어 교육 관련 내용	정보 소양 교육 (온라인 과정 연계)	소질·관심 심화 (온라인 과정 연계)
초등 1~2			• 검색 능력 도구 실습 • 놀이 중심 프로그래밍 (놀이 학습 전략) • 정보윤리와 에티켓	
초등 3~4	독립 필수 (신규 교과)	• 재미있는 정보의 세계(정보의 구조와 처리, 언플러그드 활동) • 즐거운 창의컴퓨팅(소프트웨어 개발을 위한 컴퓨팅 실습)	• 표현 사고력 도구 실습 • 문제 중심 프로그래밍 (과제 학습/문제 해결 학습) • 정보윤리와 보호	피지컬 컴퓨팅을 활용한 놀이 활동(온라인 과정 연계)
초등 5~6	독립 필수 (신규 교과)	• 여러 가지 문제의 해결(다양한 알고리즘 학습, 언플러그드 활동) • 생활 속의 창의컴퓨팅(다양한 생활 주변의 소프트웨어 활용)	• 분석 능력 도구 실습 • 생활 중심 프로그래밍 (문제 해결 학습/프로젝트 학습) • 소프트웨어 가치와 진로	피지컬 컴퓨팅(로봇, 센서보드)을 활용한 소프트웨어 활동(온라인 과정 연계)

중 · 고등학교 창의컴퓨팅 교육과정 운영안

중학교의 경우 독립 필수 교과로 2018년 운영되지만 정상적인 소프트웨어 교육을 위해서 충분한 교육 시수의 확보가 필수적이다. 창의컴퓨팅 교육 내용을 고려하였을 때 적어도 102시간을 확보하여 운영해야만 소프트웨어 교육에서 지향하는 목표를 달성할 수 있는 최소 시수라고 볼 수 있다. 고등학교의 경우 공통 소양 중심의 '정보' 과목과 이공계 진학 희망 학생을 위한 '정보과학' 과목을 차별화하여 제시함으로써 학생들의 선택권 보장이 필요하다.

표 5-5 | 중 · 고등학교 창의컴퓨팅 교육과정 예시안

| 학년 | 정규 과목 | | 창의적 체험 활동 | |
| | | | 자율 · 진로 활동 | 동아리 활동 |
	형태	소프트웨어 교육 관련 내용	정보 소양 교육 (온라인 과정 연계)	소질 · 관심 심화 (온라인 과정 연계)
중등 1~3	독립 필수 (신규 교과 102시간)	• 문제 해결과 컴퓨팅(알고리즘 및 절차 학습) • 컴퓨팅과 소프트웨어	• 멀티미디어와 콘텐츠 • 정보기기의 작동 • 정보윤리와 저작권	아두이노 등 하드웨어와 연결된 소프트웨어 활동
고등 1~3	일반 선택	• 타 교과 연계 문제 해결 • 창의적 아이디어 산출과 문제 해결(프로젝트형 문제 해결)	• 정보과학 기술 • 정보의 표현과 관리 • SW 개발 프로세스	R&E 형태의 연구 활동

중학교 창의컴퓨팅 교육 내용안

'정보윤리'와 '저작권' 관련 내용은 별도 영역을 두지 않고 전 영역에 걸쳐 필요한 부분에서 강조하며, '소프트웨어의 가치'의 항목을 통해 무형의 소프트웨어 가치를 인식하도록 한다. 창의컴퓨팅 교육의 기반이 되는 컴퓨터 과학 및 하드웨어와 관련된 교육 내용은 '정보과학', '정보기기의 구성과 동작' 영역으로 구성하여 창의적 체험 활동에서 실시한다.

표 5-6 │ **중학교 창의컴퓨팅 교육 내용 예시안**

대단원	단원 중단원	주요 내용	차시	
정보와 문제 해결 (CT 개념 강조)	1. 정보의 표현과 구조	• 자료와 정보의 개념 • 다양한 정보 표현 방법 • 정보 구조의 개념	12	34
	2. 문제 해결 방법	• 문제 분석과 표현 • 문제 해결 과정 • 다양한 문제 해결 방법	9	
	3. 문제 해결 절차	• 알고리즘의 이해와 표현 • 알고리즘의 설계와 작성 • 자료의 정렬 및 탐색	13	
컴퓨팅과 소프트웨어 (CT 역량과 관점 강조)	1. 컴퓨팅 사고의 이해	• 절차적 사고 방법 • 사고의 효율화 • 사고의 선택과 결정 • 사고의 추상화	18	68
	2. 소프트웨어의 개발	• 재사용과 재조합 • 오류의 탐색과 수정 • 추상화와 단위화	22	
	3. 소프트웨어의 가치	• 소프트웨어의 가치 이해 • 실생활에의 활용 • 생활 기기, 의료 기기, 교통 수단, 통신 기기, 산업 기기에 활용	28	
합계			102	

고등학교 창의컴퓨팅 교육 내용안

표 5-7 | 고등학교 창의컴퓨팅 교육 내용 예시안

단원		주요 내용	차시	
대단원	중단원			
소프트웨어 윤리	1. 소프트웨어의 가치 이해	• 하드웨어의 개념 • 하드웨어를 움직이는 소프트웨어	6	6
	2. 소프트웨어의 윤리적 활용	• 정보 보안의 이해 • 사이버 범죄와 유해 정보		
정보와 문제 해결 (CT 개념 강조)	1. 정보의 표현과 관리	• 디지털 정보의 특징 • 다양한 정보 표현 방법 • 정보의 관리	6	16
	2. 문제 해결 방법	• 문제와 문제 해결 • 문제의 분해 • 다양한 문제 해결 방법	4	
	3. 문제 해결 절차	• 자료의 정렬과 탐색 • 그래프 이론의 적용	6	
컴퓨팅과 소프트웨어 (CT 역량과 관점 강조)	1. 컴퓨팅 사고의 표현	• 추상화와 자동화 사례 • 시뮬레이션 사례 • 창의적 아이디어 구상하기	10	46
	2. 소프트웨어의 체험	• 로봇 제어 체험 • 초소형 컴퓨터 활용 체험 • 빅데이터의 분석 체험	18	
	3. 소프트웨어의 가치 활용	• 소프트웨어를 통한 교과 문제 해결 • 사회, 수학, 과학 등의 교과에서의 문제 상황 해결	18	
합계			68	

고등학교의 창의컴퓨팅 교육은 기존의 정보 교육의 교육과정을 바탕으로 소프트웨어의 개발에 따른 문제 해결과 알고리즘을 중점으로 다루고 컴퓨터 과학에서 중요하게

다루는 개념과 지식을 안내한다. 대학 입시로 인한 부담을 줄이기 위해 다른 교과와의 연계 수업을 통한 융합 교육과정을 마련하고, 생활 속의 다양한 문제를 해결해 가며 학생들의 직업과 진로에 대한 탐색을 깊게 고민할 수 있는 체험형 활동을 교육 내용으로 구성한다.

창의컴퓨팅
교육 내용

창의컴퓨팅이란 '창의적으로 문제를 해결하기 위해 컴퓨팅 디자인, 컴퓨팅 개발 프로세스, 컴퓨팅 융합의 과정을 거치며 소프트웨어를 산출하는 활동'이다. 여기에서 말하는 컴퓨팅 활동이란 아날로그적 상황에서 디지털 상황으로, 디지털 상황에서 아날로그적 상황을 거치며 문제를 해결하는 과정을 말한다. 컴퓨팅 사고에서는 이를 추상화와 자동화라고 명명하였다. 문제 해결 상황 속에서 아날로그와 디지털로 서로 변환되는 상황은 창의컴퓨팅 활동에서 한 번 또는 여러 번 발생한다. 이러한 아날로그와 디지털이 서로 변환되는 컴퓨팅 활동과 창의컴퓨팅 교육 목표를 바탕으로 창의컴퓨팅 교육 영역을 크게 5개의 영역으로 나눌 수 있다.

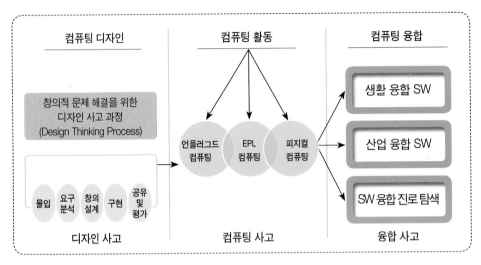

그림 5-2 │ **창의컴퓨팅 영역**

컴퓨팅 디자인 Computing Design

'컴퓨팅을 통한 인간 중심의 문제 해결 디자인하기'

컴퓨팅 디자인은 컴퓨팅을 통하여 문제를 창의적으로 해결하기 위한 거시적 차원의 설계 과정을 말한다. 창의컴퓨팅 활동을 통해 궁극적으로 도달해야 할 목표이며, 가장 중요하게 다루어야 할 영역이다. 하지만 초등학생 또는 컴퓨팅 경험이 없는 초보자의 경우 컴퓨팅 디자인 과정을 먼저 교육하기에는 무리가 따른다.

맨 처음 단계에 위치하고 있지만 언플러그드 컴퓨팅, EPL 컴퓨팅, 피지컬 컴퓨팅, 컴퓨팅 융합 단계를 거친 후 그 경험을 바탕으로 추구해야 하는 영역이라 할 수 있다. 이 세 개의 단계, 즉 컴퓨팅 디자인, 컴퓨팅 활용, 컴퓨팅 융합 단계가 균형을 이룰 때 창의컴퓨팅이 추구하는 목표에 도달할 수 있다.

표 5-8 | 컴퓨팅 디자인 교육 접근 전략

구분	유형	세부 내용	CS 영역	기반 사고
컴퓨팅 디자인	소프트웨어 공학 설계 전략	• 소프트웨어 공학에서 다루는 다양한 분야의 내용 적용 • 소프트웨어 개발의 전 과정에 따른 공학적 설계 전략	소프트웨어 공학	디자인 사고
	디자인 사고 기반 전략	1. 문제 발견 및 이해 2. 인간 중심 요구 분석(인터뷰, 관찰, 설문, 인지 심리, 감성, 사회 선호도 등) 3. 효율적 설계 방법: 창의 사고 기법(생각의 탄생 12가지 기법: 관찰, 통합+디지털), 시각화 기법, 디자인 툴킷, IDEO에서 만든 혁신(Innovation) 툴킷 4. 프로토타입 개발(1, 2, 3 과정의 구현) 5. 평가 및 공유(1번으로 선순환)	정보 보안 HCI 정보 이슈	

언플러그드 컴퓨팅 Unplugged Computing

'놀이를 통하여 컴퓨터 과학의 개념 익히기'

언플러그드 컴퓨팅은 컴퓨터 과학의 기초 개념과 원리를 다룬다. 컴퓨터 과학의 주요 내용은 ACM에서 발간한 컴퓨팅 커리큘라 2013의 보고서에 세부적으로 제시되어 있다. 이 보고서의 내용에 있는 모든 컴퓨터 과학의 분야를 초·중등 교육에서 다루기 어렵기 때문에 컴퓨팅 사고를 신장시키기 위한 가장 효과적인 분야인 알고리즘과 프로그래밍을 중심으로 편성한다. 초등 교육부터 고등 교육까지 나선형 교육과정으로 영역이 점진적으로 심화, 확산되는 형태로 재구성하여 적용할 수 있다.

언플러그드 컴퓨팅은 실제 컴퓨터를 활용하는 것에서 벗어나 컴퓨터 없이 놀이를 통하여 컴퓨터 과학의 원리와 이론을 학습한다. EPL 컴퓨팅과 피지컬 컴퓨팅의 기반 이론이 되는 컴퓨터 과학의 내용을 재미있고 쉽게 접근할 수 있어 초·중등 교육에 적용하기에 적합하다.

표 5-9 | **언플러그드 컴퓨팅 교육 접근 방법**

구분	유형	세부 내용	CS 영역	기반 사고
언플러그드 컴퓨팅	CT 핵심 영역	• 컴퓨팅 사고를 신장시키기 위한 컴퓨터 과학의 핵심 분야 • 알고리즘, 프로그래밍	CS 모든 분야	논리적 사고 알고리즘 사고 컴퓨팅 사고
	CT 보조 영역	• 알고리즘, 프로그래밍과 연계하여 CT를 신장시키는 컴퓨터 과학 분야 • 컴퓨터 구조, 운영체제, 자료구조, 데이터베이스, 네트워크, 인공지능, HCI, 보안과 암호, 이산수학, 사회적 이슈		

EPL 컴퓨팅 Educational Programming Language-based Computing

'알고리즘과 프로그래밍을 통하여 절차적 사고 과정 표현하기'

컴퓨터 과학 분야 중 컴퓨팅 사고를 신장시키기 위해 가장 효과적인 분야는 알고리즘과 프로그래밍이다. 알고리즘과 프로그래밍이 다른 컴퓨터 과학의 분야에 접목되었을 때 비로소 컴퓨팅 사고와 융합적 확장이 발현된다. 따라서 초·중등 교육에 전체 컴퓨터 과학의 교육 내용을 포함시키기에는 수업 시수가 부족하므로 핵심이 되는 알고리즘과 프로그래밍으로 교육 영역을 구성한다.

초·중등 과정에서는 실제적인 소프트웨어를 개발하기보다는 교육용 언어로서 코딩과 프로그래밍을 통하여 인간의 사고 과정을 이해하고 디지털화하는 과정에 초점을 두어야 한다. 따라서 상용 프로그래밍 언어를 배우는 컴퓨팅 역량이 아닌 교육적 프로그래밍 언어를 기반으로 하는 컴퓨팅 역량과 사고력에 집중해야 한다.

또한 기존의 프로그래밍 언어(C, 자바, PHP, 파이썬 등)를 이용하여 교육적으로 필요한 부분만 선택하여 교육에 적용할 수 있는 방법과 EPL의 목적으로 개발된 프로그래밍 언어(스크래치, 스퀵, 로고 등)를 이용하여 교육에 활용하는 방법이 있다. 일반적으로 어린 학습자 또는 초보 입문자의 경우 상용 프로그래밍 언어보다 자체 EPL을 적용하는 것이 효과적이다.

EPL은 프로그래밍 언어를 교육적인 관점에서 쉽게 배우기 위한 접근 전략이다. EPL 교육의 목적은 학습자들이 사고하는 과정을 비주얼하게 표현하고 그 절차적인 과정을 손쉽게 구현하는 데 있다. 구현의 과정에서 프로그래밍의 특징과 방법을 익히고, 컴퓨팅 사고의 단계에서 추상화와 자동화를 경험할 수 있도록 한다.

프로그래밍은 정보를 디지털화하는 과정으로 산출물은 소프트웨어로 나타난다. 산출되는 소프트웨어는 프로그램 형태이며, 프로그램은 디지털 값들이 입출력되면서 구동된다. 이 과정에서 컴퓨터와 인간의 상호작용을 위해 인터페이스가 이용된다. 인간 사고의 절차를 디지털화하는 과정이며, 그 과정을 알고리즘화하여 나열한다. 따라서 EPL 컴퓨팅은 알고리즘(절차적 사고)과 인코딩(데이터의 디지털화 과정)을 주요 내용으로 한다.

EPL 컴퓨팅은 컴퓨팅 사고를 신장시키는 데 역점을 두고 있는데, 알고리즘을 이용한 문제 해결과 프로그래밍을 이용한 소프트웨어 기능 그리고 현실 세계의 문제를 해결하기 위한 소프트웨어 개발 영역으로 구분할 수 있다.

표 5-10 | **EPL 컴퓨팅 교육 접근 방법**

구분	유형	세부 내용	CS 영역	기반 사고
EPL 컴퓨팅	프로그 래밍 실제	• CT 개념 신장 • 절차적 사고와 알고리즘 • 프로그래밍 명령과 문법 • 추상화, 자동화 • 디버깅, 테스팅	프로 그래밍 알고 리즘	절차적 사고 알고리즘 사고 컴퓨팅 사고
	소프트 웨어 개발	• CT 역량 신장 • 소프트웨어 디자인 • 소프트웨어와 하드웨어 연계 • 창의적 소프트웨어 개발		

피지컬 컴퓨팅 Physical Computing

'추상적 소프트웨어와 물리적 하드웨어와의 연계 능력 익히기'

피지컬 컴퓨팅은 디지털 기술을 통해 사용자로부터 물리적인 방식으로 정보를 입력받거나 정보를 처리한 결과를 물리적인 방식으로 출력하는 컴퓨팅 방식을 말한다. 즉, 디지털 기술의 아날로그적 구현이라고 할 수 있다. 피지컬 컴퓨팅의 산출물은 물리적으로 보이거나 잡을 수 있게 구동되는 하드웨어와 그것을 제어하기 위한 소프트웨어가 중심이 된다. 손으로 잡을 수 있다는 의미로 탠저블Tangible 컴퓨팅이라고도 한다. 하드웨어에 비중을 많이 두는 경우 기계공학적 설계와 로봇공학의 영역으로 치우치게 된다. 그래서 진정한 피지컬 컴퓨팅은 구체적인 실체(피지컬)를 디지털화하는 과정과 입출력의 제어를 위한 프로그래밍 과정이 중요하게 다루어진다.

표 5-11 | 피지컬 컴퓨팅 교육 접근 방법

구분	유형	세부 내용	CS 영역	기반 사고
피지컬 컴퓨팅	프로토타입형	• 입출력 기반 컴퓨팅 • 입출력 제어 기반 컴퓨팅 • 피지컬 컴퓨팅의 원형(프로토타입) 개발	알고리즘 프로그래밍	컴퓨팅 사고
	실세계 모방형	• 실세계 문제 해결 • 피지컬 컴퓨팅의 실세계 적용 및 응용 • 발명 아이디어	컴퓨터 구조 운영체계 네트워크	융합적 사고

컴퓨팅 융합 Computing-based Convergence

'컴퓨팅과 실세계와의 융합을 통한 현실 문제 해결하기'

컴퓨팅 융합은 컴퓨팅 교육 영역에서 창의성을 추구하고 발현하는 가장 적합한 영역이라고 할 수 있다. 컴퓨팅을 기반으로 실세계의 문제를 융합적으로 해결하는 능력뿐만이 아니라 BT Biology Technology, ET Environment Technology, RT Robot Technology, NT Nano Technology, ST Space Technology, CT Culture Technology의 6T와 같은 미래 핵심 성장 동력 기술을 포함한 실세계와의 융합을 통해 실세계의 문제를 창의적으로 해결하는 능력을 신장시킨다.

컴퓨팅 융합의 작은 의미는 언플러그드 컴퓨팅, EPL 컴퓨팅, 피지컬 컴퓨팅을 융합하는 것이고, 큰 의미는 STEAM 교육(융합 인재 교육)에서 추구하는 목표를 지향하는 것으로 볼 수 있다. 즉, 언플러그드 컴퓨팅, EPL 컴퓨팅, 피지컬 컴퓨팅의 융합과 같이 작은 의미와 함께 다른 교과, 영역, 산업 분야와 융합하는 것을 말한다. 컴퓨팅 융합 교육의 접근 방법은 다양하다. 기술을 기반으로 할 수도 있으며 교과의 영역으로 융합을 시도할 수 있다.

표 5-12 | 컴퓨팅 융합 교육 접근 전략

구분	유형	세부 내용	CS 영역	기반 사고
컴퓨팅 융합	SW 융합	• 컴퓨팅을 중심으로 융합적 문제 해결 역량 신장 • 언플러그드 컴퓨팅, EPL 컴퓨팅, 피지컬 컴퓨팅 융합 • 컴퓨터 과학 중 알고리즘과 프로그래밍을 기저로 함	CS 모든 분야	융합적 사고
	STEAM 융합	• 융합의 요소에 컴퓨팅이 참여 • STEAM 교육(융합 인재 교육)에서 추구하는 목표의 일환으로 컴퓨팅 융합 • 타 분야와의 융합: 6T 융합, 산업 융합, 생활 융합 • 메이커 운동: 교실에서의 메이커 운동을 통한 구성주의적 교육 전개		

창의 컴퓨팅 교육 전략의 프레임워크

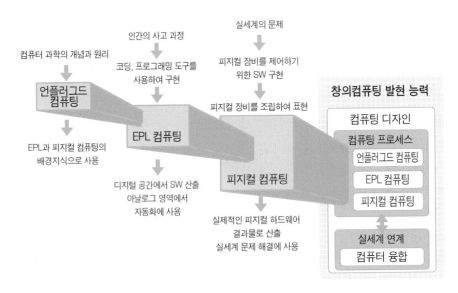

그림 5-3 | 창의컴퓨팅 영역의 포함 관계도: 컴퓨팅 과정의 통합과 실세계 융합을 디자인하도록 설계된 관계도

[그림 5-3]에 제시된 것처럼, 디자인 사고는 컴퓨팅 융합 과정에서 반드시 필요하고, 융합을 위해서는 피지컬 컴퓨팅 능력이 요구된다. 또한 피지컬 컴퓨팅을 위해서는 프로그래밍이 가능한 EPL 컴퓨팅이 필요하고, EPL을 위해서는 언플러그드 컴퓨팅을 통한 컴퓨터 과학 지식이 필요하다. 이를 통해 타 영역과의 융합, 실세계와의 소프트웨어 융합을 실현시킬 수 있으며, 이를 거시적으로 설계하는 컴퓨팅 디자인 능력이 신장된다.

디자인 사고와 융합적 사고를 연계하는 과정에서 사고력의 깊이와 너비가 확장되는데, 이것이 바로 미래 인재가 가져야 할 핵심 역량으로 창의컴퓨팅에서 추구하는 교육의 목적이다. 각 컴퓨팅 영역의 세부적인 관계와 사고가 진화되는 과정을 도식화하면 [그림 5-4]와 같다.

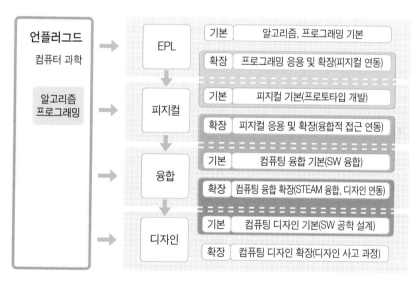

그림 5-4 | **창의컴퓨팅 영역의 세부적인 관계와 사고의 진화**

창의컴퓨팅의 기초 학문은 수학과 과학이며 컴퓨터 과학의 세부 영역으로부터 확장된다. 그중 알고리즘과 프로그래밍은 창의컴퓨팅 교육에서 추구하는 컴퓨팅 사고를 신장시키기 위한 가장 효과적인 컴퓨터 과학의 세부 분야이다.

언플러그드 컴퓨팅 활동을 통하여 다양한 알고리즘과 프로그래밍의 기초 개념 및 원리를 이해하고, 컴퓨터 과학의 다른 분야와의 관계를 이해하고 기본 지식을 습득한다. 물론 컴퓨터 과학의 지식을 이해하기 위해 반드시 언플러그드 컴퓨팅 활동을 해야 하는 것은 아니다. 컴퓨터 과학의 지식을 쉽게 이해할 수 있는 새로운 방법이 있다면 어떤 것이든 이 단계에서 적용할 수 있다. 효율성을 추구하는 컴퓨팅 교육의 관점에서 교육과정이나 교육의 내용은 지속적으로 발전하고 진화되어야 한다.

알고리즘을 프로그래밍으로 구현하기 위해 EPL 컴퓨팅 활동을 한다. EPL 컴퓨팅 활동을 통하여 필수 명령어, 코딩 문법, 추상화, 자동화, 디버깅, 테스팅 등의 기본 프로그래밍의 지식과 기능을 습득할 수 있다. 이 과정에서 구체적인 컴퓨팅 사고 능력을 신장시킨다.

이러한 프로그래밍 교육을 하기 위해서는 학습자의 흥미 감소와 인지적 과부하로 인한 프로그래밍 명령어와 문법 학습 활동을 포기하는 상황을 넘어서야 한다. 이에 대한 대안으로 학습자들이 흥미롭게 도전할 수 있는 실생활 응용 소프트웨어의 개발 활동을 전개한다. 또한 피지컬 컴퓨팅의 연동을 통한 확장 가능성을 제시할 수 있다. 피지컬 컴퓨팅 단계의 맛보기 활동으로서 EPL 컴퓨팅 활동의 심화와 응용의 지식과 기능을 습득하게 할 수도 있다. 전통적인 컴퓨터 과학 교육에서의 코딩 교육이나 이론 중심의 알고리즘 수업, 프로그래밍 언어를 이해하기 위한 문법 위주의 교육보다는 스토리, 애니메이션, 엔터테인먼트를 중심으로 콘텐츠 개발을 통한 점진적인 개선과 문법의 이해, 프로그래밍의 효율성을 알 수 있게 해야 할 것이다.

피지컬 컴퓨팅은 하드웨어 장치의 입출력을 제어하여 추상적인 소프트웨어를 물리적인 기계와 연동시키므로 학습자의 흥미를 유도할 수 있다. 컴퓨팅의 기본이 되는 입력, 출력, 연산 및 제어, 저장 장치뿐만 아니라 물리적 개념과 기계공학적 설계의 내용을 실습하며 지식과 기능을 습득한다. 궁극적으로는 아날로그 세계와 디지털 세계가 융합하는 디지로그Digital+Analog, Digilog의 개념과 가능성을 이해하는 내용으로 구성한다.

아날로그와 디지털의 접목이라는 핵심 기술을 바탕으로 소프트웨어 중심의 융합을 시도할 수 있으며, 다양한 학문과 분야의 지식, 이론을 중심으로 그 안에서 발생되는 문제를 해결하는 도구로서 컴퓨팅 기술의 융합을 시도할 수 있다. 이러한 활동은 교실에서 구현하기가 가장 적합하다고 볼 수 있다.

컴퓨팅 교육이 무엇인가를 직접 만들고 산출하는 활동에서 끝나는 것이 아니라 무엇인가 설계하고 문제를 해결하는 과정으로 사고력을 신장시킬 때 창의컴퓨팅에서 추구하는 교육 목표에 부합된다. 주어진 문제를 해결하는 과정에서 반복된 프로그래밍 실습과 소프트웨어 개발을 거치면서 자연스럽게 형성되는 것이 디자인 사고이다. 무작정 무엇인가를 만들거나 문제를 해결하는 것이 아니라 문제를 인식하고 그것을 해결하기 위한 설계 과정에서 삶을 살아가는 디자인 능력을 갖추도록 해야 한다.

창의컴퓨팅 교육 절차

창의컴퓨팅 영역을 초 · 중등 교육에 적용하기 위해서는 영역 간 위계를 고려하여 다양하게 접근해야 한다. 여기에 제시한 절차를 반드시 따를 필요는 없으며 학습자들의 수준과 학습 환경 그리고 교사의 역량에 따라 효율적으로 하면 된다. 이러한 절차가 순차적으로 하나씩 이루어질 수도 있지만 동시에 두 가지 이상의 영역이 병렬적으로 진행될 수도 있다.

표 5-13 | 창의컴퓨팅 영역별 위계

영역	중심 사고력	개념 단계	산출 단계	위계
컴퓨팅 디자인	디자인 사고	• 디자인 사고 과정 • 소프트웨어 공학적 설계 • 산출의 시각화	• 고도의 사고력 • 컴퓨터 과학자 • 설계자 관점 갖기 • 디자인 사고	
컴퓨팅 융합	융합적 사고	• 인간 • 디자인 • 사회 • 시간, 공간	• 발명 • 프로젝트 역량 • 디자인 사고 • 융합적 사고	
피지컬 컴퓨팅	창의적 사고	• 하드웨어 • 공학적 설계 • 알고리즘 • 프로그래밍	• EPL 연계 • 프로젝트 역량 • 문제 해결력 • 창의적 사고	
EPL 컴퓨팅	절차적 사고 CT	• 알고리즘 • 프로그래밍 • 코딩	• 게임 개발 • 프로젝트 역량 • 절차적 · 논리적 사고	
언플러그드 컴퓨팅	CS 개념, 지식	• 컴퓨터 과학 이론 • 세부 영역 개념	• 언플러그드 만들기 • 프로젝트 기초 이론	
소프트웨어 교육				
창의컴퓨팅 교육				

- EPL 컴퓨팅: 소프트웨어를 산출하기 위한 가장 기초적인 단계로 프로그래밍을 접해 보고 실제 소프트웨어를 개발한다. 도입에는 스크래치와 같은 블록 명령의 비주얼 프로그래밍 도구를 적용하면 효과적이다.

- 피지컬 컴퓨팅: EPL을 통하여 프로그래밍을 접한 학생들은 대부분 어느 정도 경험한 후에 한계를 느낀다. 그 한계는 프로그래밍에 대한 흥미, 프로그래밍 언어

의 어려움, 소프트웨어 개발에 따른 인지적 부하로 나타나며, 이를 해결하기 위한 방안으로 실세계의 하드웨어와 연결하기 위한 피지컬 컴퓨팅 방법이 요구된다. 기초적인 프로그래밍 능력이 신장된 후 하드웨어를 제어하는 과정을 통해 효과적으로 일상생활의 문제를 해결하는 능력이 생긴다.

- 언플러그드 컴퓨팅: 프로그래밍과 피지컬 컴퓨팅을 발전시키기 위한 기초 이론과 컴퓨터 과학의 개념을 가르치는 데 언플러그드 컴퓨팅 방법이 사용된다. EPL과 피지컬 컴퓨팅의 단계를 마치고 컴퓨터 과학을 안내할 수도 있고, EPL과 피지컬 컴퓨팅 단계에서 병렬적으로 언플러그드 컴퓨팅을 통해 컴퓨터 과학을 이해하고 바로 프로그래밍과 하드웨어의 제어에 적용할 수 있다.

- 컴퓨팅 융합: 위의 세 가지 컴퓨팅 프로세스를 통해 기본적인 소프트웨어 개발 능력이 신장되면 타 분야와 연계하고 실생활에 적용할 수 있는 소프트웨어 융합 프로젝트를 진행할 수 있다.

- 컴퓨팅 디자인: 컴퓨팅 디자인은 시스템 설계자 또는 소프트웨어 아키텍처의 관점에서 컴퓨터 과학, 프로그래밍 능력, 하드웨어 제어, 타 분야와의 융합을 거시적으로 그려내는 과정이다. 창의컴퓨팅 교육이 궁극적으로 추구하는 목표를 달성할 수 있도록 도와주는 마지막 단계이다. 이러한 단계를 많이 경험하게 되면 컴퓨팅 디자인→ 컴퓨팅 프로세스 → 컴퓨팅 융합을 자연스럽게 연결하여 소프트웨어 중심 사회 실현에 필요한 인재의 역량을 갖추게 된다.

이러한 창의컴퓨팅 교육 체계를 통해 교육 목표를 달성하기 위한 교육 방법과 전략을 수립하고 그에 따라 수업 차시를 구성할 수 있다. 다음의 5가지 예시안은 수업 차시 구성을 위한 모형 또는 절차라고 볼 수 있다. 5가지 예시안 외에 단계를 축소하거나 추가하는 다양한 방법으로 수업을 재구성하여 설계할 수 있다.

그림 5-5 | **창의컴퓨팅 교육 절차 예시**

- 1안: 언플러그드 컴퓨터 과학 → EPL 프로그래밍 → 피지컬 컴퓨팅
- 2안: 언플러그드 컴퓨터 과학(개념) → EPL 프로그래밍 → 피지컬 컴퓨팅 → 언플러그드 컴퓨터 과학(실생활)
- 3안: 피지컬 컴퓨팅 → EPL 프로그래밍 → 언플러그드 컴퓨터 과학
- 4안: EPL 프로그래밍 → 피지컬 컴퓨팅 → 언플러그드 컴퓨터 과학
- 5안: EPL 프로그래밍+언플러그드 컴퓨터 과학 → 피지컬 컴퓨팅+언플러그드 컴퓨터 과학

창의컴퓨팅
교육 방법

창의컴퓨팅 교수 학습 전략

초·중등 학생들을 대상으로 창의컴퓨팅 교육을 적용할 때와 대학생과 일반인을 대상으로 하는 교육에는 차이가 있다. 일반인을 대상으로 할 경우 선행 지식과 인지적 능력을 고려할 때 시범을 보이고 따라하는 식의 직접 교수법 또는 강의 설명식이 빠르며 많은 지식과 기능을 전달할 수 있어서 효율적이다.

초·중등 학생의 경우 몰입의 정도가 낮고 선행 경험이 부족하여 직접 교수법이나 설명식의 수업보다는 놀이와 체험을 통한 교수 학습 전략이 보다 효과적이다. 따라서 초·중등 학생들을 대상으로 효과적인 수업을 적용하기 위해서는 기존의 교수 학습 모형을 개선하여 컴퓨팅 교육에 적합한 전략으로 개선할 필요가 있다.

지식과 태도 영역을 제외하고 초·중등 학생들의 컴퓨팅 활동과 역량을 신장시키기 위해 기능 중심의 창의컴퓨팅 교수 학습 모형을 다음과 같이 5가지 유형으로 제시한다. 이 모형은 2016년 한국교육학술정보원과 한선관에 의해 개발되었다.

시연 중심 모형

직접 교수법을 바탕으로 하는 시연 중심 모형은 프로그래밍 언어의 문법, 실습 중심의 명령어 등을 지도할 때 유용하다. 시연-모방-제작의 단계를 거치며 교사가 모델이 되는 학습 활동의 시연을 거쳐 학습자들이 질문과 대답을 통해 모방하고, 반복적으로 단계적, 독립적 연습을 통하여 제작하는 활동 중심 모형이다. 컴퓨터 과학의 핵심인

표 5-14 │ 창의컴퓨팅 기능 중심 교수 학습 모형

유형 기준	교육과정 영역	관련 교육 방법	CT 학습 모형	활동 기법 예시	목표
기능	알고리즘과 프로그래밍	직집 교수 모형	시연 중심 D-M-M	도제식 교수 학습 기법	컴퓨팅 사고 신장
		발견 학습 모형	재구성 중심 U-M-C	페어드 프로그래밍 기법 디버깅 기법 언플러그드 기법 디지로그 기법 디자인 사고 기법 창의성 기법	
		탐구 학습 모형	개발 중심 D-D-D		
		프로젝트 학습 모형	디자인 중심 N-D-I-S		
		문제 해결 학습 모형	CT 요소 중심 DPAA(P)	제약 기반 교수 학습 기법 사례 기반 교수 학습 기법 오류 기반 교수 학습 기법	
지식	알고리즘과 프로그래밍	개념 형성 모형 발견/탐구 학습 모형		언플러그드(교구, 신체 활동) 스토리텔링 기법	컴퓨터 과학의 지식 이해 및 개념 형성
태도	생활과 소프트웨어	가치 갈등 모형 협동 학습 모형		모든 활동 과정에 반드시 포함	인성, 협력, 배려, 의사소통의 가치 태도 함양

알고리즘과 프로그래밍 활동에 적합하며 교사 중심의 모형이다. 질문과 대답의 모방과 제작 활동에 집중할 경우 학습자 중심의 모형으로 활동을 구성할 수 있다.

표 5-15 | DMM 모형 개요

기존 교육 방법	시연 중심 모형		
	시연	모방	제작
직접 교수	교사의 설명과 시범 표준 모델 제시	학생 모방하기 질문과 대답	단계적, 독립적 연습 반복 활동을 통한 기능 습득

시연 중심 모형의 단계별 세부 내용은 다음과 같다.

표 5-16 | DMM 모형의 교수 학습 내용

단계명	주요 방법	세부 교수 학습 내용
시연 (Demonstration)	설명 시범 보이기 예시	가르치려고 하는 핵심 전략과 기능을 교사가 설명하거나 시연을 통해 학생들에게 소개한다.
모방 (Modeling)	따라하기 질문, 답변	교사의 시연 내용을 학생들이 그대로 따라 실습한다. 실습의 과정에서 질문을 통해 학생들이 교사의 시연을 모방(modeling)한다.
제작 (Making)	만들기 반복 활동	시연과 모방의 단계에서 배운 내용을 토대로 학생이 직접 만들어보는 활동을 한다. 반복적으로 진행하되 단계적, 전체적인 활동을 학습자들이 전개한다.

시연Demonstration

- 시연 단계에서 사용될 자료는 컴퓨팅 사고를 기반으로 설계되어야 한다.
- 기본적인 프로그래밍 언어나 문법을 설명하고 사용 방법에 사용되는 주제라 할지라도 컴퓨팅 사고의 관점에서 접근하도록 준비한다.
- 시연 내용의 안내도 교사가 의도적으로 컴퓨팅 사고의 관점으로 전개하되 어려운 용어(분해, 패턴, 추상화 등)는 사용하지 않고 그 의미를 내포하여 학습자들이 자

연스럽게 인식하도록 한다.

- 특히, 교사가 일련의 모듈을 시연할 때 문제의 단위를 분해하거나 알고리즘의 단계를 분해하여 그 패턴을 이해하고 핵심 개념이나 원리, 공식 등을 소개하며 컴퓨팅 구성 요소를 시연한다.

모방 Modeling

- 학습자들의 모방은 교사의 컴퓨팅 사고 과정을 모델링하는 과정으로, 간단한 문법의 사용부터 알고리즘의 모듈을 따라하며 컴퓨팅 사고의 구성 요소를 이해한다.
- 모방의 단계에서 중요한 점은 질문과 대답을 통한 활동 지식의 이해이다. 교사의 발문에서 자연스럽게 컴퓨팅 사고를 이끌어 내는 노력이 필요하다.
- 모방을 통해 자연스럽게 문제의 분해, 변수의 설정, 발견 및 탐구를 통한 추상화의 단계를 이해하게 된다.

제작 Making

- 제작은 학생 주도적 활동을 이끄는 단계로 소프트웨어 개발에 따른 제작 역량을 키운다.
- 분해된 모듈의 반복 활동을 통해 패턴을 인식하고 패턴에서 발견된 개념을 추상화하도록 교사가 역할을 해야 한다.
- 제작의 과정에서 알고리즘을 통한 절차적 사고와 프로그래밍을 통한 자동화 능력을 이끄는 과정에 집중한다.

재구성 중심 모형

재구성 중심 모형은 발견 학습 모형에서 사용하는 다양한 사례를 중심으로 핵심 개념과 원리를 발견하고 제시된 사례의 수정과 재구성을 통하여 컴퓨팅 사고를 이끄는 모형이다. 동기 유발로 놀이를 통해 배우고자 하는 학습 모듈을 학생들이 탐색하고 사전에 준비된 모듈의 수정 과정을 통하여 기능과 개념을 이해한다. 놀이 활동, 수정 활동과 연계된 일련의 재구성 활동을 통해 학생들이 컴퓨팅 사고의 전반적인 능력을 이해하게 된다.

재구성 중심 모형에는 놀이를 통한 수정 활동과 학습자 능동적인 재구성 활동을 통해 새로운 프로젝트를 생성하는 MIT 미디어랩에서 주로 진행했던 창의컴퓨팅 활동의 3가지 학습 요소(개념, 실제, 관점)가 나타나 있다(Karen Brennan 외, 2014).

표 5-17 | UMC 모형 개요

기존 교육 방법	재구성 중심 모형		
발견 학습법	놀이	수정	재구성

재구성 중심 모형의 단계별 세부 내용은 다음과 같다.

표 5-18 | UMC 모형의 교수 학습 내용

단계명	주요 학습 방법	세부 교수 학습 내용
놀이 (Using)	조작, 체험, 놀이, 활용, 탐색	학습 내용이 담긴 프로젝트를 시연해보거나 조작해보면서 프로젝트를 이해하는 단계이다. 즉, 먼저 결과물을 가지고 놀아보며 친숙해지도록 한다. 또는 직접 교수법을 이용하여 교사의 시범을 따라 간단한 프로젝트를 제작해가며 작동시켜보도록 한다.
수정 (Modify)	추가 설계, 수정, 확장, 보완	간단히 제공된 프로젝트에 아이디어를 추가하거나 내용을 확장하여 설계한다.(새로운 스프라이트 추가 및 수정, 변수 추가, 스테이지 확장 등)
재구성 (reCreate)	재구성, 구현, 개발, 산출	학습한 기능이나 내용을 활용하여 자신만의 확장된 프로그램을 설계하여 제작해본다.

놀이|Using

- 놀이 활동에서는 다양한 사례를 사용한다. 다양한 사례라는 의미는 학생들이 즐 겁게 놀이 활동을 할 수 있는 모듈로 일종의 알고리즘이나 프로그램 모듈, 안성된 소프트웨어 패키지, 피지컬 컴퓨팅 부품, 완제품을 포함한다.
- 놀이 활동의 의미는 학습자가 사용해보고 경험하는 활동으로 학교급이 올라가거 나 경험이 많은 경우 엔터테인먼트적인 요소를 넘어 관찰하거나 탐색하기 위한 활동을 가리킨다.
- 놀이 활동에서 자연스럽게 제시된 패키지와 모듈의 일정한 패턴을 인식하고 그에 따른 놀이 절차(알고리즘) 또는 패키지 안의 알고리즘을 발견하게 한다.

수정Modify

- 수정 활동은 놀이 활동에 포함된 모듈 또는 패키지를 교사가 의도적으로 변형하 여 제시한다.
- 학생들의 수정 활동을 지원하기 위해 소스 코드의 순서 변경, 새로운 코드 채우 기, 오류가 발생된 디버깅 작업 등이 사례로 제시된다.
- 수정 활동을 통해 프로그래밍의 문법이나 알고리즘의 이해에 관한 지식과 기능을 이해하게 된다.
- 컴퓨팅 사고의 기본이 되는 지식과 개념을 이해하도록 교사가 의도적으로 준비하 되 놀이 활동에서 사용된 모듈이나 알고리즘을 변형하여 사용한다.

재구성reCreate

- 재구성 단계는 새로운 소프트웨어를 개발하거나 신규 모듈을 제작하는 단계가 아

니다. 앞서 놀이 활동과 수정 활동에서 사용된 모듈과 패키지의 확장 버전을 만드는 활동이 주요한 내용이다.
- 이 활동 또한 교사가 사전에 준비한 자료를 바탕으로 진행하며 컴퓨팅 사고의 핵심이 되는 추상화 내용을 바탕으로 다양한 알고리즘과 자동화를 위한 프로그래밍 확장으로 자신의 지식과 기능을 구축한다.

표 5-19 | UMC 모형의 수업 사례

단계	주요 활동
놀이	• 백설 공주와 일곱 난쟁이 게임을 해본다(기존에 만든 게임). • 백설 공주가 일곱 난쟁이를 만나면 사과를 얻게 된다. • 일곱 난쟁이 대신 마녀를 만나면 사과를 빼앗긴다. • 인물과 사과의 관계를 생각해본다.
수정	• 사과를 바나나로 바꾸어본다. • 백설 공주가 뒤로 이동하게 한다. • 사과 대신 점수로 바꾸어본다.
재구성	• 왕자를 추가하여 새로운 규칙을 만들어본다. • 뒤에 이어지는 이야기를 새롭게 만들어본다. • 백설 공주 이야기 대신 자기가 좋아하는 캐릭터를 넣어 EPL로 변형하여 창작한다.

개발 중심 모형

개발 중심 모형은 소프트웨어 공학적인 측면에서 소프트웨어 개발의 전 과정을 이해하는 탐구 학습 모형이다. 개발하고자 하는 소프트웨어에 대한 기본적인 탐구 과정과 함께 개발을 위한 기초 설계의 과정을 거쳐 자신만의 소프트웨어를 개발하게 된다. 앞서 제시한 재구성 중심 모형과는 다르게 교사 중심의 제한된 모듈의 확장 버전의 제작보다는 학습자가 개발의 과정을 주도한다. 하지만 탐구의 과정과 설계의 과정에서 교사가 의도적으로 개발의 범위를 제한하고 그에 따른 제약 사항과 개발의 범위를 안내한다.

표 5-20 │ DDD 모형 개요

기존 교육 방법	개발 중심 모형		
탐구 학습법	탐구	설계	개발

개발 중심 모형은 소프트웨어 공학의 설계 전략을 바탕으로 한다. 소프트웨어 공학의 기초가 되는 설계 방법론은 ADDT(요구 분석–설계–구현–시험)로 폭포수 모형이 대표적이다. 폭포수 모형에서는 물이 위에서 아래로 흐르듯 요구 분석, 설계, 구현, 시험, 운용 단계가 순차적으로 진행되는 Top-Down 방식의 소프트웨어 개발 모형이다. 각 단계는 작업 결과를 모아 다음 단계로 넘겨준다.

개발 중심 모형의 단계별 세부 내용은 다음과 같다.

탐구Discovery

- 탐구 활동에서 사용되는 주제는 교사에 의해 제시된 자료를 사용한다. 개방된 영역의 확장 주제는 다음에 제시할 디자인 중심 모형NDIS에서 다룬다.
- 탐구 활동에서 단순히 설명식 자료보다는 실제 프로그램을 분석하고 피지컬 컴퓨팅 자료의 탐색을 통하여 보다 적극적인 탐구 활동이 이루어지도록 한다.
- 탐구 활동에서 문제의 영역을 분해하여 설계와 개발의 단계를 쉽게 달성할 수 있도록 제시한다.
- 개발하고자 하는 모듈과 소프트웨어의 일정한 패턴을 학생 스스로 탐구하도록 하여 추상화와 알고리즘의 핵심 내용을 파악하도록 한다.

표 5-21 | DDD 모형의 교수 학습 내용

단계명	주요 학습 방법	세부 교수 학습 내용
탐구 (Discovery)	기능의 이해, 분석, 탐색, 구현	탐색과 발견을 통한 지식 구성 디버깅 문제 해결을 통한 컴퓨팅 사고 신장 • 도전(챌린지) • 디버깅(주어진 문제의 문제점을 발견하고 수정하면서 기능, 원리, 개념을 익힘) • 컴퓨팅 활동: 재구성−진단−수정−평가의 네 과정 순환 간단한 게임을 주제로 교사가 주요 기능과 스크립트를 설명하거나 학습자들이 주어진 스크립트의 논리를 분석하여 메모한다.
설계 (Design)	문제 이해, 설계, 계획	• CT 디자인: 문제 분해−추상화−협력, 팀워크-아이디어 확정 • 디자인 사고(Design Thinking): 강조−정의−창의 설계−프로토타입−공유 평가 프로그래밍 언어로 구현하기 전에 프로젝트의 스토리, 필요 객체, 객체의 특성 및 역할, 객체 간 상호작용 등을 이해하기 쉽게 계획한다. 또한 구현할 알고리즘을 세부적으로 생각해보도록 유도한다. 순서도, 의사(pseudo) 코드, 설계 학습지 등을 활용할 수 있다.
개발 (Development)	구현, 공유, 개발, 산출	• 배운 것을 토대로 새로운 산출물 생산 • 컴퓨팅과 융합: 기본 게임과 추가 설계된 내용을 프로그래밍 언어로 구현한다. 자신의 작품을 발표하고 피드백을 받는다. 디버깅 과정을 거치며 설계와 구현을 반복한다.

설계|Design

- 설계의 단계에서 사용되는 방법은 구상도, 순서도, 의사 코드 등의 전통적인 설계 방법과 함께 창의적인 공학 설계 방법을 사용한다.
- 학습자의 경험이 충분할 경우 기능 설계와 절차 설계 등의 소프트웨어 공학적인 접근 방법을 사용하여 지도할 수 있다.
- 개발을 위한 설계의 방법으로 컴퓨팅 사고의 구성 요소를 단계별로 진행하며 다양한 접근 전략을 사용한다.

- 개발의 과정은 학습자 중심으로 진행하되 개발에 사용되는 프로그래밍 문법과 알고리즘은 교사의 준비와 조언으로 진행한다.
- 개발에 따른 전체 프로세스는 컴퓨팅 사고에 따른 분해, 패턴 인식, 추상화, 알고리즘의 내용을 포함하며 그의 구현을 위한 프로그래밍 단계를 거친다. 개발의 결과는 수업 시수를 고려하여 시뮬레이션이나 프로토타입 형태로 할 수 있다.

표 5-22 | DDD 모형의 수업 사례

단계	주요 활동
탐구	• 미래 에너지 문제 스토리 • 도시에 필요한 전기량과 관련된 스토리 • 풍력발전소 시뮬레이터 만들기 목표 설정
	• 실제 풍력발전소의 1일 전기량 조사하기 • 도시의 전력 소비량 조사하기
설계	• 시뮬레이터 구상하기 • 시뮬레이터 프로그램 순서도 작성하기
개발	• 풍력발전소 시뮬레이터 제작하기(스크래치 프로그래밍) • 그룹별로 협력하기 • 테스트와 디버깅하기
	• 시뮬레이터 발표 및 공유하기 • 다른 그룹의 작품을 보고 비교해보기 • 자신들의 시뮬레이터 수정하기 • 최종 작품 공유하기

디자인 중심 모형

디자인 중심 모형은 프로젝트 학습 모형의 일종이다. 프로젝트 수업 모형은 교사보다는 학생들 스스로가 문제 의식을 가지고 주제를 선정하는 단계에서부터 조사나 연

표 5-23 | NDIS 모형 개요

기존 교육 방법		디자인 중심 모형		
프로젝트 학습법	요구 분석	디자인	구현	공유

구, 발표 및 평가에 이르기까지 학습의 전 과정에 걸쳐 참여하는 수업 모형이다. 디자인 중심 모형의 기원은 스탠퍼드대학교의 d-School에서 제시한 디자인 사고 과정이다. 디자인 사고 과정은 탐색을 통한 몰입의 과정을 통해 인간 중심의 요구 분석을 진행한다. 소프트웨어 개발이 단지 기계적인 프로그램 제품 개발이 아닌 인간의 삶을 개선하고 인류의 안전과 요구에 부합하는 활동임을 인식하여 고도의 창의적 설계를 진행한다. 컴퓨팅 사고를 신장시키기 위한 설계와 개발의 과정을 통해 프로토타입 또는 시뮬레이션을 제작한다. 개발된 결과의 공유와 평가를 통해 개선의 방법을 찾는 선순환 구조를 가진다.

디자인 중심 모형의 단계별 세부 내용은 다음과 같다.

요구 분석Needs

- 요구 분석의 단계는 개발 중심 모형의 탐구 단계와 비교하여 인간 중심의 관찰과 사용자 요구 분석에 주안점을 둔다.
- 인간 중심 요구 분석은 비목적적인 소프트웨어 개발과는 달리 소프트웨어의 가치를 인간에게 이롭도록 하는 것을 목표로 한다.
- 개발의 과정보다는 요구 분석과 디자인 과정에 더 큰 관심을 두고 진행한다.

표 5-24 | NDIS 모형의 교수 학습 내용

단계명	학습 방법	세부 교수 학습 내용
요구 분석 (Needs)	문제 이해, 인간 중심 요구 분석	• 주어진 문제에 대한 고찰과 사용자에 대한 탐색을 한다. • 사용자 요구 분석에서 중요하게 다루어야 할 부분은 인간 중심 분석이다. • 개발하고자 하는 프로그램 또는 시스템이 인간의 삶에 도움을 줄 수 있도록 안내한다.
디자인 (Design)	창의적 설계, 계획, 공학적 설계	• 프로그래밍 언어로 구현하기 전에 프로젝트의 스토리, 필요 객체, 객체의 특성 및 역할, 객체 간 상호작용 등을 이해하기 쉽게 계획한다. • 구현할 알고리즘을 세부적으로 생각해보도록 유도한다. 순서도, 의사 코드, 설계 학습지 등을 활용할 수 있다. • 설계 과정에서 CT를 신장시키기 위한 목표를 포함하여 설계를 한다.
구현 (Implemen-tation)	개발 및 구현 언플러그드 전략 EPL, 피지컬, 컴퓨팅 융합	• 언플러그드, EPL, 피지컬 컴퓨팅의 영역을 사용하면서 학습 내용을 구체화한다. • 언플러그드를 통해서 먼저 관련 컴퓨터 과학 지식을 알기 쉽게 이해하도록 한다. • 계획한 프로젝트를 EPL을 통해 구현해보도록 한다. • 외부 객체를 통해 디지털 정보를 아날로그 정보로 또는 아날로그 정보를 디지털 정보로 표현해보는 피지컬 컴퓨팅 활동을 통해 융합 활동과 연계한다. • 실생활에서 사용되는 컴퓨팅의 다양한 사례를 이해하고 학생 스스로 계획하며 구현해보는 활동을 통해 다양한 학문 또는 기술을 융합하여 표현해본다. • 학습 내용을 실생활과 융합해봄으로써 고차원적인 문제 해결 능력을 기른다.
공유 (Share)	공유 및 피드백	• 개발된 프로그램 공유 • 프로그램의 피드백 • 개발 과정에 대한 자기 성찰

디자인Design

• 디자인 단계는 개발 중심 모형의 설계를 포함한 광의의 내용을 내포하고 있다. 단순히 설계도의 형태로 그려가는 단계를 넘어 사고의 확장과 창의적인 아이디어 산출에 집중한다.

• 디자인 단계에서 컴퓨팅 사고를 신장시키기 위한 구성 요소 중 문제의 분해와 패

턴을 찾는 작업을 시각화 기법으로 적용할 수 있다.

- 시각화 기법은 창의성 신장을 위한 마인드맵, 브레인스토밍, 그래프와 도식화 등의 다양한 전략을 사용하고 생각을 추가, 수정, 삭제하기 쉽도록 포스트잇과 같은 도구를 사용한다.

구현Implementation

- 구현은 앞서 제시한 모형들의 제작, 재구성, 개발 단계의 확장 내용을 담는다.
- 단순한 모듈의 개발을 넘어 통합적 시스템의 고려와 다른 영역과의 융합을 통한 실생활의 유익한 산출을 고려한다.
- 구현의 단계에서 필요한 컴퓨터 과학 지식은 언플러그드 컴퓨팅 전략으로 이해하고 프로그래밍과 피지컬 컴퓨팅의 구현을 통한 컴퓨팅 사고를 종합적으로 신장시키도록 구성한다.
- 앞선 모형과의 근본적인 차별성은 학생 중심의 활동으로 주제 선정, 요구 분석, 창의 설계, 구현의 전략 등을 학생이 주도적으로 진행한다.
- 교사는 발문과 지원의 조력자 역할을 하며 구성주의 관점에서 프로젝트형 수업을 진행한다.

공유Share

- 공유의 단계는 단순히 산출된 작품의 소개를 넘어 제작의 의도와 과정에 대한 전체 과정을 공유한다.
- 자기 성찰의 단계를 통해 인간 중심 요구 분석과 디자인의 근본적인 평가를 하게 된다.

표 5-25 | NDIS 모형의 수업 사례

단계	주요 활동
요구 분석	• 질병 문제 탐색 • 환지의 문제 파악 • 필요한 치료 방안 모색
디자인	• DNA 구조 탐색 및 설계 • 질병 발견 방법 • DNA 구조 모형 맞추기
구현	• 리스트를 이용한 텍스트 매칭 프로그래밍 • DNA 구조 검출 프로그래밍
공유	• DNA와 질병 검출 효과 분석 • DNA 시퀀싱 원리의 최적화 방법 공유 • DNA 질병 검출 프로그램 설계 방안 논의

- 컴퓨팅 사고의 신장에 대한 교사의 발문과 조언을 통하여 컴퓨팅 파워와 추상화, 자동화의 이해를 돕는다.
- 공유 단계에서 논의된 평가 결과와 의견, 자기 성찰을 통하여 요구 분석, 디자인, 구현의 전반적인 수정 보완 작업을 학생 스스로 결정하도록 한다.

CT 요소 중심 모형

CT 요소 중심 모형은 창의컴퓨팅 수업을 위한 독립적 모델로 제시하기는 어렵다. 하지만 소프트웨어 교육과 창의컴퓨팅 교육이 컴퓨팅 사고 신장을 목표를 하고 있기 때문에 컴퓨팅 사고를 집중적으로 안내하기 위한 모형이 필요하다. 특히, 교사들이 개발한 창의컴퓨팅 교수 학습 모형이 의도적으로 컴퓨팅 사고 요소를 파악하거나 제시하는 것에 어려움이 있고, 학습자들도 이러한 컴퓨팅 사고의 핵심적인 내용과 절차, 요

표 5-26 | DPAA(P) 모형 개요

기존 교육 방법	CT 요소 중심 모형			
문제 해결 학습법	분해	패턴 인식	추상화	알고리즘(프로그래밍)

소를 이해하는 데 어려움이 있으므로 CT 요소 중심 모형을 제시하였다. 컴퓨팅 사고에 대해 국내에서 용어와 정의 그리고 실제적인 내용에 대해 의견이 분분하지만 '컴퓨터 과학자처럼 생각하기'라는 기초적인 가정하에 컴퓨팅 파워를 이용하여 현실에서 주어진 문제를 해결한다는 관점에서 CT 요소 중심 모형을 제시하였다. CT 요소 중심 모형은 문제 해결 학습 모형을 기반으로 한다. 문제 해결 학습은 학습자 스스로 문제를 파악하고 분석하여 실행하는 모형으로서, 잘못된 점을 찾아서 고쳐나가는 과정을 연습하고 결과 자체보다는 그 결과에 도달하기까지의 과정을 강조하는 모형이다. 학생의 생활에서 당면하는 현실적인 문제에서 여러 문제들을 해결해 나가는 과정을 통해 지식, 기능, 태도 등을 종합적으로 함양하고 반성적 사고를 기르는 데 그 목적이 있다.

CT 요소 중심 모형은 구글에서 제시한 4단계 모듈 전략, 즉 분해–패턴 인식–추상화–알고리즘(프로그래밍)을 전제로 한다. CT 요소 중심 모형은 일련의 단계를 가진 절차식 모형으로 볼 수도 있고, 한편으로는 요소들이 분절되어 다양한 절차와 요소로 결합되는 모듈식 모형으로 볼 수도 있다. 즉, 분해–패턴 인식–추상화–알고리즘–프로그래밍의 단계로 접근할 수 있으며, 패턴 인식–추상화, 분해–알고리즘–프로그래밍, 패턴 인식–추상화–분해–알고리즘–프로그래밍 등의 다양한 전략으로 지도할 수 있다. 또한 2011년 CSTA에 의해 제시된 10개 이상의 CT 구성 요소의 전략은 복잡하여 제외하되 필요한 경우에 자료 수집, 자료 분석, 시뮬레이션, 자동화 등의 다양한 전략을 추가할 수 있다.

CT 요소 중심 모형의 단계별 세부 내용은 다음과 같다.

표 5-27 | DPAA(P) 모형의 교수 학습 내용

단계명	학습 방법	세부 교수 학습 내용
분해 (Decomposition)	문제의 분해 변수의 설정	• 주어진 문제를 작은 단위로 분해하여 분할 정복 방식으로 접근한다. • 작은 단위의 분해된 문제에서 사용할 변수를 설정한다. • 구현될 프로그램의 메모리와 프로세스에 대한 고민을 통하여 문제의 해결 가능성에 대한 고민을 한다.
패턴 인식 (Pattern Recognition)	일정한 패턴 탐색 반복 항목 발견	• 현실 세계에서 나타나는 패턴을 찾는다. • 패턴을 디지털화하기 위한 전략을 고민한다. • 프로그래밍 언어로 구현하기 위해 반복 명령과 배열 메모리의 할당을 통한 기초 변수를 설정한다.
추상화 (Abstraction)	개념화 공식화	• 패턴 인식을 통하여 발견한 공식, 원리를 설정한다. • 문제의 복잡도를 줄이기 위해 단순화한다. • 개발하고자 하는 프로그램의 핵심 엔진으로 추상화의 공식(규칙, 개념 등)을 사용한다.
알고리즘 (Algorithm)	순서도 의사 코드	• 추상화된 핵심 원리를 절차화된 순서에 삽입하여 알고리즘을 완성한다. • 알고리즘을 순서도 또는 의사 코드(pseudo code)로 표현한다. • 개발된 알고리즘은 EPL, 피지컬 컴퓨팅의 영역을 사용하면서 학습 내용을 구체화한다.

CT 요소 중심 모형의 구체적인 수업 사례는 구글에서 제공하는 컴퓨팅 사고 학습 내용을 참고하면 좋다. 이 책의 3장에 예시로 기술된 '진자 운동'과 '경사면과 자유낙하' 관련 수업안이 좋은 사례이다.

차시를 고려한 수업 전략

수업 시수가 부족한 정보 교육의 현실을 고민할 때 단일 차시 수업에서 적용하는 방법과 여러 차시를 통합한 융합 인재 교육 전략처럼 블록 타임제를 적용한 다중 차시 수업의 적용 방법이 다를 수 있다. 앞의 다섯 가지 모델의 수업 전략은 단일 차시에서 적용할 경우 문제 해결 학습 모형이나 직접 교수 모형 등의 방법으로 수업의 단계를 나누어 적용할 수 있는 전략으로 사용할 수 있다. 또한 다섯 가지 모델의 수업 전략을 여러 차시에 적용할 경우 프로젝트 학습 모형이나 팀 티칭 학습 모형 등의 방법으로 매 차시별 학습 목표에 적합한 교수 학습 모형을 구성하여 적용 및 운영할 수 있다.

표 5-28 ┃ **단일 차시 수업 절차(UMC 모형)**

수업 단계	컴퓨팅 수업 모형	일반 수업 모형
도입	놀이(Use)	
전개	수정(Modify)	발견 학습 모형
발전	재구성(Create)	
정리	공유(Feedback)	

표 5-29 ┃ **단일 차시 수업 절차(DDD 모형)**

수업 단계		컴퓨팅 수업 모형	일반 수업 모형
도입		탐구(Discovery)	
전개	1~2차시	설계(Design)	탐구 학습 모형
발전		개발(Development)	
정리		공유(Feedback)	

표 5-30 │ 다중 차시 수업 절차(NDIS 모형)

차시	창의컴퓨팅 단계	일반 수업 모형
1차시	요구 분석	개념 형성 학습 모형
2차시	창의 설계	문제 해결 학습 모형
3차시	개발	프로젝트 학습 모형
4차시	개발, 공유	협력 학습 모형

창의컴퓨팅 교육 평가

　교육에서의 평가란 목표와 맞닿아 있다. 목표에 제대로 도달하였는지에 대한 평가가 필요하며, 평가도 학습의 한 과정으로 이루어져야 한다. 따라서 창의컴퓨팅 교육에서의 평가도 목표를 기반으로 한 평가 항목이나 방법이 적용되어야 한다. 창의컴퓨팅 교육의 목표는 학습자들의 고등 사고력, 문제 해결력 향상이므로 이에 적합한 평가 방법을 고려해야 한다. 특히, 학습자의 수준과 환경에 대한 고려는 반드시 이루어져야 한다.

　창의컴퓨팅 평가 방법을 다음과 같이 제시한다. 이 평가 방법은 MIT 창의컴퓨팅 평가 방법을 참고하였다(Karen Brennan, 2014).

프로젝트 기반의 산출물 평가

　프로젝트 기반의 산출물 평가는 장기 프로젝트이며, 자격증 또는 인증 시험은 단기 프로젝트로 평가가 가능하다. 인증제를 하기 위한 평가 전략으로 온라인 교육 이수 시

표 5-31 | 창의 컴퓨팅 평가 방법

평가 방법	세부 내용
프로젝트 기반 산출물 평가	• 프로젝트 기반의 산출물 평가는 장기 프로젝트에서 가능 • 학기 말 과제, 팀 프로젝트, 산출물 대회 등 • 산출 결과에 대한 점수제보다 인증제, 자격증 부여 지향
프로젝트 포트폴리오 다면적 분석	• MIT 브레넌의 분석 방법으로 온라인에 탑재된 프로젝트 포트폴리오를 컬러 검색엔 진(color search engine)으로 분석 • 디자인과 확장된 부분에서는 아이디어 노트, 즉 디자인 저널을 통해 다면적 평가
디자인 시나리오	• 프로젝트 네임, 퍼포먼스 정하기 → 예제 시나리오 만들거나 수정 보완 • 실제 개발 없이 개발된 작품을 학생에게 보여주고 개발 시나리오와 프로그래밍 기 법, 알고리즘 등에 대해 설명 • 의도적으로 오류가 포함된 문제를 제시하고, 그에 대한 해결 방안 설명
산출 기반 인터뷰	• 창작 소감 및 태도(협력 등), 프로젝트 창작, 온라인 커뮤니티, 앞으로의 활용 → 평 가 루브릭, 워크시트 개발 후 적용, 학습자 대상으로 인터뷰 • 반복, 점진적 개선 • 테스팅과 디버깅 • 재사용과 재구성 • 추상화와 모듈화 • 디자인 아이디어에 대한 창의성을 확인하기 위해 인터뷰
학습자 문서 분석	• 자기 성찰 기록 • 발전적인 학습 과정을 위한 평가
자기 평가 동료 평가	• 참여에 대한 체크리스트 • 산출물에 대한 동료 평가표

간 확인, 오프라인 교육 실적, 프로젝트 작품(계획서와 작품, 창의컴퓨팅 윤리 헌장) 탑재 후 평가 루브릭에 의해 점수화하는 평가가 있다. 평가를 통하여 학습자의 역량을 점수화하기보다 등급으로 구분하여 역량의 수준을 나타내는 용어로 제시할 수 있다. 예를 들면, Basic Thinker, Logical Thinker, Creative Thinker, Convergence Thinker, Think

그림 5-6 | KoreaSW(http://koreasw.org)와 code.org(http://code.org)의 인증서

Master로 구분하여 학습자의 컴퓨팅 능력을 표현한다. 가급적 점수에 의한 등급 서열보다는 기획서, 디자인, 프로그래밍, 실생활 응용 제품, 초등과 중등으로 나누어서 인증하는 형태가 바람직하다.

경쟁보다는 협력, 점수보다는 본질적인 지식의 습득 및 문제 해결 능력과 같은 추상적 사고력 검사를 중요시하여 평가의 본래 목적을 달성하도록 한다.

프로젝트 포트폴리오 다면적 분석 평가

프로젝트 산출물과 그 과정에 대해 MIT와 하버드 대학에서 개발한 분석 방법으로 온라인에 탑재된 프로젝트 포트폴리오를 컬러 검색 엔진color search engine(SCRAPE, http://happyanalyzing.com)으로 분석할 수 있다(Wolz, U. 외, 2011).

디자인과 확장된 부분에서는 아이디어 노트, 즉 디자인 저널을 통해 다면적 평가가 가능하다. 또한 산출의 과정에서 인터뷰를 통해 백그라운드(스크래치를 통해서 다른 사람을 도와주는 것, 협력, 배려, 의사소통 능력 등), 프로젝트 창작 능력, 온라인 커뮤

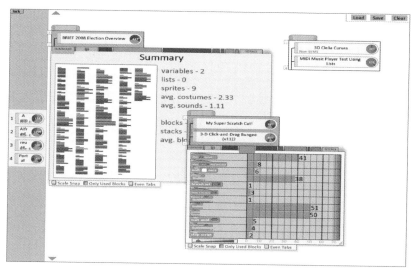

그림 5-7 | **컬러 검색 엔진(SCRAPE)**

출처: http://happyanalyzing.com

니티의 활발한 참여, 앞으로의 활용에 대한 아이디어와 비전을 평가하는 내용을 담고 있다. 이러한 프로젝트 포트폴리오 분석 방법은 소프트웨어 교육에서 진행하게 될 프로젝트의 특징과 목표에 따라 평가 루브릭과 워크시트를 개발하여 적용해야 한다.

프로젝트를 통해 산출된 소프트웨어 결과물(코딩 작품)은 하나의 정답이 나올 수 없으므로 코딩의 효율성, 적합성의 기준을 두고 평가한다. 산출물을 온라인 게시 후 다른 사용자(학급의 다른 학생)들의 평가를 집단 지성의 전략으로 활용하여 공정하게 평가한다.

디자인 시나리오 평가 방법

디자인 시나리오 평가 방법은 실제 개발하는 활동 없이 이미 개발된 작품을 학생에게 보여주고 개발의 시나리오와 프로그래밍 기법, 알고리즘 등에 대해 설명하는 것을 바탕으로 진행한다.

의도적으로 오류가 포함된 문제를 학생들에게 제시하고, 그에 대한 해결 전략을 찾도록 한다. 예를 들면, 디버깅이 필요한 경우 그에 대한 문제 해결 방법을 설명하게 함으로써 평가의 과정이 창의컴퓨팅 교육의 내용과 방법으로 연계되어 심화된 문제를 해결하는 수업 내용으로 피드백한다.

프로그래밍 경험이 적은 초보자의 경우 다른 초보자가 개발한 소프트웨어 산출물을 선택하여 그 산출물이 무엇을 실행하는지 분석하고, 어떻게 확장시킬 수 있는지 아이디어를 생성해 내며, 오류(버그)를 찾이니어 개선 방법을 제시하고, 산출물 내에 있는 모듈을 재활용하거나 다른 소프트웨어의 기능을 융합하여 재구성해야 한다. 이 과정은 분석-확장-디버깅-재구성의 네 단계를 평가한다.

기존에 만든 초보자의 소프트웨어 산출물 대신 자신이 이전에 만든 산출물을 이용해도 되고, 동료들이 같은 주제로 개발한 산출물을 이용할 수도 있다.

프로그래밍 경험 또는 컴퓨팅 산출 활동이 능숙한 경우 초보자의 작품을 분석하기보다 새로운 프로젝트를 디자인 시나리오 방법으로 가상의 시작품을 개발하는 내용으로 평가할 수 있다. 우선 프로젝트의 명칭을 결정하고 그 결과물의 기능과 성능을 설계하게 한다. 설계는 가상의 방법을 사용하지만 효율성이나 적합성, 실현성 등의 내용을 가지고 있는 정보를 바탕으로 결정해야 한다. 결정된 프로젝트는 예제 시나리오로 만든 후 그에 따른 문제점이나 개선점을 상호 의견 개진을 하여 수정 보완한다.

산출 기반 인터뷰

산출 기반 인터뷰는 학생들의 산출물을 바탕으로 컴퓨팅에서 나타나는 실험하고 반

표 5-32 │ 디자인 시나리오 평가 방법

단계	평가 질문 예시
분석	• 무엇을 만든 건가요? • 무엇을 입력하나요? • 무엇을 출력하나요?
확장	• 어떤 캐릭터를 더 추가할 수 있나요? • 멀티미디어를 추가하고 싶은 것은 무엇이 있나요? • 어떤 기능을 추가하고 싶나요? • 기타 추가하고 싶은 스토리는 무엇인가요?
디버깅	• 사용 중 불편한 것은 무엇인가요? • 개선하고 싶은 기능은 무엇인가요? • 가장 문제가 되는 모듈은 어떤 것인가요?
재구성	• 모듈 중에 다시 사용할 수 있는 것은 어떤 것인가요? • 다른 분야에 어떻게 적용할 수 있을까요? • 알고 있는 다른 기능을 어떻게 연결시킬 수 있을까요?

복하기, 테스팅과 디버깅, 재사용과 재구성, 추상화와 모듈화에 대한 질문과 학생들의 답변을 분석하여 학생들이 산출하는 과정에서 발휘했던 역량과 창의성, 특히 유창성의 발전까지 평가할 수 있다. 즉흥적인 질문이나 학습자의 자유 답변을 기대하기보다 의도적으로 질문지를 만들어 답변을 유도한다. 인터뷰 과정에서 학습자의 의도, 목적, 기능 등에 대해 평가한다.

학습자 문서 분석

학습자 문서 분석은 학생들의 산출 과정에서 나타나는 아날로그와 디지털 문서 매체의 분석을 통하여 과정과 결과를 총체적으로 평가하는 방법이다. 이 방법은 자기 성찰 일지와 디자인 저널, 주석의 형태, 산출 과정 스크린 캡처의 세 가지 방법을 사용한다.

첫 번째, 학습자들이 종이에 기록하거나 디지털 문서(온라인 기반 구글 문서 도구 등)를 이용한 성찰 일지를 기록하게 한다. MIT의 창의컴퓨팅 교재에서는 디자인 저널을 사용한다.

두 번째, 학습자들이 프로그래밍 언어나 컴퓨팅 실습의 과정에서 의도적으로 구현된 내용을 주석의 형태로 기록하게 한다. 예를 들면, 프로그래밍 명령어 또는 모듈에 그 사용 설명에 대한 댓글, 주석을 달도록 하는 것이다.

세 번째, 학습자들이 작업한 산출의 과정을 사진 또는 화면 캡처를 통해 시각적 발자취를 남기게 한다.

다음의 평가 루브릭의 예시 자료는 카렌 브레넌Karen Brennan이 개발한 것이다.

평가 루브릭 예시

• 실험하기와 반복하기

실험하기와 반복하기	낮음	보통	높음
어떻게 프로젝트를 개발했는지 순서대로 이야기해보세요.	프로젝트 개발에 대한 기본적인 설명을 하거나 자세한 설명이 없음	창작 순서에 따라 프로젝트 개발의 일반적인 예시들을 제시함	창작 순서에 따라 프로젝트 개발 방법과 프로젝트의 다양한 요소에 대해 자세하게 설명함
프로젝트를 진행하면서 얼마나 다양한 시도를 해보았나요?	시도한 것에 대한 예를 제시하지 못함	프로젝트에서 시도한 것들의 일반적인 예시를 제시함	프로젝트에서 시도한 다양한 것들의 구체적인 예시를 제시함
어떤 수정 사항들이 있었나요? 그리고 왜 수정하게 되었나요?	수정을 하지 않았거나 예시를 들지 않고 단지 수정했다고만 이야기 함	프로젝트를 만들면서 1개의 구체적인 수정 사항만 이야기함	프로젝트에 추가한 구체적인 것들과 이유를 설명함
프로젝트를 만들면서 노력한 점이나 새로운 것들을 시도할 때 사용한 다양한 방법을 이야기해보세요.	새로운 것을 시도한 예를 제시하지 못함	1개의 새로운 것을 시도한 예를 제시함	구체적으로 시도한 새로운 것들을 제시함

• 테스팅과 디버깅

테스팅과 디버깅	낮음	보통	높음
프로젝트를 실행한 결과가 여러분이 생각한 것과 달랐을 때 어땠나요?	예상했던 실행 결과와 달랐던 점을 이야기하지 못함	프로젝트가 잘못된 것을 설명하나 원하는 실행 결과가 무엇인지 말하지 못함	프로젝트를 실행했을 때 원한 결과와 발생한 결과를 구체적으로 설명함
문제의 원인을 살펴보기 위해 스크립트를 어떻게 분석했는지 이야기해보세요.	문제를 서술하지 못함	스크립트를 보고 해석할 수 있으나 코드에서 문제를 찾는 구체적인 사례를 들지 못함	코드에서 문제를 찾는 구체적인 예를 들고 스크립트를 해석할 수 있음

여러분이 어떻게 바꾸고 수정했는지 이야기해보세요.	문제와 해결 방법이 무엇인지 모름	수정하고 테스트의 일반적인 예만 들 수 있음	수정하고 테스트의 구체적인 예들을 들 수 있음
문제를 해결하기 위해 고려한 다른 방법은 무엇이었는지 이야기해보세요.	문제 해결 방법을 서술하지 못함	문제 해결 방법의 일반적인 예만 들 수 있음	문제 해결 방법의 구체적인 예를 들 수 있음

• 재사용과 재구성

재사용과 재구성	낮음	보통	높음
다른 프로젝트를 실행해보고 스크립트를 살펴보면서 영감을 받은 것을 이야기해보세요.	아이디어를 찾거나 다른 작품에서 영감을 찾은 것을 이야기하지 못함	영감을 받은 작품을 개괄적으로 설명함	영감을 받은 작품을 구체적으로 설명함
다른 프로젝트의 일부분을 선택하고 여러분의 작품에 활용한 방법을 이야기해보세요.	다른 프로젝트의 스크립트, 아이디어, 재료를 활용한 방법을 설명하지 못함	다른 작품에서 활용한 스크립트, 아이디어, 재료를 알고 있음	다른 프로젝트에서 활용한 스크립트, 아이디어, 재료에 대해 구체적으로 설명함
기존의 프로젝트를 개선하기 위해 어떻게 수정했나요?	다른 프로젝트를 수정하는 것에 대해 이야기하지 못함	개괄적으로 작품을 수정한 것을 이야기함	구체적으로 작품을 수정한 것을 이야기함
작업을 하거나 영감을 받은 사람들에게 어떻게 신뢰감을 주었나요?	다른 사람에게 신뢰감을 주지 못함	영감을 받은 사람의 이름을 이야기함	스크래치 사이트에 영감을 받은 사람들을 기록함

- **추상화와 모듈화**

추상화와 모듈화	낮음	보통	높음
프로젝트에서 필요한 스프라이트를 결정하고 어디로 보낼지 어떻게 결정했나요?	어떻게 스프라이트를 정했는지 말하지 못함	스프라이트를 선택한 것에 대해 개괄적으로 설명함	프로젝트의 목표에 근거해서 결정을 한 방법을 구체적으로 설명함
프로젝트에 필요한 스크립트를 정하고 만드는 것을 어떻게 결정했나요?	스크립트를 만든 방법을 설명하지 못함	스크립트를 만드는 것에 대해 개괄적으로 설명함	프로젝트의 목표에 근거해서 스크립트를 만드는 방법을 구체적으로 설명함
다른 사람들이 이해하기 쉽도록 하기 위해 어떻게 스크립트를 만들었나요?	어떻게 스크립트를 만들었는지 설명하지 못함	스크립트를 만든 방법을 개괄적으로 설명함	스크립트를 만든 방법을 구체적으로 설명함

Part 3

무엇이 창의컴퓨팅 교육인가?

놀이를 통한 컴퓨터 과학의 이해,
언플러그드 컴퓨팅

모든 과학은 컴퓨터 과학이다. 컴퓨터 과학은 곧 과학 그 자체이다.

바산트 호나바Basant Honavar

놀이를 통한 컴퓨터 과학의 이해, **언플러그드 컴퓨팅**

언플러그드 컴퓨팅 개요

컴퓨터 없이 컴퓨터 과학을 한다

언플러그드CS Unplugged 컴퓨팅은 뉴질랜드의 팀 벨Tim Bell 교수가 컴퓨터가 없는 환경에서 컴퓨터 과학 원리를 학습할 수 있도록 만든 놀이 기반의 교수 학습 방법이다. 놀이를 통해 컴퓨터 과학 원리를 학습하며 문제 해결의 과정도 즐거운 게임 형태의 알고리즘을 적용하여 컴퓨팅 사고 능력을 신장시킬 수 있다.

그림 6-1 │ **다양한 언플러그드 활동 모습**

출처: http://csunplugged.org

언플러그드 컴퓨팅 교육의 특징

컴퓨터 교과 내용은 다른 교과나 주제에 비해 초·중등 학생들에게 적용하기에 딱 딱하고 어렵다는 한계점이 있다. 신생 교과의 특징이기도 하지만 초·중등 학생의 수 준을 고려한 컴퓨터 과학 콘텐츠가 아직 개발이 안 된 이유이기도 하다. 언플러그드 교육은 어려운 지식을 다양한 방법으로 흥미롭게 전달할 수 있어 학생들이 재미있게 컴 퓨터 과학에 관심을 가질 수 있다. 주로 놀이와 신체 활동을 통한 재미있는 전개가 주로 이루어지기 때문에 학생들이 적극 참여할 수 있다. 또한 언플러그드 교육은 다른 소프 트웨어 교육과 달리 IT 기기 없이 수업을 진행하므로 비용이 거의 들지 않는다. 기기 보 급이 어려운 지역에서도 컴퓨터 교육을 할 수 있다는 특징이 있다.

언플러그드 컴퓨팅 교육은 '컴퓨팅'을 목표로 절차적인 사고력을 요구하는 영역과 알고리즘적인 문제 해결, 이산 수학적인 연산 과정을 통하여 학생들의 추론 능력과 고 급 사고력, 디지털 사고를 신장시키는 내용으로 이루어져 있다. 컴퓨터 과학에 대한 접 근이 용이하다보니 학습에 대한 학생들의 이해도가 매우 높다. 하지만 놀이 중심으로 접근하다보니 수업에서 통제가 쉽지 않고 컴퓨터 과학의 본질인 개념과 원리에 대한 이해 없이 놀이 활동과 즐거움으로 그치는 경우가 있어, 이를 해결하기 위한 다양한 시 도가 이루어지고 있다.

언플러그드 컴퓨팅 교육의 목표

언플러그드 컴퓨팅 교육은 컴퓨터 과학의 기초 개념과 원리를 이해하여 컴퓨팅 사 고를 신장한다. 또한 보다 쉽게 컴퓨터 과학을 이해하며 그 안에 포함된 지식과 개념, 원리를 연계하여 EPL과 피지컬 컴퓨팅 활동에 대한 기반을 마련한다.

언플러그드 컴퓨팅과 CT

    학생들에게 컴퓨터 과학을 언플러그드 컴퓨팅 방식으로 수업에 적용하는 목적은 컴퓨터 과학을 이해하면서 동시에 CT를 기르기 위해서이다. 언플러그드 컴퓨팅 활동이나 단순히 개념을 이해하거나 원리를 이해하는 절차적 활동에 CT에서 추구하는 단계를 적용할 수 있다. 다음의 사례는 구글에서 제시하는 네 가지 단계의 CT 요소를 적용한 것이다.

이진수 큰 보드판 카드놀이 활동

 언플러그드 컴퓨팅과 CT 적용 – 이진수

CT의 단계

① 분해: 주어진 자료를 나누어 작게 분해하고 구분한다.

- 수를 표현하기 위해 자릿수를 분해하고 카드로 나열한다.

- 점을 2의 제곱수로 분해하여 자릿수를 구분한 후 카드 한 장씩 나열한다.

② 패턴 인식: 각각의 단계에서 나타나는 공통적인 특성을 발견한다. 발견된 특성을 하나의 패턴으로 찾아낸다.

- 카드가 왼쪽으로 갈수록 2배씩 커진다(2^n의 규칙).

- 카드 뒤집기를 통하여 카드에서 보이는 점의 개수와 숫자(십진수)의 관계를 발견한다.

점 9개를 카드로 표현하면,

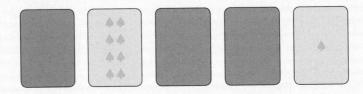

점 14개를 카드로 표현하면,

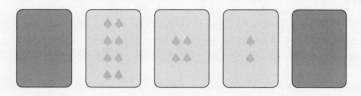

- 카드의 앞면과 뒷면을 나타내는 활동이 반복된다.

③ 추상화: 찾아낸 패턴을 다른 상징, 기호, 글자, 그림, 다른 영역의 기호로 추상화
   한다(2^{n-1} 공식 이용).

- 카드의 앞·뒷면을 다른 상징이나 그림으로 표현한다. 즉, 숫자가 보이는 앞
  면은 1, 보이지 않는 뒷면은 0으로 나타낸다.
- 0과 1뿐만이 아니라 두 가지의 상황을 나타낼 수 있으면 된다. 예를 들면, 전
  구의 꺼짐과 켜짐, 남자와 여자 등 다양하게 표현할 수 있다.

카드를 0과 1로 표현하면,

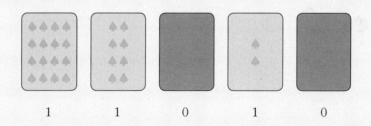

00110을 카드로 표현하면,

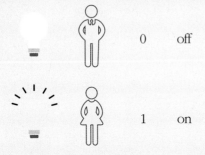

0 off

1 on

10111을 전구로 표현하면,

10111을 남녀로 표현하면,

④ 알고리즘화: 0과 1 또는 앞면과 뒷면으로 추상화된 카드를 앞면과 뒷면으로 바꾸면서 이러한 과정을 절차화하여 하나의 문제 해결 흐름 과정으로 이해하도록 안내한다. 추가적으로 이러한 과정을 기술하거나 프로그래밍 경험이 있다면 직접 작성하거나 관련된 소프트웨어, 일상 사례 등과 연관지어 생각하게 한다.

예) 컴퓨터가 데이터를 표현할 때 사용되는 이진수를 카드놀이를 통해 발견하고 그 원리를 이해한다.

옵션

⑤ 코딩, 프로그래밍을 통한 자동화: 0과 1로 표현된 이진수의 값을 십진수로 바꾸어 계산을 하거나, 문자표(ASCII 코드)와 연결시켜 이진수로 표현된 값을 문자로 바꾸는 프로그램을 통해 인간의 언어와 시각적 표현을 컴퓨터가 자동으로 처리하는 과정을 해결해본다.

예시 화면

이진 펭귄

출처: http://www.info-study.net

CT의 단계를 중심으로 한 언플러그드 컴퓨팅 수업의 적용 전략은 두 가지로 나뉜다. 단계 명시적 방법과 단계 은닉적 방법이다.

단계 명시적 방법은 의도적으로 언플러그드 활동의 단계를 CT에서 추구하는 요소와 방법을 강조하면서 중요하게 인식하며 참여할 수 있도록 교사가 단계를 명확히 구분해주고, 그 단계의 세부 목표들을 안내하며 진행한다. 단계 명시적 방법은 용어를 직접적으로 사용한다.

단계 은닉적 방법은 언플러그드 활동을 통해 자연스럽게 CT에서 추구하는 요소를 익힌다. 단계 명시적 방법이 CT의 용어를 직접적으로 사용하며 '분해해보자', '패턴을 찾아보자'라는 식으로 교사가 명확히 제시해주는 반면에, 단계 은닉적 방법은 '수를 나누어보자', '문제를 간단히 여러 개로 만들어보자', '규칙을 찾아보자' 등과 같은 활동에 대한 설명으로 제시해준다. 이러한 활동들을 통해 학생들은 문제 해결을 위한 과정을 자연스럽게 익히고 컴퓨팅 사고를 신장시킬 수 있다.

언플러그드 컴퓨팅의 적용 유형

언플러그드 컴퓨팅의 유형은 수업 활동 방법에 따라 이야기 기반, 신체 활동 기반, 도구 기반, 학습지 기반의 네 가지로 나눌 수 있다.

첫째, 이야기 기반Story-Telling, ST은 컴퓨터 과학의 개념이나 원리를 스토리텔링의 이야기로 쉽게 풀어가는 방법이다. 인물, 사건, 배경이 들어간 이야기 속에 컴퓨터 과학을 쉽게 녹여냈기 때문에 몰입과 흥미를 통해 이해도를 높일 수 있다. 스토리가 완성된 책을 활용할 수도 있지만 학생들 스스로 컴퓨터 과학의 개념이나 원리를 이용하여 스토리를 직접 만들어보는 활동이 더 의미 있다고 할 수 있다. 역할 놀이를 통해 컴퓨터가 처음 만들어지게 된 필요성과 디지털 처리에 대한 기능을 이해할 수 있도록 한다. 예를

표 6-1 | 언플러그드 컴퓨팅 유형

구분	유형	세부 내용	CS 측면	기반 사고
언플 러그드 컴퓨팅	스토리텔링 기반	• 컴퓨터 과학을 소재로 쓴 책:《로렌과 함께하는 유 저랜드의 비밀》 • 기존 이야기 책을 컴퓨터 과학을 넣어 재구성 – 어린 왕자 이야기+행성 순회 세일즈맨(CS) – 흥부 놀부 이야기+탐욕 알고리즘(CS) (한쪽은 동화, 한쪽은 원리, 한쪽은 액션이나 교구 기반의 그림과 글로 표현하기, CS 문제 해결하 기)	CS 모든 분야	논리적 사고 수렴적 사고 CT
	신체 활동 기반	활동 중심형 CS 프로그램, 팀 벨 20가지 프로그램		
	도구 기반	팀 벨 20가지 CS 언플러그드 프로그램		
	학습지 기반	워크시트 활용		

들면, 길을 잃은 한 아이가 자기 집을 찾아가는 방법을 도시 순회 세일즈맨의 알고리즘으로 풀어가는 모험 스토리를 만들어보고 실제 자동차 내비게이션이나 택배 문제에 숨겨진 알고리즘을 이해하게 한다.

둘째, 신체 활동 기반Physical Activity, PA은 컴퓨터 과학의 개념이나 원리를 신체를 움직이며 몸으로 이해하는 방법이다. 교실, 운동장 또는 체육관에서 개인, 팀, 단체가 함께 활동하며 컴퓨터 과학의 문제를 해결하고 원리와 개념을 발견하거나 탐구할 수 있다. 인원수에 따라 장소를 정할 수 있다. 신체 활동의 범위가 넓을 경우에는 운동장이 좋으나 이때는 반드시 통제할 수 있는 규칙을 만들어 활동 전에 약속하여 질서와 규칙을 지킬 수 있도록 해야 한다. 예를 들면, 정렬망 네트워크를 워크시트로 그려서 숫자를 적어 가며 푸는 방식 대신 학생들 스스로 숫자를 들고 정렬망을 돌아다니면서 오름차순 정렬을 몸으로 체험하는 활동을 한다.

셋째, 도구 기반Media & Tools, MT은 컴퓨터 과학의 개념이나 원리를 다양한 도구(카드, 스티커, 자석, 바둑돌, 키트 등)를 활용하여 놀이 활동을 통해 이해하는 방법이다. 놀이 활동으로 진행되기 때문에 규칙과 도구가 준비되어야 한다. 반대로 학생이 참여자가 아닌 놀이를 만드는 메이커가 되어 자신들만의 컴퓨터 과학 놀이를 만들어보는 활동으로도 전개할 수 있다. 예를 들면, 오류 검출 알고리즘을 이해하기 위하여 코드에 담긴 오류 내용을 앞면과 뒷면의 색이 다른 카드를 사용하여 뒤집으며 그 원리를 발견할 수 있다.

넷째, 학습지 기반Work Sheet, WS은 컴퓨터 과학의 개념이나 원리를 학습지를 풀어 가며 이해하는 방법이다. 학습지 기반 학습은 학습의 마지막 평가 또는 정리 단계에서 익힌 개념이나 원리를 이해하였는지 확인하거나 적용하고자 할 때 활용하면 좋다.

언플러그드 활동은 학생 발달 단계와 지식 수준에 맞게 적용하여야 한다. 구체적 조작기에 해당되는 아동들은 이야기 기반, 신체 활동 기반에 중점을 둘 수 있으며, 형식적 조작기에 해당되는 아동들은 도구 기반 활동과 학습지 기반의 사고 활동에 중점을 두어 수업에 적용할 수 있다.

유치원, 초등학교 저학년 학생들은 몸으로 직접 체득하거나 놀이를 통해 개념을 이해하는 방법이 유효하다. 즉, 이야기나 신체 활동을 통하여 컴퓨터 과학을 이해하게 하는 것이 좋다. 중학교 이상의 학생들은 신체 활동을 통한 이해보다 제약 조건이 있는 교구의 활용이나 학습지를 통해 수업의 효율성을 높일 수 있다.

컴퓨터 과학은 지식의 위계 구조가 있으므로 언플러그드를 개발하거나 수업에 적용할 때 그 위계에 맞게 변형하여 적용할 수 있다.

표 6-2 | 언플러그드 컴퓨팅 유형별 활동 자료

유형	활동 자료
이야기 기반 (Story-Telling, ST)	
신체 활동 기반 (Physical Activity, PA)	
도구 기반 (Media & Tools, MT)	
학습지 기반 (Work Sheet, WS)	

언플러그드 컴퓨팅 수업 단계

앞에서 제시한 4가지 언플러그드 유형은 언플러그드 수업의 단계가 될 수도 있다. 즉, 네 가지 단계 또는 네 가지 모듈을 모두 포함하는 내용이 언플러그드 컴퓨팅의 수업 내용과 목표를 효과적으로 전달할 수 있는 수업이다. 단계는 [그림 6-2]와 같다.

그림 6-2 | **언플러그드 컴퓨팅 수업 전략**

한 가지 또는 학습지 기반으로 개발된 언플러그드 컴퓨팅 수업 전략은 수학의 문제지를 해결하는 것과 다를 바 없다. 따라서 동기 유발 단계에서 스토리텔링을 이용하고, 본 활동에서는 몸으로 컴퓨터 과학을 이해하며 다양한 교구를 활용하여 원리를 발견하도록 한다. 그리고 워크시트를 통하여 자신이 발견한 개념, 원리를 글로 표현하고 문제를 해결해 가며 학습자의 이해 영역을 평가하는 자료로 활용할 수 있다.

언플러그드 컴퓨팅 유형별 내용

순서대로 집을 찾아가자 – 정렬

① 이야기 기반(Story Telling, ST)

6마리 동물(토끼, 쥐, 돼지, 고양이, 소, 코끼리)이 6개로 나누어진 길을 따라 여행을 간다. 여행길의 중간에 두 개의 길이 만나는 데서 휴식을 취할 수 있다. 다음으로 이동하기 위해서는 다음에 오는 동물을 기다렸다가 만나서 서로의 덩치를 재보고 이동할 수 있다. 이동의 규칙은 무조건 큰 동물이 윗길로 가야 하고 작은 동물이 아랫길로 가야만 한다. 최종 목적지에는 각각의 동물들이 살 수 있는 크기의 집이 있다. 모든 동물들이 각자의 집으로 찾아갈 수 있도록 길을 잘 만들어보자.

② 신체 활동 기반(Pysical Activity, PA)

각자의 학생들이 동물의 탈을 쓰고(또는 동물의 무게가 쓰인 카드를 들고) 규칙에 맞게 해당 길로 이동한다.

③ 도구 기반(Media & Tools, MT)

숫자 카드 또는 크기를 비교할 수 있는 구체적인 물체를 이용하여 정렬 규칙이 포함된 보드 게임 형식으로 진행한다.

④ 학습지 기반(Work Sheet, WS)

학습지에 정렬망을 구성하고, 그에 따른 규칙으로 숫자를 기록하며 이동한 후 정렬망의 구조를 바꾸어 원리와 알고리즘을 탐구하고 발견하도록 한다.

언플러그드 활동에서 배우는
컴퓨터 과학

언플러그드 교육은 본질적으로 컴퓨터 과학의 원리와 이론을 쉽게 안내하고자 고안한 학습 방법이다. 학습자들의 인지 수준과 선행 학습 경험을 바탕으로 컴퓨터 과학의 원리와 개념이 포함된 다양한 자료를 활용한다. 언플러그드 컴퓨팅은 창의컴퓨팅 교육에서 창의성을 제공하는 기초 이론이지만, 직접적으로 창의성을 신장시키거나 발산적 사고를 유도하지는 않는다. 하지만 프로그래밍의 기초가 되는 이론과 피지컬 컴퓨팅의 연계, 컴퓨팅 융합에서의 기반이 되는 원리를 제공한다.

컴퓨터 과학 없이 프로그래밍과 절차적 사고, 컴퓨팅 사고를 논하기는 어렵다. 초·중등 학생을 대상으로 컴퓨터 과학의 이론을 직접적으로 교육하는 것은 지양해야겠지만 수학 없이 과학을 논하기 어려운 것처럼 컴퓨터 과학은 창의컴퓨팅의 소중한 기반이 된다. 이처럼 컴퓨터 과학을 이해하는 것은 매우 중요하다. 하지만 언플러그드 컴퓨팅 교육은 컴퓨터 과학을 이해하는 전략의 하나일 뿐이지 컴퓨팅 교육의 핵심은 아니다. 따라서 컴퓨터 과학 대신 언플러그드 컴퓨팅 자체를 가르치거나 즐기는 것에 목적을 두는 우를 범해선 안 된다.

컴퓨터 과학의 핵심 내용은 ACM에서 개발한 컴퓨팅 커리큘라를 중심으로 표준화되고 있다. 언플러그드 교육을 이해하고 수업에 적합한 언플러그드 교구를 개발하기 위해서는 컴퓨팅 커리큘라를 제대로 이해하는 것이 좋다.

 **참고하기**

➡️ 언플러그드 컴퓨팅 교육의 내용과 적용 시기에 대한 논의

언플러그드 컴퓨팅에 대한 다음 2가지 질문에 대해 함께 고민해보자.

1. 컴퓨터 과학의 모든 영역이 언플러그드 컴퓨팅만으로 이해될 수 있을까?

팀 벨의 언플러그드 컴퓨팅 교육 내용은 이진수와 비트 그리고 디지털의 개념을 시작으로 정렬 알고리즘, 네트워크와 프로그래밍 언어, 복잡한 알고리즘을 다루고 있다. 이것을 시작으로 언플러그드 컴퓨팅 방법에 많은 관심을 가진 연구자와 교사들이 새로운 언플러그드 컴퓨팅 수업 내용을 개발하고 학습지를 개발하거나 학습자에게 적용하는 사례가 늘고 있다. 심지어는 인공지능 알고리즘이나 신경망, 보안 알고리즘과 공개키 암호 알고리즘까지도 언플러그드로 개발하여 적용하고 있다. 이러한 개념은 프로그래밍의 구현을 통해 이해하는 것이 어찌 보면 더 정확하고 이해가 빠른데, 과연 모든 컴퓨터 과학의 내용까지도 언플러그드 컴퓨팅 방법만으로 이해하고자 하는 것이 좋은 방법일까?

2. 인지 수준과 상관없이 모두에게 언플러그드 컴퓨팅 방법을 사용해야 할까?

언플러그드 컴퓨팅 수업 전략을 굳이 고등학생, 대학생에게 적용해야 할까? 컴퓨터 과학의 본질을 이해할 수 있는 인지 수준이 높은 학생들에게는 잘 구조화된 컴퓨터 과학의 내용을 안내하면 되지 않을까? 그렇지 않아도 초·중등 교육에서 수업 시수가 부족한 이들에게 언플러그드 컴퓨팅 전략을 사용해야 할까? 그리고 그 방법은 적합할까? 팀 벨은 언플러그드 컴퓨팅 방법을 유치원 다니는 아들에게 적용했듯이 유·초등 학생들을 대상으로 컴퓨터 과학에 대한 도입과 관심을 유도하기 위한 전략으로 사용하였다. 하지만 프로그래밍 경험도 있고 컴퓨터 과학의 지식을 어느 정도 이해할 수 있는 고등학생이나 대학생들에게 과연 놀이 중심의 언플러그드 컴퓨팅 방법이 효과적일까?

컴퓨터 과학의 지식 구조

ACM의 컴퓨팅 커리큘라는 크게 네 가지 영역의 교육과정으로 이루어졌다. 즉, 컴퓨터 과학, 컴퓨터 공학, 정보기술, 정보 시스템의 영역으로 구성되었으며, 추가적으로 소프트웨어 공학 영역이 독립된 분야로 개발되었다.

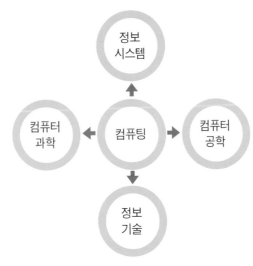

그림 6-3 | ACM 컴퓨팅 커리큘라 영역

이러한 컴퓨터 과학의 모든 내용을 학습할 필요는 없지만, 어떤 지식 구조와 영역으로 구성되어 소프트웨어를 개발하고 창의컴퓨팅의 기초가 되는 이론인지 고찰해볼 필요가 있다. 특히, 언플러그드 방법을 수업에 적용하거나 수업용 자료로 개발할 경우 컴퓨터 과학에 대한 지식 없이 접근하는 것은 큰 무리가 따른다. 다음 장에서 소개할 EPL 컴퓨팅과 피지컬 컴퓨팅도 마찬가지로 컴퓨터 과학을 토대로 보다 나은 수업을 전개할 수 있기 때문이다.

컴퓨터 과학의 지식 체계는 ACM에서 배포한 컴퓨팅 커리큘라의 내용에 구체적으로 기술되어 있다. 각 분야의 내용을 살펴보면 다음과 같다.

표 6-3 | ACM의 컴퓨터 과학 커리큘라 2013

지식 영역	
알고리즘 및 복잡도 Algorithms and Complexity, AL	지능형 시스템 Intelligent Systems, IS
컴퓨터 구조와 구성 Architecture and Organization, AR	네트워크와 커뮤니케이션 Networking and Communications, NC
계산 과학 Computational Science, CN	운영 체제 Operating Systems, OS
이산 구조 Discrete Structures, DS	플랫폼 기반 개발 Platform-based Development, PBD
그래픽스와 시각화 Graphics and Visualization, GV	병렬 및 분산 컴퓨팅 Parallel and Distributed Computing, PD
인간-컴퓨터 상호작용 Human-Computer Interaction, HCI	프로그래밍 언어 Programming Languages, PL
정보 인증 및 보안 Information Assurance and Security, IAS	소프트웨어 개발 기초 Software Development Fundamentals, SDF
정보 관리 Information Management, IM	소프트웨어 공학 Software Engineering, SE
시스템 기초 Systems Fundamentals, SF	사회 이슈와 전문성 실습 Social Issues and Professional Practice, SP

출처: ACM Computing Curricula, 2013.

컴퓨터 과학 지식 영역 CS Knowledge Areas

2013 ACM 컴퓨팅 커리큘라에서 제시한 교육과정 영역별 분야를 간단히 소개하고

자 한다.

- AL Algorithms and Complexity: 알고리즘은 컴퓨터 과학과 소프트웨어 공학의 기초 분야이다. 좋은 알고리즘 니자인은 소프트웨어 시스템의 성능을 좌우한다. 이를 위해 알고리즘 선택, 구현을 위한 효과적·효율적 알고리즘을 학습한다.

- AR Architecture and Organization: 컴퓨터 구조와 구성은 하드웨어 환경을 이해하는 시스템 기초 영역이다. 컴퓨터 시스템의 기능적 컴포넌트, 특성, 수행 능력, 상호작용, 병렬적 구성을 학습한다.

- CN Computational Science: 계산 과학은 컴퓨터 과학의 응용 분야이다. 즉, 컴퓨터 시뮬레이션, 과학적 시각화, 수학적 모델링, 컴퓨터 프로그래밍, 자료구조, 네트워킹, 데이터베이스 디자인, 기호 처리 등의 복합적인 내용을 학습한다.

- DS Discrete Structures: 이산 구조는 전통적인 선형, 비선형 자료구조의 내용을 다루며 집합 이론, 논리, 그래프 이론, 확률 이론 등을 포함한다.

- GV Graphics and Visualization: 그래픽스와 시각화는 이미지의 생성과 처리 방법을 다룬다. 컴퓨팅을 통해 시각적 커뮤니케이션을 가능하게 하며 만화, 영상 특수 효과, 비디오 게임, 메디컬 이미지, 정보와 지식의 시각화를 위해 모델링, 랜더링, 애니메이션, 비주얼라이제이션의 내용을 학습한다.

- HCI Human-Computer Interaction: 인간 활동과 컴퓨팅 시스템과의 상호작용을 디자인하기 위한 내용을 다룬다. 디자인 인터렉션, 프로그래밍 인터랙티브 시스템, 사용자 중심 디자인, 협력과 커뮤니케이션, 통계적 방법, 인지 처리 과정, 증강현실과 가상현실의 학습 내용을 학습한다.

- IAS Information Assurance and Security: 정보 인증 및 보안은 컴퓨팅과 정보기술의 신뢰도를 확보하기 위한 신생 학문이다. 이 분야에서는 정보를 보호하고 해킹으로부터 대

응하기 위한 기술 및 정책, 제어와 처리 과정을 다룬다.

- IM ^{Information Management}: 정보 관리는 정보의 수집, 디지털화, 표현, 구조, 변형, 생성과 이를 효과적으로 저장하거나 접근하기 위한 알고리즘을 다룬다. 데이터 모델링, 추상화, 물리적 저장 기술을 바탕으로 정보 관리의 개념, 데이터베이스 시스템, 데이터 모델링, 인덱싱, 관계형 DB, 질의어, 트랜잭션 처리, 분산 DB, 피지컬 DB 디자인, 데이터 마이닝, 정보 검색, 멀티미디어 시스템을 학습한다.

- IS ^{Intelligent Systems}: 지능형 시스템은 전통적인 인공지능 방법인 인간의 지능과 그에 따른 알고리즘을 다룬다. 탐색 기법, 지식의 표현과 추론, 기계 학습, 고급 탐색 기법, 추론 방법, 불확실성, 에이전트, 자연어 처리, 로보틱스, 인식과 컴퓨터 비전을 학습한다.

- NC ^{Networking and Communications}: 네트워크와 커뮤니케이션은 전통적 네트워킹 시스템을 포함하여 웹 개발 네트워크 보안을 포함한 영역을 다룬다. 커뮤니케이션은 웹의 기술과 네트워크와 사용자의 상호작용을 위한 정책 등을 포함한다.

- OS ^{Operating Systems}: 운영체제는 하드웨어의 추상화를 정의하고 컴퓨터 사용자 간의 자원을 공유하기 위한 관리 방법에 관한 내용을 다룬다. 운영체제 기초, 동시 처리, 스케줄링, 메모리 관리, 보안, 가상머신, 디바이스 관리, 파일 시스템, 리얼타임과 임베디드 시스템, 장애 처리, 시스템 성능 평가를 학습한다.

- PBD ^{Platform-based Development}: 플랫폼 기반 기술은 특정 플랫폼 내에서의 프로그래밍을 다룬다. 플랫폼은 웹 또는 모바일 디바이스를 모두 포함하며 하드웨어, API 그리고 특별 서비스에 의해 제한된 환경에서 구현되도록 프로그래밍하는 내용을 가르친다.

- PD ^{Parallel and Distributed Computing}: 병렬 및 분산 컴퓨팅 분야는 거대한 네트워크와 데이

터를 처리하기 위해 동시 또는 분산하여 컴퓨팅할 수 있는 처리 방법을 다룬다. 이 영역에서는 분산 시스템과 컴퓨터 구조, 수행 능력, 병렬 프로그래밍, 분산 알고리즘의 내용을 다룬다.

- PL Programming Languages: 프로그래밍 언어는 개념 정의, 정형 알고리즘, 솔루션의 추론을 위한 프로그램의 연결 매체이다. 프로그래밍 기초, 객체지향 프로그래밍, 구조적 프로그래밍, 이벤트 기반 프로그래밍, 프로그램 표현, 언어 번역과 실행, 문법 분석, 컴파일러, 코드 생성, 런타임 시스템, 정적 분석, 동시 처리와 병렬화, 정형 의미망, 논리 프로그래밍 등을 학습한다.

- SDF Software Development Fundamentals: 소프트웨어 개발 기초는 소프트웨어 개발 절차, 개념 및 기능 정의에 대한 프로그래밍의 기본적인 내용을 다룬다. 프로그래밍 언어를 이용한 프로그래밍 기법, 알고리즘과 복잡도 기법으로부터의 단순한 알고리즘 분석, 소프트웨어 공학으로부터 개발 방법론을 학습한다.

- SE Software Engineering: 소프트웨어 공학은 소프트웨어 시스템을 개발하기 위한 도메인, 전문성, 질 관리, 스케줄, 비용과 위험성 제거를 다루는 분야이다. 소프트웨어 처리 과정, 프로젝트 관리, 소프트웨어 개발 도구와 환경, 사용자 분석, 소프트웨어 디자인, 소프트웨어 구축, 소프트웨어 신뢰도와 타당도, 소프트웨어 개선, 정형적 방법론을 학습한다.

- SF Systems Fundamentals: 시스템 기초 분야는 전형적인 컴퓨팅 시스템과의 상호작용, 하드웨어 구축, 아키텍처 설계, 응용프로그램 실행 환경 등의 내용을 다룬다.

- SP Social Issues and Professional Practice: 사회 이슈와 전문성 실습은 소프트웨어 시스템 개발과 관련된 사회적 영향, 윤리적·법적인 이슈를 다룬다. 사회적 영향, 분석 도구, 정보윤리, 지적재산권, 개인 정보와 권리, 지속 가능 발전, 역사, 경제적 파급,

보안 정책, 법, 컴퓨터 범죄를 학습한다.

컴퓨터 공학 Computer Engineering

컴퓨터 공학은 컴퓨터 과학과 전자 공학의 통합 분야이다. 주로 디자인 기술과 과학, 개발 및 구현 방법, 소프트웨어의 유지보수, 최신 컴퓨터의 구성과 컴퓨터 제어장치에 대해 학습한다. 기존 컴퓨터 과학에 창의컴퓨팅의 피지컬 컴퓨팅 분야를 포함시킨 영역으로도 볼 수 있다.

표 6-4 | **컴퓨터 공학 분야**

알고리즘 Algorithms, ALG	임베디드 시스템 Embedded Systems, ESY
컴퓨터 구조와 구성 Computer Architecture and Organization, CAO	인간과 컴퓨터 상호작용 Human-Computer Interaction, HCI
컴퓨터 시스템 공학 Computer Systems Engineering, CSE	컴퓨터 네트워크 Computer Networks, NWK
회로와 신호 Circuits and Signals, CSG	운영체제 Operating Systems, OPS
데이터베이스 시스템 Database Systems, DBS	프로그래밍 기초 Programming Fundamentals, PRF
디지털 논리 Digital Logic, DIG	확률과 통계 Probability and Statistics, PRS
이산 구조 Discrete Structures, DSC	사회와 전문적 이슈 Social and Professional Issues, SPR
디지털 신호 처리 Digital Signal Processing, DSP	소프트웨어 공학 Software Engineering, SE
전자 공학 Electronics, ELE	반도체 디자인과 개발 VLSI Design and Fabrication, VLS

정보기술 Information Technology

정보기술은 산업사회에서 정보사회로 변화하기 위해 필요한 기반 기술이다. 월드와이드웹과 응용, 네트워킹 기술, 시스템 관리와 유지, 그래픽스와 멀티미디어, 웹 기반시스템, 전자상거래 기술, 관계형 데이터베이스, 클라이언트 서버 기술, 기술 통합과 객체지향 프로그래밍, HCI, 보안, 응용 도메인을 학습한다.

표 6-5 | **정보기술 분야**

정보기술 기초 Information Technology Fundamentals, ITF	프로그래밍 기초 Programming Fundamentals, PF
인간과 컴퓨터 상호작용 Human-Computer Interaction, HCI	플랫폼 기술 Platform Technologies, PT
정보 보안과 보호 Information Assurance and Security, IAS	시스템 관리와 유지 System Administration and Maintenance, SA
정보관리 Information Management, IM	시스템 통합과 구조 System Integration and Architecture, SIA
통합 프로그래밍과 기술 Integrative Programming and Technologies, IPT	사회와 전문적 이슈 Social and Professional Issues, SP
IT를 위한 수학과 통계 Math and Statistics for IT, MS	웹 시스템과 기술 Web Systems and Technologies, WS
네트워킹 Networking, NET	

정보 시스템 Information Systems

그림 6-4 │ **정보 시스템 영역**

정보 시스템은 컴퓨터 과학 기술을 바탕으로 하는 기술과 비즈니스 개발을 위한 내용을 다룬다. 주로 데이터와 정보의 관리, 시스템 아키텍처, IT 인프라, 프로젝트 관리, 시스템 분석과 디자인, 정보 시스템의 전략, 관리, 획득의 내용을 학습한다.

표 6-6 │ **정보 시스템 분야**

정보 시스템 기초 Foundations of Information Systems	IS 프로젝트 관리 IS Project Management
데이터와 정보 관리 Data and Information Management	시스템 분석과 디자인 Systems Analysis and Design
엔터프라이즈 아키텍처 Enterprise Architecture	IS 전략, 관리, 획득 IS Strategy, Management, and Acquisition
IT 인프라 IT Infrastructure	

언플러그드
컴퓨팅 개발 전략

언플러그드 자료 개발 시 고려 사항

언플러그드 컴퓨팅 수업을 위한 자료 개발은 컴퓨터 과학에 대한 배경지식이 기반이 되어야 하기 때문에 어려움이 따른다. 놀이 활동이 중심이 되는 언플러그드 컴퓨팅 수업의 특징 때문에 활동 자체에만 초점을 두고 자료를 개발하다보면 학생들에게 오개념을 심어줄 수 있으므로 다음과 같은 점을 고려하여야 한다.

첫째, 디지털, 비트, 이진수의 개념을 조합한 자료여야 한다. 어떤 자료를 개발하더라도 비트의 개념이 나타나지 않는 경우 자료 개발의 설계가 잘못된 경우가 많다. 예를 들어, 정렬망, 오렌지 게임(라우팅) 등을 보면 두 개의 비교나 두 개의 연산을 바탕으로 개발되었다.

둘째, 컴퓨터 과학의 기본 개념을 정확하게 담지 않을 경우 오개념이 발생한다. 수업의 절차에서 원리나 방법을 잘못 적용한 경우에도 나타날 수 있지만 근본적으로 수업 자료 자체에 컴퓨터 과학 개념이 잘못된 경우 수업의 절차에서 오개념을 피하긴 어렵다. 따라서 컴퓨터 과학에 대한 충분한 이해와 탐구 없이 개발하여 적용하는 실수를 조심해야 한다.

셋째, 좋은 언플러그드 자료는 앞서 이야기했던 컴퓨팅 사고의 단계를 적절하게 포함하고 있다. 모든 단계를 포함하는 것은 아니지만 좋은 언플러그드 자료는 컴퓨팅 사고의 모든 요소와 단계를 포함한 경우가 많다.

넷째, 좋은 언플러그드 자료란 컴퓨팅 사고의 네 가지 요소와 함께 창의컴퓨팅을 이루고 있는 EPL, 피지컬 컴퓨팅, 컴퓨팅 융합으로 자연스럽게 확장시킬 수 있는 유연성 있는 자료여야 한다. 언플러그드를 통하여 학습한 컴퓨터 과학이 단지 개념과 지식으로 남는 것보다 실제 컴퓨팅에 응용하여 프로그래밍으로 구현하거나 일상생활 문제에 적용한 경우 보다 완벽한 학습으로 발전하게 된다.

다섯째, 언플러그드 자료의 개발비용을 고려해야 한다. 기본 철학이 저비용—비컴퓨터 사용임을 고려할 때 개발비용이 언플러그드 자료의 가치를 평가하게 된다.

여섯째, 언플러그드 자료는 워크시트처럼 한 학생이 한 학습의 활동을 진행하거나 평가할 때 사용하는 경우를 제외하고는 보드 게임 교구처럼 한 번 사용하는 것보다 여러 번 반복 사용할 수 있도록 구성하고, 한 가지의 활동에 사용하는 것으로 끝나지 않고 다른 개념 활동에 활용될 수 있도록 확장성이 있어야 한다. 따라서 스토리텔링 언플러그드 활동과 워크시트 언플러그드 활동을 제외하고 신체 활동과 매체 기반 언플러그드 활동에 사용되는 자료는 가급적 재활용이 가능하고 다른 언플러그드 활동과의 연계가 가능하도록 개발하는 것이 좋다.

CASE 사례   놀이로 배우는 컴퓨터 과학
언플러그드 수업 자료 ①

팀 벨 교수가 개발한 언플러그드 수업 자료이다. 이 자료를 보고 컴퓨터 과학과 그
에 따른 수업 자료가 어떻게 개발되었는지를 살펴볼 수 있다. 각 자료는 해당 사이트에
서 확인해볼 수 있다(http://csunplugged.org).

데이터 이해하기(정보 표현)

▶ 점의 수: 이진수

▶ 숫자로 칠하기: 이미지 표현

▶ 바로 그거야!: 문자 압축

▶ 카드 뒤집기 마술: 에러 감지와 수정

▶ 스무 고개: 정보 이론

컴퓨터에게 일 시키기(알고리즘)

▶ 전함 놀이: 검색 알고리즘

▶ 뚱보와 홀쭉이: 정렬 알고리즘

▶ 똑딱 시계: 정렬 네트워크

▶ 진흙 도시: 최소 확장 트리

▶ 과일 놀이: 네트워크의 경로 찾기와 교착 상태

▶ 무거운 벽돌: 네트워크 통신 프로토콜

컴퓨터가 일하도록 명령하기(절차 표현)

▶ 보물섬: 유한 상태 오토마타

▶ 행진하라: 프로그래밍 언어

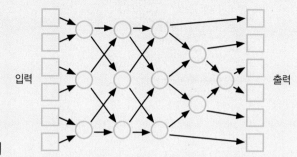

정말 어려운 문제 풀기(난해성)

▶ 가난한 지도 제작자: 그래픽 문제

▶ 여행자 도시: 지배 집합

▶ 빙판 위의 도로: 슈타이너 트리

비밀 보호와 해킹 보호(암호화)

▶ 비밀 공유: 정보 은닉 프로토콜

▶ 페루 동전 뒤집기: 암호화 프로토콜

▶ *꼬꼬마 암호*: 공개키 암호화

인간과 컴퓨팅 대면하기(컴퓨터와 상호작용)

▶ 초콜릿 공장: 인간 인터페이스 설계

▶ 컴퓨터와의 대화: 튜링 검사

출처: 팀 벨의 컴퓨터 과학 언플러그드(http://csunplugged.org) 번역, 미래인재연구소(http://computing.or.kr)

다음 주제는 팀 벨 교수의 언플러그드 컴퓨팅 자료를 기반으로 미래인재연구소 (http://computing.or.kr)에서 개발한 언플러그드 컴퓨팅 교육 프로그램 자료이다.

CS 영역	수업 주제	개념 및 알고리즘
자료구조 / 알고리즘	연결 고리를 찾아라	리스트
	동전 쌓기 놀이	스택과 큐
	거꾸로 자라는 나무	트리
	세계 일주	그래프
	순서대로 밥 먹기	정렬
	월리를 찾아라	탐색
	가로와 세로의 비밀	데이터베이스
	나누어 해결하기	분할 정복
	그때그때 달라요	동적 계획법
	난 맛있는 게 제일 좋아	탐욕 알고리즘
	뒤에서 바라보기	백트래킹
	다양한 관점에서 풀기	알고리즘 통합

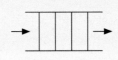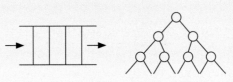

CS 영역	수업 주제	개념 및 알고리즘
컴퓨터 구조 / 운영체제	뺄셈으로 더하기	보수 연산
	손가락 16개의 괴물	2, 10, 16진법 변환
	간단하게 나타내기	카르노 맵
	중국 주판의 비밀	논리회로와 가산기
	점의 위치를 찾아라	유동/고정 소수점 처리
	부산-대구-대전-서울	인스트럭션 사이클
	깃발 올리지 말고 내려	플래그 조작 명령
	에러가 있어요	패리티 코드
	시간을 나누어 써요	리얼타임/시분할 OS
	자투리 공간을 없애기	세그먼테이션/페이징
	로빈 훗의 모험	라운드 로빈 스케줄링
	철학자들의 만찬	동기화 고전 문제
	다리 위로 염소 보내기	교착 상태와 회복
	나누면 행복해요	스와핑 기법
	해리포터와 가짜방	가상 기억/요구 페이징
	대기자의 명단	버퍼링-캐싱-스풀링

CS 영역	수업 주제	개념 및 알고리즘
응용 분야	사운드 샘플링	HCI
	RGB & CMYK	그래픽스
	Min-Max	지적 시스템
	시저 암호	정보보호
	GPS 위치 보정	망-중심 컴퓨팅

언플러그드 컴퓨팅 수업 자료 및 장면

 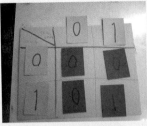 

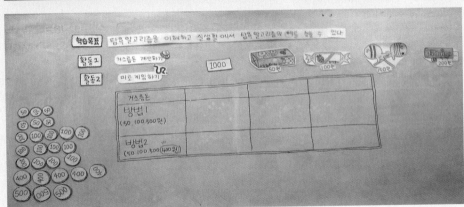

활동 ① 소리를 숫자로 나타내기(샘플링)

다음 소리를 숫자로 표현해보자.

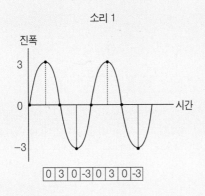

소리 1

| 0 | 3 | 0 | -3 | 0 | 3 | 0 | -3 |

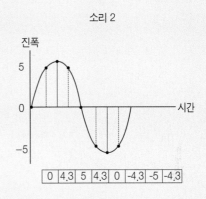

소리 2

| 0 | 4,3 | 5 | 4,3 | 0 | -4,3 | -5 | -4,3 |

자료 수집을 위한 분해

- 소리를 컴퓨터가 처리하도록 주파수를 분해한다.
- 분해된 주파수는 숫자로 바꾸고 이진수로 디지털화하면 자연스럽게 자료 수집이 된다.

자료 분석을 위한 패턴 찾기

- 일정한 간격으로 분해된 주파수 파형의 값의 규칙을 보면 소리의 패턴을 찾을 수 있다.

  0, 4.3, 5, 4.3, 0, −4.3 …

- 이러한 규칙 패턴으로 추상화 과정을 이해할 수 있다.

활동 ② 진폭 조정하기(샘플링)

- 두 소리의 진폭 똑같이 맞추기

  위의 두 소리가 함께 난다고 할 때, 두 소리의 크기를 모두 진폭 8로 조절해보자.

| 0 | 3 | 0 | −3 | 0 | 3 | 0 | −3 |
| 0 | 4,3 | 5 | 4,3 | 0 | −4,3 | −5 | −4,3 |

↓

| 0 | 4 | 0 | 4 | 0 | 4 | 0 | 4 |
| 0 | 3,4 | 4 | 3,4 | 0 | −3,4 | −4 | −3,4 |

• 한 가지 소리만 진폭 조절하기

둘 중 주기가 짧은 소리(높은 소리)를 진폭 4로 조절해보자.

0	1.7	2	1.7	0	−1.7	−2	−1.7

둘 중 주기가 긴 소리(낮은 소리)를 진폭 10으로 조절해보자.

0	5	0	−5	0	5	0	−5

이제 우리는 진폭 조정 및 알고리즘으로 소리의 음색을 바꿀 수 있게 된다. 물론 잡음을 제거하거나 두 소리를 합칠 수도 있다.

출처: 미래인재연구소(http://computing.or.kr)

온라인 소프트웨어 교육 사이트의
언플러그드 컴퓨팅 언플러그드 수업 자료 ③

초·중등 학생과 교사들의 컴퓨터 과학의 이해를 돕기 위해 교육용 동영상 자료를 탑재해 놓은 온라인 소프트웨어 교육 사이트(http://koreasw.org)의 언플러그드 프로그램은 다음과 같다.

순	CS 영역	주제명
1	이진수	0과 1로 이야기를 나눠요
2	인공지능	로봇의 눈
3	버블 정렬	줄을 서시오
4	논리회로	디지털 시계를 만들자
5	아스키코드	컴퓨터로 들어가기 위해 변신
6	패턴 인식	날 맞춰보세요
7	빅데이터	데이터를 잡아라
8	백트래킹	다시 생각해봐요
9	오토마타	신호를 따라 움직여요
10	압축	데이터의 다이어트
11	이진 검색	초콜릿은 어느 상자에 있을까요
12	16진법	수들이 달라졌어요
13	프로그래밍	바르게 명령해주세요
14	CISC RISC	명령을 따르시오
15	알고리즘	절차에 따라 완성하기
16	오류 정정 코드	뭐가 잘못됐니?
17	프로그래밍	내 로봇 친구
18	검색 엔진 인덱싱	눈 크게 뜨고 찾아봐
19	공개키 암호화	쉿! 비밀이야
20	네트워크	인터넷과 웹

출처: 온라인 SW 교육 사이트(http://KoreaSW.org)

온라인 소프트웨어 교육 사이트

언플러그드 수업 자료 ④

2015년에 개발된 언플러그드 수업 자료는 초·중등 학교 교사들이 수업에 바로 사용할 수 있도록 CS 영역을 고르게 선정하고 실제 학생들을 대상으로 수업한 영상과 교수 학습 전략을 다음과 같이 제공한다.

순서	CS 영역	주제명
1	정보 표현	빨대 꽂기 놀이-이진수 1
2	정보 표현	점의 수 세기-이진수 2
3	정보 표현	컴퓨터로 들어가기 위해 변신-아스키코드
4	정보 표현	수로 칠하기-이미지 표시
5	정보 표현	바로 그거야!-문장 압축
6	정보 표현	카드 마술-에러 감지와 수정
7	정보 표현	뭐가 잘못됐니?-오류 정정 코드
8	알고리즘	줄을 서시오-버블 정렬
9	인공지능	로봇의 눈-인공지능
10	프로그래밍	내 로봇 친구-프로그래밍
11	프로그래밍	디지털 시계-논리회로
12	정보 표현	스무고개- 정보 이론
13	인공지능	날 맞춰보세요-패턴 인식
14	알고리즘	눈 크게 뜨고 찾아봐-검색엔진 인덱싱
15	보안 암호	쉿! 비밀이야-공개 키 암호화

16	네트워크	인터넷과 웹-네트워크
17	알고리즘	전함 놀이-탐색 알고리즘
18	알고리즘	뚱보와 홀쭉이-정렬 알고리즘
19	네트워크	똑딱 시계-정렬 네트워크
20	네트워크	진흙 도시-최소 신장 트리
21	네트워크	과일 놀이-네트워크의 경로 찾기와 교착 상태
22	네트워크	무거운 벽돌-네트워크 통신 프로토콜
23	네트워크	보물섬-유한 상태 오토마타
24	프로그래밍	행진하라-프로그래밍 언어
25	복잡성과 알고리즘	가난한 지도 제작가-그래픽 문제
26	복잡성과 알고리즘	여행자 도시-지배 집합
27	복잡성과 알고리즘	빙판 위의 도로-슈타이너 트리
28	보안	비밀 공유-정보 은닉 프로토콜
29	보안 암호	페루 동전 뒤집기-암호화 프로토콜
30	보안 암호	꼬꼬마 암호-공개 키 암호화

출처: http://KoreaSW.org(2015년 개발 자료)

언플러그드 컴퓨팅
수업 모형

컴퓨터 과학의 지식 체계 구성을 바탕으로 언플러그드 컴퓨팅 수업 전략을 고찰할 수 있다. 컴퓨터 과학의 지식을 학생들에게 가르친다는 것은 크게 개념과 원리를 이해시키는 활동이다.

컴퓨터 과학의 개념 기반 수업 모형

컴퓨터 과학의 개념, 즉 용어로 제시된 지식의 이해를 위한 수업으로 개념 형성 수업 모형을 적용할 수 있다. 개념 형성 수업 모형은 원형 모형, 속성 모형, 상황 모형으로 구분되며, 컴퓨터 과학의 대표적인 원형(사례), 속성(특징), 상황(관계, 조건)을 적용하여 개념을 이해하도록 안내한다.

대표적으로 하드웨어, 운영체제, 데이터베이스, 네트워크, 암호 등 컴퓨터 과학의 주요 지식을 범주화한 추상적 언어를 설명할 때 적용한다. 사실의 제시, 분류 활동, 명명을 통한 개념의 연계 활동을 하는데, CT 수업의 단계와 같이 분해, 패턴 인식, 추상화의 단계와 매우 밀접하다.

표 6-7 │ **컴퓨터 과학 개념 형성 학습 모형**

모형	사례	수업 실제
원형 모형	운영체제	운영체제의 원형: 정부 기관, 회사, 가정 등의 기능을 예시로 전개
속성 모형	데이터베이스	데이터베이스의 속성: 테이블, 행과 열, 키, 트랜잭션의 특징들로 설명
상황 모형	암호	암호: 공개키 암호의 필요성과 상황에 따른 수업 전개

컴퓨터 과학의 원리를 기반으로 한 수업 전략

컴퓨터 과학의 세부 영역 중 알고리즘과 절차적 처리를 가지고 있는 지식을 이해시키기 위한 수업 모형이다. 대표적으로 주요 4가지 기본 알고리즘과 자료구조의 정렬, 탐색 알고리즘, 스케줄링 기법 등 프로그래밍으로 구현 가능한 것을 언플러그드 활동으로 수업을 전개한다.

컴퓨터 과학도 과학의 한 분야로서 귀납적 방법, 연역적 방법 또는 상향식, 하향식으로 가설을 세우고 증명하는 발견 학습과 탐구 학습으로 진행된다. 창의컴퓨팅 교육에서 추구하는 핵심 사고력, 즉 컴퓨팅 사고의 능력을 신장시키기 위해 컴퓨터 과학의 발견과 탐구 전략을 사용한다.

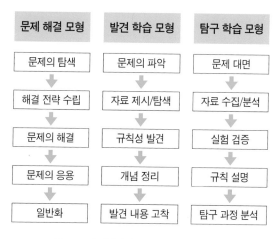

그림 6-5 │ 언플러그드 컴퓨팅 학습 전략

표 6-8 | 언플러그드 수업에서의 발견 학습 전략 예시 자료

단계	수업 내용
원리 체험	• 언플러그드 활동을 통하여 정렬 활동을 한다. • 키드를 이용하여 한 손으로 숫자 카드를 오름차순으로 정렬하고 정렬망을 이용하여 몸으로 이동한 뒤 오름차순으로 정렬한다.
개념 발견	이러한 활동이 정렬 또는 오름차순 정렬 또는 퀵 정렬의 개념을 발견하고 형성하게 한다.
개념 안내	정렬 또는 오름차순 정렬 또는 퀵 정렬의 개념을 안내하여 이해하게 한다.
원리 탐구	• 언플러그드 활동을 통하여 정렬 활동을 한다. • 카드를 이용하여 한 손으로 숫자 카드를 오름차순으로 정렬하고 정렬망을 이용하여 몸으로 이동한 뒤 오름차순으로 정렬하며 원리를 탐구한다.

다음 사례의 교수 학습 과정은 발견 학습 모형을 적용한 수업으로 수학 교과와 언플러그드 활동을 연계한 수업이다.

- 단원명: 순서와 배치
- 대상 학년: 6학년
- 수업 시간: 40분
- 학습 목표: 컴퓨터가 순서를 결정하는 알고리즘의 원리를 발견할 수 있다.
- 학습 자료: ppt 자료, 언플러그드 학습지

학습 활동

동기 유발

▶ 순서와 배치가 필요한 두 가지 상황 제시

① 전화번호가 아무런 순서 없이 마구 주어져 있는 상황

- 정렬되지 않은 전화번호 목록 자료 제시하여 특정인의 전화번호를 찾게 하기
- 정렬되어 있는 전화번호 목록 자료 제시하여 전화번호 찾기

② 여러 권의 책이 어지럽게 놓여 있어서 필요한 책을 찾는 데 어려움을 겪는 상황

- 많은 책이 순서 없이 쌓여 있는 사진 자료 제시
- 도서관에 책이 정렬되어 있는 사진 자료 제시

▶ 이번 차시 수업 안내 및 학습 목표 제시

- 어떤 것을 차례대로 나열하는 방법과 규칙을 스스로 발견하게 한다.

문제 인식

▶ 버블 정렬의 원리 파악을 위한 문제 제시 전에 유의 사항 공지

- 아무런 순서 없이 나열되어 있는 5개의 숫자를 보여준다.
- 이 숫자들을 규칙에 의해서 작은 것에서 큰 것 순으로 제시한 후 어떤 규칙에 의해서 숫자들이 나열되어 가는지 발견하기
- 활동 시 주의 사항 안내

① 숫자들이 나열되어 가는 규칙을 빨리 발견한 사람도 있을 것이고, 늦게 발견하는 사람도 있음을 안내

- 먼저 발견한 사람은 절대 그 규칙을 남에게 알려주거나 소리 내어서는 안 됨
- 이 활동에서 답을 찾는 것이 아니라 어떤 원리로 숫자를 배열하고, 그 원리가 무엇인지 알아내는 것이 중요함을 인식시키기

② 규칙을 알아낸 사람은 선생님을 향해 조용히 손을 들고 나누어준 학습지에 있는 추가 문제도 위와 같은 원리를 이용해서 풀어보고 자신의 예상을 검증하도록 하기

예상 및 검증

▶ 버블 정렬의 원리 파악을 위한 문제 제시

– 문제 제시 15 11 21 8 6 다섯 개의 숫자를 작은 수부터 큰 수로 정렬하기

- 1단계: 어떤 규칙이 있나요?

  15 11 21 8 6 → 11 15 21 8 6 → 11 15 21 8 6 → 11 15 8 21 6 → 11 15 8 6 21

- 2단계: 어떤 규칙이 있나요?

  11 15 8 6 21 → 11 15 8 6 21 → 11 8 15 6 21 → 11 8 6 15 21

- 3단계: 어떤 규칙이 있나요?

    $\underline{11}\,8\,6\,15\,21 \rightarrow 8\,\underline{11}\,6\,15\,21 \rightarrow 8\,6\,11\,15\,21$

- 4단계: 어떤 규칙이 있나요?

    $\underline{8\,6}\,11\,15\,21 \rightarrow 6\,8\,11\,15\,21$

- 라 카 자 나 마 파 → 라 자 카 나 마 파 → 라 자 나 카 마 파 → 라 자 나 마 카 파 → … → 나 라 마 자 카 파

- e j c f y m r → e j c f y m r → … c j e f y m r → … c e f j m r y

− 해결한 학생은 다른 문제들도 앞의 원리를 이용하여 풀어보도록 안내함

− 발견한 학생의 보상 및 심화 활동 안내

발견 활동

▶ 위의 활동이 끝난 후, 실생활과 관련된 응용문제를 제시하고 알아낸 원리를 이용하여 풀어보도록 안내

[예시] 학년이 바뀌는 3월, 새로운 학생들로 새로운 반이 구성되었다. 새롭게 반을 맡은 담임선생님은 학생들을 키 순서대로 줄을 세우려고 한다. 5명의 학생을 키 순서대로 줄을 세워보자(앞에서 발견해 낸 원리를 이용하여 줄을 세울 것, 줄을 세우는 과정을 표현할 것).

▶ 실생활 관련 응용문제를 함께 풀이하며 그 풀이 과정을 통해 아이들이 발견해 낸 원리를 정리하고 확인

응용 적용

▶ 지금까지 발견하고 이용한 원리의 정리

- 버블 정렬은 거품 정렬이라고도 하는데, 맨 앞의 첫 번째 대상을 기준으로 정렬을 시작한다.
- 첫 번째 자리의 수와 두 번째 자리의 수를 비교한 후 더 작은 대상을 앞으로 옮기고, 두 번째 자리에 온 수와 세 번째 자리에 있는 수를 비교하여 더 작은 수가 있으면 서로의 위치를 바꾸고, 바꿀 필요가 없으면 그대로 둔다. 다시 세 번째 자리의 수와 네 번째 자리의 수를 비교하여 자리를 바꾸고 또 같은 방법으로 계속해서 모두 비교를 하여 정렬을 하는 방식임을 안내한다.
▶ '버블 정렬' 용어의 도입
- 이런 방식으로 어떠한 대상들을 순서대로 정렬하는 원리를 '버블 정렬'이라고 안내한다.

일반화
▶ 실생활 활용 사례 안내
- 실생활에서 정렬을 사용하는 경우 생각해보기
  – 학생들을 키 순서대로 세우기
  – 제품을 가격 순서대로 배치하기
- 컴퓨터에서 정렬을 활용하는 다양한 경우 살펴보기
  – 탐색기에서 파일의 이름순으로 정렬하기
  – 문서 안의 단어를 가나다순으로 정렬하기

수업 정리
▶ 수업 내용 정리
- 수업 내용 상기 및 판서
- 차시 학습 안내

통합형 언플러그드 수업 전략

컴퓨터 과학의 지식들은 개념과 원리를 분리해서 이해하기보다 두 가지를 함께 이해했을 때 더욱 확실한 학습이 된다. 또한 어떤 개념을 이해하기 위해서는 다른 영역의 개념 지식이 필요한 경우와 어떤 알고리즘을 이해하기 위해서는 연관된 다른 알고리즘을 함께 이해해야 하는 경우에 통합형 언플러그드 컴퓨팅 수업 전략을 활용할 수 있다.

이러한 통합형 언플러그드 수업 전략은 학습자에게 적용하는 학습 상황 말고도 교사가 언플러그드 수업 자료를 개발할 때 더 깊이 고민해야 할 부분이다. 개념 학습과 문제 해결 학습, 발견 학습, 탐구 학습을 다중차시 모형으로 적용할 수 있으며 개념 부분을 선행 조직자 모형을 통해 이해시킨 후 그에 따른 알고리즘 등의 원리를 발견 학습이나 탐구 학습으로 수업을 전개할 수 있다. 통합형 언플러그드 수업 유형을 살펴보면 다음과 같다.

첫 번째, 두 가지 이상의 개념 1+개념 2+ …이 포함된 수업의 예

"램의 물리적-논리적 개념과 스택-큐의 개념을 연계하여 자료구조의 개념을 이해한다."

두 번째, 개념+원리의 수업으로 기본 개념을 바탕으로 다른 절차(알고리즘)를 융합한 수업의 예(스택의 자료구조에 대한 개념과 스케줄링 알고리즘의 원리를 적용)

"한쪽이 막힌 골목길에 다섯 대의 출퇴근 시간이 다른 차량을 효율적으로 주차하는 방법으로, 어떻게 주차했을 때 가장 적게 이동시키는지에 대해 놀이 활동을 통하여 탐구하도록 한다."

세 번째, 두 가지 이상의 원리 1+원리 2+ …을 가진 수업의 예

"정렬 알고리즘을 이해하고 난 뒤 오류 탐색 알고리즘을 적용하여 다른 문제를 해

결하는 언플러그드 수업을 전개할 수 있다."

통합형 언플러그드 수업 기법

언플러그드 컴퓨팅 수업을 재미있게 적용하기 위해 학생들이 어떤 방식으로 참여하고 조직해야 하는지에 대한 고민이 필요하다. 또한 언플러그드 컴퓨팅 수업 유형에 따라 수업 조직도 변할 수 있다.

이러한 학습 조직의 구성에 따라 학생들의 상호 경쟁을 유도할 수도 있고, 협동심을 이끌어 낼 수 있다. 즉, 창의컴퓨팅에서 요구하는 21세기 학습자 역량(창의성과 혁신, 비판적 사고와 문제 해결 능력, 의사소통과 협동심)을 신장시키기 위한 전략으로 언플러그드 컴퓨팅 활동을 운영할 수 있다. 활동에 참여하는 학생의 수를 고려하여 운영하는 방법은 개별 활동, 짝 활동, 집단 활동으로 구분된다.

- 한 명이 개별 학습하는 경우single activity: 개별 학생들 간의 경쟁 활동 유도

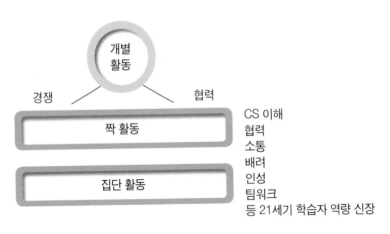

그림 6-6 | **언플러그드 컴퓨팅 수업 조직**

- 두 명이 팀으로 하는 경우-paired activity: 팀 간의 경쟁, 팀 내의 협력 활동 유도
- 전체 그룹이 같이 하는 경우-group activity: 그룹 간의 경쟁, 그룹 내의 협력 활동 유도

컴퓨팅 사고를 기르기 위한 언플러그드 컴퓨팅 활동 사례

알고리즘 수업을 위한 교수 · 학습 전략의 실제 사례를 살펴보기 위해 순서와 배치를 위한 정렬 알고리즘을 제시한다. 숫자의 정렬이나 문자의 정렬은 자료구조의 가장 기본적인 알고리즘이다. 정렬의 방법을 인간의 직관적 사고를 기준으로 처리하는 것이 아니라 컴퓨터 구조(램, 레지스터, CPU 등)의 관점에서 고려하여 디지털 정보처리의 원리나 규칙, 법칙을 발견하도록 하는 내용으로 구성되어 있다. 다른 알고리즘의 경우도 인간의 사고 처리 과정이나 아날로그 처리 방식을 기반으로 하지만 알고리즘은 디지털화하는 과정에서 그 원리를 발견하도록 한다.

자료구조 중 선형 구조의 일종인 스택의 구조와 알고리즘의 발견을 위한 구체적인 교수 · 학습 과정안을 다음의 사례를 통해 살펴보자.

도입

그림과 같은 큰 상자에 색깔이 다른 조그만 상자 6개를 차곡차곡 넣었다. 이 상자의 입구는 하나뿐이다. 그렇다면 맨 바닥에 있는 것은 몇 번째로 나올 수 있을까?

학습 목표

1. 스택의 개념을 알고, 우리 생활 주변에 관계된 것들을 찾아볼 수 있다.
2. 스택 구조에 자료를 저장하고 삭제할 수 있다.

내용 이해하기 1

1. 막다른 골목에 들어간 자동차들이나, 찬장에 동일한 크기로 쌓아 보관된 접시들 중에 가장 먼저 나오는 것은 어느 쪽일까?
2. 스택은 가장 나중에 입력된 데이터가 가장 먼저 출력되는 구조로 자료의 삭제와 삽입이 한쪽 끝으로만 수행된다.
3. 스택의 동작 과정을 알아본다.

입구

바닥

내용 이해하기 2

자료 넣기 과정과 자료 꺼내기 과정은 다음과 같다.

1. 자료 넣기는 푸시(push, data)로 표현하고 자료를 삽입할 때 사용한다.

2. 자료 꺼내기는 팝(pop, data)으로 표현하고 자료를 삭제할 때 사용한다.

3. 만약에 자료가 데이터를 넣을 공간보다 더 많이 넣으면 자료가 넘쳐 여러 가지 문제가 일어날 수 있다. 이때 자료가 넘치는 현상은 오버플로(overflow)라고 한다. 반대로 삭제하고자 할 때 아무것도 삭제할 것이 없는 경우를 언더플로(underflow)라고 한다.

적용하기

$$3+8 \times 9-7=$$

숫자 레지스터 연산자 레지스터

① 3 +

2개의 레지스터에 수식의 순서대로 3은 숫자 레지스터에 입력(push)되고 +는 연산자 레지스터에 입력(push)된다.

② 8 ×
  3 +

2개의 레지스터에 8과 ×가 입력(push)된다. 연산자의 우선순위에 의해 ×가 +보다 먼저이므로 곱하기할 다음의 숫자를 받는다.

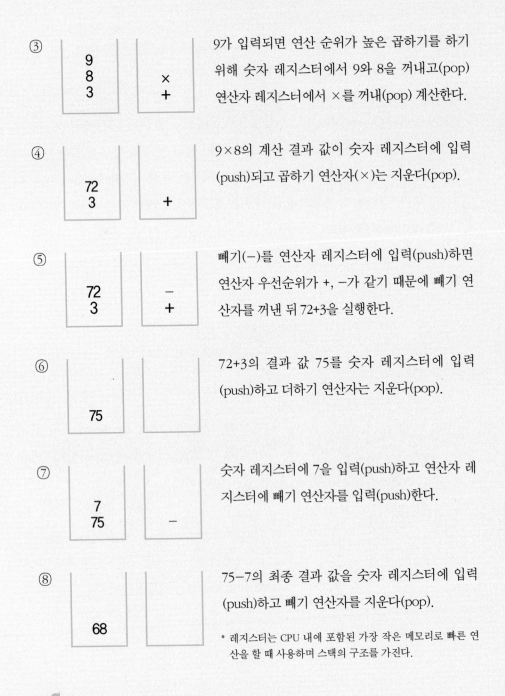

③ 9가 입력되면 연산 순위가 높은 곱하기를 하기 위해 숫자 레지스터에서 9와 8을 꺼내고(pop) 연산자 레지스터에서 ×를 꺼내(pop) 계산한다.

④ 9×8의 계산 결과 값이 숫자 레지스터에 입력(push)되고 곱하기 연산자(×)는 지운다(pop).

⑤ 빼기(−)를 연산자 레지스터에 입력(push)하면 연산자 우선순위가 +, −가 같기 때문에 빼기 연산자를 꺼낸 뒤 72+3을 실행한다.

⑥ 72+3의 결과 값 75를 숫자 레지스터에 입력(push)하고 더하기 연산자는 지운다(pop).

⑦ 숫자 레지스터에 7을 입력(push)하고 연산자 레지스터에 빼기 연산자를 입력(push)한다.

⑧ 75−7의 최종 결과 값을 숫자 레지스터에 입력(push)하고 빼기 연산자를 지운다(pop).

* 레지스터는 CPU 내에 포함된 가장 작은 메모리로 빠른 연산을 할 때 사용하며 스택의 구조를 가진다.

정리하기

1. 앞의 예와 같이 스택은 가장 나중에 입력된 데이터가 가장 먼저 출력되는 구조로 자료의 삭제와 삽입이 한쪽 끝으로만 수행된다.

2. 자료 넣기는 푸시(자료)로 표현하고 자료를 삽입할 때 사용한다. push(data)

3. 자료 꺼내기는 팝(자료)으로 표현하고 자료를 삭제할 때 사용한다. pop(data)

평가하기

다음 스택에 어떤 자료가 들어 있을까?

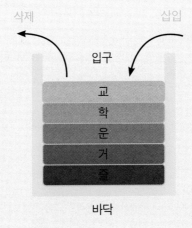

정답: 즐거운 학교

컴퓨터 과학을 학습하기 위한 다른 접근 전략

컴퓨터 과학을 학습하기 위한 방법으로 언플러그드 컴퓨팅 전략만이 있는 것은 아니다. 컴퓨터 과학을 효과적으로 안내하는 것은 학습자의 수준, 학습 환경, 선행 학습 정도, 콘텐츠의 풍부성 등의 다양한 조건이 따르고, 특히 교사의 역량에 따라 다양한 수업 전략을 적용할 수 있다.

〈표 6-9〉는 컴퓨터 과학을 이해하기 위해 전형적인 언플러그드 컴퓨팅 수업과는 다르게 접근하는 전략의 사례를 보여준다.

표 6-9 | 언플러그드 컴퓨팅 수업과는 다른 전략

구분	개념	사례
예술 활동 기반 (Art Activity, AA)	컴퓨터 과학의 개념과 원리를 노래, 그림, 무용 등의 예술적 활동으로 표현하고 지식을 암기하는 활동	영국의 스토리텔링 사이트(Bitesize) (http://bbc.co.uk/guides/z3whpv4)
피지컬 컴퓨팅 툴 기반 (Physical Tool, PT)	피지컬 컴퓨팅의 하드웨어와 로봇을 활용하여 컴퓨터 과학의 개념과 원리를 이해하는 활동	피지컬 컴퓨팅을 이용한 키트의 개발과 적용 보드 게임 등의 패키지 형태의 완벽한 교구 등
애니메이션 미디어 (Animation-Media, AM)	애니메이션과 동영상 등의 온라인 교육 콘텐츠를 이용하여 컴퓨터 과학을 이해하는 활동	일본 컴퓨터 과학 애니메이션 사이트 (http://info-study.net) 스크래치 언플러그드 (https://code.google.com/p/scratch-unplugged/) 대한민국 주니어 온라인 교육 사이트 (https://koreasw.org)

인간 Vs. 알파고

2016년 초를 뜨겁게 달군 화두는 단연코 인공지능이다. 이세돌과 알파고AlphaGo의 바둑 대결로 그려진 인간과 기계의 대결은 역사에 길이 남을 극적인 사건이었다. 비록 이세돌이 알파고에게 1승 4패로 졌지만, 딥러닝을 적용한 인공지능의 강력한 성능을 고려할 때 인류를 대표하는 이세돌의 고군분투는 인간의 끈질긴 생명력과 적응력을 한없이 보여주었다.

잠시 인간이 고안한 가장 복잡한 게임인 바둑에서 인공지능이 인간을 이겼다는 시야에서 벗어나보자. 알파고의 알고리즘이 인간의 지능을 닮았다는 점과 그보다 더 지능적이라는 사실에서 인류의 미래를 예측해볼 수 있다. 특히 바둑 대결 중에 나타난 알파고의 예측하지 못한('이상한'이라는 표현이 더 적절할 듯) 몇몇 수에 주목해본다. 예측하지 못한 수에 대해 이세돌뿐만 아니라 알파고를 설계한 개발자들도 의아해했다.

딥러닝의 자율 진화 학습(비지도 학습)과 기존 바둑 대국의 엄청난 사례 분석(지도 학습)을 통해 개발자들도 알지 못하는 시스템(일명 블랙보드 시스템이라고 함)으로 진화한 것이다. 이러한 점은 알파고에서만 일어났던 것은 아니고, 딥 블루Deep Blue와의 체스 대전을 펼쳤던 카스파로프도 이와 같은 상황에 처했던 것으로 알려졌다. 예측하지 못한 수가 나오면서 카스파로프는 당황하였고 이후 패한 것이었다. 이러한 사례는 체스나 바둑에서뿐만 아니라, 인공지능 알고리즘이 포함된 온라인 게임에서도 스스로 알고리즘이 진화하는 사례가 종종 나타나고 있다.

컴퓨터 과학자들은 이러한 예측 불가능한 인공지능의 위력에 두려움을 가지고 있다. 과연 인류가 구축한 인공지능이 스스로 진화하여 인류에게 가장 위협적인 존재가 되지는 않을까?

카스파로프

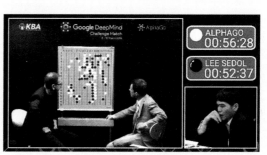

이세돌과 알파고의 대국 장면

알고리즘과 프로그래밍을 통한
절차적 사고, **EPL 컴퓨팅**

아무리 구조가 잘되어 있더라도 프로그래머가 나쁜 프로그램을
만드는 것을 방지하는 프로그래밍 언어는 없다.

래리 플론Larry Flon

Chapter 07 | 알고리즘과 프로그래밍을 통한 절차적 사고, EPL 컴퓨팅

EPL 컴퓨팅 개요

EPL^{Educational Programming Language}은 교육용으로 사용하기에 부적합한 범용 프로그래밍 언어(예를 들어, C언어, 자바 등)의 기능을 단순화하여 학생들이 자유롭게 자신의 생각을 프로그래밍으로 표현할 수 있는 언어이다. 교육 환경에 적합하도록 범용 언어의 일부 기능을 제거하고 사용자 인터페이스를 향상하여 구현하기 쉽도록 개발하였다. 컴퓨팅 사고를 신장시키기 위한 목적을 달성하기 위해 새로운 교육용 프로그래밍 언어가 다양하게 개발되고 있다. 알고리즘과 프로그래밍의 실습을 넘어 논리적 사고와 창의적 사고를 신장시키기 위해 교육용 프로그래밍 언어는 고유의 특징과 기능을 가지고 있다.

EPL의 정의

컴퓨터 과학 분야에서 실제 프로그램을 만들 때는 그 목적에 맞는 프로그래밍 언어가 사용된다. 일반적으로 산업 현장에서는 C, JAVA, C++와 같은 범용 언어가 사용되고 있다. 교육용 프로그래밍 언어는 대상과 수준에 따라 여러 언어가 있으며, 현재 세계적으로 40여 종의 교육용 프로그래밍 언어가 개발되어 교육에 사용되고 있다.

유승욱(2008)은 각종 교육용 프로그래밍 언어의 특징을 분석하여 초보자 또는 초·중등 학습자를 대상으로 하는 교육용 프로그래밍 언어를 다음과 같이 정의하였다.

"교육용 프로그래밍 언어는 초·중등 정보 교육과정의 교육 내용을 프로그램으로 표현하는 과정에서 절차적 사고를 길러 문제 해결 능력을 갖추는 데 도움이 되는 언어로, 범용 언어보다 제한된 기능을 제공하지만 논리를 표현함에 부족함이 없는 언어이다."

또한 염용철(2008)은 프로그래밍에 대한 분류를 하면서 "교육용 프로그래밍 언어는 현실 세계 문제와 관련된 응용프로그램을 작성하기 위한 도구가 아니라, 주로 학습 도구learning instrument의 목적으로 설계된 프로그래밍 언어이다."라고 정의하며, 그 출처를 위키피디아로 제시하고 있다.

신수범(2014) 등은 교육용 프로그래밍 언어에 대한 문헌 분석 연구를 통해 교육용 프로그래밍 언어에 대한 개념을 다음과 같이 정리하였다.

첫째, 컴퓨터 시스템, 알고리즘 학습을 위한 언어이다. 학습자들은 프로그래밍 과정을 통해서 자연스럽게 컴퓨터 시스템 자체를 이해하거나 컴퓨터와 관련된 알고리즘 문제를 해결할 수 있게 된다.

둘째, 기본적인 응용프로그램 작성을 위한 언어이다. 베이직, 파스칼은 교육용으로 개발된 언어이기 때문에 언어 구조가 비교적 간결하고 쉬우며, 앨리스, 그린풋은 간단한 응용프로그램을 충분히 작성할 수 있다. 이처럼 교육용 프로그래밍 언어는 기본적인 응용프로그램을 작성할 수 있어야 한다.

셋째, 문제 해결력 향상을 위한 언어이다. 컴퓨터 알고리즘을 해결하면서 자연스럽게 일반적인 문제를 해결하는 전략도 향상될 수 있다.

표 7-1 │ EPL의 요소

연구자	요소
매터슨 (1984)	• 간결성(simplicity): 배우기가 용이해야 하며 간단한 문제를 해결할 수 있어야 함 • 강력성(power): 복잡한 문제를 쉽고 간단히 해결할 수 있어야 함 • 호환성(compatibility): 워드프로세싱, 통계 패키지, 타 프로그래밍 언어 등 다른 분야로 쉽게 전이될 수 있어야 함 • 창조성(cognitive richness): 풍부한 상상력과 자유스러운 표현, 다양한 응용, 확장성이 있는 언어이어야 함
조한혁 (1991)	• 친근감을 주는 대화용 언어 • 프로그래밍 작성이 용이한 언어 • 확장성이 있는 알고리즘 언어, 특히 구조화된 프로그래밍과 재귀(recursion) 알고리즘을 표현할 수 있는 언어 • 호환성과 전이성이 있는 언어
유승욱 (2008)	• 컴퓨터의 동작 원리를 학습할 수 있을 것 • 컴퓨터를 이용한 문제 해결 과정을 학습할 수 있을 것 • 학습 객체의 크기가 다양할 것 • 문법을 단시간에 학습할 수 있을 것 • 범용 언어로의 전이가 용이할 것 • 최신 프로그래밍 기법을 경험할 수 있을 것 • 콘텐츠 지향 프로그래밍이 가능할 것 • 학습자가 주도할 수 있는 환경일 것
가네무네 (2003)	• 학생들이 이해하기 쉽고, 습득 시간이 짧아야 함 • 학생들이 객체를 움직이면서 배울 수 있어야 함 • 기본적인 계산기의 원리를 배울 수 있어야 함 • 일상적으로 사용하는 소프트웨어의 원리와 결부되어야 함 • 네트워크를 체험할 수 있어야 함
신수범 (2013)	• 컴퓨터 과학과의 연계성 • 명확하고 강력한 명령어 • 편리한 개발 환경
이지훤 (2012)	• 간결성: 배우기가 용이하며 간단한 문제를 해결 • 강력성: 복잡한 문제를 쉽고 간단하게 해결 • 호환성: 응용프로그램, 다른 프로그래밍 언어 등 타 분야로 쉽게 전이 • 창조성: 풍부한 상상력과 자연스러운 표현, 다양한 응용, 확장성 • 친근감: 생활에서 사용하는 언어로 모국어 지원

출처: 김수환, "Computational Literacy 교육을 통한 문제 해결력 향상에 관한 연구", 고려대학교, 2011.

EPL의 요소

초·중등 학생을 대상으로 한 교육용 프로그래밍 언어는 컴퓨팅 사고력과 문제 해결력을 증진하는 것이 목적이기 때문에 각 언어의 특징에 따라 가지고 있어야 하는 요소도 달라야 한다. 국내·외 연구자들이 제시하는 교육용 프로그래밍 언어의 요소는 〈표 7–1〉과 같다.

신수범(2014) 등은 교육용 프로그래밍 언어를 선택하는 기준으로 〈표 7–2〉와 같이 컴퓨터 과학 연계성, 명령어 능력, 개발 환경의 3가지 요소를 제시하고 각 언어의 특징을 비교 분석하였다.

표 7–2 | **교육용 프로그래밍 언어 선택 전략**

교육용 언어 비교 요소		설명
컴퓨터 과학 연계성	컴퓨터 과학 개념 학습	• 객체지향 프로그래밍 기법을 적용하며 프로그래밍이 가능한 수준 • 자료구조 또는 알고리즘 영역의 학습이 가능한 수준
	컴퓨터 과학 개념 추상화	복잡한 컴퓨터 과학 개념을 추상화할 수 있는 기능. 명령어의 제공 수준
	전이성	교육용 언어 학습 후, 실무 응용프로그램으로 전이 능력 수준
명령어 능력	명확한 명령어 구조	문법적 에러를 최소화하기 위한 심플한 명령어 구조
	강력한 명령어 기능	하나의 명령어가 복잡하고 다양한 명령 실행 가능 수준
개발 환경	편리한 피드백 도구	• 프로그래밍 결과를 바로 확인할 수 있는 시스템 수준 • 프로그래밍 결과를 시각적, 즉각적으로 확인해줄 수 있는 디버깅 도구 능력
	멀티미디어 콘텐츠 수준	멀티미디어 콘텐츠를 쉽고 효과적으로 개발해 내는 능력
	사용자 친화적 환경	도움말 수준, 셋업 환경, 시스템 환경 등에 대한 편리성 및 효율성 준수

이상과 같이 EPL의 특징과 개요에 대해 연구자들의 분석 내용을 살펴보았다. 여러 연구자들의 공통적인 EPL의 특징에 대한 분석 내용을 정리하면 다음과 같다.

- 쉬운 인터페이스: 학생에게 인지적 부담을 주거나 학생이 매뉴얼을 따로 공부하지 않고도 사용 가능해야 한다.
- 단순한 명령어 문법: 문법은 직관적이어야 한다. 명령어는 간결해야 하고, 개수가 적어야 하며, 적은 명령어로 구현 가능해야 한다.
- 직관적 입력 방식: 텍스트보다는 블록형처럼 직관적으로 입력 가능해야 한다.
- 시각적 결과: 결과에 대한 것은 가급적 시각화하여 학습자가 직관적으로 이해되도록 한다.
- 확장 가능한 라이브러리 제공: 보다 쉽게 확장 가능하고 실제 세부 구현 없이도 자신의 생각을 표현하는 모듈을 제공해야 한다.
- 교육적 목적: 프로그래밍과 코딩의 측면에서 교육적 목적에 맞아야 한다. 상업적인 용도나 특정 기능을 구현하는 것이 아니라 교육을 위한 사고력 신장을 목표로 하여야 한다.
- 오픈 소스 : 교육용 언어임을 고려할 때 비용을 지불하는 상용 프로그래밍 언어보다 오픈 소스로 공개되어 무료로 사용할 수 있어야 한다.

EPL의 유형

현재 국내·외에서 사용하고 있는 교육용 프로그래밍 언어는 50여 종이 넘으며, 여러 가지 기준으로 분류가 가능하다. 〈표 7-3〉은 각 연구자들이 교육용 프로그래밍 언어를 분류한 기준과 대표적인 언어의 예를 보여준다.

이와 같이 언어의 구분은 그 기원이 되는 언어를 토대로 하거나 언어의 구조를 토대로 분류한다. 예를 들어, 켈러허Kelleher는 범용 언어로의 전이를 전제로 구분하고 있는데, 이런 경우에는 범용 언어와의 연계를 중요하게 생각하기 때문이다.

표 7-3 | **교육용 프로그래밍 언어의 분류**

연구자	분류
구즈디얼 (2003)	• 로고(Logo) 군: 로고(Logo), 무스(Moose), 복서(Boxer), 스몰토크(Smalltalk) 등 • 규칙 기반(Rule-based) 군: 프롤로그(Prolog) 등 • 전통적인 프로그래밍 군: 기존 프로그래밍 언어에 학습자 지원 기능 제공
켈러허 (2003)	• 티칭 시스템(Teaching Systems): 범용 언어로의 전이를 가정하고 프로그램 학습자를 돕기 위한 언어들로 구성(베이직, 파스칼, 스몰토크 등) • 임파워링 시스템(Empowering Systems): 범용 언어로의 전이를 가정하지 않고 많은 사람들이 사용할 있도록 구성된 언어(에이전트시트(AgentSheets), 스테이지캐스트(Stagecast), 로고(Logo), 앨리스(Alice), 스타로고(Starlogo) 등)
신수범 외 (2013)	• 베이직 기반: 스몰베이직 • 자바 기반: 앨리스, 그린풋 • 리스프(Lisp) 기반: 로고 • 스몰토크 기반: 스퀵, 스크래치, 스냅 • 기타: 파이썬
한선관 (2014)	• 블록 조립형 언어: 스크래치, 스냅, 엔트리 • 스크립트형 언어: 로고, 파이썬, 자바스크립트, 프롤로그 • 조립 모듈형 언어: 앨리스, 스퀵, 코두 • 객체 기반형 언어: 비주얼베이직, J빌더, 델파이

교육용 프로그래밍 언어별 특징

정인기는 사용자 수준에 따라 교육용 프로그래밍 언어를 분류하였다. 초등학교 저학년용으로는 스크래치 주니어, 코두, 로고와 같은 언어를, 초등학교 고학년용으로는 스크래치, 엔트리, 홉스카치, 피코블록, 스퀵 이토이즈, 피지컬 이토이즈를, 중학교용으로는 앨리스, 마인드스톰, 제루, 러플, 두리틀을, 고등학생용으로는 앱 인벤터, 스냅, S4A/S2A, 그린풋을 제시하였다. 즉, 교육의 대상에 따라 적용해야 하는 언어와 교육 전략을 신중하게 고려해야 한다는 것이다.

교육용 프로그래밍 언어 학습 경로에서도 나타나듯이 각 연령별로 적합한 언어가 다르다는 것을 알 수 있다. 초ㆍ중등 학생들이 처음 프로그래밍을 하는 경우 주로 비주얼 언어가 사용되며, 수준이 높아질수록 텍스트 기반의 언어로 발전해 가는 과정을 볼 수 있다. 신수범 등은 4가지 언어를 분석하여 사용하기 적합한 연령대를 〈그림 7-1〉과 같이 제시하였다.

스크래치
- 가장 간단한 도구
- 5~15세
- 드래그 & 드롭 코드 블록
- 2D 상호작용적 그래픽
- 순차 · 반복 · 조건판단 로직
- 변수 · 랜덤 숫자
- 이벤트 처리
- 애플릿을 이용한 웹 출판

앨리스
- 간단한 도구
- 8~22세
- 드래그 & 드롭 코드 블록
- 3D 상호작용적 그래픽
- 모든 스크래치 개념
- 프로시저와 함수
- 파라미터 전달
- 클래스 선언 및 상속
- 텍스트 입력

Drjava
- 비교적 복잡
- 12~22세
- 인터프린터 코드
- 멀티미디어 컨트롤 기능
- 모든 앨리스 개념 수용
- 오디오, 이미지, 비디오, 컨트롤 수정, 편집
- 모든 자바 프로그램 요소 사용 가능

그린풋
- 비교적 복잡
- 13~25세
- 코딩, 컴파일, 디버깅
- 2D 상호작용적 게임 환경
- 5개의 클래스
- 모든 앨리스 개념
- 모든 자바 프로그래밍 요소 사용 가능

그림 7-1 | **교육용 프로그래밍 언어 학습 경로**

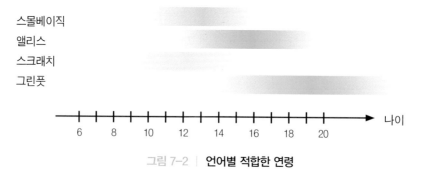

그림 7-2 | **언어별 적합한 연령**

김수환 등은 기존 연구를 확장하여 최근 활발하게 사용되고 있는 교육용 프로그래 밍 언어 16개의 특징을 〈표 7-4〉와 같이 조사하였다.

표 7-4 | **교육용 프로그래밍 언어별 특징**

언어	특징					
	대상	명령어	상용/공용	사용 환경	다국어	개발국
스크래치 주니어	유치원	비주얼 블록	공용	아이패드/안드로이드 패드	영어	국외
코두	초등학생	비주얼 블록	공용	윈도우즈	영어	국외
엔트리	초등학생	비주얼 블록	공용	웹 기반	한국어	국내
스크래치	초등학생	비주얼 블록	공용	윈도우즈/맥	다국어, 한국어	국외
스냅	초등학생	자바스크립트	공용	웹 기반	다국어, 한국어	국외
스퀵 이토이	초등학생	스몰토크	오픈 소스	윈도우즈/맥/OLPC	다국어, 한국어	국외
두리틀	초등학생	텍스트	공용	윈도우즈/맥/리눅스	한글, 영어, 일본어	국외
비주얼 베이직	중학생	컴포넌트, 텍스트	상용, 일부 공용	윈도우즈	영어, 한글 툴	국외
스몰 베이직	중학생	텍스트	공용	윈도우즈	영어, 한글 툴	국외
스타로고 TNG	중학생	비주얼 블록	공용	윈도우즈/맥/리눅스	영어	국외
앱 인벤터	중학생	비주얼 블록	공용	웹 기반/에뮬레이터, 스마트폰	영어, 한국어	국외
러플	중학생	파이썬	공용	윈도우즈/맥	영어	국외
플레이 봇	중학생	자바 스크립트	공용	웹 기반/html5	한글 툴	국내
앨리스 2	고등학생	비주얼 블록, 자바 변환	공용	윈도우즈/맥/리눅스	영어	국외
그린풋	고등학생	자바	공용	윈도우즈/맥	영어	국외
파이썬	고등학생	텍스트	오픈 소스	모든 환경	영어	국외

EPL의
교육적 접근

소프트웨어 교육이 정규 교과로 지정되자 초·중등 교육에서 EPL을 활용한 수업이 활성화되고 있다. 특히, 창의 체험 교육, 동아리 활동, 방과 후 수업에서 많이 사용하고 있다. 그 수업 전략을 살펴보면 기존의 프로그래밍 교육에서 주로 사용했던 명령어 또는 예제 프로그램을 따라하기 방식으로 진행하고 있는 것을 많이 볼 수 있다. 이러한 전략은 앞 장에서 기술한 소프트웨어 교육의 다양한 접근에서 코딩 교육으로 분류될 수 있으며, 프로그래머를 양성하는 수업 방법에서 많이 사용된다. 그러나 컴퓨팅 사고를 목표로 하는 정규 교과 또는 모두를 위한 컴퓨팅, 즉 창의적 문제 해결력을 키우는 창의 컴퓨팅 교육의 관점에서는 그리 바람직하지 않은 방식이다.

물론 EPL을 능숙하게 사용하기 위해서는 명령어에 대한 이해와 문법의 반복적 실습의 따라하기 방법을 적용할 필요가 있다. 그러나 이 과정이 최종 목적이 된다면 기존 컴퓨터 교육에서 해 왔던 전문가 양성을 위한 프로그래밍 교육과 다를 바 없다. 기존 프로그래밍 중심 교육에서 나타난 결과처럼 초·중등 학생들의 흥미와 몰입을 방해하고, 컴퓨팅 사고를 통한 창의적 문제 해결의 과정으로 확장시키기에 어려움이 따른다.

한편, 프로그래밍 교육을 중심으로 하는 고등 교육에서 EPL 교육을 그리 좋은 시선으로 보지 않는 게 현실이다. 소프트웨어 개발자나 전문 프로그래머는 교육용 프로그래밍 언어에는 관심이 적다. 그 이유는 교육용 프로그래밍 언어를 사용하면 교육적 시뮬레이션과 절차적 사고를 확인하는 과정에서 끝나고 실제 현업에 적용하거나 실제적인 소프트웨어를 개발하는 데 한계가 있어 스크립트형 언어를 다시 배워야 하기 때문이다.

C나 자바와 같은 스크립트 기반의 고급 언어는 산업 현장의 실제적인 프로그램을 개발하는 데 적합하나 교육적으로 사용하기에는 초·중등 학생들에게 많은 인지적 부담과 개발의 어려움을 준다. 특히, 텍스트를 기반으로 하는 명령어의 타이핑 입력과 직관적이지 않은 인터페이스는 학생들에게 프로그래밍 시작부터 두려움을 준다. 이처럼 C와 자바 등의 범용 언어는 교육용 프로그래밍 언어로 쓰기에는 많은 어려움이 따른다.

파이썬의 경우에는 산업용 프로그래밍 언어로 보기도 하고 교육용 프로그래밍 언어로 보기도 한다. 산업용 프로그래밍 언어로 보는 관점은 프로젝트 형식으로 소프트웨어의 산출물에 초점을 두기 때문이다. 교육용 프로그래밍 언어로 사용하는 관점은 교육적으로 문법 구조가 쉽고 직관적이며 다양한 라이브러리를 제공하여 학생들의 절차적 사고, 컴퓨팅 사고, 협업 능력, 21세기 학습자 역량, 창의적 문제 해결력의 도구로 사용하는 데 많은 이점을 제공하고 있기 때문이다.

상용 프로그래밍 언어를 EPL로 사용할 경우 구현을 하기 위한 명령어가 단순하고 문법의 구조가 쉬우며 직관적인 인터페이스를 가진 언어를 선택해야 한다. 이러한 언어는 개발된 결과물을 테스트용이나 시뮬레이션의 자료로 활용하는 수준에서 그치지 않고 실제 생활에 적용할 수 있는 소프트웨어를 개발할 수 있는 확장성이 있어 좋다.

프로그래밍 언어를 교육적으로 또는 산업적인 목적으로 동시에 사용할 수 있지만 선택의 몫은 교사의 철학과 역량에 따라 좌우된다. 교사가 해당 교육의 과정과 내용을 목적에 맞게 재구성하고 적절한 교수 전략을 선택하여 적용할 수 있는가에 달려 있기 때문이다.

 **참고하기**

교육용 프로그래밍 언어와 교육적 프로그래밍 언어

교육용 프로그래밍 언어에 대한 논의가 있다. C언어, C++, J빌더, 자바 등 일반 범용 프로그래밍 언어 또는 상용 프로그래밍 언어를 교육적으로 사용한다면 교육용 프로그래밍 언어로 볼 수 있을까? 처음부터 교육용 프로그래밍 언어로 개발된 스크래치, 로고, 파스칼, 베이직 언어만을 교육용 프로그래밍 언어라고 보아야 하는가?

이러한 고민은 유·초등 학생들을 대상으로 할 경우 명확하다. 즉, 교육용 프로그래밍 언어로 개발된 언어만이 EPL이라는 것이다. 그러나 중등학생들, 특히 고등학생들을 대상으로 할 경우 이 논의는 쉽게 결론이 나지 않는다. 이러한 논의의 이면에는 소프트웨어 교육, 창의컴퓨팅 교육을 위해 어떤 접근을 해야 하는가에 대한 고민이 있다.

소프트웨어 교육이 학생들의 사고력을 신장시키는 범교과의 변화 교육으로서의 목표가 되어야 할 것인가, 아니면 학생들에게 미래를 살아가는 직업적 소양과 진로의 역량을 키우는 목표가 되어야 할 것인가?

컴퓨팅 사고를 신장시키고 21세기 학습자 역량을 키우기 위해 코더가 프로그래밍의 과정에서 겪게 되는 어려움을 사전에 제거하고 절차적 사고와 알고리즘의 본질에 집중하기 위해서는 교육용 프로그래밍 언어를 수업에 적용하는 것이 합리적이다. 다양한 용도로 사용하는 범용 프로그래밍 언어는 분명 한계가 있다. 하지만 소프트웨어 설계 능력을 바탕으로 코딩 능력을 신장시키고 다른 분야와의 융합을 통해 현업에서 요구하는 전문적 소양과 진로 경력을 키우기 위해서는 상용 프로그래밍 언어를 교육적인 방법으로 재구성하여 적용하는 것도 필요하다.

결국 이에 대한 논의는 창의컴퓨팅 교육의 목적을 잘 살펴보고 소프트웨어 교육에서 추구하는 목표에 대한 철학으로부터 시작한다. 따라서 학습자들의 연령, 인지적 수준, 선행 경험에 따라 교육을 효율적으로 진행할 교사의 선택 문제로 남을 수밖에 없다.

EPL의 유형

EPL은 비주얼 언어와 텍스트 언어로 구분한다. 비주얼 언어의 경우 블록형 명령어 방식과 객체지향 방식을 포함한다.

표 7-5 | EPL의 유형

구분	유형	세부 내용	CS 영역	기반 사고
EPL 컴퓨팅	비주얼 프로그래밍	• 블록형: 텍스트 명령어 대신 레고 블록과 같은 조립 방식으로 구현하는 언어로 주로 스토리, 게임, 애니메이션, 디지털 아트 개발 • 객체형: 모듈 또는 객체가 이미 있어 조립 방식으로 구현하는 언어 • 예제 언어 : 스크래치, 앱 인벤터, 코두, 앨리스 등	프로그래밍 알고리즘	논리적 사고, 알고리즘 사고, CT
	텍스트 프로그래밍	• 전통적인 프로그래밍 언어에서 교육적으로 사용할 내용만 추출하여 적용 • 알고리즘, 절차적 사고, 추상화, 재사용, 디버깅, 모듈화 등 • 예제 언어: 파이썬, 자바스크립트, PHP, 베이직		

EPL과 컴퓨팅 사고

EPL은 컴퓨팅 사고를 이끄는 데 다른 어떤 방법보다 가장 훌륭한 도구이다. 문법과 명령어, 프로그래밍 기법을 중심으로 하는 전통적인 프로그래밍 교육이 아닌 사고력 중심의 교육용 프로그래밍 언어의 활용 사례로, 정다각형에 대한 시뮬레이션 프로그램 구현을 통하여 컴퓨팅 사고를 신장하기 위한 전략을 살펴본다.

 문제: 정다각형 시뮬레이션 프로그램을
구현하라

CT의 단계

① 분해: 변의 길이, 한 각의 크기(내각, 외각)

② 패턴 인식: 삼각형, 사각형, 오각형 등에서 나타나는 공통적인 특성을 패턴으로 찾는다.

③ 추상화: 정다각형 한 내각의 크기는 내각의 크기의 합을 변의 수로 나눈 것

④ 알고리즘: 정다각형을 그리는 순서도나 의사 코드를 작성한다.

⑤ 자동화(EPL 활동): 실제 프로그래밍으로 구현한다.

　＊ 이 단계는 선택 활동 단계(알고리즘을 실제로 구현하여 자동화한다)

이러한 CT 단계를 거치면서 명령어의 특징, 적합한 명령어의 사용, 결과의 예측, 개발된 프로그램의 시각화, 오류에 대한 디버깅, 시연을 통한 다른 학생의 피드백, 다른 사람들이 만든 프로그램의 비교를 통한 다른 대안 찾기 등의 활동을 할 수 있다. 여기서 의사 코드는 절차적 처리 과정을 학습자의 수준에 맞는 언어를 이용하여 표현한 문장 또는 시각화된 순서 틀이라고 보면 된다. 외국어로 표현된 명령어를 사용한 사례가 많아 복잡한 절차적 언어로 오해하기 쉽지만 한글로도 쉽게 표현할 수 있다. 절차를 순서대로 이해하기 쉽게 표현하기만 하면 된다.

컴퓨터 과학 개념의 이해 없이 EPL 활동으로 프로그래밍을 구현하는 사례는 대부분 타 교과(수학, 과학 등)에서의 문제를 해결하기 위한 프로그래밍 개발을 위주로 한다. 굳이 컴퓨터 과학 지식이 요구되지 않기 때문에 수학이나 과학의 배경지식과 개념, 프로그래밍 개발 능력을 바탕으로 접근할 수 있다.

 **CASE 사례** 문제: 데이터를 정렬하는 방법을 찾아보고 다양한 유형에 따른 정렬 속도, 효율성을 발견하도록 프로그램을 구현하라

CT의 단계

① 분해: 데이터, 순서, 비교, 크기, 메모리, 시간

② 패턴 인식: 숫자, 문자, 무게 등을 순서대로 나열해보기

　　　　　　두 개의 값을 비교하되 디지털 컴퓨터의 속성상 정렬을 여러 가지 숫자에

　　　　　　동시에 적용하여 처리하는 것이 불가능

③ 추상화: 안정 정렬-버블 정렬, 합병 정렬, 기수 정렬

　　　　　불안정 정렬-선택 정렬, 퀵 정렬, 힙 정렬

④ 알고리즘: 정렬하는 다양한 방법을 의사 코드로 작성한다.

• 언플러그드 활동: 컴퓨터 과학의 개념(정렬)을 학습한다.

　　　　　　　　　정렬망을 이용하여 놀이로 정렬 방법을 학습한다.

• EPL 활동: 의사 코드로 작성된 정렬 알고리즘을 실제 프로그래밍으로 구현한다.

언플러그드 활동을 통해 컴퓨터 과학의 개념을 적용한 EPL 활동은 대학 등의 컴퓨터 과학을 전공하는 사람들이 주로 사용하는 방법이다. 이 수업은 컴퓨터 과학에 대한 이해를 공고히 하는 활동뿐만 아니라 우리가 수학에서 프로그래밍을 활용하듯이 컴퓨터 과학에서 프로그래밍을 활용하는 관점에서 접근한다. 즉, 프로그래밍이 컴퓨터 과학의 한 분야로 내재된 것으로 보는 것이 아니라 컴퓨터 과학을 이해하는 도구로서 프로그래밍을 활용하는 것이다.

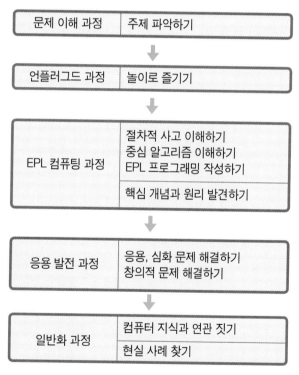

그림 7-3 │ **언플러그드 컴퓨팅과 연계한 EPL 수업의 절차와 내용**

창의컴퓨팅과 EPL

MIT 스크래치 팀에서 발간한 창의컴퓨팅 가이드북과 워크북에서 제시한 EPL 활동은 다음과 같은 내용으로 구성되었다. 더 세부적인 내용은 해당 사이트(http://scratched.gse.harvard.edu/guide)를 참조하여 확인할 수 있다.

- 수업을 위한 환경 조성: 프로그램 설치, 기본 사용법 등
- 기초 탐색 : 프로그래밍 명령어 이해, 컴퓨팅 개념을 위한 워밍업 프로젝트
- 놀이를 통한 프로그래밍 활동: 애니메이션, 스토리, 게임 개발 등
- 확장 활동: 컴퓨터 과학 관련 프로그래밍, 하드웨어 연동, 고급 알고리즘
- 팀 프로젝트(해커톤): 배운 내용을 활용하여 팀 단위의 개발 프로젝트 진행

스크래치를 비롯하여 스크립트 기반의 EPL을 이용하여 수업에 적용할 경우 컴퓨터 과학과 관련된 프로그램을 직접 개발하기보다 학생들이 흥미를 가지고 참여할 수 있는 주제를 먼저 안내하고 위의 단계를 참고하여 적용하는 것이 좋다.

MIT에서 제시하는 EPL 교육 전략

MIT 미디어랩에서 출판한 《창의컴퓨팅Creative Computing》(Brennen 외, 2014)에서는 창의컴퓨팅의 3가지 학습 요소를 개념Concept, 실제Practice, 관점Perspective으로 구분하였다.

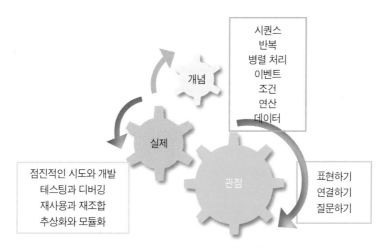

그림 7-4 | **MIT의 창의컴퓨팅**

MIT에서 제공하는 창의컴퓨팅을 실제 학교 수업에 적용하려면 구체적인 교육 내용을 파악한 뒤 교수 학습 모형에 따른 교육 전략이 필요하다. 브래넌 등은 창의컴퓨팅의 원리를 [그림 7-5]와 같이 4가지로 제시하여 각 단계에서 활용 가능하도록 제시하였다.

원리 1
창작하기

학습자들이 단순히 듣고, 관찰하고, 사용하는 것이 아니라 디자인하고 제작하는 데 참여하도록 기회를 제공한다.

원리 2
자기화하기

학습자들이 스스로 의미 있는 활동에 참여하도록 기회를 제공한다.

원리 3
공유하기

학습자들이 공동 제작자로서 다른 사람들과의 상호작용에 참여하도록 기회를 제공한다.

원리 4
되돌아보기

학습자들이 창의적 실습을 재사고하고 되돌아볼 수 있도록 기회를 제공한다.

그림 7-5 | **창의컴퓨팅의 원리**

예시로《스크래치와 함께하는 창의컴퓨팅》의 애니메이션을 다루는 단원의 구성을 보면 [그림 7-6]과 같이 5개의 세션으로 되어 있는데, 각 세션에서 4가지 원리를 적용한 학습 과정을 제안하고 있다.

세션 1		세션 2	세션 3	세션 4	세션 4, 5
스크립트 수행	밴드 만들기	주황색 사각형과 보라색 원	살아 있네!	디버깅하기	뮤직비디오 만들기
서로 다른 스크래치 블록과 스크립트를 움직이며 스프라이트의 일부를 움직여 본다.	상호작용이 있는 악기를 만들어 자기만의 뮤지컬 그룹을 만들어 본다.	주황색 사각형과 보라색 원이 포함된 프로젝트를 만들려면 어떻게 해야 할까?	움직이게 할 수 있을까? 그림에 생기를 불어넣기 위해 다양한 모양들을 시도해 볼 수 있다.	도와주세요! 5개의 스크래치 프로그램의 오류를 수정할 수 있을까?	음악이 있는 애니메이션을 결합해 나만의 스크래치 뮤직비디오를 만들 수 있을까?

그림 7-6 | **창의컴퓨팅의 세션 활동**

프로그래밍 개발 방법론에 의한 프로그래밍 언어 학습 전략

스크래치와 같은 블록형 교육용 프로그래밍 언어가 갖는 교육적 한계로 절차지향 패러다임을 들 수 있다. 대규모 소프트웨어 개발 또는 프로젝트에서 필요한 역량이 객체지향 패러다임이다. 절차지향 블록형 교육용 언어에 익숙한 상황에서 객체지향의 패러다임을 이해하기는 어렵다. 물론 창의컴퓨팅 교육이 전문 프로그래머나 소프트웨어 개발자를 양성하는 것을 최종 목표로 두고 있지 않기 때문에 블록형 언어인 스크래치를 통해 문제 해결력을 키우는 정도에서 수업이 이루어지는 것이 타당하다. 하지만 절차적 사고를 이용한 문제 해결을 넘어 객체지향적 패러다임인 재사용, 객체 간의 상호작용, 협업을 통한 개발, 효율적인 설계와 관리 방법 등에 대한 역량과 고급 사고력을 함께 이해하며 진행하는 것이 더욱 효과적인 수업이라는 것은 부인하기 어렵다. 또한 전문적인 프로그래머 양성이 목적이 아니더라도 컴퓨팅을 위한 창의적 문제 해결력을 지닌 인재를 양성하기 위해 프로그래밍 능력과 코딩 능력은 반드시 수반되어야 한다. 수학에서 셈하기가 반드시 필요하고, 영어에서 알파벳을 암기하는 것이 필요한 것처럼 말이다. 그러한 프로그래밍 능력과 코딩 능력을 넘어 소프트웨어 설계에 대한 효율적인 방법론과 패러다임을 함께 안내하는 것은 보다 상위의 창의컴퓨팅 목표를 실현하는 전략이다. 이러한 목표를 염두에 두고 이제 3가지의 프로그래밍 패러다임에 대해 구체적으로 살펴보자.

절차지향 프로그래밍 패러다임

절차적 프로그래밍은 인간의 사고 과정을 자연스럽게 순서의 흐름대로 나열하여 절차적인 문제 해결력과 알고리즘 사고를 신장시키는 데 도움이 된다. 이러한 전략에 의하여 프로그래밍의 명령어의 관계와 특징을 이해하고 자신의 사고 과정을 코드화해서 작성하는 수업을 전개할 수 있다.

절차지향 프로그래밍이 가지고 있는 절차의 복잡성, 즉 GOTO 분기 명령의 남용으로 인한 스파게티 소스를 해결하기 위한 방법을 배우기 전까지 수업에 사용하는 것을 추천한다. 알고리즘을 구현한 단일 모듈 또는 짧은 프로그래밍에 유효하다.

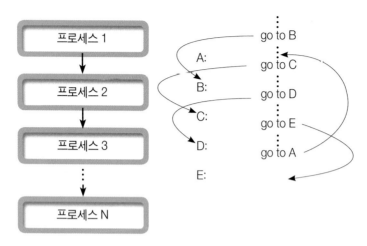

그림 7-7 | 절차적 프로그래밍과 스파게티 소스 문제

* 스파게티 코드: 컴퓨터 프로그램의 소스 코드가 복잡하게 얽힌 모습을 스파게티의 면발에 비유한 표현이다. 스파게티 코드는 작동이 정상적이지만, 사람이 코드를 읽으면서 그 코드의 작동을 파악하기는 어렵다. 스파게티 코드는 GOTO 문을 지나치게 많이 사용하거나, 프로그램을 구조적으로 만들지 않는 경우에 만들어지기 쉽다. (출처: 위키백과)

다음의 두 베이직 코드는 같은 작동을 한다.

```
10 dim i
20 i = 0
30 i = i + 1
40 if i <> 10 then goto 90
50 if i = 10 then goto 70
60 goto 30
70 print "Program Completed."
80 end
90 print i; "squared = "; i * i
100 goto 30
```

```
10 dim i
20 for i = i to 9
30     print i; "squared = "; i * i
40 next
50 print "Program Completed."
```

이때 앞쪽의 GOTO 문을 사용한 코드에 비해 뒤쪽의 코드는 for 문을 사용했고 작동 방식이 더 직관적이다.

구조지향 프로그래밍 패러다임

절차지향 프로그래밍의 고질적인 분기 문제를 해결하기 위한 대안으로 각각의 모듈을 구조화하고, 구조화된 모듈 간의 파라미터 값의 전달을 통하여 프로그램의 개발과 관리를 효율적으로 하기 위한 수업 전략으로 사용한다.

스크래치 프로그램에서는 '방송하기'와 '방송받기'로 구현할 수 있다. 학습자들이 공통으로 사용하는 명령어 집합을 별도의 모듈로 구현하거나 스프라이트에 명령을 분

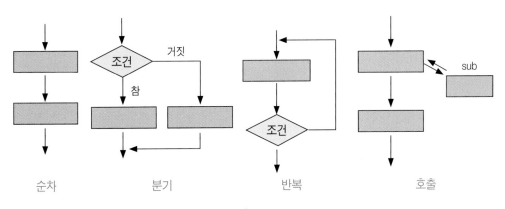

그림 7-8 | **구조적 프로그래밍의 핵심 문법**

리하여 사용함으로써, 절차지향 프로그래밍이 갖는 분기의 복잡성을 해결하고 프로그램의 유지 보수와 관리를 효율적으로 하는 방법을 수업에서 발견하도록 한다.

스크립트 언어에서는 sub 문을 이용하여 프로시저를 호출하는 방법을 사용한다.

객체지향 프로그래밍 패러다임

구조지향 프로그래밍이 갖는 한계는 각각의 소스 코드와 코드 내의 모듈들을 다른 프로그램에서 재사용하지 못한다는 점이다. 즉, 구조지향 프로그래밍 내에 코드들은 분리되어 호출하여 사용하지만 한 개의 코드로 저장되기 때문에 다른 프로그램에서 사용하기 위해서는 소스 코드를 분리하여 새로운 프로그램에 삽입하여 사용해야 한다.

따라서 객체지향 프로그래밍에서는 각각의 모듈을 따로 저장하고 새로운 프로젝트에서 사용될 모듈들을 다른 프로그램에서 필요한 모듈들만 끌어 모아 조립하는 형태로 사용한다. 이러한 과정에서 지켜야 할 약속과 원리들을 수업의 과정 속에서 이해하고 발견하도록 한다.

객체, 클래스, 멤버 변수, 메소드, 상속성, 은닉성, 추상화 등의 전략과 사용 방법을 이해하고 그에 따른 효율적인 프로그래밍 방법을 익혀 소프트웨어의 설계 능력을 신장한다.

절차지향 프로그래밍은 명령어에 대한 기초 개념을 이해하고 절차 사고와 알고리즘 개발 능력을 신장시키는 데 도움을 줄 수 있으나, 절차지향 패러다임에 몰입된 학습자가 객체지향 프로그래밍 패러다임의 개념을 이해하기 위한 단계로 전이하는 데 어려움을 겪는다. 이러한 관점에서 어떤 패러다임을 먼저 학습시켜야 되는지에 대한 고민이 필요하다. 학습자 연령에 따라 절차–구조–객체 또는 객체–구조–절차의 학습 순서를 결정해야 한다. 중등 이상의 학습자에게 처음 프로그래밍 패러다임을 수업하기 위해서

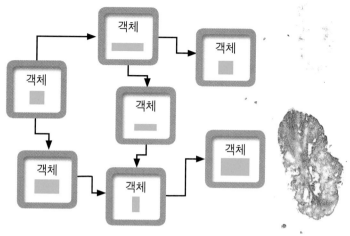

그림 7-9 | **객체지향 프로그래밍**

는 절차-구조-객체의 방법을 주로 사용하지만 객체-구조-절차의 수업 방법도 고려해야 한다.

프로그래밍 철학과 인간의 사고력

사고 중심 프로그래밍

프로그래밍은 코딩의 과정에서 인간의 절차적 사고를 바탕으로 다양한 인간의 사고력을 모방한다. 어떠한 프로그래밍 언어를 사용한다고 할지라도 절차적 사고를 알고리즘화할 때는 인간의 사고 과정과 사회의 구성 모델, 더 나아가 시간과 공간의 과학적 이론을 바탕으로 한다. 이렇게 인간의 사고를 모델링하여 프로그래밍하는 방법을 사고 중심 프로그래밍이라고 한다. 사고 중심 프로그래밍은 명령어의 특징과 기능을 인간의 사고 과정과 연계하여 자연스럽게 명령어를 이해하고 필요성과 효율적 활용 방법을 습득하도록 하는 학습 방법이다. 컴퓨팅 사고를 신장시키기 위한 관점으로 접근하는 동시에 프로그래밍 문법을 이해하도록 진행한다.

　블록형 프로그래밍 언어인 스크래치와 스크립트 언어인 파이썬을 이용하여 사고 중심 프로그래밍의 수업 전략을 살펴본다.

인간의 정보처리를 고려한 인터페이스 이해

　스크래치는 MIT에서 만든 프로그램으로 레고(Lego) 사의 지원을 받아 개발된 프로그램이다. 레고 블록을 조립하듯이 명령어들을 블록처럼 조립하며 자신의 생각을 절차적으로 프로그래밍할 수 있다.

　파이썬은 프로그래머인 귀도 반 로섬Guido van Rossum이 1991년 개발한 언어이다. 인터프리터 방식이며 객체지향과 동적 타이핑의 대화형 언어이다. 서버 측의 프로그래밍을 위해 개발된 언어로 다양한 플랫폼에서 사용할 수 있고 라이브러리가 풍부하여 쉽게 원하는 소프트웨어를 개발할 수 있다.

　먼저 스크래치와 파이썬의 개발 환경에 대해 살펴보면 컴퓨터의 4가지 구성 요소를 바탕으로 설계된 것을 볼 수 있다. 컴퓨터의 구성 요소는 앨런 튜링Alan Turing이 처음 제안하였다. 초기 컴퓨터는 암호를 해독하기 위한 기계로 개발하였지만 그 이면에는 컴퓨터의 구조와 기능을 설계할 때 인간을 모델로 하였다. 즉, 인간이 자극(S)에 대해 반응(R)을 보이는 것처럼 컴퓨터도 입력input을 하면 출력output이 될 수 있도록 구성한 것이다. 네 가지 구성 요소는 다음과 같다.

　ℙ(제어 연산, processing)는 인간의 뇌에 해당하는 것으로 입력해둔 자료를 0, 1 두

가지 숫자로 제어하는 연산을 수행한다. 이때 연산은 저장 장치에 있는 것을 비교와 덮어쓰기(덧셈) 두 가지 방법으로 처리한다. ⓜ(메모리, memory)은 연산에서 나온 값의 저장을 맡는다.

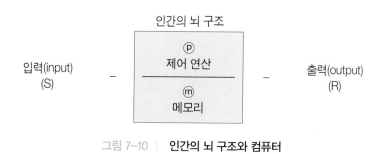

그림 7-10 | **인간의 뇌 구조와 컴퓨터**

이러한 인간의 뇌 구조와 컴퓨터의 구성 방식을 바탕으로 스크래치의 화면 구성을 살펴보면 [그림 7-11]과 같다.

[그림 7-12]는 이클립스 개발 환경을 이용하여 파이썬 프로그래밍을 하는 예이다. 스크래치 프로그램 개발 환경과 유사하게 입력, 출력, 처리와 저장에 관련된 영역으로 구분된 것을 알 수 있다.

절차적 사고

절차적 사고는 인간의 뇌에서 문제를 해결해 나가는 순서를 가진 처리 방법이다. 그 자체가 인간의 스토리텔링과 연결되어 있다. 문제를 해결하기 위한 설계를 할 때 절차적 과정을 생각하게 되는데, 이 과정을 디자인 사고^{design thinking}의 일부라고 할 수 있다. 디자인 기반 사고에서 제일 먼저 하는 학습이 절차적 사고이며, 프로그래밍은 사람의

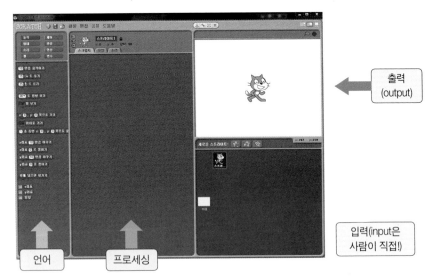

그림 7-11 | 스크래치 기본 화면 구성

그림 7-12 | 파이썬 화면 구성

생각을 절차적으로 표현하는 도구이다.

　　모든 프로그래밍 명령어는 기본 절차 명령들로 구성되어 있으며 절차적 사고를 가능하게 한다. 프로그래밍이 구동되기 위해 발아 명령이 필요하며, 발아 명령은 시작하는 이벤트를 말한다. 스크립트 명령과 블록 명령에서 이벤트를 이용하여 시작하게 된다. 예를 들면, 클릭되었을 때, 스페이스 키 눌렸을 때, 마이크 소리가 났을 때, 빛이 났을 때, 움직임이 포착되었을 때, 적정 온도가 감지되었을 때 등 발아 명령을 이용하여 다양하게 시작할 수 있다.

스크래치:

파이썬: 발아 명령이 명시적으로 되지 않고 콘솔에서 프로그래밍 코드의 이름을 직접 입력하거나 이벤트 명을 명시하여 시작한다.

그림 7-13 ｜ **시작 명령어**

직렬적 사고, 병렬적 사고

　　인간은 동시에 두 가지 일이 가능하다. 즉, 직렬적·병렬적 사고가 가능하다. 컴퓨터는 직렬 처리밖에 되지 않지만 같은 자원과 CPU의 분할과 공유를 통해 병렬 처리가 가능하다.

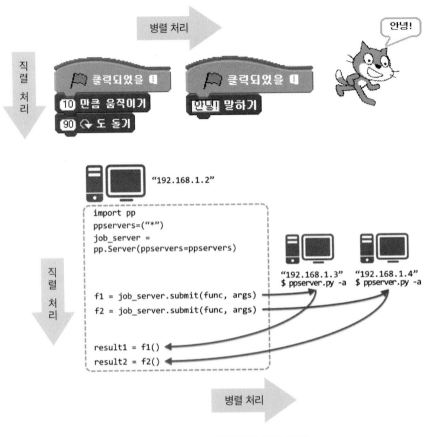

그림 7-14 │ **직렬 처리, 병렬 처리**

예측 능력

인간의 뇌는 예측 머신이다. 제프 호킨스^{Jeff Hawkins}가《생각하는 뇌, 생각하는 기계》
에서 말한 것처럼 인간의 뇌는 기본적으로 지금까지 축적한 수많은 데이터를 기반으로 패턴을 예측하는 시스템이다. 인간은 문제 상황을 접하면 문제 해결을 위한 예측을 가장 먼저 하게 된다. 예를 들면, 스크래치 프로그램에서 '고양이를 한 바퀴 돌게 하기 위해서 어떻게 하면 좋을까'라는 발문으로 생각을 시작하게 된다.

다음 사례를 통해 삼각형을 그리는 스크래치 소스를 보고 학습자들이 실행 결과를 예측하게 해본다. 프로그램을 실행하고 자신이 예측한 결과와 맞는지 확인하는 과정을 통하여 예측 능력에 대해 이해할 수 있다. 보다 더 심화된 프로그램 소스나 복잡한 모듈을 연결하여 처리하는 경우 더욱 고도화된 예측 능력을 발휘하게 할 수 있다. 이 과정에서 예측과 다른 결과가 나오는 경우 학습자는 예측에 대한 오류가 무엇인지 자기 성찰을 통해 시행착오를 줄이도록 하고 디버깅 작업을 통해 자신의 사고 과정을 재구조화하는 메타 사고의 경험을 하게 된다.

• 기초가 되는 스크럽트(반복문, 회전각 등)를 제공하고 정삼각형을 그리도록 한다.

• 다양한 각도를 넣어서 시행착오를 한다. 이를 통해 발견 학습도 가능하다.
(1도에서부터 값을 넣어도 가능하다. 하지만 곧 추론 능력을 통해 적당한 값을 예측할 수 있다.)

• 나타나는 오류에 대해 삼각형의 한 각이 60도라는 인간의 사고 관점에서 보기 때문에 직접 해보면 삼각형이 그려지지 않음을 발견할 수 있다. → 컴퓨터의 관점에서 선이 그려지기 위한 각도(120도)를 생각해봐야 한다. 세 변을 그리기 위한 반복 명령 3회를 한다.

• 추상화를 통해 정삼각형의 성질 파악 및 표현: '삼각형의 내각의 합은 180도이다, 한 각은 60도이다, 세 개의 변으로 둘러싸여 있다' 등을 파악한다.

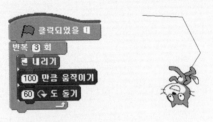

많이 하는 오류

정삼각형 만들기

효율적 사고와 자동화 능력

앞의 사례에 제시된 소스 코드에서 고양이가 한 바퀴 돌아 제자리로 돌아가기 위해서는 마우스 클릭을 네 번 반복해야 한다. 만약 열 바퀴를 돌게 하려면 마우스를 40번 클릭해야 한다. 이러한 상황은 학습자에게 효율적인 처리 전략을 탐색하게 하는 것으로, 명령어에서 반복문을 사용해야 하는 좋은 사례이다. 반복문을 사용하여 같은 패턴의 명령군과 모듈을 처리하게 하면 인간이 굳이 단순한 행동을 반복해서 힘들게 할 필요가 없다. 반복문의 사용이 인간의 효율적 사고와 행동에 결부되어 있다는 것을 인식할 수 있다. 즉, 반복 명령은 인간의 효율성 문제와 직결되어 있으며 산업사회에서는 자동화와 관계가 있다. 컴퓨터의 가장 좋은 점은 인간을 대신하여 처리해 주는 것이고, 인간의 신체 행동과 사고 과정을 자동화해 주는 데 있다. 지넷 윙이 제시한 컴퓨팅 사고의 자동화와도 연계된다.

프로그래밍 내에서는 이러한 효율적 사고와 자동화의 과정이 잘 나타난다. 이러한 반복 명령문의 이해를 통하여 디지털 시대에 필요한 효율적 사고 과정을 탐색하고 누구나 코딩을 해야 하는 이유를 찾을 수 있다. 더 나아가서는 인간의 직업 중 단순 반복을 하는 노동과 전문 작업은 컴퓨팅 능력의 반복 처리, 즉 자동화에 의해 대체되고 있다는 것을 알 수 있다. 학생의 미래 직업과 진로에 대한 결정을 도와주는 수업으로 자동화로 인한 직업의 선택을 고민하도록 제시할 수 있다.

 **CASE 사례** 반복 명령 사용의 스크래치 예시

반복 명령 사용 전

반복 명령 사용 후

반복 명령 사용의 파이썬 예시

```
for i in range(10):
    print(i)
```
⇒
```
i=0 → print(i)
i=1 → print(i)
i=2 → print(i)
...
i=9 → print(i)
```

앞서 반복문을 이용하여 수학에서 정의한 사각형을 그려보는 사례를 다시 한 번 자세히 살펴보자. 수학에서 정의하는 정사각형은 '네 변의 길이가 모두 같고, 네 각의 크기가 90도인 도형'이다. 하지만 프로그래밍을 통해 정의한 정사각형은 수학의 추상적 언어 정의와 다른 관점으로 사용자의 눈에 보일 수 있도록 시각화할 수 있다.

정사각형의 정의 = 네 변의 길이가 모두 같고, 네 각의 크기가 90도인 도형

CT 관점에서 정사각형의 정의 =

그림 7-15 | **정사각형의 정의**

선택과 결정 능력

인간의 삶은 어찌 보면 어떤 문제가 발생했을 때 문제를 해결하기 위한 선택의 과정이다. 해결책을 찾는 것 자체가 여러 가지 대안 중의 하나를 선택한다는 것과 같다. 프로그래밍에서도 단순히 순차적인 명령의 수행과 모듈의 처리를 반복적으로 하는 명령을 넘어 선택을 요구하는 문제 상황이 발생한다. 이것을 통해 단순한 입력(S)에 대해 반응(R)하여 처리하는 행동주의적 관점을 넘어 문제점을 이해하고 인지 능력을 바탕으로 판단하여, 그에 대한 해답을 선택하는 능력을 통해 인지주의적 관점에서 학습하게 한다.

다음 사례는 순차적인 명령과 반복적인 명령을 조건문에 의해 다양하게 변화시키고 그 답을 찾아가는 과정을 보여준다.

선택과 결정 능력 스크래치 예시

서로 지나치지 않고 만났을 때 인사하려면?
이때 문제 해결력이 필요하다.

조건 명령문 사용

이 상황에서는 고양이가 계속 앞으로 나간다.

서로 피해서 가게 하려면 공간에 대한 문제 해결이 필요하다.

대수, 기하학이 만나는 지점(데카르트—공간을 수치로 처리. 기하 영역에 수학이 들어옴 → (0, 0), X축, Y축)

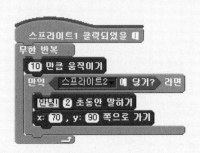

인사 후 이동

조건 명령문 사용(안녕이라 말하고 피해 가기)

선택과 결정 능력 파이썬 예시

```python
>>> a=10
>>> if a>10:
        print("a>10")
elif(a<10):
        print("a>10")
else:
        print("a>10")

a=10
```

상호작용을 통한 의사소통 능력

인간은 혼자 살 수 없는 사회적 동물이다. 자신보다 다른 사람들이 더 나은 해결책을 가지고 있을 때 적절한 의사소통을 통해 문제를 해결히도록 요구할 수 있나. 구성주의적 관점에서 사회와 상호작용하며 자신이 처한 문제를 해결하고 이를 통해 자신이 가진 지식을 재구성하는 과정을 거친다.

프로그래밍에서도 자신의 명령 집합 또는 모듈 내에서 처리하는 것보다 다른 객체나 모듈을 통해 상호작용을 하고 문제를 처리하는 방법을 사용한다. 앞장에서 논의한 것처럼 절차적 프로그래밍 패러다임을 넘어 관리와 운영을 효율적으로 하기 위한 구조적 프로그래밍 패러다임의 주요 기법으로 호출문을 사용한다.

다음은 호출문을 통하여 자신의 객체 대신 다른 객체가 명령을 수행하도록 방송하기와 방송받기 또는 프로시저 호출을 통하여 상호작용하는 사례이다.

상호작용을 나타내는 스크래치 예시

방송하기, 방송받기

상호작용을 나타내는 파이썬 예시

```
def azureml_main(dataframe1 = None, data
# Code to populate the result
    result = pandas.DataFrame(...)
    return result,
```

이상의 대표적인 여섯 가지 사고력에 대한 예시 외에 인간의 사고력과 프로그래밍 언어와의 관계는 더 많은 관점에서 다양하게 고찰해볼 수 있다. 이런 사고 과정과 프로그래밍의 명령어를 결부시켜 학습하는 전략은 컴퓨터의 필요성과 기능에 대한 이해를 깊게 할 수 있다. 또한 인간에 대한 탐색 그리고 인간의 사고 과정에 대한 메타 인지력이 어떤 과정을 거치는지에 대해 이해하게 된다. 재귀 명령(재귀 알고리즘)처럼 자기 자신에 대한 반복적인 메타 사고 과정을 처리하는 것과 유사하다.

기존의 프로그래밍 교육은 명령에 대한 정확한 이해와 사용에 대한 기술을 바탕으로 소프트웨어를 개발하는 데 있다. 그에 반해 창의컴퓨팅 교육은 코딩 교육, 프로그래밍 교육, 소프트웨어를 개발하는 교육이 아닌 인간 본연의 것을 찾아가는 데 중요한 가치를 두는 교육이라 할 수 있다. 또한 학습자들이 프로그래밍의 문법과 문제 해결의 알고리즘을 심도 있게 이해하는 데 중요한 단서를 제공한다.

 스크래치를 활용한 창의컴퓨팅
교육 실제

창의컴퓨팅과 컴퓨팅 사고

- 학습 소재: 사각형 그리기
- 학습 내용: CT 개념(시퀀스, 반복, 분해, 패턴 인식, 추상화, 알고리즘)

    CT 실습(반복과 점진적인 작업, 테스팅과 디버깅, 추상화와 모듈화)

수업 단계	학생의 주요 활동
놀이	• 주어진 프로그램에서 사각형의 특징을 살펴본다. • 주어진 블록을 탐색한다. • 주어진 조건과 문제의 해결 방안을 파악한다.
수정	• 주어진 블록으로 수정 삽입의 다양한 시도를 한다. • 사각형의 그림이 나오지 않을 경우 그 문제점을 파악한다. • 반복적 적용과 점진적 시도를 통하여 사각형의 특징을 코드로 구현한다. • 다른 친구의 사각형 코드를 공유하고 더 나은 방법을 찾는다.
재구성	• 기존 프로그램을 재구성하여 오각형과 다각형, 원을 그려본다. • 다양한 도형의 특징을 탐색한다. • 구현한 다각형을 이용하여 자유롭게 패턴이 있는 그림을 그린다.

놀이와 수정 단계

위 코드는 객체를 100만큼 움직이고, 90도 돌기를 네 번 반복하여 정사각형을 그리는 예이다. 이것이 프로그래밍에서 정사각형을 정의(추상화)하는 방법이다. 학습자의 눈에 과정과 결과가 나타남으로써 절차적 사고와 반복문을 통한 효율적 사고, 명령에 대한 추상화를 통해 컴퓨팅 사고를 신장시킬 수 있다.

이동 거리와 각도를 수정하여 오각형 또는 원을 그려본다. 이 과정에서 패턴을 발견하고 점진적 개선을 통해 컴퓨팅 사고를 신장시킨다.

재구성 단계

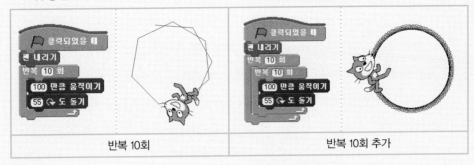

반복 10회	반복 10회 추가

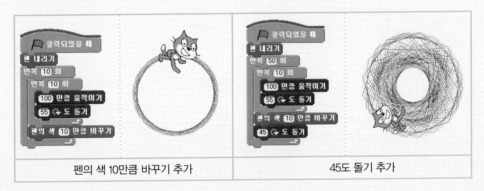

펜의 색 10만큼 바꾸기 추가	45도 돌기 추가

창의컴퓨팅과 엔터테인먼트

- 학습 소재: 공 튀기기 게임
- 학습 내용: CT 개념(시퀀스, 반복, 조건, 이벤트)

    CT 실습(반복과 점진적인 작업, 테스팅 및 디버깅, 추상화와 모듈화)

수업 단계	학생의 주요 활동
놀이	• 공 튀기기 게임을 실행해본다. • 공이 튀기는 각도가 어떻게 작동하는지 생각해본다. • 공과 막대의 관계를 생각해본다.
수정	• 공과 막대, 벽돌을 만들어본다. • 공과 막대의 관계를 생각하고, 이와 같은 패턴을 공과 벽돌에 적용해본다. • 점수 변수를 추가해본다.
재구성	• 공 튀기기 게임을 응용하여 다양한 게임을 만들어본다. • 물고기 게임, 상어 게임, 공 튀기기 업그레이드 버전 등

벽돌 깨기 프로그램

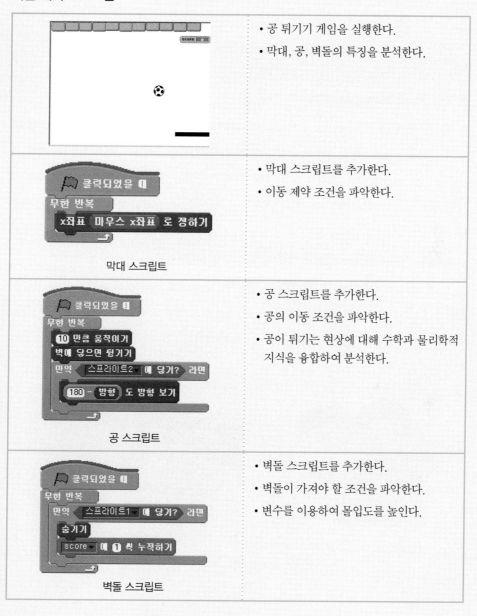

(게임 화면)	• 공 튀기기 게임을 실행한다. • 막대, 공, 벽돌의 특징을 분석한다.
막대 스크립트	• 막대 스크립트를 추가한다. • 이동 제약 조건을 파악한다.
공 스크립트	• 공 스크립트를 추가한다. • 공의 이동 조건을 파악한다. • 공이 튀기는 현상에 대해 수학과 물리학적 지식을 융합하여 분석한다.
벽돌 스크립트	• 벽돌 스크립트를 추가한다. • 벽돌이 가져야 할 조건을 파악한다. • 변수를 이용하여 몰입도를 높인다.

페어 프로그래밍
기법

창의컴퓨팅과 페어 프로그래밍

일반적으로 프로그래밍을 통한 절차적 사고의 구현은 개인 혼자서 하는 경우가 대부분이었다. 그러나 프로젝트의 규모가 커지고 소프트웨어 개발의 방법이 객체지향 프로그램으로 진화하면서 혼자보다 여럿이 함께 개발하거나 다른 사람의 프로그램을 재사용하는 경우가 많아졌다. 특히, 단일 모듈을 여러 명이 협력하여 팀 프로젝트로 진행하면서 상호의 아이디어에 의견 차이가 발생하고, 기능보다는 의사소통과 배려에 대한 감성적 부분이 프로젝트의 성공 여부를 결정하게 되었다.

이제 프로그래밍에서 두 명 이상의 학생이 참여하여 하나의 프로젝트를 완성하는 페어 프로그래밍 수업 기법을 소개한다. 페어 프로그래밍 기법은 팀 프로그래밍이라고도 하며 21세기 학습자 역량을 향상시키는 아이디어를 제시해주는 수업 기법이다.

그림 7-16 │ **페어 프로그래밍**

페어 프로그래밍의 구성

페어 프로그래밍을 적용하기 위한 짝은 다양하게 구성할 수 있다. 대상은 개별 학생과 학생 집단, 그리고 교사의 참여 외에도 전문 프로그래머가 함께할 수 있다.

- 학생과 학생(2명, 3명): 2, 3명의 학생이 돌아가면서 프로그래밍을 구현하거나 짝을 이루고 역할을 나누어 한 가지 프로젝트를 완성해 나간다.
- 교사(전문가)와 학생: 교사가 참여하여 의도적으로 도와주거나 일부러 오류를 만들어 인지적 과부하를 제공하여 상대 학생들의 디버깅 능력과 창의적 아이디어를 산출하도록 유도한다.
- 학생 개인과 학생 집단: 프로그래밍 경험이 있는 학생 개인과 집단 학생들을 대상으로 교대로 프로그래밍을 작성하며 경험 있는 학생의 노하우를 집단의 학생들이 쉽게 공유하도록 구성한다.
- 학생 집단과 학생 집단: 학급의 학생들을 두 팀으로 나누어 프로그래밍을 구현하도록 하여 집단의 생각을 공유하고 보다 나은 해결책을 수렴해 가는 과정을 배울 수 있도록 구성한다.
- 집단 프로그래밍: 몹 프로그래밍 또는 팀 프로그래밍이라 하여 팀 프로젝트를 진행할 때 여러 명의 학생들이 참여하여 프로그램을 작성한다.

페어 프로그래밍의 제약 조건

제약 조건은 학생들의 논리적 사고를 더욱 날카롭게 할 뿐만 아니라 제약 조건의 범위 안에서 창의적 사고를 이끌어 낸다. 어려움에 처한 상황에서 나름의 해결 방안을 찾아가고 상대방과의 소통과 협력을 통하여 문제를 해결해 간다. 제약 조건의 예는 다음과 같다.

- 제한된 블록의 개수(1개, 5개 등)를 서로 교차하여 개발
- 서로 말을 하지 말고 블록만 하나씩 놓으면서 상대의 의도를 파악하게 하는 경우
- 짝이 내가 만든 블록을 수정할 수 있게 하는 경우와 수정하지 못하게 막아 놓는 경우

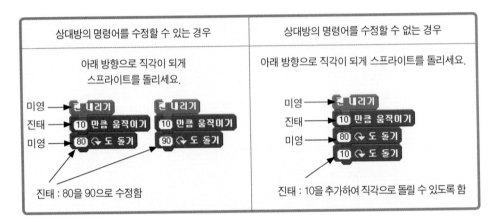

그림 7-17 | **상대방의 명령어를 수정할 수 있는 경우와 없는 경우의 예시**

- 스크래치 블록(명령어 군)을 구분하여 자신이 맡은 색의 블록만 사용
- 시간을 두고 역할 바꾸기(30초, 1분 등)
- 미완성된 프로그램을 수정하거나 디버깅하기

이러한 제약 조건은 학생들의 사고력 향상에 많은 도움을 줄 수 있지만 그에 따른 갈등 상황도 빈번히 발생하여 수업이 실패할 수 있다. 따라서 제약 조건의 배경을 설명하며 학습자들과 사전에 서로를 배려하도록 약속해야 한다.

- 서로 신뢰하고 코드에 대해 지나치게 소유욕을 갖지 않기
- 방어적이지 않고 열린 마음으로 긍정적이고 칭찬의 말만 하기
- 대화를 자주 나누고 무조건 질문하기: 논쟁하여 승자와 패자로 나누지 말 것
- 디버깅 같이하기

페어 프로그래밍에 참여한 구성원의 역할은 다음과 같이 구분된다.

- 상호 균등하게 역할 진행하기
- 주 프로그래머(드라이버), 보조 프로그래머(내비게이터)로 나누기
- 프로그래머, 스토리보더, 디자이너 등의 역할 나누기

페어 프로그래밍을 위한 인프라 구성은 학교 내에 설치된 환경을 이용하여 여러 가지 방법으로 효율적으로 진행할 수 있다.

- 일반 교실 환경(교사용 컴퓨터가 한 대만 있는 경우)에서 학생이 블록 코딩을 지시하고 교사는 학생의 지시에 따라 블록을 나열하며 코딩을 하는 방법
- 컴퓨터 1대에 2명이 앉아서 서로 교대하며 작성하는 방법
- 컴퓨터 1대에 마우스와 키보드를 2개씩 USB 허브에 꽂아 이동 없이 작성하는 방법
- 빔 프로젝터나 2대의 모니터를 이용하여 같은 프로그래밍을 고민하여 작성하는 방법

그 외에 화면 미러링 도구나 좋은 스마트 기기를 교사가 적절히 사용한다면 학습의 효율성을 높일 수 있다.

페어 프로그래밍의 장점과 단점

현실 세계의 프로그래머들에게 고품질의 소프트웨어 개발을 위해 사용되는 페어 프로그래밍 기법은 수업에서 2명 이상의 학습자가 기능적 · 인지적 상호작용을 하면서 의사소통과 협력 속에서 효과적인 프로젝트 수업으로 발전시킬 수 있다. 수업 시간에서의 제약 조건을 벗어나 실제적인 프로젝트가 실행될 때 페어 프로그래밍 기법은 다음과 같은 장 · 단점을 갖는다.

페어 프로그래밍의 대표적인 장점은 다음과 같다.

- 작업 효율성이 단기적으로는 떨어지나 시간이 지날수록 점차 높아진다.
- 작업의 집중도가 매우 높다. 상호 협력하기 때문에 게임 등의 딴짓을 하지 못한다. 집중의 지속 시간도 길다.
- 전문성이나 경험 지식 공유로 비용이 절감되고 상호 지도와 학습이 이루어진다.
- 프로그래밍 라인 수 감소와 낮은 결함률로 작업의 품질이 높다.
- 상호 격려를 통해 문제 해결의 과정에 대한 포기 등의 나약함이 억제된다.

이러한 장점 외에 단점도 있다.

- 상호 프라이버시 침해가 발생할 수 있다.
- 상호 견제나 의견 충돌로 인한 감정적 갈등이 발생할 수 있다.
- 상호 책임을 떠넘기거나 잘하는 학생 혼자 프로젝트를 수행하여 짝이 무임승차하는 경우가 발생할 수 있다.

이러한 단점을 사전에 방지하기 위해서는 교사의 수업 전략과 수업 환경을 학생들에게 미리 훈련하거나 숙지시킬 필요가 있다(http://c2.com/cgi/wiki?PairProgramming
TipsAndTricks 참조).

- 강요하지 말아야 한다.
- 혼자 너무 오래 코딩하지 말고 자연스럽게 돌아가면서 하도록 한다.
- 의사소통하되 많이 듣도록 한다.
- 자주 쉬어야 한다.
- 즐기고 긍정적인 마음을 가져야 한다.
- 서로 믿음을 가지도록 격려해야 한다.
- 상대방이 아니라 자신이 잘못했을 가능성에 대해 사전에 인식시켜야 한다.
- 경험이 적거나 많은 사람을 함께 짝으로 구성하여 다양한 경험을 제공한다.
- 코드에 대화를 담도록 하고 가능하다면 스토리를 담도록 유도한다.

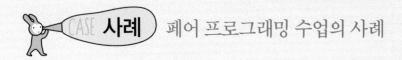

사례 · 페어 프로그래밍 수업의 사례

- 학습 소재: 협력하여 문제 해결하기
- 학습 내용: CT 개념(시퀀스, 반복, 조건, 이벤트)

  CT 실습(반복과 점진적인 작업, 테스팅과 디버깅, 추상화와 모듈화)

  CT 관점(협력, 배려, 의사소통)

학습 활동

과제 안내 및 제약 조건 안내(5분)

▶ 지금부터 페어 프로그래밍을 시작하겠습니다.

▶ 수행해야 할 과제는 다음과 같습니다.

　대포를 구현하여 목표물을 맞히는 시뮬레이션 프로그램 제시

▶ 과제 수행 중 제약 조건을 지켜주세요.

- 각자 1회에 작성할 시간은 30초 이내로 제한
- 각자 1회에 사용할 수 있는 블록은 3개 이내로 제한
- 다른 사람이 만든 블록은 건드릴 수 없음
- 코딩이 시작되면 완성될 때까지 서로 말을 할 수 없음
- 화를 내거나 짜증내지 않기

▶ 이제 문제 해결을 위해 서로 토론 시간을 가지겠습니다.

문제 해결을 위한 논의(5분)

- ▶ 상호 토론 시간을 갖는다.
- ▶ 문제 분석 및 목표 공유
- ▶ 문제 해결을 위한 전략 선택
- ▶ 인터페이스 및 입출력 확인

페어 프로그래밍을 통한 문제 해결(15분)

- ▶ 이제부터 두 명이 팀을 이루어 과제를 해결하도록 하겠습니다.
- ▶ 제약 조건을 지키며 서로 도와 과제를 해결하도록 하세요.
  - • 두 명이 팀을 이루어 문제를 해결해 간다.

디버깅 및 다른 아이디어 적용(5분)

- ▶ 이제 여러분의 해결 전략에 대해 상호 논의하고 디버깅 작업을 해주세요.
- ▶ 보다 나은 방법으로 다른 아이디어를 적용해보세요.

다른 팀의 해결 내용 공유 및 토론(10분)

- ▶ 다른 팀의 해결 내용을 상호 공유하는 시간을 갖겠습니다.
  - • 한 팀씩 발표한다.
  - • 각 팀의 아이디어를 평가하고 다른 대안들을 토론한다.
  - • 정리한다.

예시 화면

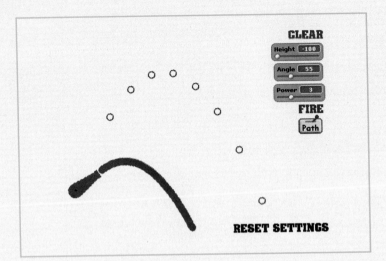

내년부터 초 · 중등학교 교과명 사라져

　2009년에 출판된 《유엔 미래보고서》(박영숙 외, 교보문고)에 따르면, 핀란드 · 싱가포르 · 말레이시아는 초 · 중등학교에서의 교과목을 현재의 국어, 수학, 과학, 영어 등에서 문제 해결 능력, 의사 결정 능력, 비판적인 사고, 창의적인 사고, 의사소통 능력, 팀워크, 리더십 등으로 바꾸기 위해 우선 대학에서의 전공과목을 대대적으로 수정하는 작업에 들어갔다. 이런 결정은 이제 일반적인 과학, 물리, 생물 등의 지식이나 정보는 인터넷에 널려 있기 때문에 단순한 지식 습득이나 정보 암기가 필요 없는 새로운 시대에 적응하려는 노력을 담고 있다.

　이러한 보고서를 바탕으로 2020년 멀지 않은 미래에 다음과 같은 뉴스가 나오지 않을까?

내년부터 초 · 중등학교 교과명 사라져

산업사회의 유물인 국어, 수학, 과학, 영어 등의 교과명이 사라지고, 내년부터는 교과명 대신 미래를 살아가는 데 필요한 핵심 역량인 문제 해결, 의사소통, 정보처리, 국제화 등으로 변화가 ……
이에 따라 내년부터 시험장에 스마트기기의 휴대가 가능하고, 수학 문제 풀이는 컴퓨터로 풀게 된다. 논리적 사고를 신장시키기 위한 수학능력시험은 인간의 언어가 아닌 기계의 언어인 프로그래밍으로 대체될 예정이다.

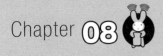

Chapter 08

소프트웨어와 하드웨어의 연결,
피지컬 컴퓨팅

인간이 100년을 살면서 단지 300MB밖에 기억하지 못하는 것은 너무 가혹하다.

CD 한 장보다도 못하다니, 인간은 정말 점점 더 초라해지고 있다.

마빈 민스키|Marvin Minsky

소프트웨어와 하드웨어의
연결, **피지컬 컴퓨팅**

피지컬 컴퓨팅
개요

피지컬 컴퓨팅이란

　피지컬 컴퓨팅의 개념은 컴퓨터 과학자들이 아니라 뉴미디어 아티스트들에 의해 정립되고 발전되어 왔다. 피지컬 컴퓨팅은 디지털 기기를 이용하여 실세계로부터 물리적인 방식으로 아날로그 정보를 입력받거나 아날로그 정보를 디지털화하여 처리한 결과를 물리적인 방식으로 출력하는 컴퓨팅 방식을 말한다. 마우스, 키보드 등의 표준 입력장치와 모니터, 스피커 등의 표준 출력장치와 함께 연산과 제어를 가능하게 하는 중앙처리장치를 이용하여 디지털 매체에 물리적인 특징을 연결하려는 시도라고 볼 수 있다.

　피지컬 컴퓨팅은 디지털 기술 및 장치를 이용하여 사용자로부터 물리적인 방식으로 아날로그 정보를 센서sensors로 입력받아 처리한 디지털 정보처리 결과를 물리적인 방식으로 모터나 구동기actuators로 출력하는 구조로 되어 있다. 따라서 피지컬 컴퓨팅 활동을 한다는 것은 상호작용이 가능한 시스템이 현실 세계의 모습을 각종 센서들을 통해 이

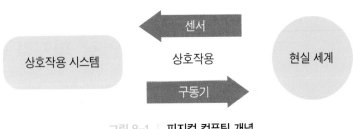

그림 8-1 | **피지컬 컴퓨팅 개념**

해하고, 모터나 LED 또는 그 밖의 각종 작동 가능한 구동기기들이 반응하는 시스템을 만드는 일련의 과정이라고 볼 수 있다.

피지컬 컴퓨팅 교육

피지컬 컴퓨팅은 전통적으로는 임베디드 컴퓨터라고 볼 수 있으며, 현재의 피지컬 컴퓨팅은 하드웨어 기술이 뒷받침되고 가격이 저렴해지면서 교육의 접근성이 높아졌다. 이처럼 쉽게 접할 수 있게 되었다는 이점과 함께 쉬운 프로그래밍을 적용하여 자신이 생각하는 어떠한 것과도 연결시킬 수 있어서 피지컬 컴퓨팅 교육에 대한 관심이 증가하고 있다. 학생들이 '마우스와 모니터에서 벗어나' 실제로 조작하거나 만질 수 있는 tangible 기기를 이용하여 컴퓨터 과학을 이해하고 소프트웨어를 현실 세계와 융합시키는 실제적인 학습을 통해 피지컬 컴퓨팅 교육이 더욱 활성화되었다.

교육에서의 피지컬 컴퓨팅의 기원은 MIT 미디어랩에서 찾을 수 있다. MIT 미디어랩의 페퍼트 교수가 개발한 로고 언어로 블록형 레고 장난감을 구동하여 교육에 적용한 것이 피지컬 컴퓨팅의 시작이라고 볼 수 있다. 이러한 물리적 블록 프로그램은 이후 스크래치와 같은 블록형 교육 프로그래밍 언어가 탄생하는 계기가 되었다. MIT 미디어랩에서는 이후에도 탠저블 사용자 인터페이스Tangible User Interfaces, TUIs 개념을 사용하며 물리적인 블록 장난감을 조립하면서 프로그래밍을 하는 Lego MyBot, Tangible Mozart를 개발하였다. 또한 이탈리아 예술가들에 의해 아두이노 보드가 개발되면서 저렴하면서도 성능이 좋은 컴퓨팅 보드가 전 세계로 확산되었다. 이후 라즈베리파이, 스크래치센서보드, 갈릴레오보드 등 다양한 아두이노 변형 보드가 발표되면서 피지컬 컴퓨팅 교육의 활성화에 도화선을 붙였다.

피지컬 컴퓨팅 교구의 특징

피지컬 컴퓨팅 교구는 전통적인 컴퓨터 구조, 즉 입력장치, 출력장치, 연산-제어장치, 기억장치의 일부 또는 모두가 필요하다. 이러한 전통적인 입출력 인터페이스의 확장으로 인하여 입력장치와 출력장치의 접근이나 제어가 쉬우며, 유동적이고 가용성이 높아 다양한 장비(아날로그, 디지털)를 자유롭게 연결할 수 있다.

피지컬 컴퓨팅 교구는 네 가지 장치 중 한 가지 이상을 가지고 컴퓨터와 연동할 수 있어 컴퓨팅이 가능하다. 이것은 프로그래밍을 할 수 있다는 뜻이기도 하다. 먼저 임베디드된 프로그램을 통하여 피지컬 컴퓨팅 교육을 할 수 있다. 예를 들어, 리틀비츠 LittleBits와 같은 교구는 컴퓨터 없이 자체 내장된 프로그래밍 모듈을 이용하여 창의적인 디지털 제어 장치를 개발할 수 있다. 이렇듯 피지컬 컴퓨팅의 원리를 배운 후 본격적으로 컴퓨팅(프로그래밍, 제어와 연산 등)을 하고, 이후 실세계의 다른 영역과 연동하여 컴퓨팅 융합의 단계로 나아갈 수 있다.

피지컬 컴퓨팅 도구들은 비용적인 측면에서 초·중등 학생들에게 적용하기 부담스러워 현장 교육의 적용에 걸림돌이 되고 있다. 기본 피지컬 보드 외에 추가적으로 필요한 입출력 모듈과 특화된 기능을 가진 장비를 추가로 구입하게 되면 교육 예산이 부족한 학교에서 수업에 적용하기가 힘든 것이 사실이다. 또한 망가지기 쉽고 분실하기 쉬우며 패키지화된 부품들이 서로 뒤섞이면서 실습보다는 정리정돈과 부품을 찾는 데 많은 시간이 소요되는 문제점들도 있다. 그러나 피지컬 컴퓨팅 도구는 갈수록 저렴해지고 사용이 간편해지면서 디지털 장비를 이용하여 첨단 소프트웨어 융합 장비나 사물인터넷을 구현하고 있다. 따라서 피지컬 컴퓨팅을 통해 창의성을 발휘하고 컴퓨팅에 의한 새로운 변화를 주도하는 컴퓨팅 사고를 신장시킬 수 있어, 현장에서의 피지컬 컴퓨팅 교육의 가치가 점점 커지고 있다.

피지컬 컴퓨팅 교구의 유형

피지컬 컴퓨팅 교구는 사용자가 사용하는 데 있어서 제약 사항의 유무, 접근성과 확장성, 수업에서의 학생의 수준과 수업의 난이도, 교구의 적합성에 따라 다음과 같이 분류할 수 있다. 이러한 분류는 표준화된 것이 아니며, 교육에 적용할 때 학생의 수준, 수업의 유형, 준비, 비용 등을 고려하여 적합한 학습을 위해 제시하는 팁이라고 생각하면 좋다.

전통적인 인터페이스란 컴퓨터에 붙어 있는 키보드, 마우스, 모니터, 프린터, 스피커 등의 일반적이고 범용적인 입출력 장치를 말하는데, 이를 굳이 피지컬 컴퓨팅 교구로 확장하는 것은 제외한다.

이러한 피지컬 컴퓨팅 도구의 분류는 수업에서 일반적으로 사용할 때 가르치는 교사와 배우는 학생들의 기능적 · 인지적인 수준을 고려한 기준으로 구분한 것이며 객관적이거나 표준화된 분류는 아니다. 왜냐하면 어떻게 접근하고 활용하느냐에 따라 난이도가 달라지기 때문이다.

표 8-1 │ 사용하는 데 있어서 제약의 유무에 따른 분류

기준	유형	세부 내용	CS 영역	기반 사고
사용에 따른 제약의 유무	제한적 타입 (limited type)	• ADC & DAC(Analog to Digital Converter), IO(입출력), 센싱 기술, Actuator(구동계, 모터) • 예제 교구: 센서보드, 원보드 컴퓨터, 립모션, 키넥트, 스마트 기기 등 • 인간을 대체하기 위해 만든 산물이 컴퓨터이므로 기본적으로 뇌의 인식과 상호작용을 처리하기 위한 AD 센싱 처리. 몸을 움직이기 위해서 구동 시스템을 처리하기 위한 컴퓨팅 기술이 바로 피지컬 컴퓨팅임	• 하드웨어 • 컴퓨터 구조 • 네트워크	디자인 사고 융합적 사고
	비제한적 타입 (unlimited type)	• 공학적 설계, ADC & DAC, 센싱 기술, 자유도 증가에 따른 복잡성 처리(자신의 설계에 따라 조립하고 재구성의 과정과 프로그래밍을 일치시키는 능력이 요구됨) • 예제 교구: 아두이노, 마인드스톰, 메이키 메이키, 레고 위두, 리틀비츠, 비트브릭 등	• 임베디드 시스템 • 논리회로	컴퓨팅 사고

표 8-2 │ 접근성과 확장성에 따른 분류

기준	유형	세부 내용
접근성과 확장성	물리적 입력과 출력이 동시에 가능	아두이노, 갈릴레오보드, 라즈베리파이, 레고 위두, 마인드스톰, 메이키 메이키, 센서보드
	물리적 입력 위주	키넥트, 립모션, NFC, 각종 센서 모듈
	물리적 출력 위주	3D 프린터, LED, 모터, 스피커 등

표 8-3 │ 난이도에 따른 분류

기준	유형	세부 내용
활용 난이도	쉬움	리틀비츠, 레고 위두, 메이키 메이키
	보통	센서보드, 레고 마인드스톰, 센서보드
	어려움	라즈베리파이, 아두이노, 갈릴레오보드, 비글본 블랙

피지컬 컴퓨팅 수업 전략

피지컬 컴퓨팅 수업 개요

피지컬 컴퓨팅을 쉽게 설명하면 프로그래밍을 현실 세계의 전자 제어 기기에 적용해보는 것이다. 다시 말해, 인터페이스를 통해 센서를 제어하는 활동이다. 이러한 활동을 통해 창의적으로 문제 해결력을 키울 수 있다. 실제 물리적인 것들을 활용하면 전통적인 프로그래밍과 인터페이스에서 벗어나 실세계로 확장하면서 새롭고 다양한 창의성이 발현될 수 있다.

피지컬 컴퓨팅 수업의 운영 방법은 창의컴퓨팅의 교육 영역을 고려하여 다음과 같이 적용할 수 있다.

첫째로 피지컬 컴퓨팅 단일 활동으로 구성하여 운영할 수 있다. 리틀비츠와 같은 교구들은 구동 모듈이 교구 자체에 임베디드되어 다른 교구나 센서 모듈과 연동하여 융합적인 컴퓨팅 활동을 할 수 있다. 피지컬 컴퓨팅의 교구만을 활용하는 경우에는 컴퓨터 과학과 프로그래밍의 소양 교육이 선행되어야 한다. 리틀비츠의 경우 프로그램할 수 있는 환경이 아닌 폐쇄적 전자회로로 가정한다. 이러한 경우 프로그램을 직접 작성하지 않고도 컴퓨팅 사고를 신장시킬 수 있는 전략으로 절차적 사고를 가능하게 한다. 프로그래밍이 아니라 리틀비츠 각 모듈의 연결과 순서, 배치, 응용하는 과정에서 절차적 사고, 알고리즘 사고, 예측 능력 등 창의컴퓨팅에서 요구하는 사고력을 학습하게 된다. 물론 발명과 같은 프로젝트 활동에서 아이디어를 적용하면서 창의성을 요구할 수 있다.

둘째로 컴퓨터 과학을 바탕으로 피지컬 컴퓨팅 활동을 하는 방안이다. 예를 들어, 언플러그드 활동을 통하여 컴퓨터 과학에서 중요하게 다루는 최단거리 알고리즘을 이해하고, 이동 효율을 높이는 마우스 로봇(청소기 로봇)을 개발하는 활동과 같이 컴퓨터 과학을 이해하기 위한 피지컬 교구의 활용을 목적으로 한다.

셋째로 EPL과 피지컬 컴퓨팅 활동을 연계하는 방안이다. 아두이노를 이용하여 센서에 입력된 값을 받아 컴퓨터에서 EPL로 프로그래밍을 구현하고 프로그래밍 결과로 나온 값을 출력장치(모터, 구동기 등)로 보내 실세계의 장치를 제어하는 활동이다.

마지막으로 컴퓨터 과학, EPL과 피지컬 컴퓨팅 활동을 모두 포함하는 방안이다. 창의컴퓨팅에서 주요하게 다루는 세 가지 컴퓨팅 과정이 통합된 활동으로 피지컬 컴퓨팅 활동에서 이상적으로 적용해야 할 방법이며 다음 장에 소개할 컴퓨팅 융합 활동의 핵심을 이룬다.

CT와 피지컬 컴퓨팅

CT는 컴퓨터 과학의 기본 개념과 원리에 따른 문제 해결, 시스템 설계, 인간 행동의 이해를 모두 포함하는 계산적 사고 능력이다. 추상화된 프로그래밍을 통해 다양한 피지컬 컴퓨팅 장치를 이용하여 자동화 장치를 설계하고 개발한다. 또한 CT는 문제 해결에 적합한 구체적인 사례를 선택하고, 이를 해결하기 위한 전 단계로 핵심 개념과 원리를 추상화하는 능력을 요구한다. 추상화 과정을 통해 발견한 문제 해결 방법을 자동화하기 위해 적합한 피지컬 컴퓨팅 도구를 선택하고 사용할 수 있는 능력을 포함했을 때 CT에 대한 명확한 이해가 제공된다. 이러한 CT 향상을 위해 실제 세계의 모습을 컴퓨터가 이해하거나 반응할 수 있도록 물리적인 표현의 폭을 넓혀 다양한 문제를 해결해 보는 경험이 중요하다.

EPL과 피지컬 컴퓨팅

아두이노와 같은 컴퓨팅 보드를 이용하여 피지컬 컴퓨팅 교육을 하기 위해서는 전기와 전자에 대한 기초 개념과 함께 컴퓨터 과학에서 프로그래밍 언어에 대한 선행 지식과 기능이 필요하다. 즉, 실생활 중심의 문제 해결을 위해서는 프로그래밍 지식과 함께 전기, 전자, 회로 등에 대한 지식이 필요하다. 또한 지식재산권의 기초가 되는 창의적 발명과 그에 관련된 직업적 소양, 법적인 지식이 필요하다.

최근 스크래치 같은 EPL 언어가 아두이노에 임베디드되어 하드웨어를 쉽게 제어하고 프로그래밍 실습을 할 수 있어 피지컬 컴퓨팅의 수업 활용에 EPL이 많이 쓰이고 있다.

언플러그드와 피지컬 컴퓨팅

피지컬 컴퓨팅도 컴퓨터 과학과 전자공학, 기계공학의 이론을 바탕으로 설계된 교구를 사용하기 때문에 언플러그드 활동을 통한 컴퓨터 과학을 연계하면 그 교육적 효과는 향상된다. 예를 들면, 자동으로 문을 닫는 피지컬 컴퓨팅 도구도 사람의 손이 낄 경우 다치지 않도록 센서를 작동할 수도 있으나 패턴 인식 알고리즘을 통해 사람의 손을 분석해 내고 그에 따라 더 정교하고 안전한 출입문을 만들 수 있다. 이때 패턴 인식 알고리즘에 대한 언플러그드 컴퓨팅 수업을 통해 배경지식을 이해하고, 그에 따른 프로그래밍과 피지컬 교구의 개발을 통해 보다 다양한 컴퓨팅 수업을 전개할 수 있다.

피지컬 컴퓨팅과 로봇 교육

피지컬 컴퓨팅과 로봇 교육은 불가분의 관계에 있다. 로봇은 산업, 가정, 군사 등의 응용 분야에서 사용되면서 로보틱스라는 컴퓨팅 융합의 영역에 속하기도 한다. 로봇을 피지컬 컴퓨팅 교육의 도구로 사용하기 위해서는 로봇의 구조를 완성품으로 제시하기

보다 개방적 모듈로 수정하거나, 전통적인 로봇 교육(조립, 제어 등으로 치우친)이 아니라 피지컬 컴퓨팅이 추구하는 목표에 맞게 수업을 설계하여 적용해야 한다.

피지컬 컴퓨팅이 로봇 교육과 궁극적으로 다른 점은 기계공학적 설계나 조립을 바탕으로 수업의 흥미를 이끌어 내는 것이 아니라, 컴퓨팅 사고를 신장시키기 위해 프로그래밍과 컴퓨터 과학의 도구로서 역할을 한다는 것이다. 또한 로봇의 최종 목적이 자동화 기능을 최대로 살려 인간의 삶을 개선하는 데 있다면, 피지컬 컴퓨팅은 아날로그와 디지털의 인터랙션을 통해 컴퓨팅 사고 전반을 신장시키는 데 있다. 로봇에서의 자동화는 전원을 넣으면 프로그래밍된 대로 수행하고 로봇이 자동으로 인간의 행위를 대체하는 개념을 포함한다.

피지컬 컴퓨팅은 마우스와 모니터를 벗어나 현실 세계로 파고들어 왔다는 점에서 사물 인터넷Internet of Things, IoT과 매우 밀접하다. 또한 일상생활의 불편한 점을 개선하거나 그 방법을 탐색하면서 창의적으로 문제를 해결하는 데 주안점을 둔다는 관점에서 볼 때 피지컬 컴퓨팅의 영역에 로봇을 포함할 수 있다.

앞에서 제시한 피지컬 컴퓨팅의 통합적 적용을 통한 수업 사례를 살펴본다. 수업의 주제는 자동으로 방을 청소하는 로봇청소기 개발이다. 개발에 따른 문제점을 파악하고, 문제를 해결하기 위한 구현 전략을 세워 로봇 청소기를 개발하도록 수업을 구성한다.

가장 이상적인 수업의 단계는 컴퓨팅 사고와 관련된 수업을 통하여 개발하고자 하는 로봇청소기의 기능과 특징을 설계하고, 이후 관련된 컴퓨터 과학을 언플러그드 컴퓨팅 활동으로 이해하는 것이다. 그리고 본격적으로 EPL로 프로그램을 작성하고 피지컬 컴퓨팅 단계에서 완성된 로봇청소기를 개발한다.

CT의 단계

① 분해: 공간, 장애물, 이동 경로, …(변수, 절차, 모듈, 문제 등)

② 패턴 인식: 다양한 공간 설정 후 이동 경로 탐색

        네모난 공간, 곡선이 있는 공간, 장애물을 포함한 공간 등

③ 추상화: 이동 경로에 대한 최단 거리, 경로에 대한 백트래킹 알고리즘, 장애물 처리

④ 알고리즘: 발견된 경로와 학습, 장애물 처리에 대한 의사 코드 작성

• 언플러그드 활동: 기반이 되는 컴퓨터 과학의 개념 학습

        공간 탐색 기법, 기계 학습

- EPL 활동: 실제 프로그래밍으로 구현, 센싱 처리, 인터페이스 모듈 개발

  공간을 이동하며 중첩되거나 배제되는 곳이 없도록 청소를 효율적으로 진행

  하기 위한 프로그래밍 구현

- 피지컬 활동: 실제 구체물을 이용하여 개발

  장애물이나 벽을 피하기 위한 입력 센서에 대한 처리

  로봇청소기 이동을 위한 모터의 제어 등

피지컬 컴퓨팅 수업의 다른 접근

피지컬 컴퓨팅의 활동으로 나온 산출물에서 학생들의 창의성을 쉽게 발견할 수 있다. 군이 창의성을 강요하지 않더라도 보다 쉽고 효율적으로 피지컬 컴퓨팅 교구를 제어하고, 이를 위한 프로그래밍과 현실 세계에서의 적용 가능한 융합적 사고를 이끌어 낸다. 이러한 창의적 작품을 통해 많은 사람들에게 흥미와 놀라움을 선사하기 때문에 창의컴퓨팅 분야에서 피지컬 컴퓨팅을 가장 중요한 영역으로 여긴다. 그러나 피지컬 컴퓨팅 또는 컴퓨팅 융합을 통하여 무엇인가를 만들어 내는 수업으로 창의컴퓨팅 교육을 하다보면 한계에 부딪히게 된다. 그 이유는 개발을 위한 교구, 특히 하드웨어의 기능상의 제약이 발생하고 프로그래밍보다는 기계적 조립과 전기적 제어에 많은 시간적 노력과 비용이 들기 때문이다.

절차적 사고를 코딩 또는 프로그래밍을 통하여 소프트웨어로 구현한 결과물은 개발, 유통, 판매 시 드는 추가적인 소요 비용이 매우 작으며, 실제 하드웨어와 물리적 제품(전자회로, 키트 등)을 다루는 피지컬 컴퓨팅에 비해 이익은 크고 투입되는 비용은 매우 작다. 대표적인 예가 MS 윈도우의 경우인데, 소프트웨어로 개발된 운영체제를 CD에 저장하여 판매하다가 온라인에서 사용자가 다운로드하여 사용하게 되면서 물리적인 매체는 전혀 사용하지 않고 소프트웨어를 판매하여 고수익을 창출한다.

실제 피지컬 컴퓨팅 교육을 위한 사전 준비는 창의컴퓨팅의 다른 영역보다 많은 시간과 준비가 필요하다. 그리고 중심이 되는 피지컬 컴퓨팅 교구와 센서, 전자회로 등은 가격이 비싸며 교구에 대한 교육과 알고리즘, 프로그래밍 기능, 작품의 프로젝트 등을 지도할 내용이 매우 많다.

이런 측면에서 소프트웨어 중심 사회 실현의 취지에 맞게 소프트웨어를 중심에 두는 교육으로서 창의컴퓨팅 교육을 전개하는 순서를 살펴보면 [그림 8-2]와 같다.

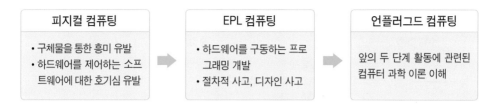

피지컬 컴퓨팅		EPL 컴퓨팅		언플러그드 컴퓨팅
• 구체물을 통한 흥미 유발 • 하드웨어를 제어하는 소프트웨어에 대한 호기심 유발	→	• 하드웨어를 구동하는 프로그래밍 개발 • 절차적 사고, 디자인 사고	→	앞의 두 단계 활동에 관련된 컴퓨터 과학 이론 이해

그림 8-2 | 창의컴퓨팅 교육 전개 순서 예시

이처럼 피지컬 컴퓨팅은 창의적 프로그램을 위한 단계로 사용하고, 알고리즘과 프로그래밍을 현실적으로 재미있고, 창의적인 사고 확장의 도구로 사용할 수 있다.

프로젝트형 피지컬 컴퓨팅 수업의 절차

소프트웨어 교육의 시수가 충분하거나 학교급별 교육과정이 체계적으로 구성되어 초등학교에서 다양한 컴퓨팅 교육이 이루어진다면 체계적인 피지컬 컴퓨팅이 가능하다. 그러나 초등교육의 정규 교과에서는 실과 교과에 일부 단원으로 편재되어 있어 소프트웨어 교육이 거의 이루어지기 어렵다. 중학교 교육에서도 총 34주 교육으로 주당 1시간의 정보 교육을 운영하다보니 피지컬 컴퓨팅을 효과적으로 지도하기 어려운 상황이다. 결국 정규 교육과정에서 피지컬 컴퓨팅 관련 교육을 적용하기는 어렵고 창의 체험 수업 또는 자유학기제를 활용하는 것이 대안이 될 수 있다.

이에 창의 체험 교육이나 중학교 자유학기제 프로그램으로서 피지컬 컴퓨팅을 주제로 학기 내의 수업을 프로젝트형으로 진행하고자 할 때 수업의 절차를 고찰해본다. 다음에 제시하는 피지컬 컴퓨팅 수업 절차는 소프트웨어 창의 캠프와 단기형 프로젝트 수업에서 많이 활용하는 내용이다.

4~5차시 분량의 수업으로 프로젝트 수업을 하고자 할 때 수업의 단계는 〈표8-4〉와 같다.

표 8-4 │ 피지컬 컴퓨팅을 주제로 한 프로젝트형 수업의 단계

수업 절차	수업 내용
SW 교육의 개요	① SW 교육 방법 ② 언플러그드 활동과 컴퓨터 과학 ③ 알고리즘과 EPL ④ 피지컬 컴퓨팅
프로그래밍 이해	① 프로그래밍 언어의 기초 ② EPL 기본 명령어 익히기 – 좌표, 사각형 그리기, 도형 그리기 ③ 간단한 문법 활용 프로그래밍 ④ 멀티미디어 제어 프로그래밍
피지컬 컴퓨팅 교구 활동	① 피지컬 컴퓨팅의 기초 ② 교구의 구성 부품 및 기능 탐색 ③ 교구의 기본 원리 및 사용 방법 학습 ④ 교구를 활용한 기존 작품 체험 – 교사 주도의 작품 안내 및 기능 소개 – 학생들이 만든 프로그램을 동작시켜 체험
프로젝트	① 요구 분석 및 산출물 디자인 ② 작품 개발 및 구현 – 프로그래밍 제어 – 교구로 사물과 연결하기 – 실세계 응용 작품 완성
발표 및 공유	① 작품 소개 및 발표 ② 친구들 작품 장·단점 공유 ③ 수정 및 발전

소프트웨어 이론 교육과 프로그래밍 실습을 제외하고 피지컬 컴퓨팅 활동 단계만 추출하여 세부적인 내용과 고려 사항을 살펴보면 〈표 8-5〉와 같다. 10단계로 구분하여 제시하였으나 이것을 반드시 10차시로 할 필요는 없다. 학습자의 경험과 주어진 시간에 맞게 수정하여 프로젝트 수업을 진행하면 된다.

표 8-5 │ 피지컬 컴퓨팅 활동 단계의 고려 사항

순서	학습 내용	고려 사항
1	피지컬 컴퓨팅의 기본 개념 학습	학생들이 지루해하지 않도록 피지컬 컴퓨팅과 관련된 역사와 개요에 대해 매우 간략히 핵심적인 내용만 안내
2	EPL의 간단한 사용법 학습	• 이벤트 블록, 피지컬 컴퓨팅 블록 등 필수적인 명령어 위주로 설명 • EPL 경험이 있을 경우 생략 가능
3	다양한 피지컬 컴퓨팅 사례 제시	학습하게 되는 피지컬 컴퓨팅 도구 이외에 다양한 피지컬 컴퓨팅 도구로 만들어진 작품들 제시
4	피지컬 컴퓨팅 도구 자유 탐색	학생들이 다음에 이어질 학습에 집중할 수 있도록 자유 탐색 시간을 주어 도구에 대한 궁금증을 해소하는 시간 제공
5	기본 모듈 설명	기본적인 동작법 및 부분 모듈에 대한 설명
6	기본 미션 해결하기	간단한 미션 및 모듈을 사용하여 문제를 해결해보는 경험을 갖게 하여 성취감 및 집중도 높임
7	사례 소개	학습한 피지컬 컴퓨팅 도구로 만들 수 있는 다양한 작품 및 사례 제시, 학생 체험
8	설계 및 디자인	상상한 작품 또는 결과를 브레인스토밍, 학습지 등 다양한 방법을 통해 디자인
9	피지컬 컴퓨팅 프로젝트 활동	• 창의성이 발현되도록 발문과 격려, 개방적 학습 환경 제공 • 교사는 순시하면서 학생들의 문제 상황 및 어려움을 파악하고 해결의 힌트 제공 • 의도적인 문제 제시와 오류를 제공하여 디버깅 활동 유도
10	공유 및 평가	• 시간이 허락하는 한 모든 학생 발표 • 자신이 만든 작품의 제작 동기, 원리, 사용된 모듈 등 상세하게 발표할 수 있도록 사전 약속 후 진행

피지컬 컴퓨팅 센서와 인체 감각 기관

피지컬 컴퓨팅에서 사용되는 교구의 센서와 출력장치를 설명하기 위해서는 전기적 특성과 활용의 예와 함께 인체의 감각 기관과 비교하여 제시하는 것도 좋은 방법이다. 우선 수업에 사용할 피지컬 컴퓨팅 교구를 영상을 통해 소개하여 흥미를 유발시킨다.

그리고 센서와 각 출력 부품에 대해서 설명하고 생활 속에서 어떤 곳에 쓰이고 있는지 생각해보게 한다. 이때 센서와 출력장치는 다음과 같이 인체의 각 부분과 연결시켜 설명하는 것이 효과적이다.

- 메인보드: 인체에서 뇌에 해당하는 장치로서 센서로부터 받아들인 정보를 처리하여 출력장치가 작동하도록 한다.
- 빛 센서: 인체의 눈에 해당하는 장치로서 빛을 감지하여 그 정보를 컴퓨터에 전달한다. 자동차 헤드라이트 제어장치, 스마트폰 화면 밝기 조절 등에 쓰인다.
- 소리 센서: 인체의 귀에 해당하는 장치로서 주변의 소리를 감지하여 그 정보를 컴퓨터에 전달한다. 마이크, 소음 측정기 등에 쓰인다.
- 포텐시오미터: 인체의 피부감각에 해당하는 장치로서 연속적인 변화 값을 전달할 수 있다. 볼륨 조절 장치 등에 쓰인다.
- IR 센서: 적외선을 감지하는 센서로서 피부감각과 눈에 해당한다. 적외선을 느끼는 신체 부위는 피부감각을 이용하지만 IR 센서가 거리를 측정하는 원리는 눈이 두 개인 원리와 같기 때문에 그런 부분을 충분히 풀어서 설명해줄 수 있다. 현관 등, 자동문 등에 쓰인다.
- 터치 센서: 여러 센서 중에 유일하게 두 가지 값을 가지는 디지털 센서이다. 인체에서는 피부감각에 해당한다. 디지털 피아노, 키보드 등에 쓰인다.
- LED: 빛을 출력하는 장치로서 색깔을 바꾸어 여러 가지 신호를 전달할 수 있다. 입이나 손에 해당한다. 등대, 신호등 등이 이와 같은 방식으로 의사소통을 한다.
- 모터: 팔이나 다리에 해당하는 장치로서 기계장치를 움직이게 할 수 있다.

피지컬 컴퓨팅과 디자인

피지컬 컴퓨팅 활동에서 프로젝트 설계하기 단계는 가장 핵심적인 활동이다. 자신이 만들고 싶은 것을 자유롭게 구상해보고 이를 제작하기 위해 필요한 자원들을 종합적으로 판단하여 구상도를 그린다. 자신이 만들고 싶은 주제나 작품이 인간 중심으로 분석되고 인간에게 도움이 되도록 강조한다. 인간 중심의 디자인을 통한 감성적 영역과 컴퓨팅 교육의 이성적인 영역이 융합되었을 때 창의컴퓨팅의 목표에 쉽게 다가갈 수 있다. 구상도에는 장치에 대한 설명, 사용할 재료 등을 구체적으로 적게 하여 아이디어를 구체화할 수 있게 유도한다.

디자인하기의 단계에서는 단일 수업에서 다양한 주제나 서로 다른 다양한 작동 원리를 가진 산출물이 나올 수 있게 한다. 다수의 학생들이 수업에 사용된 피지컬 컴퓨팅 도구의 특징에 맞추어 쉽게 생각하는 주제나 간단한 작동 원리를 가진 산출물을 내는 경우가 많다. 따라서 좀 더 복잡한 작동 원리가 요구되는 주제에 도전할 수 있도록 중복된 주제나 비슷한 유형의 주제는 피하도록 설계 내용을 안내한다. 다양한 유형의 주제와 작동 원리가 내재되어 있는 주제나 예시를 제시하여 선택할 수 있도록 도와줄 수 있다.

피지컬 컴퓨팅 수업에서의 아이디어 생성을 위한 디자인 단계는 다음과 같다.

① 주제 및 아이디어 내기: 중복된 주제를 제시하지 못하도록 공개된 사이트에 주제를 올리게 하면 효과적이다.
② 주제 및 아이디어 확인하기
③ 주제 및 아이디어 결정하기
④ 아이디어 시각화하기: 설계도, 순서도, 브레인라이팅, 마인드맵, 포스트잇을 이용한 사고의 구조화 방법 등 다양한 전략을 적용한다.

⑤ 제작하기: 제작 시간은 2시간 내에 완성이라면 1시간 20분 내에 완성하게 하고 점차적으로 시간을 줄임으로써 완성의 초과 시간을 제어할 수 있다. 예를 들어, 2시간의 프로젝트라면 1시간 20분 진행한 뒤 잠시 검토하고, 다시 20분 진행 후 검토의 시간을 가진 뒤, 또다시 10분 후 제한, 10분 제한으로 시간을 점차 감소시켜 모듈화하면 자연스럽게 작품의 질이 높아지면서 주어진 시간에 완수하게 된다.

⑥ 공유: 발표 형식이나 공개된 사이트에 작품을 소개하고 기능과 특징을 설명한다. 수정할 사항은 자체적으로 수정 보완하여 완성하도록 격려하여 자기 주도적 활동으로 이끈다.

⑦ 별도의 활동으로 상대방 작품을 재구성하거나 피드백하기가 가능하다. 예를 들어, 센서보드의 경우 별도의 하드웨어의 변환 없이 가능하다.

센서보드 활용 피지컬 컴퓨팅 수업

피지컬 컴퓨팅의 핵심은 컴퓨팅 환경과 현실 세계 사이의 상호작용(interaction)에 있다. 센서를 이용하여 현실 세계로부터 받아들인 정보를 다양한 형태로 출력하여 표현한다. 물론 이러한 과정은 입력장치와 출력장치를 갖춘 일반적인 컴퓨터에서도 경험할 수 있다. 하지만 일반적인 컴퓨터에서의 입출력만을 사용하는 활동들은 학생들에게 컴퓨터라는 공간에서만 의미 있는 것으로 받아들여지기 십상이다. 이때 학생들에게 피지컬 컴퓨팅 경험을 제공한다면 학생들 스스로 현실 세계와 프로그래밍의 연결고리를 찾고 더욱 확장된 창의적인 활동을 할 수 있을 것이다.

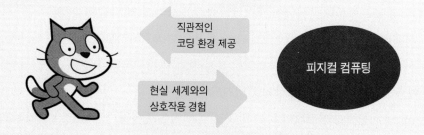

스크래치와 피지컬 컴퓨팅의 상보성

피지컬 컴퓨팅을 구현할 수 있는 프로그래밍 환경은 매우 다양하다. 그중에서 스크래치는 글로벌 환경에서 다양하게 사용하며 직관적이고 사용하기 편리한 장점을 가지고 있다. 이러한 장점은 학교 현장에서 중요한 의미를 갖는다. 첫째, 초보자도 손쉽게 피지컬 컴퓨팅을 구현하여 자신의 아이디어를 자유롭게 표현할 수 있다. 이는 연령이 낮을수록, 프로그래밍에 대한 경험이 적을수록 더욱 의미가 있다. 둘째, 코딩 시간을 단축시키고 상대적으로 전체적인 디자인에 투자하는 시간을 증가시키는 효과가 있다. 이는 단위시간 안에 주어진 학습 목표에 도달해야 하는 학교 수업 환경에서 큰 의미를 가진다. 그렇기 때문에 스크래치를 기반으로 한 피지컬 컴퓨팅은 학교 현장에서 손쉽게 활용할 수 있는 방법이며 컴퓨터와 현실 세계를 서로 연결하여 학생들에게 더욱 다양하고 창의적인 활동의 기회를 제공한다.

이를 구현할 수 있는 교구의 종류가 다양하지만 별도의 연결 프로그램 설치가 필요 없는 '센서 통합형 보드'와 '센서 분리형 보드'를 사용한 사례를 제시한다. 여기에서 '센서 통합형 보드'란 대부분의 센서가 메인보드에 부착되어 있는 형태의 완성형 보드를 의미하고, '센서 분리형 보드'란 대부분의 센서를 메인보드와 탈부착할 수 있는 조립형 보드를 의미한다.

센서 통합형 보드는 스크래치 개발 초기부터 사용되어 왔으며 MIT 미디어랩에서 최초로 설계하였다. 센서들이 메인보드의 한 부분으로 고정되어 있는 형태로 빛 센서, 소리 센서, 버튼 센서, 슬라이더 센서, 저항 센서 등이 부착되어 있다. 물론 개량된 형태의 보드에서는 더 많은 센서가 부착되어 있기도 하다.

여러 명이 동시에 활동해야 하는 학교 수업 환경을 감안한다면 준비가 간단하고 부품 및 교구 관리가 쉽다는 장점이 있다. 반면, 보드에 부착된 센서 이외에 다른 센서를 사용하고자 할 때 불편한 점이 있으며, 센서의 위치가 고정되어 있기 때문에 산출물의 형태도 제한될 수밖에 없다. 보드 자체의 출력 단자가 없기 때문에 오직 입력 센서로서의 역할만 수행한다.

활용 사례는 다음과 같다.

첫 번째로 나뭇잎 피아노 만들기 프로젝트가 가능하다. 센서 통합형 보드의 저항 센서를 이용하여 나뭇잎과 몸을 통해 흐르는 전류의 연결 상태를 센싱하여 나뭇잎을 피아노 건반처럼 사용하는 프로그램이다.

나뭇잎 피아노 만들기 수업 장면

출처: https://youtu.be/0QuuRVOa7ZA

두 번째로 자동차 계기판 개발 프로젝트가 가능하다. 센서 통합형 보드에 부착된 여러 가지 센서를 동시에 사용하여 자동차의 경적, 속도계, 전조등 등을 표현한 시뮬레이션 프로그램이다.

센서 분리형 보드의 경우 아두이노의 복잡하고 어려운 부분을 개선하고자 하드웨어에서는 센서와 출력 부품이 모듈 형태로 개발되어 메인보드에 손쉽게 탈부착할 수 있게 되어 있다. 제어하는 소프트웨어는 스크래치를 기반으로 전용 프로그램을 개발하여 지원하고 있다. 센서의 종류로는 빛 센서, 터치 센서, 적외선 센서, 포텐시오미터 등이 있으며 출력으로는 LED, 서보 모터, DC 모터 등이 있다.

자동차 계기판 개발 예시 자료

출처: https://koreasw.org

　　모듈을 탈부착할 수 있는 형태이기 때문에 프로그램에 따라 필요한 센서나 출력만 부착하여 사용할 수 있으며, 프로그램에 따라 필요한 부품이 있다면 모듈 단위로 추가할 수 있다. 또한 각 모듈은 선으로 연결되어 있기 때문에 다양한 형태의 산출물을 만들 수 있다. 하지만 부품의 분실이나 고장이 쉬운 단점이 있다.

　　활용 사례는 다음과 같다.

　　첫 번째로 엘리베이터 설계와 구현 프로젝트이다. 센서 분리형 보드의 적외선 센서를 이용하여 엘리베이터 모형의 거리를 측정하고 DC 모터를 이용하여 모형을 움직이는 프로그램이다. 이때 엘리베이터 모형은 센서 값에 따라서 움직임을 자동으로 멈춘다.

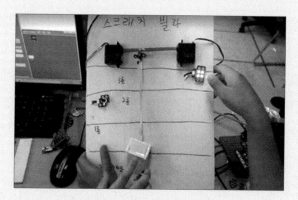

센서 분리형 보드 예시 자료 1

출처: https://computing.or.kr

두 번째로 핀볼 게임을 구현한 사례이다. 센서 분리형 보드의 터치 센서를 이용하여 서보 모터를 조작하여 공을 쳐서 골대로 넣는 프로그램이다. 골키퍼를 DC 모터로 계속 회전시킨다.

센서 분리형 보드 예시 자료 2

출처: https://computing.or.kr

플루이드 인터페이스와 피지컬 컴퓨팅

플루이드 인터페이스fluid interfaces는 미디어 기술 융합 연구소인 MIT 미디어랩 소속의 플루이드 인터페이스 그룹에서 처음 쓴 용어이다. 플루이드 인터페이스 그룹은 오랜 기간 동안 변하지 않은 컴퓨터나 다양한 기기들과 상호작용하는 방법에 대한 한계를 극복하고자 다양한 상호작용 방식을 개발하여 우리의 신체 움직임과 인지 신호를 모두 자연스럽게 확장하였다. 단순히 새로운 기기를 개발하는 것이 목표가 아닌 학습, 이해, 의사 결정 및 협업 등의 영역에서 사람들의 능력을 최대한으로 끌어내었으며, 현재 글씨를 읽어주는 반지, 화난 운전자를 진정시키는 장치 등을 개발하였다.

플루이드 인터페이스는 지금까지 사용되던 마우스와 키보드의 고정된 입력 형태를 벗어나 유동적으로 상호작용이 가능한 의미로 사용되고 있으며, MIT 미디어랩 이외에도 많은 기업과 연구소에서 개발하고 있다.

그림 8-3 │ **플루이드 인터페이스**

모션 인식 장치는 컴퓨터와의 새로운 상호작용을 위해 개발된 다양한 장치 중 하나로 신체의 움직임을 감지해 컴퓨터로 전달한다. 이 장치는 적외선을 방출하여 손에 반

사되어 오는 적외선을 감지하여 손의 위치, 관절의 움직임 등을 인식한다.

모션 인식 장치는 컴퓨터와의 상호작용을 위한 도구로 개발되었지만 다양하게 교육적인 방향에서 접근할 수 있다. 최근에는 피지컬 컴퓨팅 영역에서 센서의 역할을 대신하기도 하고, 기능을 확장하여 학생들에게 사물 인터넷의 경험을 제공하기도 한다.

이 모션 인식 장치는 스크래치와 연결이 가능하며 스크래치 2.0 버전의 추가 블록을 통해 각각 손의 좌표, 손이 보이는지의 여부, 손의 모양 등을 블록 값으로 제어할 수 있다. 학생들은 모션 인식 장치와 스크래치를 통해 자신이 원하는 다양한 시뮬레이션이나 게임, 자신만의 프로젝트를 개발할 수 있다.

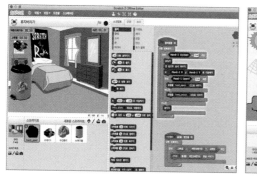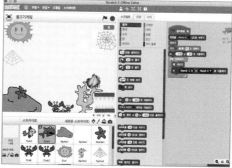

그림 8-4 │ 스크래치 프로젝트 예시 자료

더 나아가 모니터 화면에서만 그치는 것이 아니라 아두이노 등을 이용하여 직접 외부 세계로의 출력 또한 가능하다. 학생들이 상상해왔던 많은 것을 직접 구현해볼 수 있다.

그림 8-5 │ 아두이노를 활용한 플루이드 인터페이스 예시 자료

모션 인식 장치를 활용한 플루이드 인터페이스 프로젝트 수업안

단계	내용	시간	유의 사항 및 비고
도입	플루이드 인터페이스 안내 모션 인식 장치 동영상 보여주기	5분	아이언맨 영상(모션 인식 장면) http://youtu.be/D156TfHpE1Q
전개	모션 인식 장치 프로그램 체험하기	10분	사용 시범을 보인 뒤 학생들에게 체험 시간을 제공한다.
	모션 인식 장치를 이용하여 게임하기	5분	오리 사냥 게임(Duck'n'Kill 게임)*
	모션 인식 장치의 원리 생각해보기	15분	학습지 이용
	모션 인식 장치의 특징 및 다른 센서와 비교했을 때의 장점 토의하기	15분	학습지 이용
	스크래치 간략한 사용법 알기	10분	스크래치의 전반적인 사용법을 간략하게 설명
	모션 인식 장치를 스크래치와 연결하기	10분	분절화하여 차근차근 설명한다.
	모션 인식 장치를 활용하여 스크래치 예제 보기 각 예제에 사용된 모션 인식 장치 블록 알아보기	15분	스크래치 예제 파일 제공
	모션 인식 장치 활용 프로젝트 설계하기	10분	스크래치 숙련도를 고려하여 2인 1조로 구성한 후 설계한다.
	모션 인식 장치 활용 프로젝트 만들기	30분	
마무리	모션 인식 장치 활용 프로젝트 발표 플루이드 인터페이스의 미래 토론	15분	

* 오리 사냥 게임: 손가락으로 모니터를 가리키며 손가락을 구부리면 총이 발사되어 오리를 사냥하는 모션 인식 게임

협력을 이끄는 피지컬 컴퓨팅 프로젝트

체인리액션chain-reaction은 연쇄반응이라는 의미이다. 연쇄반응은 하나의 반응이 계속 가지를 쳐나가며 연쇄적으로 반응을 일으키는 것을 말한다. 우리 주변에서 수많은 연쇄반응을 살펴볼 수 있으며 세포분열부터 핵융합까지 다양하다. 이 프로젝트는 피지컬 컴퓨팅을 통해 체인리액션 활동을 구현하는 것이 목표이다. 마치 도미노나 골드버그 머신과 같이 피지컬 컴퓨팅을 통해 입력과 출력의 연쇄반응을 일으키는 활동을 즐길 수 있다.

피지컬 컴퓨팅 교구를 이용한 체인리액션 활동은 서로 다른 피지컬 컴퓨팅 작품을 연결하여 입력-출력이 연속해서 일어나도록 만든다. 이를 위해 입력 센서 값을 받아서 액추에이터actuator로 공이나 롤러와 같은 중간 매개물을 움직이게 하고, 이것이 다시 다른 피지컬 컴퓨팅 작품의 입력 센서에 전달하여 반응을 일으킨다.

그림 8-6 | 체인리액션 원리

체인리액션 프로젝트는 디지털과 아날로그의 연쇄반응으로 디지로그 활동이라고도 부른다. 디지로그digilog는 디지털digital과 아날로그analog의 합성어로 디지털과 아날로그의 어울림을 말한다.

디지털적으로 피지컬 컴퓨팅을 프로그래밍하고 정확히 구현할 수 있지만 실제 그것들을 연계시키는 데는 한계가 있다. 아날로그적인 신호를 받아 디지털로 처리하고 다시 아날로그 신호로 넘기는 과정 속에는 수많은 변수들이 작용한다. 이를 처리하기 위해서는 논리적 사고뿐만 아니라 번뜩이는 직관적 사고 없이는 어렵다.

각각의 모듈을 연결하기 위해 여러 학생들이 협업을 통해 끊임없이 실험을 반복하고 정확한 프로그래밍, 숫자 데이터를 찾기 위해 테스트와 디버깅을 하며 문제 해결에 몰입해간다. 이 과정 속에서 순간의 번뜩임이 터져나오고 문제는 쉽게 해결된다. 공동의 문제를 해결하기 위해 혼자가 아닌 다함께 하는 소통의 장에서 디지로그의 세계가 펼쳐지는 것이다.

피지컬 컴퓨팅을 활용한 체인리액션 프로젝트는 피지컬 컴퓨팅을 위한 프로그램 설계 부분과 각각의 피지컬 컴퓨팅 작품을 연결하기 위한 공학적 설계 부분으로 나눌 수 있다.

먼저 피지컬 컴퓨팅 설계 부분을 살펴보자. 피지컬 컴퓨팅은 크게 센서와 액추에이터 부분으로 나눌 수 있는데, 어떤 방법으로 입력 신호를 감지할지, 어떻게 다음 피지컬 컴퓨팅 작품의 센서 부분에 신호를 줄 수 있는지 생각해야 한다. 다음으로 활용한 피지컬 컴퓨팅 교구의 센서는 어떤 것들이 있고, 어떤 센서를 활용할지 결정해야 한다. 또 어떤 액추에이터를 사용할지 결정해야 한다. 마지막으로 매개물과 피지컬 컴퓨팅 교구를 적절히 배치하여 체인리액션이 이루어지도록 다양한 물건들을 사용하여 준비해야 한다.

그리고 프로그래밍 설계 부분을 살펴본다. 프로그래밍 설계에서는 센서와 액추에

그림 8-7 | **액추에이터**

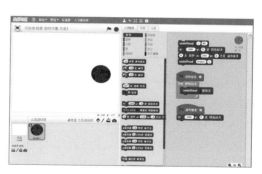

그림 8-8 | **프로그래밍 설계**

이터가 어떤 조건에서 어떻게 작동하는지를 정하는 것이 가장 중요하다. 실제로 피지컬 컴퓨팅 제작물을 작동시켜보고 여러 시행착오를 거쳐 최적화된 해결 방법을 찾아가며 프로그래밍을 해야 한다. 센서가 잘 감지하는지, 액추에이터가 작동하는 적절한 센서 값을 찾았는지, 액추에이터가 잘 작동하는지 등을 살펴보아야 한다. 모니터와 같은 외부 출력장치를 쓰지 않는다면 센서 감지 후 모니터를 통한 다양한 애니메이션 등의 제작과 관련된 프로그램을 추가할 수 있다. 여러 대의 컴퓨터가 각기 다른 애니메이션과 함께 피지컬 컴퓨팅이 이루어진다면 어떨지 상상해보자.

체인리액션 프로젝트는 디자인 기반 학습을 적용한 5단계로 진행된다.

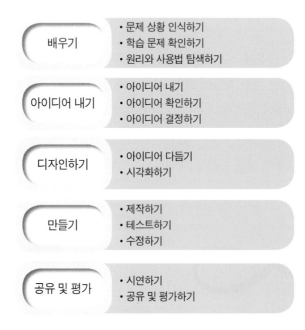

배우기	• 문제 상황 인식하기 • 학습 문제 확인하기 • 원리와 사용법 탐색하기
아이디어 내기	• 아이디어 내기 • 아이디어 확인하기 • 아이디어 결정하기
디자인하기	• 아이디어 다듬기 • 시각화하기
만들기	• 제작하기 • 테스트하기 • 수정하기
공유 및 평가	• 시연하기 • 공유 및 평가하기

그림 8-9 | **디자인 기반 학습을 적용한 체인리액션 수업 단계**

첫 번째 단계인 배우기learn에서는 문제 상황을 살펴보고 체인리액션에 쓰일 피지컬 교구의 사용법에 대해 학습한다.

두 번째 단계인 아이디어 내기ideate에서는 체인리액션 프로젝트를 위한 여러 아이디어를 내어보고 결정한다.

세 번째 단계인 디자인하기design에서는 앞에서 만들어진 아이디어를 보다 정교하게 다듬어보고 시각화한다.

네 번째 단계인 만들기make에서는 앞에서 만들어진 아이디어를 만들어보고 수정한다.

마지막 단계인 공유 및 평가share에서는 친구들 앞에서 직접 시연해보고 평가해보는 시간을 갖는다.

체인리액션 설명

스크래치 프로그램 설명

아이디어 디자인하기

프로그래밍 설계

피지컬 컴퓨팅 제작하기 1

피지컬 컴퓨팅 제작하기 2

연결하고 설치하기 1

연결하고 설치하기 2

수정 보완하기

리허설 및 시연하기

그림 8-10 │ 체인리액션 수업 장면 및 단계

체인리액션 수업안

- 주제: 체인리액션(chain reaction)
- 학습 목표: 센서와 액추에이터의 쓰임을 알고 프로그래밍을 통해 제어할 수 있다.
- 학습 문제 : 센서와 액추에이터의 제어 원리에 대해서 아는가?
  - 체인리액션 성공을 위한 소프트웨어 핵심 알고리즘을 스크래치로 구현할 수 있는가?
  - 체인리액션 성공을 위해 센서와 액추에이터를 제어할 수 있는가?

배우기

과정	교수 · 학습 활동	자료 및 유의점
문제 상황 파악	◎ 동기 유발 • 센서와 액추에이터를 직접 제어할 수는 없을까? – 우리 주변에서 센서와 액추에이터를 자동으로 제어하는 장치 찾아보기 • 피지컬 컴퓨팅 체인리액션 과정에서 센서와 액추에이터는 어떻게 작동하는지 생각해보기	※ 동영상
학습 문제 인식	◎ 학습 문제 • 센서와 액추에이터를 이용해 체인리액션 만들어보기	
원리와 사용법 살펴 보기	◎ 센서와 액추에이터 작동 원리 살펴보기 • 체인리액션 동영상을 보고 작동 원리 생각해보기 ◎ 피지컬 컴퓨팅 소개 및 사용법 알기 • 피지컬 컴퓨팅 부품을 소개하고 센서와 액추에이터를 구분해보기 ◎ 피지컬 컴퓨팅 부품을 이용하여 센서와 액추에이터 제어하기 • 스크래치를 이용하여 피지컬 컴퓨팅 부품 센서와 액추에이터 제어해보기 – 예제를 통해 센서와 액추에이터를 제어하는 핵심 알고리즘 살펴보기 – 예제 블록을 살펴보고 센서와 액추에이터 직접 제어해보기	※ 동영상 ※ 피지컬 컴퓨팅 부품 ※ 스크래치 프로 그램 ※ 체인리액션 예제 구동 파일

아이디어 내기

과정	교수 · 학습 활동	자료 및 유의점
아이디어 내기	◎ 구동 방식에 대해 아이디어 내기 • 작동 원리 간단하게 그림으로 나타내기 – 그림으로 나타내고 협의를 통해서 아이디어를 수정 보충하기	※ 마커보드
아이디어 확인하기	◎ 구동을 위한 핵심 알고리즘 간단히 스케치하기 • 핵심 알고리즘 시각화하기 – 핵심 알고리즘을 간단한 스케치와 스크래치를 이용하여 시각화해보기	※ 포스트잇 ※ 스크래치 프로그램
아이디어 결정하기	◎ 구동 원리와 핵심 알고리즘에 대한 아이디어 결정하기	

디자인하기

과정	교수 · 학습 활동	자료 및 유의점

디자인하기	◎ 구동 원리와 핵심 알고리즘 아이디어를 기반으로 디자인하기
	• 제작 기반 살펴보기
	• 구동을 위한 창의 공학 설계 1
	  – 다양한 폐품과 피지컬 컴퓨팅 부품을 어떻게 사용할지 설계하기
	• 구동을 위한 창의 공학 설계 2
	  – 스크래치를 이용하여 핵심 알고리즘 제작하기
		※ 마커보드
		※ 포스트잇
		※ 스크래치
		※ 각종 폐품
		※ 피지컬 컴퓨팅 부품

만들기

과정	교수 · 학습 활동	자료 및 유의점
제작하기	설계 내용을 바탕으로 만들기	※ 각 과정은 반복, 순환해서 이루어짐
테스트하기	정확히 작동하는지 테스트하기	※ 피지컬 컴퓨팅 부품
수정하기	• 구동을 위해 구동 방식 수정하기 • 구동을 위해 알고리즘 수정하기	※ 스크래치 프로그램

공유 및 평가

과정	교수 · 학습 활동	자료 및 유의점
시연하기	산출물 시연하기	
공유 및 평가	◎ 산출물 자랑하기 • 여러 사람들 앞에서 직접 시연 • SNS를 이용하여 공유하기 ◎ 자기 평가 및 상호 평가	

피지컬 컴퓨팅 수업 시 유의할 점

피지컬 컴퓨팅 수업은 교구를 바탕으로 이루어지기 때문에 교구 사용과 관련하여 다음과 같이 유의할 점이 있다.

첫 번째, 분실의 위험성이다. 교구들의 특징상 작은 블록들이 꽤 많다. 책상 위에 그냥 교구를 쏟아놓고 수업을 하게 되면 책상 아래로 떨어지는 경우가 생긴다. 그래서 책상 위에 무조건 쏟아놓지 말고, 책상 크기와 비슷하거나 좀 더 큰 패드(미끄러지지 않는 패드)나 천을 깔아서 사용하면 좋다. 그러면 학생들은 의식적으로 그 테두리 안에서 교구를 활용하려고 자연스럽게 노력하게 된다. 또 게임처럼 패드나 천 밖으로 떨어지면 포인트 감점이나 삼진 아웃 등 놀이 요소를 도입하여 수업의 흐름을 재미있게 유도해도 좋다.

두 번째, 파손의 위험성이다. 작은 전기회로나 얇은 전선으로 이루어진 교구들이므로 함부로 다룰 경우 쉽게 파손된다. 비용의 측면에서도 한 가지 부품이 망가지면 교구 패키지 전체를 사용하지 못하는 경우가 많아 교구 세트를 폐기해야 하는 경우가 생긴다. 그러므로 수업 시작 전에 교사는 학생들에게 교구들을 어떻게 다루어야 할지 충분히 사전 안내를 해주어야 한다.

세 번째, 뒷정리이다. 사용한 교구들을 잘 정리해 두어야 그 다음에 사용할 때 바로 사용할 수 있게 된다. 학생 자신이 사용한 교구를 정리하지 않고 마구잡이로 그냥 통에 담아놓는 경우 다음 수업 또는 다른 학생이 사용하는 데 상당한 지장을 주게 된다. 또 다음 수업을 위해 준비하는 교사가 뒷정리를 하게 되면 시간을 허비하게 된다. 그래서 교구의 뒷정리는 다른 사람을 배려하는 마음을 길러줄 수 있는 인성적인 측면에서도 의미가 있다고 할 수 있다.

구글이 원하는 개발자, 창의적 문제 해결 역량

김익환이 지은 《글로벌 소프트웨어를 말하다, 지혜》(한빛미디어, 2014)에서는 다음과 같이 구글에서 개발자를 면접하는 과정에 대한 에피소드가 나온다.

> 면접관 : 숫자 3개를 정렬하는 문제를 풀어보세요.
>
> 지원자 : 숫자 3개만 정렬할 것인가요? 4개, 5개, 혹은 많은 숫자를 정렬할 필요가 있나요?
>
> 면접관 : 나중에는 숫자가 늘어날 겁니다.
>
> 지원자 : 정수인가요? 소수인가요?
>
> 면접관 : 소수를 고려해야 합니다.
>
> ⋮
>
> 지원자 : 어떤 응용프로그램에 사용하려고 하는 건가요?
>
> 면접관 : 우주관제센터에서 사용할 것입니다.
>
> ⋮

숫자 3개를 정렬하는 매우 단순해 보이는 문제를 구글의 면접관에게 질문을 하며 문제를 해결하기 위한 과정으로 풀어나가고 있다. 이런 인터뷰를 통해 면접관은 지원자의 실력을 파악할 수 있게 되며, 협업을 하며 문제를 해결할 수 있는 개발자를 뽑을 수 있게 된다. 우리나라의 기업에서 여러 면접관이 한 명의 지원자를 앉혀두고 동시에 질문을 하며 짧게 답을 확인하고 끝나는 인터뷰와는 달리 구글에서는 지원자와 점심도 함께 먹으며 하루 종일 인터뷰를 진행한다고 한다. 지원자의 인성뿐만이 아니라 지원자가 갖고 있는 실력을 제대로 들여다보는 것이다.

소프트웨어 교육을 통해 어떠한 인재를 길러낼 것인가? 혼자서 묵묵히 코드를 잘 써내는 개발자인가? 문제를 해결할 수 있는 창의력과 협동심을 가지고 있는 개발자인가?

이것이 바로 창의컴퓨팅 교육이 필요한 이유이다.

Chapter 09

컴퓨팅과 실세계와의 융합,
컴퓨팅 융합

우리는 만드는 사람들이다. 모든 아이들은 만드는 것을 좋아한다.

데일 도허티 Dale Dougherty

Chapter 09 | 컴퓨팅과 실세계와의 융합, 컴퓨팅 융합

컴퓨팅 융합 개요

소프트웨어 융합과 Computational X 시대

우리나라는 미래 산업 성장의 원동력으로서 6개의 첨단산업기술, 즉 생명공학기술Biology Technology, BT, 로봇기술Robot Technology, RT, 우주항공기술Space Technology, ST, 문화콘텐츠기술Culture Technology, CT, 환경공학기술Environment Technology, ET, 나노기술Nano Technology, NT을 핵심 키워드

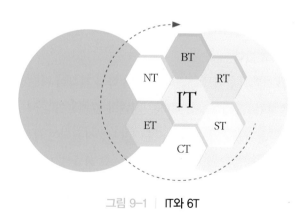

그림 9-1 | IT와 6T

로 선정하고 국가의 핵심 과학기술로 지원하고 있다. 이 분야들이 발전하기 위해서는 각각의 기술과의 융합이 필수적이다. 특히, 각 분야의 연결 고리와 핵심 동력으로 정보 기술Information Technology, IT을 꼽고 있다. IT의 핵심 영역인 소프트웨어가 다른 기술들을 융합하여 시너지를 창출하고 있는 것이다.

소프트웨어 융합의 대표적인 사례는 1장에서 소개하였으며, 다음과 같은 추가 사례를 통하여 그 중요성을 살펴볼 수 있다.

2013년 노벨화학상을 마르틴 카르플루스Martin Karplus, 마이클 레빗Michael Levitt, 아리에 와르셀Arieh Warshel이 받았는데, 이들은 복잡한 화학반응을 예측하는 프로그램을 소프트웨어로 개발하여 분석함으로써 공동 수상의 영예를 안았다. 이는 노벨상도 더 이상 순수 과학이 아닌 컴퓨터 과학의 도움이 있어야만 받을 수 있다는 것을 보여준 사례라 할 수 있다.

구글은 최근 운전자의 도움 없이 컴퓨터가 실제 도로를 주행하는 자동 운행 자동차를 개발하여 인간보다 더 안전하고 효율적인 도로 주행에 성공하였다. 메르세데스-벤츠 회장인 디터 제체Dieter Zetsche는 2012년 자동차는 이제 가솔린이 아니라 소프트웨어로 움직인다고 발표하여 그 중요성을 강조하였다.

스타트업 기업이 이제는 다른 산업의 영역이 아닌 앱을 기반으로 한 1앱 1기업의 창업으로 그 영역을 넓히고 있고, 소프트웨어를 기반으로 한 특허 출원의 증가로 새로운 지식재산권이 형성되고 있다.

학문도 전통적인 산업사회에서 기반이 되는 수학과 과학이 다양하게 분리되어 컴퓨팅 역량과 융합되면서 Computational X 학문 시대가 도래하였다. 즉, 학문도 〈표 9-1〉에서 보는 것처럼 Computational 기술이 모든 분야에 적용되어 학문 전반에 많은 변화를 가져오고 있다. 이러한 Computational X 분야에서 필요한 사고력이 바로 컴퓨팅 사고Computational Thinking이다.

표 9-1 | Computational 적용 분야

Bioinformatics	Computational law
Cheminformatics	Computational linguistics
Chemometrics	Computational mathematics
Computaional archaeology	Computational mechanics
Computational biology	Computational neuroscience
Computational chemistry	Computational particle physics
Computational economics	Computational physics
Computational electromagnetics	Computational statistics
Computational engineering	Computer algebra
Computational finance	Environmental simulation
Computational fluid dynamics	Financial modeling
Computational forensics	Geographic information system
Computational geophysics	High performance computing
Computational informatics	Maching learning
Computational intelligence	Pattern recognition

출처: Jeannette Wing, "Computational Thinking: What and Why?", Carnegie Mellon University, 2010.

이렇게 소프트웨어를 기반으로 하는 컴퓨팅 융합은 컴퓨팅 지식과 기능뿐만이 아니라 다른 분야의 이해와 전문성을 요구하고 있다. 이에 대한 인식과 이해를 바탕으로 컴퓨팅 융합의 교육적 접근과 전략을 논하고자 한다.

컴퓨팅 융합의 수업 내용 구성 전략

정보기술은 다른 여러 영역과 융합이 가능하기 때문에 컴퓨팅 융합 수업을 하기 위한 주제 선정 역시 다양한 관점에서 접근할 수 있다. 예를 들면, 앞서 소개했던 6T를 중심으로 컴퓨팅 융합의 주제를 선정할 수 있고, 주요 산업별로 이슈가 되는 주제로 선정할 수 있다. 또한 학생들의 수준에 따라 자신이 처한 문제나 관심 있는 주제를 자유롭게 선정하여 운영할 수 있다. 다음은 과학의 본질인 시간과 공간의 영역과 관련된 주제를 선정하여 제시한 사례이다.

표 9-2 | **컴퓨팅 융합 주제(예시 자료)**

구분	영역	세부 내용
컴퓨팅 융합	시간 융합	• 과거 소프트웨어 융합: 기존에 개발된 소프트웨어에 따라 만들기(내비게이션 등 최단 거리, 지리, 수학, 교통 융합) • 현재 소프트웨어 융합: 현재 이슈가 되는 문제를 소프트웨어로 만들기(기후 변화 예측 소프트웨어: 기상청, 통계청 자료 연계) • 미래 소프트웨어 융합: 미래 예측 가능한 소프트웨어 개발하기(뇌파를 이용한 언어 전달 소프트웨어)
	공간 융합	• 나와 가족의 소프트웨어 융합: 나의 건강을 체크하는 의료 소프트웨어 • 지역사회와 소프트웨어 융합: 지역과 지역을 연결해주는 교통 시스템 소프트웨어(신호 체계, 열차 배차 등) • 국가와 소프트웨어 융합: 선거 개표 시스템, 군사 무기 시스템 • 세계와 소프트웨어 융합: 언어 번역, 기아 해소 소프트웨어

위의 사례는 소프트웨어 융합의 핵심 기술뿐만이 아니라 다른 분야의 지식과 기능, 전문성을 함께 고려한 것이다. 예를 들면, 드론을 이용하여 효율적으로 물건을 배달하는 시스템을 개발한다고 해보자. 이는 시간 영역에서의 현재, 공간 영역에서의 지역과 소프트웨어 융합이라 할 수 있다. 이를 더 효과적인 컴퓨팅 융합의 수업으로 전개하고자 한다면 컴퓨팅 기술뿐만이 아니라 택배 산업과의 융합을 위한 다양한 관점(정책, 비용, 안전, 사생활 등)을 고려해야 한다.

이처럼 단순히 컴퓨팅 기술만으로 해결할 수 있는 문제가 아니라 다른 분야에서 이슈가 되는 부분과 결합하여 융합적으로 해결하여야 하는 다양한 문제들이 수업의 주제로 사용될 수 있다.

STEAM과 컴퓨팅 융합

STEAM 교육은 융합 인재 교육

STEAM은 과학Science, 기술Technology, 공학Engineering, 예술Arts, 수학Mathematics의 영문 첫 글자로 만든 용어이다. 미국의 조젯 야크만Georgette Yakman이 진일보시킨 개념의 STEM 교육과정에 예술이 통합된 교육과정으로 융합 인재 교육을 의미한다.

STEAM 교육은 과학, 기술, 공학, 예술, 수학 각 학문이 해당 분야의 기준과 실제에 맞춰 다른 분야를 포함하는 통합 교육이다. 또한 어느 한 단계의 교육을 의미하는 것이 아니고 평생 교육에서 전문 교육까지의 전체적인 패러다임을 의미한다. 특히, 초등학교에서는 과학, 기술, 공학, 예술, 수학 등 교과 간의 통합적 교육 방식으로 다양한 분야의 학습 내용을 융합적으로 학습함으로써 학생들의 창의력과 실천력을 기를 수 있다.

STEAM 교육은 첫째, 과학기술에 대한 호기심, 흥미를 높이고 실생활에서의 문제 해결 능력을 높인다. 둘째, 새로운 아이디어를 창출하는 창의성과 현상에 대한 종합적 이해와 사고 능력을 배양시키고, 예술적 행위로 자신의 자아 설정, 정서 함양, 자기표현, 타인과의 소통을 증진시킨다. 특히, 협력 활동을 바탕으로 한 인성 교육의 토대를 마련할 수 있다.

STEAM 교육은 국어를 배울 때도 그림 그리듯이 배우고, 셈을 배울 때도 춤을 추듯이 배우는 교육이다. 또한 문학 · 미술 · 음악 등의 예술 행위를 통해 상대방에 대한 관

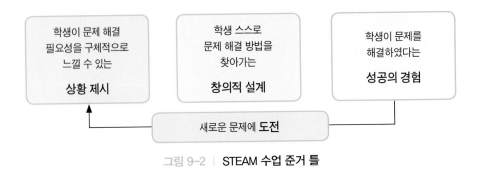

그림 9-2 | STEAM 수업 준거 틀

심과 관찰 속에 자유와 평등, 박애의 가치를 익히는 교육이다. 이러한 보편적 가치를 지닌 아이들이 글로벌 인재로 자라날 수 있다. 즉, STEAM 교육은 융합적 사고력을 바탕으로 창의성과 인성을 겸비한 글로벌 인재 양성에 부합하는 최적의 교육이다.

STEAM 교육은 한마디로 '흥미와 이해를 높이고, 과학기술 기반의 융합적 사고STEAM Literacy와 문제 해결 능력을 배양하는 교육'이라고 할 수 있다. STEAM 교육의 단계를 나타내는 수업 준거 틀은 [그림 9-2]와 같이 세 단계로 구분한다.

STEAM 수업 준거 틀을 기반으로 한 컴퓨팅 융합 수업 전략

STEAM 수업의 아쉬운 점은 상황 제시 후 창의적 설계 단계로 이어지는 과정에서 문제 해결을 위한 배경지식(컴퓨터 과학 개념 등)이 부족하다는 점이다. 이 점을 보완하기 위해 창의적 설계의 기반이 되는 컴퓨터 과학CS 개념의 이해하기 단계를 추가한다. 컴퓨터 과학 개념의 이해하기 단계는 언플러그드 컴퓨팅 활동을 적용하여 전개한다.

창의적 설계 단계를 거쳐 감성적 체험 단계로 이어지는 과정에서도 실제적인 산출(소프트웨어 등)이 없어 기존에 개발된 산출물이나 다른 응용 분야를 활용해보고, 단지 그 느낌을 발표하고 평가하는 수준에 머물러 학습자가 소프트웨어 개발에 도전하고자 하는 의욕을 강화시키기 어려운 점이 있다.

창의컴퓨팅이 가지는 장점은 EPL과 피지컬 컴퓨팅 교구를 활용하여 학생이 생각하는 문제를 구체물로 구현하여 해결할 수 있다는 점이다. STEAM 교육에서는 구현할 수 있는 환경이 매우 제한적이어서 아쉬운 부분이 많다. 이러한 제약은 창의컴퓨팅을 통해서 해결할 수 있는데, 소프트웨어와 같은 구체적인 산출의 결과물이 나타나기 때문에 감성적 체험을 극대화할 수 있다. 따라서 창의적 설계 단계에서 문제를 컴퓨팅 사고를 이용하여 해결하고 실제 컴퓨팅 활동을 통해 구현해보는 과정을 포함하는 창의컴퓨팅 단계로 변경할 수 있다.

감성 체험 단계에서는 체험 활동과 함께 타 분야와의 융합을 시도할 경우 나타날 수 있는 각종 이슈를 논의하게 한다. 각종 이슈는 타 분야의 전문적 특징과 적용 시 이해해야 할 정책, 기술, 사용자 경험 그리고 저작권, 사생활 침해, 역기능 문제 등의 정보윤리 내용을 포함한다. 이때 나타나는 문제점을 해결하기 위해 전략과 기술적 방법을 도출하여 새로운 창의컴퓨팅 활동을 하는 피드백을 유도하며 선순환 구조를 가지도록 한다.

창의컴퓨팅 활동 단계에서도 이러한 타 분야 융합 이슈 부분을 다룰 수 있지만 학습자들의 인지 과부하 문제를 고려하여 핵심적인 내용을 이해하고 개발할 수 있도록 감성 체험 단계에 배치한다. 컴퓨팅 융합 수업의 경험이 많아지고 컴퓨팅 활동이 익숙한 학습자들에게는 군이 감성적 체험 단계에서 다루지 않고 상황 인식, 개념 이해, 컴퓨팅 활동 단계에 포함시켜 문제가 발생할 내용을 사전에 해결하면서 수업을 발전시킬 수 있다.

그림 9-3 │ **컴퓨팅 융합 수업 단계**

STEAM 교육 전략과 컴퓨팅 융합 수업

- 학습 목표: 얼굴 인식 방법을 이해하여 지문을 인식하는 시스템을 창의적으로 설계하고 구현한다.
- 융합 영역
  - 시간: 현재의 소프트웨어 융합 기술
  - 공간: 국가를 위한 소프트웨어 융합 기술

교수 · 수업 활동 1

교실에서 분실된 휴대폰. 휴대폰의 잠금장치는 안면 인식 시스템으로 주인의 얼굴을 비추어야만 풀린다. 휴대폰은 어떻게 사람의 얼굴을 알아볼 수 있는 것일까?

상황 인식

- 안면 인식 시스템 경험 나누기
- 학습 목표 확인: 휴대폰의 안면 인식 시스템 기술을 이해하고, 이를 적용하여 창의적으로 문제를 해결할 수 있다.

디자인 사고 과정

몰입, 탐색

개념 이해

- 안면 인식 시스템 기술을 이해하고 적용하기
- 안면 인식 시스템 기술을 이해하여 패턴 찾기

활동 1 컴퓨터는 어떻게 사람의 얼굴을 인식할까?

안면 인식 시스템 기술 이해하기

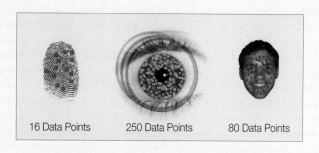

16 Data Points   250 Data Points   80 Data Points

지문 인식, 홍채 인식, 안면 인식 차이점

출처: www.youtube.com/watch?v=Dkyf9nzUUMA

활동 2 사람의 얼굴 사진에서 우리만의 방법으로 패턴 찾기

• 사진에서 데이터 만들기(점, 선, 면으로 단순화하여 패턴 찾기)

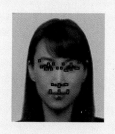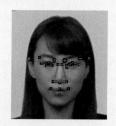

• 친구의 얼굴 사진 위에 투명 종이를 겹쳐 클립으로 고정시키고 점을 찍거나 점과
  점 사이를 선으로 연결, 또는 그 선들을 연결시키면 면이 나타남

- 점과 점 사이의 거리를 측정하여 비율 찾기(예: 코의 길이를 1로 하였을 때 입술 끝점과 눈 끝점 사이의 거리는 1.8배)

활동 3 휴대폰의 주인 찾기

- 패턴이 그려진 모양이나 비율을 측정한 자료를 활용하여 우리 반 친구들의 사진 자료에서 휴대폰의 주인을 찾는다.
- 나와 닮은 꼴 친구들 모여라.
- 패턴 자료에서 나와 패턴이 비슷한 친구들끼리 모여서 어떻게 닮았는지, 실제 닮은 모습인지 확인하며 이야기 나누기

교수 · 수업 활동 2

국가의 중요한 정보를 다루는 기관에 특정 인물만 지문을 통하여 출입하기 위한 보안 시스템을 개발하려고 한다. 안면 인식 시스템 기술을 응용하여 지문으로 인식하는 시스템을 창의적으로 설계하고 구현해보자.

디자인 사고 과정

몰입, 탐색, 인간 중심 요구 분석

창의컴퓨팅

- 타 분야 융합 이슈
  - 타 분야 특성 및 전문성
  - 보안 업체, 보안 체계, 국가 정보기관의 특성 등
  - 정보 역기능 이슈

– 개인 정보 사용 등

　　　→ 타 분야 융합 이슈의 문제 해결 전략

　•CT를 적용한 문제 해결

　　– 분해: 손가락 지문이 가진 특징들을 여러 개의 격자로 분해

　　– 패턴 인식: 친구 10명의 지문을 채취하여 특징 분석

　　– 추상화: 지문이 가진 특징을 컴퓨터가 처리할 수 있도록 기호화

　　– 알고리즘: 지문 인식 알고리즘 개발

　•EPL 컴퓨팅(자동화 1)

　　– 알고리즘으로 제시된 내용을 프로그래밍으로 구현

　　– 테스팅과 디버깅

　•피지컬 컴퓨팅(자동화 2)

　　– 비디오 캠코더를 이용하여 얼굴 인식 시스템 개발

　　– 스마트폰(아두이노 지문 센서)을 이용하여 지문 인식 시스템 개발

감성적 체험

　•체험 활동

　　– 개발된 산출물을 직접 활용

　　– 기존 개발된 시스템을 활용하여 자신의 산출물과 비교

평가 및 피드백

　동료 평가, 사용자 평가를 통하여 피드백

컴퓨팅 융합으로서 메이커 운동

소프트웨어 교육이 지속적으로 변화하고 발전하면서 새로운 교육 트렌드와의 접목이 시도되고 있다. 대표적인 것이 메이커 운동maker movement이다. 메이거 운동과 소프트웨어 교육의 만남은 어쩌면 필연적이면서도 당연한 흐름인지도 모른다. 그 배경은 디지털 산업의 활성화와 정보기술의 확산 그리고 IT 관련 기기의 비용이 매우 저렴해지면서 교육에의 적용 가능성이 높아졌기 때문이다. 피지컬 컴퓨팅과 발명 교육 그리고 STEAM 교육의 결합으로 아이들의 지적 호기심과 만들고자 하는 본능을 자극하고 있다. 이러한 변화가 과연 교육에서 실현 가능할지, 소프트웨어 교육과는 어떠한 관계 속에서 이루어져야 할지 메이커 김승범의 생각을 정리하여 제시해본다.

데일 도허티Dale Dougherty로부터 시작된 메이커 운동이 오늘날 파란색과 빨간색으로 디자인된 Make라는 브랜드하에 모이면서 대표성을 가진 몇몇 프로젝트에 의해서 어떤 특정 영역으로 한정된 것처럼 보이기 쉽다. 그러나 메이커 운동은 참여하는 사람들에 의해서 성격이나 느낌이 바뀌게 되고, 그래서 각 나라의 메이커 페어를 들여다보면 정말 다양하다는 것을 알 수 있다. 그리고 오늘날 새롭게 시작된 활동이라기보다는 과거에도 있었던 다양한 활동들이라는 것을 알 수 있다.

메이커 운동과 발명 교육, 융합 교육과의 관계도 더욱 견고해지고 있다. 발명 교육과 융합 교육이 메이커 운동 안으로 포함될 수 있는, 즉 메이커 운동이 더 상위 개념으로서 다양한 활동을 품을 수 있을 것으로 보인다. 기존의 발명 교육과 융합 교육을 하던 사람들에게는 메이커 운동이 새로운 아이디어를 얻을 수 있는, 그래서 기존 교육의 다양성과 가능성을 더 넓힐 수 있는 기회라고 볼 수 있다.

메이커 운동 창시자 데일 도허티

그림 9-4 │ **메이커 운동**

출처: https://www.youtube.com/watch?v=mklywR7TQxs

현재 메이커 운동에서 교육은 매우 중요한 부분을 차지한다. 그러나 메이커가 되기 위한 어떤 특정한 커리큘럼이 있다고 말할 수는 없다. 왜냐하면 메이커라는 단어는 특정 기술이나 지식 분야를 지칭하는 용어가 아니기 때문이다.

메이커 운동에는 컴퓨팅과 상관이 없는 프로젝트도 많다. 따라서 소프트웨어와 하드웨어를 써야지만 메이커라고 단정 짓는 것은 그리 바람직하지 않다. 그러나 소프트웨어와 하드웨어의 컴퓨팅이 점점 메이커 운동에서 중요한 역할을 하고 있다.

그림 9-5 │ 메이커 운동을 나타내는 용어

출처: http://www.sloma.org/events/mini-maker-faire.php

컴퓨팅은 메이커 문화에서 리터러시로 작용하고 있다. 메이커 운동에서 자주 인용되거나 활용되는 소프트웨어와 하드웨어는 결코 산업 면에서 최첨단의 고급 기술이 아닐 수 있다. 오히려 비전문가들이 점점 읽고 쓰기 좋은 매체로 발전하고 있다. 다른 사람의 기술적 노하우들도 읽을 수 있게 되었고, 배울 수 있게 되었다. 또한 자신의 경험역시 그런 문화 속에서 공유될 수 있게 되었다. 이런 변화는 앞으로 더 가속될 것이다. 메이커 문화에서 소프트웨어와 하드웨어의 컴퓨팅이라는 매체는 단순히 기술이 아닌기초 소양, 즉 리터러시가 되었다.

컴퓨팅 리터러시는 메이커의 능력을 확장하는 계기가 되었다. 과거에는 여러 사람이 해야 하는 일이거나 기업 수준에서 해결해야 할 일들이 개인이 처리할 수 있는 수준이 되고 있다. 개인 제조업과 같이 산업적인 면에서도 새로운 변화들이 시작되었고, 개인의 입장에서도 상상으로만 끝날 수 있는 관심 분야의 여러 작업들이 실험이나 실현으로 이어지기 쉬운 기회를 만들어주는 데 컴퓨팅 리터러시는 큰 역할을 하고 있다.

생물정보학

생명공학기술(BT)과 정보기술(IT)의 융합 영역인 생물정보학Bioinformatics은 컴퓨터를 이용해 각종 생명 현상을 연구하는 분야이다. 전산생물학computational biology이라는 용어로 쓰이고도 있다. 생물정보학은 알고리즘, 데이터베이스, 사용자 인터페이스 그리고 통계학적 도구 등을 이용하여 단백질과 DNA 서열을 비교하는 등 의미 있는 결과를 도출할 수 있도록 해준다.

동물발생학 연구에서 자주 사용하는 초파리의 연구를 살펴보자. 초파리는 아이리스eyeless라고 하는 유전자를 가지고 있는데, 그것이 분자생물학적인 방법으로 제거되면 눈이 없는 초파리가 만들어진다. 이것으로 아이리스 유전자는 눈의 발생 과정에 어떤 역할을 하는지 알 수 있다. 사람의 경우 아니리디아aniridia(홍채결여증)에 해당하는 유전자가 결여된 사람은 발생 과정에 눈에 홍채가 생성되지 않는다. 이렇게 하나의 유전자가 초파리와 인간에게 동일하게 작용한다는 것은 매우 흥미로운 사실이다. 이럴 때 아이리스 단백질과 아니리디아 단백질이 어떤 역할을 하는지 서열을 비교하여 유사한 단백질을 확인할 수 있다.

15년 전까지만 해도 이러한 유사 단백질 확인은 사막에서 바늘을 찾는 것처럼 어려운 일이었다. 현미경으로 확인한 유전자 서열을 일일이 워드프로세서에 입력하고 손으로 정렬하여 한 글자 한 글자 순서대로 비교했기 때문이다. 1980년대 말, 서열 비교를 할 수 있는 고속 컴퓨터 프로그램의 등장은 분자생물학을 완전히 바꾸어 놓았다. 다중 정렬, 계통 발생학적 분석, 모티프 동정, 상동성 모델링 소프트웨어, 웹 기반의 데이터 검색 서비스에 이르기까지 생물학을 연구하는 수많은 도구의 핵심 요소는 서열 짝 정렬 비교 알고리즘을 기반으로 하고 있다.

 창의컴퓨팅 수업 Tip

단백질의 유전 정보는 너무 복잡하기 때문에 4가지 염기 서열(A, G, C, T)을 뒤섞은 유전자의 유사한 부분을 검색하는 부분부터 시작한다. 검색은 정렬을 통한 유사 문자열 검색 방법을 사용한다. 정렬은 컴퓨터가 효과적이고 빠른 탐색을 하기 위해 데이터를 순서대로 나열하는 것을 말한다. 이러한 정렬의 종류에는 버블 정렬, 선택 정렬, 삽입 정렬, 퀵 정렬 등 다양한 방법이 있다. 정렬은 언플러그드 활동을 통해 그 개념을 학습하고, EPL 컴퓨팅으로 주어진 데이터를 정렬하는 프로그램을 만들어보는 등 학습이 가능하다.

*참고 학습 사이트: KoreaSW.org 언플러그드로 즐기는 컴퓨터 과학 1, 2, 스크래치 고급

지능형 교통 시스템

지능형 교통 시스템Intelligent Transportation System, ITS은 전자, 통신, 정보, 제어 등의 기술을 교통 체계에 접목시켜 기존 교통 시설의 효율을 극대화하고 안정성을 향상시킬 수 있는 스마트 교통 시스템, 환경 친화적 미래 교통 체계를 말한다.

지능형 교통 시스템의 서비스 종류에는 5가지가 있다(도시 IN 웹진, 2016).

첫째, ATMSAdvanced Traffic Management System이다. 도로에 차량의 특성과 속도 등 교통 정보를 감지할 수 있는 시스템을 설치하여 교통 상황을 실시간으로 분석하고, 이를 토대로 도로 교통의 관리와 최적 신호 체계를 꾀하는 동시에 여행 시간 측정과 교통사고 파악 및 과적 단속 등의 업무를 자동으로 구현한다. 예를 들면, 요금 자동 징수 시스템, 자동 단속 시스템 등이 있다.

둘째, ATISAdvanced Traveler Information System이다. 교통 여건, 도로 상황, 출발지에서 목적

지까지의 최단 경로, 소요 시간, 주차장 상황 등 각종 교통 정보를 FM 라디오 방송, 차량 내 단말기 등을 통해 운전자에게 신속, 정확하게 제공함으로써 안전하고 원활한 최적의 교통 서비스를 지원한다. 예를 들면, 운전자 정보 시스템, 최적 경로 안내 시스템, 여행 서비스 정보 시스템 등이 있다.

셋째, APTS^{Advanced Public Transportation System}이다. 대중교통 운영체계의 정보를 수집하여 시민들에게는 대중교통 수단의 운행 스케줄, 차량 위치 등 이용자의 편익을 극대화시키고 대중교통 운송 회사 및 행정부서에는 차량 관리, 배차 및 모니터링 등을 위한 정보를 제공함으로써 업무의 효율성을 극대화시킨다. 대중교통 정보 시스템, 대중교통 관리 시스템 등이 그 예이다.

넷째, CVO^{Commercial Vehicle Operation}이다. 컴퓨터를 통해 각 차량의 위치, 운행 상태, 차내 상황 등을 관제실에서 파악하고 실시간으로 최적 운행을 지시하여 물류비용을 절감하고, 통행료 자동 징수, 위험물 적재 차량 관리 등을 통해 물류의 합리화와 안전성 제고를 도모한다. 전자 통관 시스템, 화물 차량 관리 시스템 등이 그 예이다.

다섯째, AVHS^{Advanced Vehicle and Highway System}이다. 차량에 교통 상황과 장애물 인식 등의 고성능 센서와 자동제어장치를 부착하여 운전을 자동화하며, 도로상에 지능형 통신 시설을 설치하여 일정 간격 주행으로 교통사고를 예방하며 도로 소통의 능력을 증대시킨다.

이러한 지능형 교통 시스템 기술은 구글이 개발한 무인 자율 자동화와 테슬라에서 개발한 전기 자동차와 융합되어 영화에서 소개되는 것처럼 환상적인 교통 수단으로 진화할 것이다.

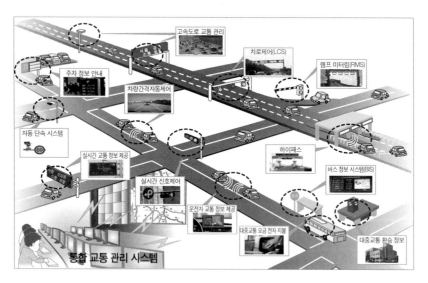

그림 9-6 | **지능형 교통 시스템**

출처: 국토교통과학기술진흥원(http://www.kaia.re.kr)

 창의컴퓨팅 수업 **Tip**

　자동 단속 시스템은 우리가 쉽게 알고 있는 CCTV의 활용 사례이다. CCTV는 과속 차량이나 건물 출입 시 자동차 번호판을 인식할 수 있도록 만든 카메라인데, 이 카메라는 자동차 번호를 그림으로 인식하고 그에 해당하는 패턴으로 숫자를 인식한다. 숫자를 어떻게 패턴으로 인식할 수 있는지는 언플러그드 활동을 통해 가능하다. 모눈종이에 숫자를 써보고, 숫자를 이미지화하여 0과 1로 바꾸어 디지털 자료로 변환한다. 그리고 나서 친구들이 쓴 숫자들을 모아서 각 숫자에서 나타나는 공통적인 특징을 찾는다. 즉, 데이터 값인 0과 1에서 나타나는 패턴을 찾아보는 것이다. 이를 통해 컴퓨터가 어떻게 숫자 정보를 받아들이는지 이해할 수 있게 된다.

　또한 고성능 센서와 자동제어장치 부착으로 자동차 간의 일정 간격을 유지하는 시스템의 구현은 EPL 컴퓨팅과 피지컬 컴퓨팅을 통해 구현이 가능하다. EPL 컴퓨팅 활동에서는 두 객체 간에 서로 일정한 간격을 두고 움직일 수 있도록 조건문을 넣어 프로그래밍을 할 수 있고, 이를 활용한 간단한 게임을 만들 수 있다. 피지컬 컴퓨팅에서는 거리 감지 센서와 터치 센서를 직접 부착하여 일정 거리를 두고 자동차를 직접 움직여볼 수도 있다.

그 밖에 이 영역에서는 최단 경로 찾기, 운전자 정보 시스템, 대중교통 수단의 운행 스케줄, 배차 시간 등 다양한 컴퓨터 과학을 학습할 수 있는 요소가 있다.

* 참고 학습 사이트: KoreaSW.org 언플러그드 기초, 스크래치 중급(센서보드)

통계와 빅데이터

빅데이터big data는 기존 데이터베이스 관리 도구로 데이터를 수집, 저장, 관리, 분석할 수 없는 대량의 정형 또는 비정형 데이터로부터 가치를 추출하고 결과를 분석하는 기술이다. 일종의 데이터 마이닝 기술로 다양한 종류의 대규모 데이터를 생성하고 수집하며 분석한다. 빅데이터 기술은 다변화된 현대사회를 더욱 정확하게 예측하여 효율적으로 작동하게 하고 있으며, 개인화된 현대사회 구성원마다 맞춤형 정보를 제공하고 관리할 수 있어 과거에는 불가능했던 기술을 실현시키고 있다. 빅데이터는 정치, 사회, 경제, 문화, 과학기술 등 전 영역에 걸쳐서 사회와 인류에게 가치 있는 정보를 제공할 수 있는 가능성을 제시하며 그 중요성이 점점 커지고 있다.

2008년 미국 대통령 선거에서 버락 오바마 후보는 다양한 형태의 유권자 데이터베이스를 확보하여, 이를 분석 활용한 '유권자 맞춤형 선거 전략'을 전개했다. 당시 오바마 캠프는 인종, 종교, 나이, 가구 형태, 소비 수준과 같은 기본 인적 사항으로 유권자를 분류하는 것을 넘어서서 과거 투표 여부, 구독하는 잡지, 마시는 음료 등 유권자 성향까지 전화나 개별 방문 또는 소셜 미디어를 통해 유권자 정보를 수집하였다. 이렇게 수집한 정보는 유권자 데이터베이스를 온라인으로 통합 관리하는 '보트빌더VoteBuilder.com' 시스템의 도움으로 유권자 성향 분석, 미결정 유권자 선별, 유권자에 대한 예측을 해나갔다. 이를 바탕으로 '유권자 지도'를 작성한 뒤 '유권자 맞춤형 선거 전략'을 전개하여 비용 대비 효과적인 선거를 치를 수 있었다.

아마존닷컴은 모든 고객들의 구매 내역을 데이터베이스에 기록하고, 이 기록을 분석해 소비자의 소비 취향과 관심사를 파악한다. 이런 빅데이터의 활용을 통해 아마존은 고객별로 '추천 상품recommendation'을 표시한다. 고객 한 사람 한 사람의 취미나 독서 경향을 찾아 그와 일치한다고 생각되는 상품을 메일, 홈페이지상에서 중점적으로 자동적으로 제시하는 것이다. 아마존닷컴의 추천 상품 표시와 같은 방식으로 구글 및 페이스북도 이용자의 검색 조건, 나아가 사진과 동영상 같은 비정형 데이터 사용을 즉각 처리하여 이용자에게 맞춤형 광고를 제공하는 등 빅데이터를 더욱 활용하고 있다.

브라질에서 개최된 2014년 FIFA 월드컵 우승국 독일의 배경에도 '빅데이터'가 있었다. 독일 국가 대표팀은 SAP와 협업하여 훈련과 실전 경기에 'SAP 매치 인사이트'를 도입했다. SAP 매치 인사이트란 선수들에게 부착된 센서를 통해 운동량, 순간 속도, 심박수, 슈팅 동작 등 방대한 비정형 데이터를 수집 분석하고, 그 결과를 감독과 코치의 태블릿PC로 전송하여 그들이 데이터를 기반으로 전술을 짜도록 도와주는 솔루션이다. 정보 수집에 쓰이는 센서 1개가 1분에 만들어 내는 데이터는 총 1만 2,000여 개로 독일 국가 대표팀은 선수당 4개(골키퍼는 양 손목을 포함해 6개)의 센서를 부착했고, 90분 경기 동안 한 선수당 약 432만 개, 팀 전체로 약 4,968만 개의 데이터를 수집했다고 한다. 이를 바탕으로 좀 더 과학적인 전략을 수립할 수 있었다.

빅데이터는 과학기술 분야에서도 통계학, 생물정보학, 의료, 기업 경영, 마케팅, 기상 정보, 보안 관리, 구글 번역 등에서 활발히 활용되고 있다. 이러한 빅데이터 분석기술과 방법으로는 데이터 마이닝, 기계 학습, 자연 언어 처리, 패턴 인식 등이 있다. 최근에는 소셜 미디어 등 비정형 데이터의 증가로 텍스트 마이닝, 오피니언 마이닝, 소셜 네트워크 분석, 군집 분석 등이 주목을 받고 있다.

출처: 위키디피아

 창의컴퓨팅 수업 Tip

빅데이터 분석 기술인 데이터 마이닝은 실제 엄청난 데이터를 바탕으로 이루어지지만 학습 과정에서는 한 교실에서 얻어진 데이터를 사용해 언플러그드 컴퓨팅 활동으로 이해할 수 있다. 예를 들면, '학교 앞에 어떻게 해야 학생들이 좋아하는 문구점을 차릴 수 있을까?'라는 발문으로 문제 상황을 준다. 그러고 나서 이에 맞는 질문을 만들도록 한다. 다양한 질문 리스트가 나올 것이고, 가장 적합한 것을 찾는다. 요일, 날씨, 성별 등에 따라 사는 물건들이 다를 것이고. 이를 분석하여 그래프에 나타내어보면 결과 값에서 규칙이나 패턴을 찾을 수 있다. 이에 해당하는 값이 바로 문제 해결에 단서가 될 것이며 이렇게 분석하는 방법이 데이터 마이닝이다. 이렇게 언플러그드 활동뿐만이 아니라 데이터 값을 직접 다루어서 분석해볼 수 있는 EPL 컴퓨팅 활동으로도 구성이 가능하다.

* 참고 학습 사이트: KoreaSW.org 언플러그드 기초

산업 기술과 로보틱스

로봇이 인간 생활에 침투하기 시작하면서 다양한 기술이 개발되고 발전되어 왔다. 인간 로봇 상호작용Human-Robot Interaction, HRI 기술이 대표적이다. HRI 기술의 가장 중요한 부분은 로봇이 자체 처리하지 못하는 일들을 사람과의 교류로 개선해 나갈 수 있다는 점이다. HRI 기술의 처음 시작은 if-then이라는 일차 규칙 생성 알고리즘부터이다. 이러한 구조에서 상위 계층hierarchical 구조인 트리tree 구조와 알고리즘 기반 모델들이 제안

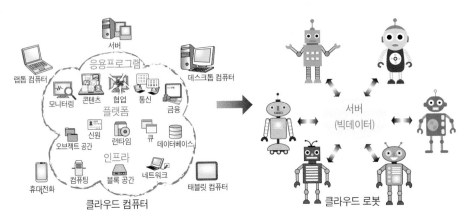

그림 9-7 | **산업 기술과 로봇**

되었다. 하지만 이것만으로는 적용하는 데 어려움이 많았고, 이를 해결하기 위해 사람 뇌의 동작을 모사한 신경망 모델neural network model, 주어진 환경에 맞춰 스스로 진화해 가는 인공지능을 구현하기 위한 유전자 알고리즘genetic algorithm, 인간의 사고나 판단의 모호함을 수량화시켜 나타내고자 한 퍼지 논리fuzzy logic 등 다양한 방법론이 제안되었고 각각의 방법론이 서로 통합되어 이용되었다. 그럼에도 여전히 확장성 측면에는 한계가 있었다.

이 때문에 최근에는 빅데이터와 클라우드 컴퓨팅 기술을 로봇에 적용하기 위한 노력이 이루어지고 있다. 이것을 로봇에 적용한다면 [그림 9-7]과 같이 각기 다른 환경에 존재하는 많은 클라이언트 로봇이 센서에서 얻는 수많은 정보, 학습된 데이터를 동시다발로 서버에 저장해 빅데이터를 형성할 수 있게 된다. 이렇게 저장된 정보들은 빠른 속도로 전송 및 업데이트되어 로봇으로 하여금 지식과 경험을 공유할 수 있게 해줄 것이다. 또 이러한 클라우드 로봇 기술을 이용하면 로봇은 전혀 새로운 환경을 접하거나 모르고 있던 작업을 수행하게 되더라도 빠르게 학습해 사람들에게 서비스를 안정적으로 제공해줄 수 있을 것이다.

출처: Tech M 커버스토리, ROBOT 세상을 바꾸다(http://m.technbeyond.co.kr/home/bbs/board.php?bo_table=cover&wr_id=46&page=2&mg_id=20)

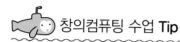 창의컴퓨팅 수업 Tip

알고리즘을 이해하기 위한 활동으로 언플러그드 컴퓨팅 활동을 할 수 있다. 일의 순서를 나타내는 활동, 그 순서에 조건문을 붙여서 구성할 수 있다. 알고리즘에 대한 이해가 되면 EPL 컴퓨팅 활동을 통해 직접 짠 알고리즘을 구현해보며 자동화에 대한 이해를 할 수 있다. 이때는 조건문의 필요성, 반복에 대한 간결성 등 인간의 행동에 대하여 컴퓨터가 어떻게 처리하고 표현하는지에 관해 알게 된다. 피지컬 컴퓨팅 활동에서는 직접 프로그래밍한 피지컬 컴퓨팅 도구를 동작시켜볼 수 있다.

* 참고 학습 사이트: KoreaSW.org 언플러그드로 즐기는 컴퓨터 과학 1, 조각 안의 컴퓨팅, 디지로그 협력 컴퓨팅

Chapter 10

디자인 사고를 통한 컴퓨팅 문제 해결,
컴퓨팅 디자인

무엇인가 생각하는 것에 대해 생각하지 않는 것은
생각한 것에 대해 생각할 수 없다.

시모어 페퍼트Seymour Papert

디자인 사고를 통한
컴퓨팅 문제 해결, **컴퓨팅 디자인**

컴퓨팅 디자인
개요

　문제의 해결은 문제를 파악하고 문제의 특징을 분석하여 문제를 해결하기 위한 과정을 설계한 후, 구체적인 해결 방법을 구현하고 적용하여 해를 찾는 과정을 거친다. 그리고 찾은 해에 대해 서로 공유하고 비교하여 결과를 평가한다. 이러한 일련의 단계는 문제 해결의 공통적인 프로세스이다. 문제의 해결 규모가 크든 작든 이러한 과정을 거치는데, 전문성과 경험에 따라 문제 해결 과정의 단계들이 통합되거나 건너뛰는 경우가 있을 뿐이다.

　문제의 해결 과정은 직관적으로 해결을 위한 미시적 설계 과정이 따르며, 해결의 전체 과정을 디자인하는 거시적인 사고 과정이 요구된다. 따라서 컴퓨팅의 과정은 문제 해결의 과정이며 디자인적인 사고를 수반하게 된다.

　완성된 기능과 목적을 가진 소프트웨어를 설계하고 구현하는 활동은 단순하게 코딩과 프로그래밍을 통해 단위 모듈을 개발하는 활동이나 개별 알고리즘의 구현 활동과는 차원이 다르다. 시스템의 구조를 가진 중대형 소프트웨어를 개발하는 활동은 디자인 사고의 관점이 요구되며 치밀함과 세심함, 끈기와 대인과의 의사소통, 협업 등의 팀 워크가 요구된다. 대규모의 소프트웨어 개발 프로젝트는 오케스트라 단원을 구성하여 콘서트를 하는 것과 유사한 과정을 거친다. 개개의 프로그래머는 한 음 한 음 틀리지 않고 연주하는 연주자와 비슷하다. 화가, 연극배우, 무용가 등도 치밀하고 세심함, 끈기를 바탕으로 자신의 역량을 최대한 발휘한다. 바로 이러한 예술가적 마인드가 디자인 사고를 통하여 꽃을 피우게 된다. 컴퓨터 과학자처럼 생각하며 문제를 해결하는 것이 컴퓨팅 사고라고 한다면, 디자이너처럼 생각하고 문제를 해결하는 것이 디자인 사고라고 볼 수 있다.

컴퓨팅 교육에서 목표로 하고 있는 컴퓨팅 사고는 디자인 사고와 연계되어 있으며, 이전 장에서 살펴본 컴퓨팅 융합을 위한 융합적 사고와도 연결되어 있다. 이번 장에서는 컴퓨팅 디자인에 대해 논의해본다.

창의적 문제 해결 과정으로서 컴퓨팅 디자인

초 · 중등 교육의 목적은 교과와 상관없이 창의적 문제 해결 능력을 가진 인재 양성이다. 소프트웨어 교육을 포함한 정보 교육 또는 창의컴퓨팅 교육도 이러한 목적을 벗어날 수 없다. 각 교과에서 추구하는 핵심 사고력을 바탕으로 문제를 해결할 때 반드시거쳐야 하는 부분이 바로 문제를 이해하고 분석하며 문제를 해결하기 위한 전략과 방안을 모색하는 설계 과정이다. 이후 문제 해결의 실천적 접근과 해결된 문제의 평가 단계를 통하여 문제 해결의 단계를 완성한다.

타 분야의 주제와 컴퓨팅 활동 단계를 포함한 컴퓨팅 융합을 통해 실세계 문제를 해결하는 것을 창의적 문제 해결 과정이라고 볼 수 있다. 이러한 컴퓨팅 융합 교육의 창의적 문제 해결 과정은 소프트웨어의 설계를 넘어서 디지털 문제의 해결 방법으로까지 확장될 수 있는데, 디자인 사고를 통하여 보다 명확하고 실제적으로 학습할 수 있다.

디지털 세계와 아날로그 세계의 문제를 이해하고, 디지로그 융합 세계의 문제를 해결하기 위해 디자이너 관점에서 바라보는 것이 바로 디자인 사고이다. 미술가, 예술가로서의 디자이너를 넘어서 건축 설계자, 기계 설계자, 더 나아가 삶의 설계자로서의 디자이너 관점에서 컴퓨팅 문제 해결을 수업의 전략으로 다룬다.

디자인 사고의 정의

노벨상 수상자인 허버트 사이먼Herbert A. Simon은 디자인을 다음과 같이 정의하였다.

"디자인은 현재의 상태를 더 바람직한 것으로 변화시키는 것이다."

따라서 디자인 사고란 인간을 관찰하고 공감하여 학습자를 이해한 뒤, 다양한 대안을 찾는 확산적 사고와, 주어진 상황에 최선의 방법을 찾는 수렴적 사고의 반복을 통하여 혁신적 결과를 내는 창의적 문제 해결 방법이다.

IDEO에서 출간한《교육자를 위한 디자인 사고 툴킷》에서 발췌한 디자인 사고의 정의는 다음과 같다.

"디자인 사고는 우리가 변화를 만들어 낼 수 있다고 믿는 것이며, 세상에 긍정적인 영향을 주는 새로운 솔루션을 도출하기 위한 체계적인 문제 해결 과정이다."

이러한 정의에 따라 디자인 사고는 다음과 같은 특징을 지닌다.

- 디자인 사고는 어려운 도전 과제들을 기회로 바꾸는 문제 해결 과정과 창조적인 능력에 대한 믿음을 심어준다.

- 디자인 사고는 인간 중심적이다. 사람들의 필요성과 동기부여를 이해하고 공감하는 것에서부터 시작된다.
- 디자인 사고는 협동적인 과정이다. 여럿이 머리를 맞대면 혼자서 하는 것보다 훨씬 문제 해결 능력이 강해진다. 다양한 사람들의 관점은 디자인 사고를 풍부하게 하고, 다른 사람들의 창의적인 사고는 자신의 사고를 긍정적으로 자극한다.
- 디자인 사고는 긍정과 낙관주의에 기반한다. 디자인 사고는 기본적으로 참여하는 모두가 긍정적인 변화를 만들 수 있다고 믿는 데에서 시작한다. 해결하려는 문제가 크거나, 시간이 부족하거나, 예산이 적다고 하더라도 관계없다. 어떤 제약이 있더라도 디자인을 하는 것은 즐거운 과정일 수 있다.
- 디자인 사고는 '실험'을 중시한다. 디자인 사고는 항상 무언가 새로운 것을 시도할 것을 강조한다. 새로운 시도와 실험 속에서 실수와 실패를 하면서 배우고, 그 피드백을 통해 얻는 과정을 마음껏 반복 수행하도록 장려한다.

　학생들의 모든 요구를 완벽히 충족시킬 수는 없다. 이것은 교육자들에게 항상 '진행 중'이다. 교육자는 완벽을 추구해야 하고, 실수를 하지 않아야 하며, 흠잡을 데 없는 역할 모델이 되어야 한다는 부담감이 있다. 이런 부담감은 더 나은 해결책을 만들어 가는 데 장애물이 될 수 있으며, 더욱 근본적인 변화를 위한 가능성을 제한할 수 있다. 하지만 교육자는 항상 실험하고 시도해야 하며, 디자인 사고 역시 이와 마찬가지로 행동을 통해 학습하는 과정이다.

　다시 말해, 디자인 사고는 새롭고 더 나은 일들을 실현할 수 있고, 가능하게 할 수 있다는 확신을 준다. 이러한 낙관주의는 교육 환경에 반드시 필요한 태도이다. 이상의 내용은《교육자를 위한 디자인 사고 툴킷》(IDEO, 2011)에서 발췌한 것이다.

디자인 기반 학습

　디자인 기반 학습은 주로 과학교육의 탐구 학습과 비교되는데, 과학 탐구 학습의 경우 실험을 통한 가설 검증이 주로 이루어지는 반면, 디자인 기반 학습에서는 아이디어를 직접 제작하고 테스트하는 것이 주요 활동이다. 이러한 활동은 창의컴퓨팅 교육과도 일치하여, 실험을 통한 가설 검증보다는 아이디어를 설계하여 직접 개발하고 평가한다. 이 일련의 과정은 소프트웨어 개발의 단계와 다르지 않다.

　미국 스탠퍼드대학교에서 운영하는 D-school에서는 디자인 기반 교육 프로그램을 개발하고 교육하고 있다. 개발된 교육 방법의 절차를 살펴보면 공감하기, 정의하기, 상상하기, 프로토타입, 테스트의 과정을 거친다. 각 단계별로 세부 활동이 나누어져 있는데, 예를 들면 공감하기에서는 관찰하고, 그 일에 직접 관여한 후 경험해보는 과정을 거친다. 실제 디자인 기반 학습이 드러나는 부분은 상상한 것을 프로토타입으로 만들어서 테스트하는 과정이다. 즉, 학습자들이 문제 해결의 과정을 직접 설계하고 기획하여 소프트웨어 창작물을 제작하고 경험하는 활동이다. 이에 따라 디자인 기반 학습 전략이 필요하며, 이것이 바로 컴퓨팅 디자인이라 할 수 있다.

그림 10-1 ｜ **디자인 사고 과정**

출처: http://dschool.stanford.edu

디자인 기반 학습은 교과의 본질을 추구한다. 창의컴퓨팅 교육도 산업사회의 교과 체제를 혁신하기 위한 교육 방법이다. 디지털 사회를 살아가기 위한 학습자들의 역량을 신장시키기 위해 창의컴퓨팅 교육이 기존의 교과들과 융합하고 교과들이 가진 본질을 이해하는 데 많은 도움을 준다.

우리는 주변에서 뇌를 닮은 도구들이 얼마든지 기계적인 반복 작업과 계산 작업을 대체하는 것을 본다. 우리는 그것들을 우리의 현실적인 문제를 해결하는 데 활용하면 된다. 실생활에서의 문제를 발견하여 수학으로 모델링하고, 그 문제를 해결하기 위한 방법을 찾아가는 과정에서 이러한 도구들을 사용하여 다양한 방법으로 문제를 해결할 수 있다.

그림 10-2 | **문제 해결 과정**

이 디자인 기반 학습은 2011년 우리나라에 도입된 STEAM에 적용되어 과학적 주제에서 공학과 기술을 기반으로 자신의 아이디어를 디자인하고 구현하는 교육으로 소개되었다. 디자인 기반 학습은 STEAM 수업 준거 틀과 전략에 잘 드러나 있다. 3단계로 이루어진 학습 과정, 즉 상황 제시-창의적 설계-감성적 체험에서 찾아볼 수 있다.

그림 10-3 | D-school 홈페이지

출처: http://dschool.stanford.edu

창의컴퓨팅 교육에서 디자인 사고 교육이 어떻게 적용될 수 있는지 다음과 같이 방법론적인 측면에서 한 가지 사례를 살펴보고자 한다. 이 사례는 pxd UX Lab.의 '교육자를 위한 디자인 사고'에서 발췌하였다(http://story.pxd.co.kr/975).

 창의컴퓨팅 교육에서 디자인 사고 교육

공감(empathy)

학생들이 일상생활에 노출된 위험한 점을 포스트잇에 50개 정도 도출해 서로 이야기한다. 다양한 의견이 나오고 공감 가는 문제에 스티커 투표를 한다. 그 결과 '아이 또는 여자가 택시를 밤에 혼자 타는 것은 위험하다'라는 문제에 가장 많은 스티커가 붙었다. 이 주제를 가지고 2인 1조를 이루어 토론을 진행한다. 진짜 위험한지 실제 사례를 탐색하고 기사문을 통해 구체적인 위험성에 대해 친구들과 자료를 검색하며 공유한다. 반 아이들이 택시를 탔을 때의 경험을 인터뷰한다. 여학생을 대상으로 하는 것도 좋다. 기회가 된다면 택시 기사와 택시 회사와의 인터뷰도 가능하다.

문제 정의(define)

'심야에 택시를 혼자 탈 때 안전장치는 무엇일까?', '안전한 택시 승차를 위한 정책이나 기술을 개발할 수 있을까?' 등 각자 질문을 정의한다. 토론과 공감 스티커 투표를 통해 어떤 질문이 가장 가치 있고 실제적인지 선정한다. 왜 심야에 혼자 택시를 타야 하는지, 여럿이 같이 이용할 수는 없는지 등을 논의하며, 혼자라는 상황의 위험성, 야간 택시 승차의 방법과 자신이 가진 소지품의 활용, 택시 자체의 안전 지원, 정책적인 방법 등 문제 해결을 위한 다양한 지식을 학습한다.

- 홀로 야간 택시를 이용하는 여성이 택시 기사에게 폭행을 당하거나 강도를 당하는 사례 발생
- 가족들도 구성원이 밤늦게 택시를 혼자 타는 경우 불안을 느낌

- 이러한 불안과 위험을 방지하기 위해 장치를 활용한 정보 시스템 개발

아이디어 내기(ideate)

질문과 상관없는 이미지를 무작위적이고 지속적으로 제시하며 수평적인 사고를 독려한다. 그 결과로 세상에 없는 엉뚱한 택시 안전 승차의 아이디어를 100개 이상 빠르게 제시한다. 공감 스티커 투표를 실시해 적절한 소수의 아이디어를 선정한다. 마인드맵, 브레인스토밍, 브레인라이팅, PMI, 육색모자기법 등 다양한 창의성 계발 기법을 활용한다.

- 스마트폰을 이용하여 택시의 정보를 다양하게 입력
- GPS를 이용하여 자신의 승차 위치와 목적지까지의 경로를 맵으로 표현
- 위험 발생 시 앱으로 SOS 신호와 택시 정보, 위치 정보를 가족과 보안업체에 전송하여 도움 요청

프로토타입(prototype)

모둠을 구성하여 앞에서 도출한 아이디어를 프로토타입으로 구현한다. 택시를 탔을 때 승객을 추적하기 위한 장치로 누구나 가지고 있는 스마트폰을 이용하는 것을 해결 방안으로 선정하였다고 하자. 먼저 스마트폰의 기능과 통신·추적을 위한 방법, 택시 승차부터 하차까지의 절차에 대해 논의한다. 이 과정에서 프로토타입 제작을 위한 소프트웨어 디자인 사고를 한다. 그리고 사용될 장치와 기술에 대해 탐색한다. IT 장비와 스마트 기기, 택시 장치에 대해 전문가들의 자문과 인터뷰를 통해 활용 가능성을 확인한다. 승객의 승차에서 하차의 과정에 대한 절차를 알고리즘화한다. 이때 승객의 안전을 확인하기 위한 소프트웨어와 통신 장치를 구동하기 위한 프로그램을 간단한 모형

으로 구현한다. 직접 만들어보고 시각화로 제시할 수 있어야 한다. 메이커 운동의 가치가 이 단계에서 드러난다.

앱을 활용하여 택시 정보, 위치 정보, 보호 요청 등을 서버에 전송

보안업체

택시 번호 직접 입력
택시 번호판 인식
택시 면허증 인식

비상시 보안업체, 경찰, 가족에게 보호 요청

비상 출동

디자인 사고를 통한 안전한 택시 알리미 앱 개발 디자인

시스템의 기능 설계

스마트 앱

① 처음 택시를 탔을 때 택시의 차량 번호를 직접 입력하는 기능

② 사진 촬영을 통해 택시 번호나 택시 면허증의 정보를 패턴 인식하는 기능

③ NFC 칩을 활용하여 택시 정보를 보안 서버에 등록하는 기능

④ 자신의 현재 위치를 GPS 기능을 적용하여 앱으로 보여주는 기능

⑤ 비상 상황이나 위험 발생 시 가족이나 친구에게 SOS 문자를 보내는 기능

⑥ 타인에 의해 비상 상황을 강제로 해제를 못하게 하는 터치 인식 보호 기능

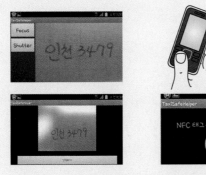

사진 인식 기능　　　　　NFC 칩 인식 기능　　　　　문자 터치 인식 기능

보안 웹서버

① 승객의 정보와 로그 기록을 저장, 관리
② 승객의 위치 정보와 이동 상황을 모니터링

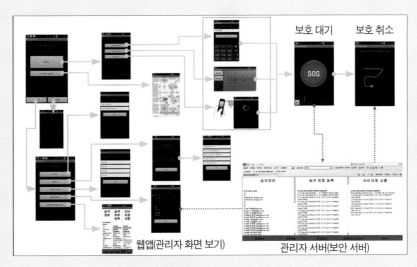

시스템 프로토타입 개발

③ SOS 긴급 요청 신호를 접수하고 알람 화면으로 제시

④ 앱 사용 설명, 앱 다운로드 및 버전 관리

적용 및 개선(test)

제작된 모형을 여러 학생들이나 교사에게 설명하며 반응을 관찰한다. 개선 사항을 반영하여 다시 모형을 제작하며 구체적인 결과물을 만든다. 과정별로 학습한 것을 서로 공유하고 최종 결과물을 만들며 겪은 모든 시행착오를 정리하여 발표한다.

- 택시 여성 승객 외에 범죄에 취약한 어린이, 노약자, 신변 위협을 느끼는 사람에게 적용
- 차량 사고, 단독으로 일하는 장소에서 사고 발생 시 긴급 구조 요청
- 이동 중인 장소와 엘리베이터, 후미진 곳 등에서의 범죄 예방 가능

컴퓨팅 디자인 학습

컴퓨팅 디자인은 디자인 기반 학습 방법을 컴퓨팅 환경에 적용하여 학습자들의 아이디어를 컴퓨팅으로 구현하는 환경을 제공해준다. 컴퓨팅 환경에서 디자인 학습은 기존의 디자인 기반 학습에서 나타나는 제작 시간과 공간, 재료 준비 등의 어려움을 극복할 수 있는 방안이 된다. 학습자들은 자신의 아이디어를 컴퓨터를 활용하여 직접 제작하고 공유함으로써 시간, 공간의 제약을 극복할 뿐만 아니라 폭넓은 피드백을 받을 수 있다.

컴퓨팅 디자인 학습의 단계는 컴퓨팅 사고를 바탕으로 디자인하기(무언가를 사용하는 것이 아니라 창조하고 상호작용하는 것), 개인화하기(개인적으로 의미 있고 연관 있는 것을 창조하는 것), 협력하기(창조물을 다른 사람과 함께 만드는 것), 되돌아보기(창조적인 산출물을 다시 돌아보고 다시 생각해보는 것)를 강조한 접근이다.

여기에서 고려할 점은 문제 해결 과정에서 컴퓨터로 프로그래밍만 하는 것이 아니라 현실 세계의 문제와 연결하도록 유도해야 한다는 것이다. 특히, 디자인 기반 학습에서 추구하는 자신의 아이디어를 실제로 제작하는 과정을 강조해야 하며, 자신이 원하는 창작물을 어떻게 만들어야 하는지, 이를 실생활의 문제와 어떻게 연결해야 하는지, 다른 친구들과 어떻게 협력하고 공유해야 하는지에 대한 질문에 답하도록 유도해야 한다.

표 10-1 ┃ 디자인 기반 학습

구분	영역	세부 내용	CS 영역	기반 사고
컴퓨팅 디자인	디자인 기반 학습	1. 문제 발견 및 이해 2. 인간 중심 요구 분석(인터뷰, 관찰, 설문, 인지 심리, 감성, 사회 선호도 등) 3. 효율적 설계 방법: 창의 사고 기법(생각의 탄생 12가지 기법: 관찰, 통합+디지털), 시각화 기법, 디자인 툴킷, IDEO에서 만든 혁신 툴킷 4. 프로토타입 개발(1, 2, 3 과정) 5. 평가 및 공유(4의 과정으로 발전) **디자인 사고 과정** 몰입　인간 요구　아이디어 내기　프로토 타입　공유 및 평가	소프트 웨어 공학	디자인 사고

출처: http://dschool.stanford.edu

컴퓨팅 디자인은 디자인 기반 학습을 컴퓨팅에 적용한 교육 영역이다. 디자인 사고 과정처럼 컴퓨팅 디자인 수업도 5가지의 과정을 거치게 된다.

첫째, 문제 발견 및 이해 단계로 일상생활에서 해결해야 할 문제를 발견하고, 그 문제를 이해한다.

둘째, 인간 중심의 요구 분석을 한다. 인터뷰, 관찰, 설문, 인지 심리, 사회 선호도 등을 고려한 요구 분석의 과정이 이루어진다.

셋째, 효율적 설계 방법 단계이다. 미셸 루트번스타인과 로버트 루트번스타인의 저서 《생각의 탄생》에서 제시한 12가지 기법으로 관찰과 통합과 디지털을 함께 보는 창의 사고 기법을 적용할 수 있다. 또한 시각화 기법, 디자인 툴킷, IDEO에서 만든 '혁신 툴킷'도 활용할 수 있다.

넷째, 1, 2, 3 과정을 거친 프로토타입을 개발해본다. 여기에서는 피드백을 받아 수정 보완이 가능하다.

다섯째, 평가 및 공유 단계에서는 산출된 소프트웨어에 대한 논의 시간을 갖고 지속적으로 개선해 나간다. 이 과정에서는 산출된 소프트웨어를 적용하고 실천할 사람들과 의사소통하는 것뿐만이 아니라 다음 단계를 계획할 수도 있다.

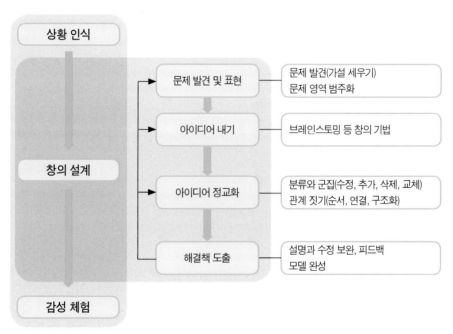

그림 10-4 | **컴퓨팅 디자인 학습 과정**

컴퓨팅 디자인 모형

[그림 10-5]는 컴퓨팅 융합의 단계에 디자인 사고 과정을 적용한 그림이다.

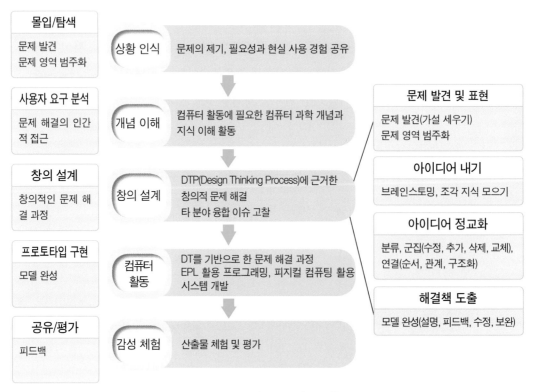

그림 10-5 | **컴퓨팅 디자인 모형**

　　그림의 왼쪽 영역은 디자인 사고의 5단계를 나타내는데, 컴퓨팅 융합 수업의 모든 단계에 고르게 편성하여 프로젝트를 그려보는(디자인) 거시적 안목을 갖게 하는 영역이다. 그림의 오른쪽 영역은 컴퓨팅 융합의 단계와 디자인 사고의 단계 중 창의 설계를 디자인 사고에 적용한 수업 전략을 나타낸 것이다.

창의 설계에서는 타 분야 융합 이슈를 바탕으로 문제를 발견하고 표현하며 범주화한 후 아이디어를 내고, 그 아이디어를 더욱 정교화하여 디자인 사고 과정에 기반한 해결책을 도출한다. 창의 설계에서 도출한 해결 전략을 바탕으로 컴퓨팅 활동을 진행하며, 각각의 모듈 설계, 문제 해결, 시스템 개발은 컴퓨팅 사고를 기반으로 한다. 즉, 각 모듈의 분해, 패턴 인식, 추상화, 알고리즘의 과정을 거쳐 실제 시뮬레이션, 프로토타입을 개발한다.

상황 제시	문제 해결을 이해하기 위한 상황 인식

창의적 설계	DTP(Design Thinking Process)에 근거한 창의적 문제해결
문제 발견 및 표현	• 문제 발견(가설 세우기) • 문제 영역 범주화
아이디어 내기	브레인스토밍, 조각 지식 모으기
아이디어 정교화	• 분류, 군집(수정, 추가, 삭제, 교체) • 연결(순서, 관계, 구조화)
해결책 도출	모델 완성(설명, 피드백, 수정, 보완)

감성적 체험	EPL 활용 프로그래밍, 피지컬 컴퓨팅 활용 시스템 개발 체험

그림 10-6 │ **컴퓨팅 융합에서 창의 설계 단계의 디자인 사고**

컴퓨팅 디자인 수업

인간의 전문 지식을 모방한 지능형 시스템 개발을 사례로 컴퓨팅 디자인 수업을 살펴본다.

- 컴퓨터 과학 영역: 인공지능, 전문가 시스템, 규칙 기반 시스템
- 관련 지식: 규칙 기반 지식 표현, 추론 충돌 문제 해결
- 수업 단계: STEAM 교육의 수업 준거에 따른 3단계 절차

상황 제시	인간의 지식을 모방한 전문가 시스템 이해

창의적 설계	DTP(Design Thinking Process)에 근거한 창의적 문제 해결
문제 발견 및 표현	• 문제 발견(가설 세우기) • 문제 영역 범주화
아이디어 내기	브레인스토밍, 조각 지식 모으기
아이디어 정교화	• 분류, 군집(수정, 추가, 삭제, 교체) • 연결(순서, 관계, 구조화)
해결책 도출	모델 완성(설명, 피드백, 수정, 보완)

감성적 체험	EPL 활용 프로그래밍, 피지컬 컴퓨팅 활용 시스템 개발 체험

수업 실제

1. 상황 인식: 전문가 시스템의 필요성 인식

- 지능형 시스템에 대한 소개: 다양한 사례 동영상으로 똑똑한 시스템의 필요성과
  문제 인식 환기

– 인간의 지능을 이해하기 위한 전략

– 지능적인 시스템 고찰

– 어떻게 지능적인 시스템을 개발할까?

- 인간 지능을 보는 2가지 관점(지식의 축적과 신경망의 정교화)

– 연결의 정교화 방식: 신경망 시스템

– 지식의 축적 방식: 전문가 시스템

2. 개념 이해와 문제 인식

- 전문가 시스템 구조

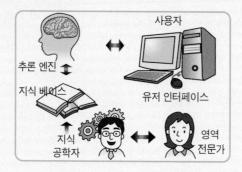

- 역할 분담

- 설계 전략

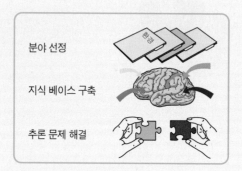

- 전문가 지식 영역
  - 특정 분야의 지식, 경험 많은 지식
  - 매우 작은 분야의 깊은 지식
  - 자신의 지식을 규칙 형식으로 표현해 문제 해결
  - 어떤 분야가 좋을까?

- 지식 베이스 구축 예시
  - 생성 규칙: IF 신호등이 녹색 THEN 길을 건넌다

    IF 신호등이 적색 THEN 멈춰 기다린다

    ⋮

- 추론 문제 해결
  - 규칙을 사용할 때 발생할 문제는?
  - 인간 전문가들이 고민하는 문제는?
  - 그 해결 방안은?

3. 창의적 설계(디자인 사고 기반 설계)

문제 발견 및 표현

아이디어 내기

아이디어 정교화(분류·군집)

아이디어 정교화(관계)

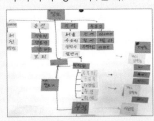  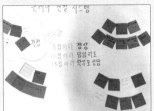

해결책 도출 및 공유

4. 창의컴퓨팅

- 창의컴퓨팅 활동에서는 컴퓨팅 사고의 단계(분해−패턴 인식−추상화−알고리즘)를 적용하여 구체적으로 개발하기 위한 시스템을 정의
- 전문가 시스템 개발을 위한 언플러그드 컴퓨팅 활동(전문가 시스템의 과학적 이해)
- 지식 기반 구축 시스템을 이용한 EPL 컴퓨팅 활동
- 실세계와의 연계를 위한 피지컬 컴퓨팅 활동을 선별하여 적용

5. 감성적 체험

- 개발된 전문가 시스템을 활용
- 다른 영역의 전문가 시스템을 체험
- 컴퓨팅 융합의 관점에서 수업의 전체 과정을 이해하고 컴퓨팅의 다양한 접목 아이디어 고민

컴퓨팅과 디자인 사고를 통합한 수업 전략

[그림 10-7]의 울프럼알파 사이트는 전통적 검색 엔진과 연산 능력을 함께 갖춘 수학 기반 지식 엔진이라 할 수 있다. 검색창에 1+1을 입력하면 그림처럼 그 결과 값과 수이름은 물론이고, 수직선이나 구체물을 통하여 설명하는 등 다양한 검색 결과를 내놓는다. 또한 'facebook'을 입력하면 내가 페이스북 활동을 한 것들이 데이터로 처리가 되어 그래프와 도표로 제시해준다. 이 사이트를 활용하여 디자인 사고 기반 수업을 할 수 있다. 이 사이트는 단순히 검색 엔진으로 사용할 수도 있지만, 수업에서 문제를 분석하고 해결 전략을 설계하여 구체적인 해를 도출한 후 해의 오류 유무를 파악하는 데에도 사용할 수 있다.

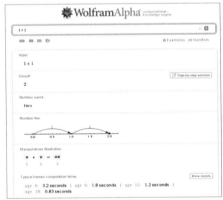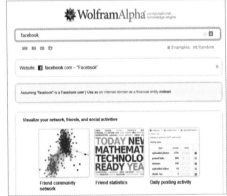

그림 10-7 | **울프럼알파 사이트**

출처: http://www.wolframalpha.com

실제 학생들에게 있어 현실 세계에 있는 문제를 분석하고 설계하여 추상화하는 과정이 중요한데, 단순 계산과 함께 이러한 과정을 컴퓨팅 도구들이 처리하면 보다 심화된 사고를 하도록 기회를 제공할 수 있다. 실제 문제 해결의 디자인을 하도록 안내함으로써 컴퓨팅 사고와 연계하고, 디지털 사회의 문제를 효율적으로 해결하는 능력을 신장시킬 수 있다. 이 부분이 단순하게 ICT를 활용하는 교육과는 차이가 있다고 할 수 있겠다.

디자인 사고 기반 교육의 첫 단계는 교과서를 재구성하는 것이다. 교육과정을 교사가 직접 재구성하여 자신의 수업을 디자인해보는 것이다. 컴퓨팅 디자인 수업은 그러한 수업의 아이디어를 제공하고 있다.

스크래치 기반 창의컴퓨팅에서 본 디자인

문제 해결의 과정으로 컴퓨팅 사고와 디자인 사고가 강조되면서 학습자의 아이디어를 디지털 기술로 표현하고 구현하는 것에 대한 중요성이 커지고 있다. 학습자들이 자신의 아이디어를 구현하고 표현하며 다른 학습자들이 만든 산출물을 이해하는 능력은 미래 인재가 가져야 할 능력 중의 하나이다. 미국의 P21Partnership for 21st Century Skills에서도 21세기 인재가 갖추어야 할 능력으로 제시하고 있고, 카네기멜론대학이나 MIT에서 주장하는 CT 교육에서도 강조하고 있다.

K. 브레넌Karen Brennan 등이 개발한 《창의컴퓨팅 가이드북》에서는 CT를 디지털과 아날로그가 공존하고 기술이 기반이 되는 사회에서 자신의 생각을 능동적으로 표현할 수 있고, 디지털 매체를 활용하여 의사소통을 할 수 있으며, 문제를 해결할 수 있는 능력이라고 정의하였다. 이들은 이 책에서 현실 세계와의 융합적 사고 그리고 자신의 생각을 설계하는 디자인 사고를 중요하게 다루고 있다. 특히, 컴퓨터 과학의 원리를 창의성과 상상력, 학습자들의 관심과 연결하여 의미 있는 산출물을 만들도록 하고 있다.

대부분의 어린 학습자들은 창조자나 디자이너보다는 소비자와 수동적 활용자로서 컴퓨터를 사용한다. 창의컴퓨팅은 소비자로서의 역할이 아닌 생산자로서 학습자들의 삶의 경험을 역동적이고 상호 작용적인 미디어 형태로 만드는 것을 지원하고, 스크래치를 활용한 프로젝트 진행 시 활동 디자인을 중요하게 다루고 있다. 구체적인 사례는 다음과 같다.

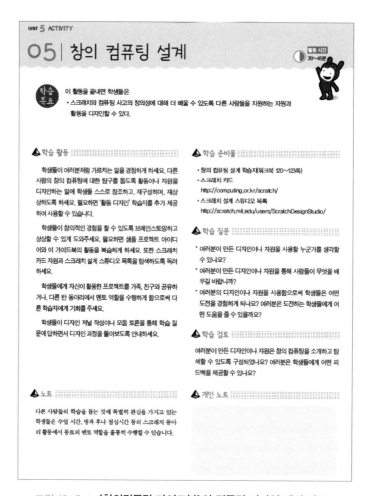

그림 10-8 │ 《창의컴퓨팅 가이드북》의 컴퓨팅 디자인 예시 자료 1

스크래치 프로그래밍 언어를 이용하여 3~10개의 블록으로 작품을 개발하는 과정은 성인들에게는 단순한 프로젝트라고 볼 수 있으나 아이들에게는 대단한 도전이다. 아이들은 나름대로의 의도와 필요성을 갖고 프로그래밍의 특징을 파악하여 아이디어

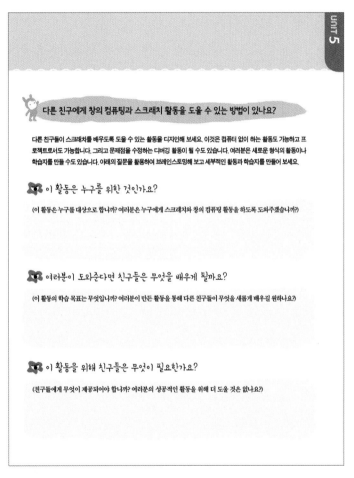

그림 10-9 │ 《창의컴퓨팅 가이드북》의 컴퓨팅 디자인 예시 자료 2

를 고민한다. 설계와 개발의 과정에서는 다른 아이들과는 차별화되는 작품을 완성하여 긍정적인 피드백을 받기를 간절히 소망한다.

교수 방법은 프로그래밍을 잘하는 기능 중심의 수업으로 전개할 수도 있고, 자신의 생각을 효과적으로 표현하여 다른 사람들과 공유하는 즐거움을 선사하는 디자인 중심의 수업으로도 전개할 수 있다. 어디까지나 교사의 몫이다. 컴퓨팅 디자인의 가치를 중심으로 한 수업에서 사용할 수 있는 자료로는 앞에 제시한 수업 자료를 살펴본다.

소프트웨어 공학으로서 컴퓨팅 디자인 교육

소프트웨어 공학적인 방법의 컴퓨팅 디자인

여러분에게 창의적인 인물을 꼽으라면 아마 디자이너를 가장 먼저 떠올릴 것이다. 소프트웨어 개발과 같은 컴퓨팅의 과정은 전문적인 지식과 프로그래밍 기능만으로 완성되기는 어렵다. 다양한 영역에서 비용, 자원, 인력, 과업, 시간 등 여러 가지 제약 사항을 극복하며 문제를 창의적으로 해결하는 설계의 과정이라 할 수 있다. 곧 컴퓨팅의 과정이 디자인의 과정인 것이다.

창의컴퓨팅 교육은 단순히 주어진 프로그램을 개발하는 코더나 프로그래머를 키우는 것이 아니라 창의적인 문제 해결력을 지닌 미래 인재를 기르는 것이다. 따라서 창의컴퓨팅은 주어진 문제를 큰 그림으로 그려보고 그것을 해결하기 위한 디자인적 사고가 요구된다. 이러한 디자인적 사고를 창의컴퓨팅 과정을 통해 기르기 위해서는 컴퓨팅 사고를 기반으로 다른 영역과의 융합을 통해 넓은 시야로 문제를 해결해야 한다.

컴퓨팅 디자인은 컴퓨팅을 실현하는 기반 학문으로서 컴퓨터 과학의 소프트웨어 공학적 설계 방법을 적용하고 있다. 미국 컴퓨터 학회인 ACM에서 제시한 컴퓨팅 교육과정 2013에서는 컴퓨터 과학의 세부 분야에 디자인 관련 영역이 있다. 즉, 컴퓨터 그래픽스와 시각화 그리고 인간−컴퓨터 상호작용HCI 분야에서 디자인과 관련된 내용을 담고 있다.

컴퓨터 그래픽스와 시각화 영역에서는 아날로그적인 설계를 돕기 위한 방법으로 CAD와 같은 디지털 설계 과정이 있으며, 이미지 · 애니메이션 등의 미술 분야에서 중요시하는 디자인과 컴퓨터 과학의 관점에서 밀접하게 내용을 다루고 있다. 또한 3D 프린터의 활성화로 입체 설계 분야도 심도 있게 다루고 있다. HCI 영역에서는 인간의 인지 사고와 사용자 경험, 사용자 인터페이스를 바탕으로 효율적으로 인간과 컴퓨터와의 상호작용을 지원하기 위한 방법으로 디자인과 관련된 내용을 다루고 있다. 특히, 어포던스affordance 디자인과 메타포methphor 디자인의 관점에서 사용자의 인터페이스를 설계하는 방법을 제공하고 있다. 이 두 영역의 디자인은 미시적 예술fine art의 관점에서 아날로그 디자인보다 디지털 디자인 기술을 제공하고 있으며, 아날로그 디자인을 보조하고 도와주기 위한 내용이 포함되어 있다.

컴퓨터 과학의 분야 중에 디자인을 기술 공학적 관점에서 다루는 분야로 소프트웨어 공학이 있다. 소프트웨어의 개발 과정에서는 디자인을 중요하게 다루고 있는데, 미술에서 이야기하는 디자인보다는 어떤 문제를 해결하는 과정으로서의 도구로 디자인 설계 방법을 지원한다. 아날로그 세상을 설계하는 범위를 넘어서 디지털 세상(소프트웨어 세상)과 디지로그 세상을 연결하는 도구로 소프트웨어 설계 방법을 제공하고 있다.

우리는 소프트웨어 개발자 또는 프로그래머의 사고를 통해 컴퓨팅 교육에서 핵심으로 다루고 있는 디자인 사고를 쉽게 이해할 수 있다. 즉, 디자인 사고란 소프트웨어 개발자 또는 프로그램 설계자로서 문제 해결의 관점을 가지고 그에 따라 문제를 해결하는 사고 과정이라 할 수 있다. 컴퓨팅 교육에서의 언플러그드 컴퓨팅, EPL 컴퓨팅, 피지컬 컴퓨팅을 이용한 수업은 문제를 해결하기 위한 설계 단계와 소프트웨어 디자인 과정이 명확하고 구체적으로 산출되기 때문에 더욱더 디자인 사고를 이해하기 쉽다.

소프트웨어 공학적 디자인

소프트웨어 공학적 디자인은 컴퓨팅을 이루는 4가지 요소의 관계를 만족시키기 위한 설계이다.

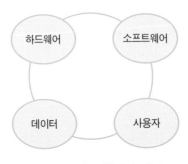

그림 10-10 | **컴퓨터의 4요소**

각각의 분야에 대한 설계가 있고 2개 이상 영역의 통합을 위한 설계가 있다. 4개 영역 모두의 설계를 고려한 시스템은 디지털 공간과 아날로그 세상을 통합한 이상적인 모델이다. 인간 중심의 문제를 해결하고 삶을 편리하게 개선할 수 있도록 한 설계이다.

컴퓨팅의 결과로 산출된 소프트웨어는 절차적인 사고의 집합체로 비가시적이어서 디자인이 어렵다. 따라서 초·중등 교육에서 디자인 컴퓨팅을 통하여 가시적으로 구현하는 과정이 중요하다. 소프트웨어 개발은 요구 조건, 설계, 환경의 변화와 오류 등의 문제 해결을 통해 수정되고 진화해간다. 이 부분이 디자인 요소에서 매우 중요하다. 물리적 형태가 없는 무형의 요소로서의 소프트웨어 개발과 창의컴퓨팅은 디자인을 하는 디자이너의 관점과 유사하며, 이러한 점이 어렵기는 하지만 도전하기 좋은 수업의 주제이기도 하다.

소프트웨어 공학의 단계

일반적으로 소프트웨어 공학에서 바라보는 소프트웨어 프로젝트 수행 단계는 4단계로 나뉜다.

그림 10-11 │ **소프트웨어 프로젝트 수행 단계**

학생들이 컴퓨팅 프로젝트를 수행할 때 소프트웨어 공학의 단계를 적용하되 요구 사항 분석과 설계 부분에 집중하여 소프트웨어 설계자의 관점으로 프로젝트를 보게 하는 것이 중요하다. 우선 사용자의 요구 사항 분석을 통하여 구현하려는 목표를 명확히 하고 인간에게 의미 있고 이로운 프로젝트임을 인식하게 한다. 그리고 사용자에 대한 요구 사항을 구체적으로 분석한다. 요구 분석을 통해 조건에 맞는 소프트웨어의 기능과 구조, 외형을 설계한다. 이러한 설계 내용을 바탕으로 프로토타입을 개발하고 시스템을 구현한다. 평가를 통해 시스템의 개선 사항을 발견하고 수정 보완의 단계를 거쳐 프로젝트를 완성한다. 이처럼 소프트웨어 공학의 단계를 수업에 적용하여 학습자들이 무엇인가를 실제 만들어보고 그 의미와 목표를 달성하는 성공 경험을 갖게 한다. 프로젝트 학습 진행 시 다른 분야 또는 다른 교과와의 차이점은 다음과 같다.

다수의 학생이 참여할 수 있는 경험을 제공한다는 점이다. 예를 들어, 피지컬 컴퓨팅에서 소개했던 체인리액션 컴퓨팅 활동에서는 프로그래머, 골드버그 공학자, 설계 및 아이디어 구안자로 구성된 프로젝트 팀 여럿이 모여 하나의 커다란 프로젝트를 완성하게 된다. 이에 따른 프로그래밍 능력, 의사소통, 상호 협력, 경쟁, 배려심, 능력의 적절한 배분, 역할 분담, 팀 구조 체제 구성 등의 다양한 경험을 하게 된다. 실제 현실에 적용될 산출물을 구현하는 프로젝트는 아키텍처, 요구 공학, 프로세스 관리, 개발 도구 기능, 테스팅, 유지 보수 등의 다양한 영역이 존재하여 이를 균형 있게 제어하고 관리하는 소프트웨어 설계자의 역할이 필요하다.

이제 소프트웨어 공학적인 접근으로 각 단계별 특징을 살펴보고 수업에서의 활용을 위한 전략을 논의한다. 각 단계는 소프트웨어 공학에서 표준화된 모델들을 사용하였다.

컴퓨팅 과정 생명주기 모델 활용 수업

컴퓨팅 실습을 위해 이전 장에서 논의한 다양한 교수 학습 방법이나 수업 기법을 이용할 수 있다. 그러나 소프트웨어 개발이나 장기간의 프로젝트를 진행하기 위해서는 소프트웨어 공학의 컴퓨팅 과정 생명주기 모델을 이용하여 진행하는 것이 좋다. 초등학생들보다는 중학생들을 대상으로 접근하면 효과적이다. 한 가지 모델보다는 여러 가지 모델을 적용하여 학습자들이 어떤 모델이 효과적인지 스스로 선택하는 기회를 제공하는 것이 좋다. 어떤 경우에든 프로젝트 과정에서 설계와 디자인의 관점에서 사고력을 향상시켜야 하는 점을 잊지 말아야 한다.

주먹구구식 모델 수업

작은 규모의 소프트웨어를 개발할 때 적합한 수업 방법이다. 사용자 요구 사항 분석이나 설계 단계 없이 일단 개발을 시작한 뒤 완성될 때까지 수정 작업을 수행하는 방법이다. 간단한 프로토타입을 개발하거나 즉흥적으로 코딩할 때 사용한다. 교사의 관점에서 별다른 고민 없이 수업에 적용할 수 있다.

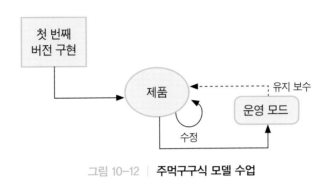

그림 10-12 | **주먹구구식 모델 수업**

이러한 컴퓨팅 수업은 주변에서 쉽게 찾아볼 수 있다. 창의컴퓨팅 수업의 경험이 부족한 교사와 처음 배우는 학생들은 EPL에 대한 기초 명령어와 문법을 배우고 나면 자연스레 제한된 명령어와 문법으로 간단한 프로젝트를 진행한다. 자유롭게 프로그램을 작성하며 그에 따른 문법적 오류를 분석하고 디버깅을 하면서 프로젝트를 확대해 나간다.

폭포수 모델 수업

소프트웨어 공학에서 제시하는 단계를 순차적으로 적용하는 것으로 대부분의 소프트웨어 개발 프로젝트의 기본적 모델이며 가장 많이 사용되는 모델이다. 소프트웨어 개발의 전체 과정을 잘게 나누어 순차적이고 시스템적으로 접근하는 방법이다. 수업의 단계도 순차적으로 진행하면서 문제점이 발견되거나 부족한 것이 있으면 이전 단계로

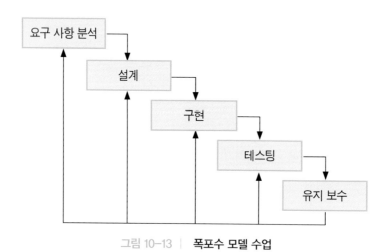

그림 10-13 | **폭포수 모델 수업**

되돌아가 점진적으로 개선하는 방법을 적용한다.

이 모델을 사용한 창의컴퓨팅 수업은 교사와 학생의 컴퓨팅 활동 경험에 의해 보다 체계적인 단계가 진행된다. 학생의 컴퓨팅 활동 경험이 부족한 경우에도 교사의 의도적인 디자인 수업 전략에 의해 수업이 효과적으로 진행될 수 있다.

처음에 학생들은 시행착오를 겪게 되겠지만 2~3회의 경험을 통해 각 단계별로 학생들이 역할 분담을 하여 자신이 잘하는 부분을 담당하고 진행한다. 각 단계별 문제와 프로그래밍은 단계별 집단의 의사소통과 표준화된 모듈의 필요성을 인식시키는 좋은 경험을 제공한다. 학생들이 가진 장점이 다르고 자신의 강점을 발견하는 재미있는 수업이 가능하다.

원형 모델 수업

폭포수 모델은 이전 단계가 완료되고 다음 단계로 진행되기 때문에 후반부의 단계들은 항상 준비 상태로 대기하여야 한다. 실제로 구동되는 소프트웨어를 개발하여 확인하기까지는 오랜 시간이 걸린다. 특히, 팀 프로젝트로 진행될 경우 여러 명의 학습자가 역할을 나누어 진행하므로 점진적으로 시스템을 개발하고 각 단계의 내용을 비교, 확인하며 진행할 수 있다. 프로토타입의 원형 모델을 만들고 사용자가 함께 평가한 후 완성될 소프트웨어의 요구 사항을 확인하며 완벽한 소프트웨어를 개발한다.

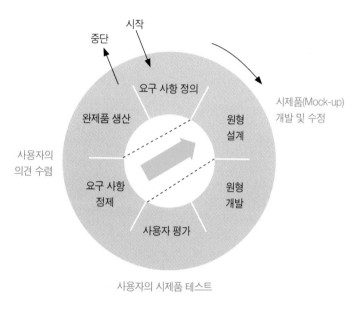

그림 10-14 | **원형 모델 수업**

원형 모델을 적용한 컴퓨팅 수업은 단계별 그룹의 동등성을 보장하며 각각의 역할에 대해 존중하면서 각자의 개성대로 활동을 병렬적으로 진행할 수 있다. 수업에서 학생들이 기다리는 시간이 적어 최소의 비용과 시간으로 프로젝트를 진행할 수 있다. 이러한 모형의 컴퓨팅 단계는 언플러그드 컴퓨팅, EPL 컴퓨팅, 피지컬 컴퓨팅, 컴퓨팅 융합을 아우르는 여러 활동이 같이 존재하게 되고 서로의 활동과 함께 산출된 결과를 통합시키는 활동이 가능하다. 체인 리액션 활동처럼 전체 디자인과 스크래치 프로그래밍, 피지컬 센서 제어, 골드버그 물리적 장치 팀이 서로 역할을 나누어 작업한 뒤 통합하여 하나의 완성된 프로젝트를 진행할 수 있다.

나선형 모델 수업

폭포수 모델과 원형 모델의 특징 중 좋은 점을 수용하고 소프트웨어 개발에 따른 위험을 분석하는 과정을 포함한 모델이다. 소프트웨어 개발 외에 발생할 수 있는 다른 조건과 변수를 확인하며 개발의 과정에서 실패의 위험을 최소화하는 데 주안점을 둔다. 여러 개의 작업 영역을 디자인하고 나선상의 각 원에 위험 요소를 작성하여 소프트웨어의 각 단계에서 검토 및 평가를 진행한다.

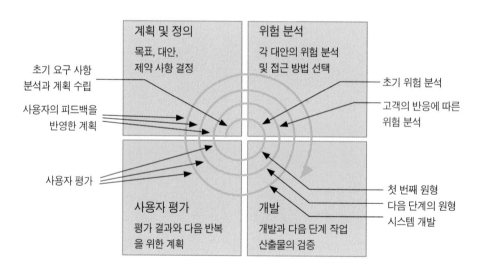

그림 10-15 | **나선형 모델 수업**

나선형 모델을 기반으로 하는 컴퓨팅 수업은 장기 프로젝트를 진행할 경우 적합하다. 학생들과 1시간의 수업 또는 블록타임제 수업을 하는 경우가 아니고 1학기 또는 1년 프로젝트에서 적합하다. 특히, 공모전 등의 프로젝트에서 소프트웨어 공학의 전 과정을 일단 진행한 뒤 나타나는 문제점을 단계별로 개선해 나간다.

공모전에 제출할 작품의 주제와 동기, 사용자 요구 분석을 하고 설계 과정을 거친다. 이후 개발과 구현 단계를 통해 객관적인 방법과 데이터로 평가를 한다. 이 과정이 끝나면 또다시 같은 과정을 진행하면서 이전 단계에서 나타난 문제를 해결한다. 각 단계별 문제를 같은 단계에서 해결하기보다 이전 또는 이후의 단계에서 해결 단서를 발견하는 경우가 많으므로 그 효과를 학생들이 깊이 체험하게 된다.

극한 프로그래밍 모델 수업

사용자의 빈번한 요구 사항 변경으로 인하여 비용(자원, 시간, 도구, 인력 등)의 제약을 고려하여 일정하게 개발을 완수하기 위한 모델이다. 수업에서 처음의 요구 사항과 다른 요구 사항을 제시함으로써 프로젝트가 개발자의 의도와 다르게 사용자에 따라

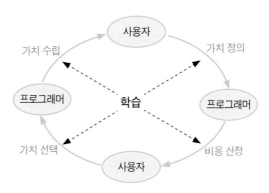

그림 10-16 | **극한 프로그래밍 모델 수업**

변하고 그에 대응하기 위한 방법을 설계하며 문제를 해결하도록 한다. 사용자, 관리자, 프로그래머에 대한 역할과 권한 그리고 4가지 가치, 즉 의사소통, 단순성, 피드백, 결단성을 중요시한다.

극한 프로그래밍 모델 기반의 컴퓨팅 수업은 의도적으로 사용자와 개발자를 구분하여 진행한다. 사용자의 입장에서 프로젝트를 일부 변경 요청하게 하고 개발자의 수용 여부를 확인한다. 기능과 비용(시간, 개발비 등)을 산정하고 그에 따른 합리적인 결정과 구현의 방법을 분석하는 과정에서 상호 의사소통과 비전의 공유 그리고 산출에 따른 가치를 선택하는 방법을 배우게 된다.

컴퓨팅 프로젝트

프로젝트는 특정 과업이나 시스템을 개발하기 위해 일시적으로 수행해야 할 것으로 정의된다. 일련의 프로젝트는 앞서 살펴본 대로 소프트웨어 공학의 단계를 거치며 완성해간다. 프로젝트에 대한 분석과 설계가 무엇보다 중요하다.

그림 10-17 | **컴퓨팅 프로젝트 성공의 요소**

컴퓨팅 프로젝트를 성공으로 이끌기 위해서는 시간, 비용, 자원, 산출 결과가 핵심이며, 그밖에 목표, 인력, 기술, 기타 변수 등을 고려해야 한다. 주어진 기한 내에 사용할 수 있는 자원과 비용을 고려하여 산출 결과를 완수하는 것이 프로젝트이다. 소프트웨어 교육에서 중요시하는 프로그래밍 능력 외에 다른 변수들이 결국 프로젝트의 성패를 좌우하며, 이러한 프로젝트 설계에 따른 디자인 사고는 아날로그와 디지털 세상을 바라보는 새로운 시각이 된다.

요구 사항 분석과 팀 구성

소프트웨어 개발의 목표 달성을 위하여 사용자가 요구하는 조건이 요구 사항이다. 컴퓨팅 디자인을 하기 전에 요구 사항 분석이 선행되어야 하며, 요구 사항에 따라 설계 방법론, 수행 전략, 산출 결과가 다르게 존재할 수 있다. 소프트웨어 개발의 요구 사항은 크게 기능적 요구 사항과 비기능적 요구 사항으로 구분된다.

기능적 요구 사항은 소프트웨어가 수행되어야 할 기능으로 입력과 출력 및 그들 사이의 처리 과정을 포함한다. 예를 들면, 그림 파일의 불러오기와 저장 기능, 3D 편집 기능 및 인쇄 기능 등이 있다. 비기능적 요구 사항은 소프트웨어의 기능을 만족시키기 위해 소프트웨어가 가져야 하는 성능으로 편이성, 안전성, 단순성 등의 사용자 행동적 특성을 포함한다. 예를 들면, 응답 시간, 사용의 편이성, 신뢰도, 보안성 등을 고려할 수 있다. 요구 사항을 추출하는 방법으로는 인터뷰, 시나리오 등이 있다.

팀 구성의 기준은 프로젝트의 기간과 크기에 따라 달라지며 인원수와 더불어 분야별 전문성을 가진 인력의 구성도 고려해야 한다. 팀 구성원의 역할을 살펴보면 프로젝트 팀장, 분석 및 설계자, 프로그래머 개발자, 평가자 등으로 구분하여 참여할 수 있다.

설계 방식

대표적인 설계 방식으로는 절차지향 설계와 객체지향 설계가 있다.

절차지향 설계Process Oriented Design는 업무의 처리 절차를 중심으로 설계의 구성 요소들을 구분하고, 어떠한 절차를 거쳐서 작업을 수행하는지 어떠한 입출력 자료를 생성하는가에 초점을 둔다. 일반적으로 순서도와 같은 방식으로 설계하며 '기능과 데이터'들이 노드를 이루고 이들의 관계가 링크를 형성하는 그래프로 설계할 수 있다.

객체지향 설계Object Oriented Design는 시스템의 실제 객체 요소를 중심으로 설계하며, 자료구조와 그에 대한 연산을 묶어서 구성되는 객체들을 정의하고 이들이 상호작용의 기본이 되도록 설계한다.

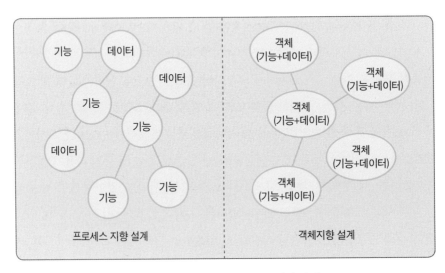

그림 10-18 | **컴퓨팅 프로젝트 설계 방식**

검증 및 확인

개발된 소프트웨어는 자기 검토와 동료 검토를 통해 수정 보완할 수 있다. 무작위 사용자를 선택하여 검토하는 방법도 고려할 수 있다. [그림 10-19]와 같은 단계를 거쳐 동료 검토나 무작위 사용자 선택 검토를 한다.

그림 10-19 | 컴퓨팅 프로젝트 검증 및 확인 단계

검증 단계에서 테스팅Testing과 디버깅Debugging의 과정이 있는데, 테스팅은 소프트웨어의 품질을 검증하고 제대로 구동되는지 확인하는 절차이며 디버깅은 에러를 발견하여 수정하고 보다 나은 소프트웨어가 되도록 조치하는 과정이다.

표 10-2 | 컴퓨팅 프로젝트 테스팅과 디버깅

구분	테스팅	디버깅
목적	알려지지 않은 에러의 발견	이미 알고 있는 에러의 수정
수행	시스템 내부 관련자, 테스팅 팀 등 외부의 제3자	시스템 내부 관련자
주요 작업	에러 발견(fault detection)	• 에러의 정확한 위치 파악(fault location) • 에러의 타입 식별(fault identification) • 에러 수정(fault correction)

컴퓨팅 사고력을 위한 **소프트웨어 교육**

Part 4

소프트웨어 교육의 이슈와 도구

Chapter 11

소프트웨어 교육의
이슈

시스템을 변경할 필요가 있는 이용자는 언제나 자유롭게 그렇게 할 수 있어야
한다.

리처드 스톨만Richard Stallman

이슈

저작권과
카피레프트

소프트웨어 교육의 교육과정으로 정보문화 영역이 있다. 정보 교육과정에서는 정보문화를 정보사회 구성원으로서의 정보윤리와 정보보호를 실천하며, 정보를 효율적으로 관리하고 생산하는 능력과 태도로 정의하고 있다. 정보 교과에서 추구하는 교과 역량으로 정보문화 소양, 컴퓨팅 사고력, 협력적 문제 해결력이 있는데, 그중 정보문화 소양은 정보사회의 가치를 이해하며 정보사회 구성원으로서 윤리 의식과 시민 의식을 갖추고 정보기술을 활용하여 문제를 해결할 수 있는 능력을 말한다. 정보문화 소양은 정보윤리 의식, 정보보호 능력, 정보기술 활용 능력을 포함하고 있다.

정보문화 영역의 성취 기준은 정보사회의 특성을 이해하고 정보사회 구성원으로서 갖추어야 할 정보윤리 의식, 정보보호 능력을 함양하는 데 중점을 두어 설정하였다. 이 영역에서는 정보기술의 발달로 인한 개인의 삶과 사회의 변화를 분석하여 관련 진로와 직업의 변화를 탐색하고, 정보사회에서의 소프트웨어의 중요성과 가치를 인식하도록 하는 것이 중요하다. 또한 정보윤리 의식과 정보보호 능력을 함양하기 위해 개인정보보호, 저작권 보호, 사이버 윤리 실천 방안을 탐색하고 실천하는 데 중점을 두고 있다.

이러한 정보문화 교육 영역에서 지적재산권에 대한 중요성이 부각되면서 소프트웨어의 저작권과 디지털 매체의 소유권에 대한 윤리적 책임이 강조되고 있다. 저작권copyright은 창작자의 창작물에 대한 권리를 일정 기간 동안 일정 범위 내에서 보호하기 위해 만든 법이다. 기존의 아날로그 콘텐츠에 대한 저작권은 그 보호가 용이하고 사용의 대가에 대한 부분이 명확한 데 반해서 디지털 콘텐츠의 경우 복제와 배포, 변형이 매우 쉬워서 저작권의 침해로 인한 심각한 문제가 발생하고 있다. 이에 대해 보다 강력한 디지털 콘텐츠 저작권의 법적인 조치가 필요하다는 주장이 일고 있다.

하지만 이러한 주장과는 달리 상반되는 주장이 펼쳐지고 있는데, 바로 카피레프트 운동이다. 위키피디아에서 정의한 카피레프트copyleft란 독점적인 의미의 저작권(카피라이트copyright)에 반대되는 개념이며, 저작권에 기반을 둔 사용 제한이 아니라 저작권을 기반으로 한 정보 공유를 위한 조치이다. 카피레프트를 주장하는 사람들은 지식과 정보는 소수에게 독점되어서는 안 되며 모든 사람에게 열려 있어야 한다고 말한다.

카피레프트 운동은 공공의 자산인 소프트웨어는 공유되어야 한다는 신념하에 리누스 토발즈Linus Torvalds, 리처드 스톨만Richard Stallman 등에 의해서 전개되고 있다. 그들은 디지털 기술을 통해 많은 이익과 부를 얻을 수 있음에도 불구하고 자유 소프트웨어 재단Free Software Foundation을 통해 모든 사람들에게 자유와 협력을 공유시키는 노력을 하고 있다. 즉, 소프트웨어와 같이 보이지 않는 지적인 산출물을 개인이 소유하는 것은 비이상적이며, 협력을 허용하지 않는 독점이 오히려 인류의 발전과 번영에 반하는 행동이라고 여긴 것이다. 그렇다고 카피레프트 정신이 저작권을 무시하고 타인의 지적재산권에 대해 반대하여 불법적으로 사용해도 좋다는 생각은 아니다. 공짜로 배포하고 공짜로 제공한다는 점만을 강조해서 다른 사람들이 이룬 업적을 무시하고 자기 것인 양 사용하는 것은 카피레프트 정신을 파괴하고 철학을 무시하는 것이다.

카피라이트(CopyRight)　　　카피레프트(CopyLeft)

그림 11-1 | **저작권 로고**

소프트웨어 교육에서도 컴퓨팅 사고를 신장시키기 위한 프로그래밍 언어의 사용에서 오픈 소스와 오픈 소프트웨어를 강조하고 있다. 집단 지성에 의해 만들어져 공개된 프로그래밍 언어의 활용은 소프트웨어 교육 목표에서 매우 중요하다. 카피레프트 정신으로 만든 프로그래밍 언어를 활용하는 교육과 동시에 창작자의 권리를 일정 기간 보장한 뒤 모두에게 공개하는 카피라이트 제도에 대한 균형 있는 교육은 소프트웨어 교육의 좋은 이슈가 될 것이다.

3D 프린터

3D 프린터가 산업의 전반적인 방향을 재편한다는 뉴스가 그리 낯설지 않다. 미래 산업의 핵심 기술로 3D 프린터는 이미 우리 삶에 커다란 영향을 미치고 있다. 하지만

3D 프린터가 소프트웨어 교육의 교구 또는 수업 내용으로 적합한지에 대한 의견이 분분하다. 단순히 디자인을 거쳐 실제 실물 제품을 만드는 측면에서 디자인 교육이나 산업에서의 응용 제품으로 봐야 한다는 주장으로부터 ICT 활용 교육의 한 분야로 보는 것

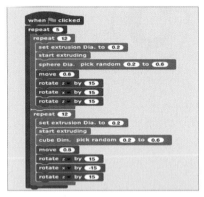
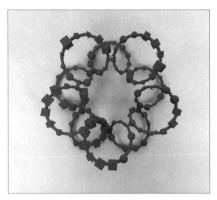

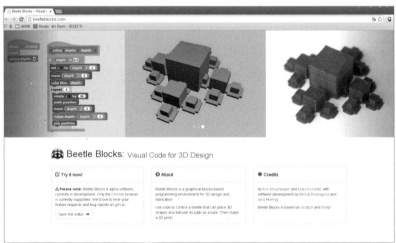

그림 11-2 │ **비틀 블록(SNAP+3D 프린터)**

출처: http://beetleblocks.com

에는 무리가 없을 듯하다. 하지만 3D 프린터 교육이 프로그래밍을 통한 문제 해결 과정으로서의 소프트웨어 교육과 관련해서는 매우 부족하다고 할 수 있다.

이에 대해 새로운 접근이 시도되고 있다. 초기에 컴퓨터가 소수의 전문가가 개발하고 일부 전문 분야에 적용되다가 이제는 모든 사람들의 일상생활에 꼭 필요한 도구가 되었듯이 3D 프린터도 우리의 삶에 깊게 관여하게 되면서 사고력의 도구로 활용될 수 있을 것이라는 전망이다. 스냅SNAP 프로그래밍 언어와 3D 프린터를 이용한 비틀 블록 프로그램이 좋은 사례로, 3D 프린터가 디자인 과정에서 프로그래밍을 적용한 문제 해결 과정을 제공하고 있다. 즉, 그림을 그리는 예술적 디자인의 과정 대신 프로그래밍을 통하여 실제 제품을 만드는 과정 속에서 생각을 설계하고 알고리즘화하여 3D 프린터로 실제 결과를 확인하는 수업이 가능한 것이다. 우리는 이를 통하여 미래 산업을 재편할 3D 프린터의 가능성, 그리고 소프트웨어와 디자인이 우리의 삶을 변화시킬 수 있다는 것을 이해하게 된다.

정보화 역기능
해소 교육

컴퓨터와 인터넷은 일상생활에서 꼭 필요한 도구로서 자리매김을 하고 있고, 특히 청소년들에게 게임은 가장 쉽게 접근할 수 있고 즐길 수 있는 여가활동이 되었다. 그러나 과도한 게임 이용과 이에 따른 중독은 많은 부작용과 심각한 사회문제가 되고 있다. 게임 중독이란 게임에 빠져 게임을 이용하는 시간이 길어지고, 내성이 생겨 게임을 하지 않으면 심리적으로 불안하여 정상적인 판단을 할 수 없어 인간관계에서 부적응을 보이는 상태를 말한다.

　게임 중독의 폐해가 알려지면서 청소년 게임 중독 예방 및 방지를 위한 대책으로 '셧다운제shutdown'가 시행되고 있다. 하지만 게임 중독의 원인이 게임 자체에만 있는 것이 아니라 그 변인이 다양하기 때문에 게임 자체를 물리적으로 금지시키는 것은 좋은 방법이라 보기 어렵다. 오히려 게임을 통한 즐거움을 다른 곳에서도 찾을 수 있도록 체험의 기회를 주는 것이 더 효과적일 것이다.

　이를 위해 스크래치 등의 EPL을 활용한 게임 개발 프로그래밍 교육을 통하여 게임 중독 학생들의 시선을 돌리는 활동이 권장되고 있다. EPL 기반 게임 개발 프로그래밍을 이용한 시선 돌리기 프로그램이 게임 이용 시간 단축이나 게임에 대한 몰입과 같은 게임 중독증을 개선시키는 효과를 가져왔다는 연구 결과도 있다. 연구 결과를 살펴보면 다음과 같다.

　초등학교 4~6학년 게임 중독 학생 54명을 대상으로 교육용 RPG 게임 개발자 캠프를 열어 집중적으로 교육을 진행하였다(한선관 외, 2010). 또한 게임 중독이 심한 학생 10명을 대상으로 두 달간 스크래치를 적용한 창의컴퓨팅 방법과 피지컬 컴퓨팅을 활용한 게임 개발자 캠프를 실시하였다. 게임 중독 기준은 한국정보문화진흥원의 '아동용 인터넷 게임 중독 척도 설문 조사'를 바탕으로 게임 중독 정도를 측정하여 게임 중독 고위험 사용자 및 잠재적 위험 사용자로 하였다. '아동용 인터넷 게임 중독 척도 사전 · 사후 설문 조사'를 비교 분석한 결과 프로그램에 참여한 대부분의 아이들이 게임 중독 정도가 전보다 긍정적으로 변화된 것으로 나타났다(최상현, 2015).

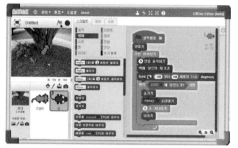

쥐잡기 게임

미사일 피하기

비행기 게임

벽돌 깨기

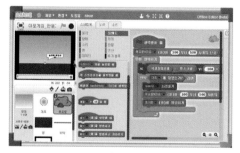

대포 게임

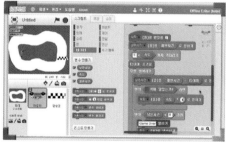

레이싱 게임

단어 맞추기 게임

앵그리버드

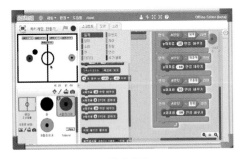
하키 게임

그림 11-3 | **시선 돌리기를 위한 게임 개발 프로젝트 예시 자료**

[그림 11-3]에서 제시하는 예시 프로그램은 게임 중독 학생들을 대상으로 교육을 하였던 창의컴퓨팅 교육 프로그램의 일부이다. 이처럼 게임에 중독된 학생들의 흥미와 관심을 끌 수 있는 스크래치 및 피지컬을 활용한 게임 개발 프로그래밍 교육을 통하여 학생들에게 컴퓨터 과학과 코딩 교육을 체험해볼 수 있도록 하는 것이다. 이를 통해 점차적으로 게임을 개발하고 즐기는 과정에서 창의컴퓨팅의 본질적인 효과를 얻도록 하여 학습자들의 게임 중독의 시선을 돌릴 수 있다.

디지털 독서와
아날로그 독서

종이를 매체로 하는 독서 방법이 디지털 콘텐츠에 의해 변화되고 있다. 또한 신문이나 책 등의 문자로 이루어진 매체보다는 TED나 유튜브처럼 동영상을 통한 매체들이 떠오르고 있다. 이에 따라 긴 문장, 책을 통한 사색과 사고력 대신 디지털 미디어에서 제공하는 짧고 단편적인 지식, 호기심을 유발하는 이슈, 자극적인 뉴스로 인하여 생각의 깊이가 사라진다는 우려도 있다. 이에 반해 디지털 매체가 아날로그 매체의 지루함과 느림에서 벗어나 즉시성과 순발성 그리고 관계를 맺는 상호작용성이 미래 디지털 세상에서 생존을 위한 필요조건이 될지도 모른다는 주장도 있다.

디지털 매체를 통해 서로 관계 맺고, 예측하고, 평가하고, 통합하는 능력이 기존 아날로그 매체보다 더 효율적일 수 있다. 어쩌면 아날로그 세대의 독서 문화는 미래 디지털 사회를 살아가는 데 충분하지 않을 수도 있다. 시간 효율 대비 기존의 독서 방식보다 디지털 콘텐츠를 이해하는 편이 나을지도 모른다.

이러한 주장에 대해 기존 아날로그 세대는 많은 우려와 질타를 하고 있고, 아날로그 세대와 디지털 세대와의 간극이 더 커지면서 함께 공존하는 삶에 새로운 고민이 되고 있다. 이에 대해 디지털과 아날로그가 공존하는 디지로그Digi-log적인 삶에 대해 많은 논의가 있어야 하겠다.

정보 소양 교육 vs
정보 활용 교육

소프트웨어 교육이 강조되면서 컴퓨터 과학과 프로그래밍이 초·중등 정보 교육에서 중요한 위치를 차지하고 있고, 이에 따라 정보 소양 교육이 그 어느 때보다 중요해졌다. 잠시 컴퓨터 교육의 역사를 살펴보면, 베이직을 기본으로 하는 프로그래밍 교육을 시작으로 MS-DOS 운영체제 다루기, 한글 문서 작성하기, OA와 같은 애플리케이션 활용하기 등으로 전개되었다. 이후 정보통신기술 소양 교육으로 발전하면서 정보 과학을 중심으로 교육이 이루어지다가 정보통신 활용ICT 교육이 활성화되면서 이러닝, 스마트 교육, 디지털 교과서 학습을 통한 활용 중심의 교육이 되었다. 그 결과 컴퓨팅 소양 능력의 부족을 가져왔고, 직업과 미래 진로에 대한 국가의 고민으로 2014년 소프트웨어 중심 사회 실현 정책이 발표되었다. 이제는 다시 컴퓨터 과학과 프로그래밍을 중심으로 하는 정보 소양 교육이 초·중등 교육의 화두가 되었다.

이러한 정보 교육의 짧은 역사를 살펴보면, 정부의 정보 교육의 접근 전략이 시대의 이슈에 따른 면도 있지만 정보통신기술의 발달로 이를 활용하거나 컴퓨터 과학적으로 지식과 개념을 이해하는 소양 교육이 주기적으로 변화된 것을 볼 수 있다. 이러한 분석을 통해 앞으로 몇 년간 정보 소양 교육이 활발하게 전개될지 그리고 향후 몇 년 뒤에 활용 중심의 교육이 다시 나타날지 예측해보는 시간을 미래 교육의 관점에서 가져볼 수 있다.

모라벡의 역설과
교육의 미래

IT 업계를 선도하는 구글은 2014년 영국의 인공지능 연구 기업(딥마인드Deepmind)을 4억 달러에 인수하였고, 시티 가이드 앱 제작사를 인수하였으며, 퀀텀(양자) 컴퓨팅 전문가와 옥스퍼드대학교 인공지능 벤처 기업과 기계 학습 전문가를 대거 영입하였다. 이는 구글이 검색을 넘어서 인공지능과 관련된 기술과 차세대 빅데이터 기술인 지능형 시스템을 중요하게 생각하고 있다는 것을 보여준다.

과학기술의 발달 속도가 지수적으로 증가하면서 이제 기계가 지능을 갖고 인간의 자리를 대체한다는 위협적인 뉴스가 심심치 않게 보도되고 있다. 2016년에 이세돌과 알파고의 세기적 바둑 대결이 대표적인 사례이다. 하지만 이러한 주장과 반하는 것이 있는데, 바로 '모라벡의 역설Moravec's Paradox'이다. 인간이 처리하기 매우 복잡하고 어려운 문제는 컴퓨터가 쉽게 해결하는 반면, 인간이 쉽게 처리하고 일상의 상식적인 것은 컴퓨터가 처리하기 어렵다는 주장이다. 즉, 인간과 컴퓨터의 문제 해결 처리 체계가 서로 반대여서 인공지능을 통한 기계가 인간의 지능을 앞지르지 못한다는 것이다. 이러한 모라벡의 역설은 교육에도 적용될 수 있을 것으로 보인다. 대학교, 고등학교의 고등 교육은 컴퓨터로 쉽게 대체되어 온라인으로 교수 학습이 가능하겠지만, 유·초등 교육은 전문 지식이 필요하지 않고 인간으로 살아가는 기본을 학습하기 때문에 컴퓨터로 대체되기 어렵다는 것이다. 그렇다고 칸 아카데미나 코세라와 같은 MOOC형 온라인 교육 사이트가 향후 20년 안에 전 세계 대학을 지배할 것이고, 그에 따라 오프라인 대학교가 문을 닫는다는 분석이 타당하지 않다고 장담할 수는 없을 것이다.

유치원 교육과 초등 교육이 왜 인간의 삶에 중요한지, 고등 교육은 어떻게 진행되어야 하는지 등을 다시 한 번 고민하게 하는 모라벡의 역설이 아닐 수 없다.

소프트웨어 교육의
도구

미래를 살아가기 위해서는 제2 외국어보다 기계의 언어,
즉 프로그래밍 언어가 더 중요하다.

영국의 어느 설문 조사 | code.org

Chapter 12 | 소프트웨어 교육의 **도구**

EPL 컴퓨팅의 대표적 도구

스크래치

미국 MIT 미디어랩에서 개발한 '스크래치Scratch'는 초·중등 학생들을 위해 교육용으로 사용하는 대표적인 프로그래밍 언어이다. 스크래치는 블록형 명령어를 기반으로 하는 비주얼 프로그래밍 언어이자 온라인 커뮤니티이다. 학생들은 스토리, 게임, 애니메이션과 같은 프로그램을 만들어 전 세계에 있는 친구들과 공유할 수 있다. 학생들은 스크래치로 다양한 창작 활동을 하면서 창의적으로 생각하는 법, 협력하는 법, 소통하는 법, 시스템적으로 추론하는 법을 배울 수 있다.

스크래치는 MIT 미디어랩의 라이프롱 킨더가튼Lifelong Kindergarten 그룹에 의해 디자인되고 운영되고 있다. 특히, 스크래치는 블록 형태의 명령어를 최초로 사용하여 사용자가 생각을 조립하여 프로그래밍을 할 수 있어서 쉽고 재미있게 배울 수 있다. 만 8~16세의 학생들이 사용할 수 있으며, 학부모와 자녀가 함께 사용할 수 있다. 현재 스크래치는 다양한 교육 환경에서 사용되고 있으며 최근에는 융합인재교육STEAM에서도 활발하게 사용되고 있다. 스크래치는 150여 개의 나라에서 사용되고 있으며 40여 개의 언어로 번역되어 있다.

스크래치는 [그림 12-1]과 같은 인터페이스로 구성되어 있다. 가운데 있는 코딩 블록을 오른쪽 스크립트 영역에 드래그 앤 드롭하여 왼쪽의 실행 영역에서 바로 확인할 수 있다. 국내·외적으로 스크래치를 활용한 창의컴퓨팅 교육의 효과에 대한 다양한 연구 결과에 따르면 학생들의 문제 해결력, 논리적 사고력, 컴퓨팅 사고력, 창의적 문제해결력 등의 고등 사고력이 증진되었다고 한다.

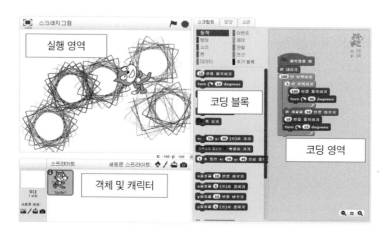

그림 12-1 | **스크래치 화면 구성**

스크래치를 통해 학생들이 만들 수 있는 작품은 애니메이션, 디지털 아트, 과학 프로그램, 수학 프로그램, 게임, 음악 프로그램과 같이 다양한 영역에서 찾아볼 수 있다. 스크래치 사이트(http://scratch.mit.edu)에는 현재 650만 개 이상의 작품이 공유되고 있다. 근래에는 오픈 소스 기반의 소형 컴퓨터인 '아두이노'와도 연결할 수 있어 현실 세계에 필요한 융합형 프로그램도 만들 수 있다.

스크래치는 오픈 소스 프로그램이기 때문에 누구나 무료로 사용이 가능하며, 스크래치 사이트에서 자유롭게 사용할 수 있다. 최근에는 미래인재연구소와 미래창조과학부가 우리나라 초·중등 학생들을 위한 주니어 온라인 소프트웨어 무료 교육 사이트(http://koresw.org)를 오픈하여 누구나 교육받을 수 있도록 지원하고 있다.

그림 12-2 │ **스크래치 프로젝트 활동 모습**

스크래치 최근 버전인 스크래치 2.0은 크롬 7.0, 파이어폭스 4.0, 익스플로러 7.0 이상의 브라우저 조건에서 실행할 수 있다.

크롬 7.0 이상   파이어폭스 4.0 이상   익스플로러 7.0 이상

그림 12-3 │ **스크래치 2.0의 브라우저 조건**

스크래치를 사용하기 위해서는 먼저 스크래치 사이트(www.scratch.mit.edu)에 접속해서 회원 가입을 해야 한다. 스크래치 2.0 온라인 버전에서는 작업한 프로젝트가 클라우드 방식으로 자동 저장되며, 기존 1.4 버전처럼 ○○.sb 파일로 저장할 필요가 없다. 물론 필요에 따라서 온라인 버전에서도 ○○.sb2 파일로 저장할 수도 있다. 스크래치 2.0에서 만들어진 프로젝트는 1.4 버전에서 실행되지 않는다.

그림 12-4 | **스크래치 프로그램 다운로드**

스크래치 프로그램의 블록들

스크래치 프로그램은 10가지 종류의 블록 카테고리를 가지고 있고 카테고리마다 고유의 색깔이 있다.

그림 12-5 | **스크래치 블록 카테고리**

스크래치 프로그램 화면

스크래치 프로그램(2.0)을 실행시키면 가운데 명령어 블록들과 오른쪽의 블록들을 가져와 조립할 수 있는 스크립트 창이 오른쪽에 보인다. 스크립트 창에서 블록 또는 스크립트를 실행시키면 왼쪽 실행창에서 스프라이트가 움직이며 명령이 실행된다. 왼쪽 아래에는 스프라이트 창이, 오른쪽 아래에는 백팩(개인 저장소) 창이 있다.

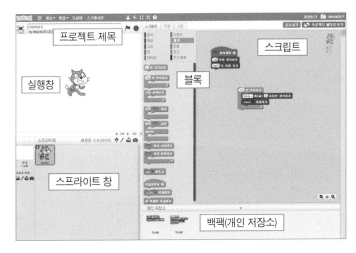

그림 12-6 | **스크래치 프로그램 화면**

리믹스

다른 스크래치 사용자가 개발해서 공유한 프로젝트를 살펴보고 내 작업실로 가져와서 재구성(리믹스)할 수도 있다. 스크래치 프로젝트를 공유하면 어느 누구나 다른 사람이 만든 프로젝트를 사용할 수 있고 수정해서 나만의 프로젝트로 만들 수 있다.

백팩(개인 저장소)

그림 12-7 | **백팩**

백팩은 다른 사용자의 프로젝트에서 스프라이트나 스크립트를 가져올 수 있는 기능이다. 다른 사람들이 만든 프로젝트를 살펴보다 마음에 들거나 나중에 활용할 만한 가치가 있는 스프라이트나 스크립트를 백팩에 저장해두었다가 언제든 꺼내 사용할 수 있다.

스크래치 주니어

스크래치 주니어(http://www.scratchjr.org/)는 5~7세의 어린이들이 자신들만의 상

그림 12-8 | **스크래치 주니어 화면 구성**

호작용 대화형 이야기와 게임을 만들 수 있는 입문용 프로그래밍 언어로 개발되었다. 어린 학습자들은 문자 만들기, 점프하기, 춤을 추면서 이동하기, 노래 만들기를 블록을 이용하여 프로그래밍할 수 있다. 무료로 아이패드 앱을 통해 사용할 수 있으며 안드로 이드 버전도 앱스토어에서 무료로 다운로드할 수 있다.

두리틀

두리틀Dolittle은 일본 쓰쿠바대학의 가네무네 박사가 컴퓨터 교육을 위한 목적으로 객체지향 프로그래밍이 가능한 언어로 개발하였다. 이는 텍스트 기반의 로고Logo 프로 그램인 거북 그래픽 환경의 아이디어를 수용하였으며, 객체의 특징이 잘 드러나도록 제작되었다. 현재는 한국 두리틀 사이트가 구축되어 있다. [그림 12-9]는 두리틀의 화 면 구성 요소이다.

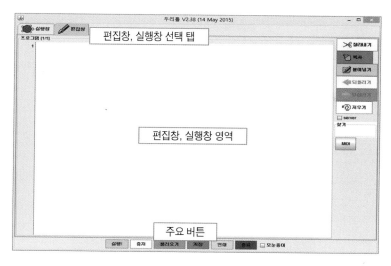

그림 12-9 │ **두리틀 구성 요소**

앱 인벤터

앱 인벤터(http://appinventor.mit.edu/explore)는 MIT 미디어랩과 구글이 개발한 언어로, 프로그래밍 지식이 없는 이들도 원하는 스마트 애플리케이션을 쉽게 만들 수 있도록 지원하는 툴이다. 웹 브라우저상에서 논리 블록을 조합하여 간단한 안드로이드용 애플리케이션을 제작할 수 있다.

그림 12-10 | 앱 인벤터 구성 요소와 실행 화면

그림 12-11 | 앱 인벤터 실행 장면(스마트폰으로 테스트)

스냅!

스냅(http://snap.berkeley.edu)은 미국의 UC 버클리대학에서 스크래치에 영감을 받아 스크래치 소스를 확장한 것으로 자바스크립트로 모든 프로그램을 구현하였다. 기본적으로 스크래치의 인터페이스를 그대로 계승받았지만 사용 대상과 철학에서 스크래치와 차이를 보인다.

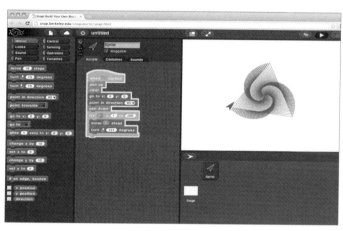

그림 12-12 | 스냅! 실행 화면

스냅은 프로그램 초심자를 포함한 중·고급의 수학 및 컴퓨터 과학적 아이디어를 구현해보고자 하는 사람을 대상으로 한다. 현재 UC 버클리대학을 중심으로 미국의 고등학생과 대학생 등 컴퓨터 과학 비전공 학생들의 컴퓨터 과학 개론 수업에 활용되고 있다.

스냅은 기본적으로 모든 데이터 타입을 1급 객체로 사용할 수 있다. 예를 들어, 스크래치는 숫자와 문자열을 1급 객체로 사용할 수 있다. 변수의 값으로 사용할 수도 있고, 함수의 매개변수로 사용할 수도 있으며, 리턴 값으로 받을 수도 있다. 그러나 스크래치에서는 리스트 자체를 변수의 값으로 사용할 수는 없으며, 매개변수로 전달하거나 리스트 안에 리스트를 넣을 수 없다. 하지만 스냅은 가능하다. 스냅은 모든 것을 1급 객체로 간주하기에 스크래치에서 할 수 없는 기능까지 포함하고 있다. 스냅은 EPL의 특징을 가지고 있으면서도 우리의 사고를 좀 더 유연하게 확장하고 구조적으로 짜임새 있는 고급 프로그래밍을 할 수 있도록 도와준다.

스크래치와 스냅 모두 블록 만들기를 통해 자신만의 블록을 만들어 사용할 수 있다. 그러나 블록 만들기로 만든 블록의 활용도는 크게 차이가 난다. 스크래치는 하나의 스프라이트 안에 명령들을 모아놓은 블록을 생성하고 그 스프라이트에서만 사용자가 만든 블록을 쓸 수 있다. 즉, 프로젝트 전반에 걸쳐 쓸 수 있는 블록을 사용자가 직접 생성하지 못한다. 하지만 스냅은 사용자가 만든 블록을 프로젝트 전체에서 자유롭게 사용할 수 있으며 만든 블록을 라이브러리화하여 쉽게 공유할 수 있다.

그림 12-13 | **프로그래밍 예시**

[그림 12-13]은 프로그래밍에서 가장 많이 쓰이는 구문 중 하나인 for 문을 사용자가 직접 정의하여 만든 것이다. 스프라이트의 행동에 관련된 블록만이 아니라 프로그램에 일반적으로 쓰이거나 자주 쓰는 기능을 블록으로 만들 수 있는 기능을 제공한다. 사실 이는 거의 모든 프로그래밍 언어에서 너무도 당연하게 생각하는 부분이다.

엔트리

엔트리(http://play-entry.com)는 스크래치에서 영감을 받아 우리나라에서 개발한 교육용 프로그래밍 언어이다. 스크래치와 비슷한 인터페이스를 가지고 있지만 학습 내용이 포함되어 있다. 스크래치와 마찬가지로 아두이노를 연결하여 확장이 가능하다.

그림 12-14 | 엔트리 학습 모드

KODU

KODU^{Kodu Game Lab}(http://www.kodugamelab.com)는 마이크로소프트^{Microsoft, MS}의 FUSE^{Future Social Experiences} Lab에서 발표한 게임 제작 통합 개발 환경^{Integrated Development Environment, IDE}이다. 게임 제작용 3D 비주얼 프로그래밍 언어로 PC 및 Xbox 360에서 실행되는 게임을 그래픽 기반 프로그래밍을 통해 제작할 수 있다. KODU는 약 200여 가지

의 모듈(창작 아이콘)을 사용해 게임을 제작할 수 있어 컴퓨터 프로그래밍 전문가뿐만 아니라 초보자 및 어린 학생들도 쉽게 프로그래밍을 할 수 있다. 또한 KODU는 프로그래밍과 논리적 사고를 8살 정도의 아이들에게 가르칠 수 있을 정도로 혁신적인 시각 인터페이스를 가지고 있다. 인터페이스가 대부분의 어린이들에게 친숙하게 구성되어 있어, 실제로 아이들이 자신만의 게임을 제작하고 편집할 수 있다.

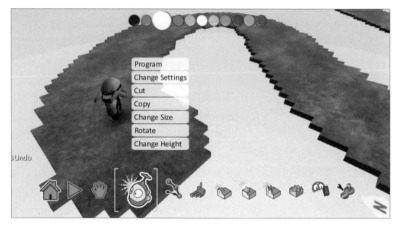

그림 12-15 | KODU로 만든 레이싱 게임

파이썬

파이썬Python(http://www.python.org)은 네덜란드 암스테르담에 사는 프로그래머 귀도 반 로섬Guido van Rossum이 1991년에 발표한 고급 프로그래밍 언어로, 플랫폼이 독립적이며 인터프리터식, 객체지향적, 동적 타이핑dynamically typed 대화형 언어이다.

그림 12-16 | **파이썬 로고**

파이썬은 비영리의 파이썬 소프트웨어 재단이 관리하는 개방형, 공동체 기반 개발 모델을 가지고 있다. C 언어로 구현된 C 파이썬 구현이 사실상의 표준이다. 이 언어는 무료라는 장점과 함께 가독성, 동적 타이핑, 광범위한 라이브러리 제공 등 여러 가지 장점을 지니고 있으며, 구조syntax가 간결하면서도 강력한 언어이다.

자바스크립트

자바스크립트JavaScript(http://opentutorials.org)는 웹 페이지를 동적으로, 프로그래밍적으로 제어하기 위해서 고안된 언어이다. 그렇기 때문에 오늘날 가장 중요한 플랫폼이라고 할 수 있는 웹브라우저에서 유일하게 사용할 수 있는 객체 기반의 스크립트형 프로그래밍 언어이다. 자바스크립트는 썬 마이크로 시스템즈의 자바와 구문 syntax이 유사한 점도 있지만, 이는 사실 두 언어 모두 C 언

그림 12-17 | **자바스크립트 로고**

어의 기본 구문을 바탕으로 했기 때문이고, 자바와 자바스크립트는 직접적인 관련성이 없다. 자바스크립트는 자바보다 훨씬 배우기 쉬우며 사용하기도 쉽다.

플레이 봇

파이썬 언어를 학습하기 위한 툴로 '러플'이 있다면, 자바스크립트 언어를 학습하기 위한 툴로 '플레이 봇'이 있다. 플레이 봇PlayBot(http://playbot.spaceii.com)은 자바스크립트 학습과 문제 해결 학습을 위해 황병욱이 개발한 툴이자 환경이다. 프로그래밍 언어를 이용해서 주어진 문제를 해결하는 경험을 제공한다.

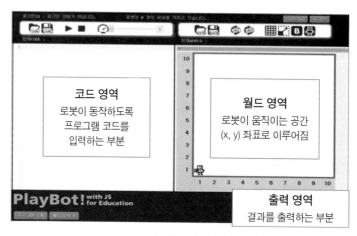

그림 12-18 │ 플레이 봇 화면 구성

앨리스

앨리스Alice(http://www.alice.org)는 카네기멜론대학에서 만든 언어로 인터랙티브한 게임, 스토리에 따른 애니메이션, 비디오 등을 만들고 웹을 통해 공유하게 해주는 3D 프로그래밍 언어이다. 앨리스 2 버전인 스토리텔링 앨리스Storytelling Alice는 감성적인 스토리를 중심으로 3D 프로그래밍을 할 수 있어서 중학교 여학생의 프로그래밍 교육

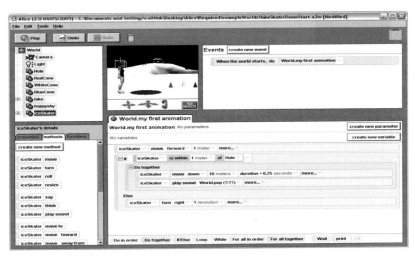

그림 12-19 | 앨리스 실행 화면

에 효과적이다. 앨리스 2는 자바와의 호환성이 뛰어나므로 자바를 배우기 전 단계에서 배우고 자바 언어로 발전시키면 효과적이다. 미국에서는 중학교부터 대학교까지 적용된 사례들이 있다. 최근에는 앨리스 3까지 개발되어 객체지향을 강조하면서 자바와의 전체 호환이 가능한 형태로 발전하였다.

스퀵 이토이

스퀵 이토이Squeak e-toys는 최초로 스몰토크*를 만든 개발자들이 아이들 교육에서부터 전문 개발자까지 사용할 수 있도록 만든 새로운 객체지향 컴퓨팅 환경이다. 스퀵 이토이의 가장 큰 특징은 '타일스크립팅tile-scripting'을 통해 아이들도 쉽게 프로그래밍 언어의

---

* 프로그래밍 언어의 한 종류로 스크래치 1.4 버전도 스몰토크로 개발되었다.

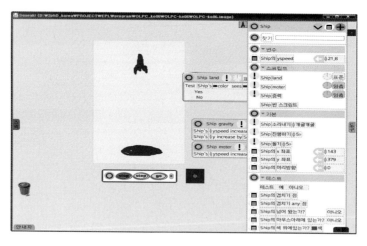

그림 12-20 │ 스퀵 이토이 실행 화면

문법이나 용어를 외우거나 직접 입력하지 않고 비주얼한 타일을 다루면서 프로그래밍
을 할 수 있다는 것이다. 스퀵 이토이는 미국·일본·유럽·남미 등지에서 교육용 매
체로 성공적으로 적용되고 있고, 최근에는 MIT의 니그로폰테Nicholas Negroponte 교수가 이
끌고 있는 OLPCOne Laptop Per Child 프로젝트**에 교육용 프로그래밍 환경으로 스퀵 이토이
가 탑재되었다. 국내에서도 '알고스퀵' 사이트를 통해 다양한 교육 적용 사례들이 제시
되고 있다.

그린풋

그린풋GreenFoot(http://www.greenfoot.org/door)은 초보 프로그래머들이 자바를 쉽

** MIT 미디어 연구소의 교수진이 세운 비영리 단체이자 아이들에게 컴퓨터를 보급하려는 프로젝트로,
XO-1이라는 100달러짜리 노트북 컴퓨터를 개발하고 있다.

게 학습할 수 있도록 통합 개발 환경을 제공한다. 그린풋은 기본적으로 자바 언어를 모두 지원하며, 특히 비주얼 요소를 가지는 프로그래밍 연습에 유용하다. 그린풋 안에서는 객체 시각화와 객체 상호작용이 핵심 요소이다. 객체 상호작용과 마이크로월드가

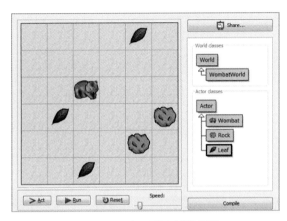

그림 12-21 | 그린풋 실행 화면

```
 9    * which point it turns left. This wombat can no
10    * If a wombat finds a leaf, it eats it.
11    *
12    * @author Michael Kolling
13    * @version 1.0.1
14    */
15   public class Wombat extends Actor
16   {
17       private static final int EAST = 0;
18       private static final int WEST = 1;
19       private static final int NORTH = 2;
20       private static final int SOUTH = 3;
21
22       private int direction;
23       private int leavesEaten;
24
25       private GreenfootImage wombatRight;
26       private GreenfootImage wombatLeft;
```

그림 12-22 | 그린풋 코딩 화면

가지는 객체 시각화를 통합한 버전이라 할 수 있다. 예를 들면, [그림 12-21]에서처럼 곰과 바위와 나뭇잎이 각각의 객체이고 사각형 월드 안에서 움직이게 된다.

그린풋의 프레임워크는 2차원 그리드 안에서 시각화될 수 있는 방대한 범위의 프로그램을 만드는 것이 가능하도록 해준다. 가장 널리 알려져 있는 알고리즘들 – 종종 교육적인 환경에서 사용되는 8퀸 퍼즐,*** 러플의 가상 로봇 문제, 두리틀의 그림 그리기와 같은 활동 – 이 모두 가능하다.

포켓코드

포켓코드는 스마트폰을 이용하여 프로그래밍을 할 수 있는 애플리케이션이다. "60분 안에 자신만의 스마트 앱을 만들자."라는 캐치프레이에서 알 수 있듯이 초보

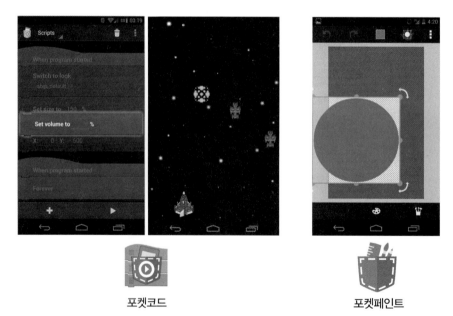

포켓코드   포켓페인트

그림 12-23 | 포켓코드와 포켓페인트

자도 손쉽게 스마트 기기용 애플리케이션을 만들 수 있다. 스크립트는 스크래치 프로그램의 코드를 응용하였으며, 스크립트에 사용할 그림을 그릴 수 있는 포켓페인트와 함께 사용한다. 오스트리아 그라츠Graz 대학의 Wolfgnag Slany 교수가 개발하였다.(https://www.catrobat.org)

피지컬 컴퓨팅의
대표적 도구

RFID 칩

RFIDRadio-Frequency Identification는 주파수를 이용해 ID를 식별하는 시스템으로 일명 전자 태그로 불린다. 바코드가 진화된 것으로 전자 태그가 도입되면 물류뿐만 아니라 유통 보완 위폐 방지, 홈 네트워킹, 텔레매틱스 동물 추적, 환자 관리 등 일상생활 전반에 큰 변화가 일어날 수 있다. 여기에는 RFID 태그와 RFID 판독기가 필요하다. 태그는 안테

그림 12-24 | RFID 칩

*** 알고리즘 학습에서 사용되는 퍼즐 문제

나와 집적회로로 이루어지는데, 집적회로 안에 정보를 기록하고 안테나를 통해 판독기에게 정보를 송신한다. 이 정보는 태그가 부착된 대상을 식별하는 데 이용된다.

NFC 칩

근거리 무선 통신Near Field Communication, NFC 칩은 13.56MHz의 대역을 가지며, 아주 가까운 거리의 무선 통신을 하기 위한 기술이다. 현재 지원되는 데이터 통신 속도는 초당 424킬로비트다. 교통, 티켓, 지불 등 여러 서비스에서 사용할 수 있다.

피지컬 컴퓨팅 도구로서 입력, 출력, 저장 장치로만 구성되어 있으며 디지털 신호를 이용하여 매우 작은 데이터를 입 · 출력할 수 있다. 코딩이나 프로그래밍을 통하여 제어할 수 없지만 데이터 값을 저장하거나 수정하고 삭제할 수 있다.

그림 12-25 | NFC 칩

메이키 메이키

메이키 메이키Makey Makey는 물리 환경에서의 물체와 연결하여 키보드 또는 터치패드와 같은 기능을 하게 할 수 있는 키트로서 피지컬 컴퓨팅 입문자와 초보자에게 적합하다.

그림 12-26 │ **메이키 메이키의 기본 모듈**

출처: http://www.makeymakey.com

[그림 12-26]은 메이키 메이키의 기본 모듈을 보여주는데, 입력기판과 연결하는 커넥터로 단순하게 구성되어 있다. 키보드의 역할을 대신하여 다양한 저항체(예: 과일, 나뭇잎, 금속, 연필심 등)를 이용하여 컴퓨터의 입력 신호를 전달하고 프로그램을 통해 다양한 출력 결과를 보여준다.

그림 12-27 │ **메이키 메이키 기본 구성**

또한 스크래치와 연결하여 다양한 작품을 만들 수 있다. [그림 12-28]과 같이 바나나를 클릭하면 마우스나 키보드의 기능을 대신하여 건반을 눌러 음악을 연주할 수 있는 응용 작품을 개발할 수 있다.

그림 12-28 | **스크래치와 메이키 메이키를 연결해서 바나나 피아노를 만든 모습**

리틀비츠

리틀비츠는 아두이노를 기반으로 초보자들이 쉽게 전자회로를 조립하거나 구성하여 자신이 구상한 아이디어를 실생활의 도구와 연결하여 구현하는 키트이다. 초보자의 경우 프로그램을 직접 작성하지 않고도 완성된 작품을 만들 수 있어 컴퓨팅 사고를 키울 수 있다. 즉, 프로그래밍의 과정 없이 리틀비츠 각 모듈의 연결과 순서, 배치, 응용을 하는 과정에서 절차적 사고, 알고리즘 사고, 예측 능력 등 창의컴퓨팅에서 요구하는 컴퓨팅 사고를 학습하게 된다.

실생활에 활용될 수 있는 다양한 산출물을 통해 발명과 같이 아이디어를 적용하면서 창의성을 키울 수 있는데, 이 과정을 통해 피지컬 컴퓨팅의 흥미를 느끼고 확장된 산출을 위해 프로그래밍과 제어를 위한 컴퓨터 과학 학습의 필요성을 느낄 수 있다.

그림 12-29 | 리틀비츠 구성도

출처: http://littlebits.cc/kits/arduino-coding-kit

[그림 12-30]은 리틀비츠를 응용하여 로봇 손과 사람 손을 동기화하여 사람 손이 움직이면 로봇 손도 똑같이 따라 움직이도록 하였다. 원거리에 있는 의사가 환자에게 직접 수술을 시행하지 않고 원격으로 로봇이 시술하는 장비에 활용할 수 있다.

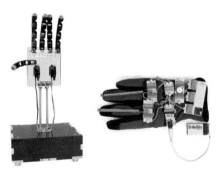

그림 12-30 | 리틀비츠 응용 사례

출처: http://littlebits.cc/projects/animatronic-hand

센서보드

센서보드는 MIT 스크래치와 연동하기 위해 아두이노를 기반으로 기본적인 센서(버튼, 슬라이더, 빛, 소리 센서 등)를 내장하여 개발한 공개용 키트이다.

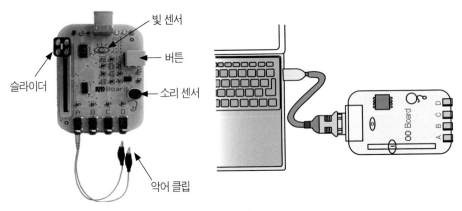

그림 12-31 | **센서보드**

출처: http://www.picocricket.com/picoboard.html

센서보드는 공개용 보드로 다양한 모델의 전자 키트로 개발되었다. 스크래치와의 연동이 잘 되고 스크래치 내의 명령어가 포함되어 있어 센서보드의 제어가 매우 쉽다. 스크래치 프로그램을 경험한 학습자들에게 피지컬 컴퓨팅의 확장 모델을 잘 제시하고 있다. [그림 12-32]의 예시 화면은 센서보드를 이용하여 게임을 제어하는 모습이다.

그림 12-32 | 센서보드를 활용한 게임

레고위두

레고위두는 레고 사에서 개발한 스크래치 연결 센싱 키트이다. 입력 센서의 신호를 받아 스크래치 프로그램에 전달하면 그에 따른 값을 이용하여 프로그램이 구동되고, 출력 포트를 통해 레고 블록을 움직이게 하거나 모터를 구동한다. 레고를 많이 접한 사용자들은 스크래치와의 간단한 인터페이스를 통하여 아날로그와 디지털 처리를 동시에 경험하면서 디지로그의 세계를 확인할 수 있다.

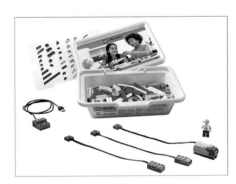

그림 12-33 | 레고위두와 적용 사례

출처: https://education.lego.com

[그림 12-33]의 적용 사례는 경인교육대학교 미래인재연구소에서 진행한 체인리액션(연쇄반응) 프로젝트 장면이다. 레고와 재활용 재료를 활용하여 여러 팀이 골드버그 머신 장치를 구성하고 스크래치와 연결한 후 입력된 신호를 이용하여 프로그래밍을 보여주면, 출력 신호를 통해 다른 팀이 골드버그 머신을 점화시키는 역할을 하여 팀 간의 협동과 의사소통, 배려와 커넥션의 힘을 함께 공감할 수 있다.

아두이노

아두이노는 피지컬 컴퓨팅의 열풍을 불러일으킨 오픈 소스 기반의 마이크로 컨트롤러이다. 갈릴레오 보드, 비글본 블랙 등 아두이노를 기반으로 확장된 보드가 많이 개발되고 있다. 다양한 입출력 장치로부터 값을 받아 외부 전자 장치들을 통제함으로써 상호작용이 가능한 컴퓨팅 결과를 산출할 수 있다. CPU(중앙처리장치)를 손쉽게 동작시킬 수 있는 통합 개발 환경으로 에디터와 컴파일러가 있다. 스케치와 프로세스라는 프로그램으로 구현 가능하며 초등학생이나 초보자는 스크래치로 제어가 가능하다.

그림 12-34 | 아두이노

출처: http://arduino.cc

[그림 12-35]는 미래인재연구소 팀이 아두이노로 모터를 작동시키면서 거리 센서를 이용하여 벽에 닿으면 피해 가는 탱크를 구현한 프로젝트이다. 프로그래밍 모듈은 스크래치로 개발하고 움직임의 제어를 위한 입력은 립 모션을 이용하여 손의 동작으로 탱크를 물리적으로 운전할 수 있도록 한 사례이다.

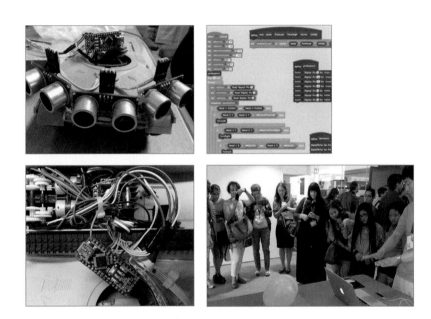

그림 12-35 │ **스크래치와 아두이노 적용 사례**

라즈베리파이

라즈베리파이는 영국의 라즈베리파이 재단에서 초·중등학교에 컴퓨터 교육을 확대하기 위해 개발한 싱글보드 컴퓨터이다. 저렴한 가격으로 일반 PC의 성능을 발휘하며 다양한 프로그램을 탑재하여 프로그래밍이 가능하다.

주로 파이썬과 베이직, C언어, 펄, 스크래치 언어를 탑재하였다. 기본 CPU와 램, VGA 그래픽 카드와 하드디스크, SD 카드를 내장하여 키보드, 마우스, 모니터만 연결하면 PC처럼 바로 사용할 수 있다. 운영체제는 리눅스를 사용히며 인터넷 접속을 위해 웹 브라우저도 지원하고 있다. 컴퓨터 하드웨어와 구조를 이해하기 쉽게 지원하며 저렴한 비용으로 PC를 구축하여 프로그래밍과 코딩 등 소프트웨어 교육을 활성화하는 데 많은 도움이 된다.

그림 12-36 │ **라즈베리파이와 적용 사례**

출처: www.raspberrypi.org

키넥트

키넥트는 MS 사에서 개발한 게임 인터페이스용 3D 입체 카메라이다. 게임 장비로 사용하는 것을 확장하여 입력된 값을 스크래치 프로그램과 연동하여 사용자의 움직임을 구현할 수 있다. 3D 입력값을 이용하여 스크래치 프로그래밍의 가능성을 다양하게 확장시킬 수 있다.

그림 12-37 | 스크래치와 XBOX 카메라를 연결해서 신체의 동작을 따라하는 프로젝트

초코파이

MIT에서 스크래치와 연동하여 사용할 수 있도록 개발한 센서보드에 다양한 입출력 센서들을 연동시킬 수 있도록 한 보드이다. 아두이노와 호환되며 아두이노에서 사용되는 다양한 입출력 교구들을 사용할 수 있다. 센서의 활용은 초코파이보드용 스크래치와 엔트리를 이용하여 스크립트로 작성할 수 있다.(http://chocopi.org)

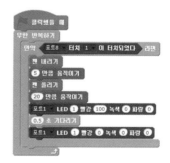

그림 12-38 | 초코파이보드와 보드용 스크래치 블록

립모션

   립모션은 3D 모션컨트롤 기기로 터치 없이 손의 동작을 기기가 감지하여 입출력을 할 수 있는 도구이다. 기존의 키보드와 마우스 내신 사유로운 손의 농작을 이용하여 3D를 구현할 수 있다. 스크래치 프로그램을 이용하여 손쉽게 손의 동작을 입력 값으로 받을 수 있는데 왼손, 오른손 그리고 손가락의 동작으로 다양한 제어를 할 수 있다. 최근에는 립모션과 HMD(가상현실 체험 안경)를 이용하여 VR(가상현실) 기능을 제공한다.(https://www.leapmotion.com)

그림 12-39 │ **립모션과 HMD**

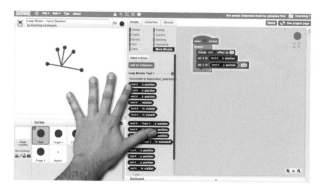

그림 12-40 │ **스크래치를 이용한 립모션 코딩**

뚜루뚜루봇

뚜루뚜루봇은 다양한 코딩을 체험할 수 있도록 개발된 교육용 로봇이다. 뚜루뚜루봇은 거리 센서, 컬러 센서, 자이로(가속도) 센서를 탑재하여 입력 값을 받고 모터와 LED, 스피커를 이용하여 출력할 수 있다. 이동 카드와 기울기 동작을 통해 로봇의 이동을 제어할 수 있으며, 스크래치와 전용 앱을 이용하여 다양한 코딩을 할 수 있다.

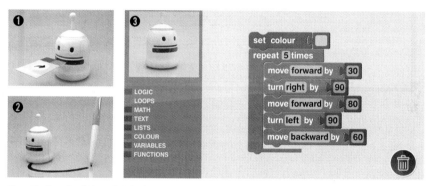

❶ 코딩 카드 ❷ 라인 트레이싱 ❸ 블록 코딩

그림 12-41 │ **교육용 코딩 로봇 뚜루뚜루봇**

 **참고하기**

온라인 SW 교육 사이트 http://KoreaSW.org

미래인재연구소 창의컴퓨팅 http://computing.or.kr

그린풋 http://www.greenfoot.org/door

러플 http://rur-ple.sourceforge.net/

러플 2014 xwmooc http://rur-ple.xwmooc.net

앨리스 http://www.alice.org

앱 인벤터 http://appinventor.mit.edu/explore

엔트리 http://play-entry.com

스냅 http://snap.berkeley.edu

스크래치 http://scratch.mit.edu

스크래치 주니어 http://www.scratchjr.org

파이썬 http://www.python.org

플레이 봇 http://cafe.naver.com/hardrestore/88, http://playbot.spaceii.com

KODU(코두) http://www.kodugamelab.com

The d-school http://dschool.stanford.edu

Code http://code.org

Computer Science Unplugged http://csunplugged.org

Google Code https://code.google.com/p/scratch-unplugged

컴퓨팅 사고력을 위한 **소프트웨어 교육**

appendix

우리나라와
다른 나라의
소프트웨어 교육

소프트웨어 교육 정책의 개요

우리나라의 컴퓨터 관련 교육은 1970년부터 시작되어 현재까지 진행되고 있다. 소프트웨어 교육 관련 교과 역시 시대에서 요구하는 인재상에 부응하기 위해 많은 변화를 거듭하였다. 그 기간 동안 교과명, 교육 목표, 교육 내용, 교육 방법 등이 지속적으로 변화하였다.

여기에서는 우리나라의 소프트웨어 교육 정책에 대해 고찰하고, 요즘 국내에서 활발히 이루어지고 있는 소프트웨어 교육의 사례를 살펴보도록 한다. 특히, OA 교육, ICT 교육, 스마트 교육, 디지털 교과서와 같은 활용 교육은 제외하고 컴퓨터 과학과 프로그래밍을 중심으로 하는 문제 해결 교육을 목표로 하는 정보 교육과 소프트웨어 교육에 대해 고찰한다.

소프트웨어 교육의 변천사

컴퓨터가 교육에 활용되고 정보기술이 학교 교육에 영향을 미치는 내용을 자세히 살펴보면 우리나라의 사회적 변화가 얼마나 빠르게 변모했으며 정책적으로 중요하게 다루어지고 있는지 미루어 짐작할 수 있다. 1967년에 경제기획원에 인구 조사 분석 처리용 IBM 1401이 도입되었고 1969년에 KIST에 전산화 작업용으로 CDC 3300이 도입되었다. 또한 국내 4개 대학에 전산 교육용 컴퓨터가 도입되면서 1960년대에 정보 교육의 필요성이 대두되었다. 1970년이 되자 국내에 들어와 있는 몇 대의 컴퓨터를 운영할 전문 요원 양성이 필요했고, 실업계 고등학교에서 관련 과목이 정규 교과목으로 채택되기 시작하였다.

컴퓨터가 직장에서 사무용으로 활용되기 시작하던 1980년대 중·후반부터 초·중등 교육에서 컴퓨터 교육에 관심을 가지기 시작했다. 한편, 일반 가정에 보급되기 시작했던 1990년대 중반까지 컴퓨터는 무한한 가능성을 가지고 있는 기계 장치로서 교육의 외곽에서 역할을 수행하였다. 또한 직업에서 활용되기 위해 직업 교육의 일환으로 교육적 필요성이 제기되었다. 하지만 모든 가정에 정보기기가 보급되고 인터넷의 발전에 의해 네트워크로 연결된 2000년대부터는 디지털 정보의 소통과 수집에 커다란 변화를 가져왔다(한선관 외, 2007).

이러한 변화에 맞추어 모든 초등학교에서 재량 활동 시간에 ICT 교육을 주당 2시간씩 의무화하였다. 그러나 2007 개정 교육과정이 시행되면서 재량 활동이 2시간에서 1시간으로 감소하였고, 이후 창의적 체험 활동으로 통합됨에 따라 정보통신기술 교육은 사실상 유명무실해졌다. 7차 교육과정 이후 프로그래밍을 학습할 수 있는 단원이 사라짐에 따라 초·중등학교 학생들이 프로그래밍을 배울 수 있는 기회는 거의 사라지고 말았다. 이렇듯 정보 교육은 40~50년의 짧은 시기 동안 초기의 교육적 목적과 다르게 많은 변화를 겪어 왔다.

표 1 | 컴퓨터 교육과정 변천사(1970~2005년)

시기	교육과정	내용 및 특징
1970	문교부령 제251호로 부분 개정	상업계 고교 '산업 일반' 과목에 컴퓨터에 관한 내용 일부 포함
1973	3차 교육과정	일반 보통 교육으로 확대 (보통 일반 교육과정에서 컴퓨터 교육 처음 도입)
1981	4차 교육과정	고등학교의 산업기술과 수학으로 확대
1987	5차 교육과정	초등학교와 중학교로 확대 (초등−특별활동 → 실과)
1992	6차 교육과정	• 일반 보통 교육으로 인식 • 응용 소프트웨어 등을 이용하여 문제 해결에 컴퓨터를 주요 도구로 활용할 수 있는 능력 • 선택 과목이긴 하지만 중학교와 고등학교에 단독 과목으로 설정
1997	7차 교육과정	초등학교 매주 1시간씩 컴퓨터 교육 필수화(정보 소양과 활용 교육)
2001	교육부의 ICT(정보통신기술) 활용 학교 교육 활성화 계획	응용프로그램의 활용을 바탕으로 문제 해결 능력의 신장
2005	개정안	컴퓨터 윤리, 컴퓨터 과학의 원리와 개념 교육 포함

표 2 | 3차, 4차 정보 교육과정

교육과정	학교급	과목	구분	내용
3차	고등학교	기술	필수	마. 전자 계산기 　(1) 전자 계산기 구성 　(2) 전자 계산의 활용
4차	고등학교	산업기술	필수	(3) 전자 계산기 　(가) 전자 계산기의 개요 　(나) 전자 계산기의 응용
		수학	필수	자. 순서도 　(가) 순서도의 규약 　(나) 순서도에 의한 문제 해법

표 3 | 5차 정보 교육과정

교과	학년		교과서 내용	분량
실과 (초등학교)	4		(3) 저축과 컴퓨터	1/68시간
	5		8. 일과 컴퓨터 　(1) 컴퓨터의 하는 일　　(2) 컴퓨터와 직업	4/68시간
	6		7. 컴퓨터 다루기 　(1) 컴퓨터 프로그램　　(2) 컴퓨터 다루기	8/68시간
실업 · 가정 (중학교)	기술 I	필수	V. 컴퓨터의 이용 　1. 컴퓨터와 생활 　2. 컴퓨터의 구성과 프로그램 언어 　3. 컴퓨터의 사용 방법	21/102시간
	기술 · 가정 I		상동	16/102시간
	가정 I		IV. 소비 생활과 자원 활용 　4. 생활 정보와 컴퓨터 이용 　　(1) 컴퓨터와 생활 　　(2) 컴퓨터의 구성과 프로그램 언어 　　(3) 프로그램의 작성법	10/102시간
	상업	선택	III. 계산 　1. 계산 용구에 의한 계산 　　(4) 컴퓨터	3/135~ 204시간
실업 · 가정 (고등학교)	기술	필수	III. 컴퓨터 　1. 컴퓨터와 산업 사회 　2. 컴퓨터의 구성과 원리 　3. 컴퓨터의 이용	19/128시간
	공업	선택	4. 전자 공업 　(5) 전자 계산기 IV. 공업 발전과 미래 사회 　1. 공업과 자동화　　2. 미래의 공업	8/128시간
실업 · 가정 (고등학교)	상업	선택	8. 사무 관리 　(4) 경영 정보 시스템과 사무 자동화 IV. 계산과 컴퓨터의 활용 　2. 컴퓨터의 활용	4/128시간
	정보산업	선택	I. 정보와 정보산업　　II. 컴퓨터의 구성과 원리 III. 프로그래밍　　IV. 정보통신 V. 컴퓨터의 이용	128/128시간

표 4 | 6차 정보 교육과정

학교/학년	교과과정	교육 내용
초등학교/5, 6학년	실과에 1개 중단원	컴퓨터 다루기, 컴퓨터로 글쓰기
중학교	기술, 산업 I 교과에 1개 단원 컴퓨터 교과목: 선택 독립 교과	컴퓨터의 구성 및 사용법
고등학교	기술, 상업 선택 교과목: 1개 단원 배정 정보 산업: 선택 독립 교과	컴퓨터 활용, 워드프로세서, 컴퓨터와 정보통신, 컴퓨터의 이용

표 5 | 7차 정보 교육과정

시간		교육 내용
초등학교(5~6학년)	5학년	• 컴퓨터 구성 • 워드 프로세싱
	6학년	• 소프트웨어 활용 • 그림 그리기 • 통신
중학교 (7~9학년)	기술 · 가정 (국민 공통 기본 교과) 7학년	• 컴퓨터와 정보 처리 • 컴퓨터의 구조와 원리 • 정보의 생산, 저장과 분배
	8학년	• 컴퓨터와 생활 • 소프트웨어의 활용 • 인터넷의 활용
	컴퓨터 (교과 재량 활동 선택 과목) 9학년	• 인간과 컴퓨터 • 컴퓨터의 기초 • 워드프로세서 • PC 통신과 인터넷 • 멀티미디어 제작
고등학교(10~12학년)	• 사회 발달과 컴퓨터 • 워드프로세서 • 통신, 멀티미디어	• 컴퓨터 운용 • 스프레드시트

7차 개정 교육과정

우리나라 국가 교육과정은 주기적으로 전면 개정을 하고 있는데, 2009년 12월과 2011년 8월에 나누어서 발표된 2009 개정 교육과정은 2013년 중학교 1학년부터 연차적으로 시행되었으며, 고등학교는 2014년 1학년부터 연차적으로 시행되고 있다.

표 6 | 2009 개정 교육과정과 소프트웨어 교육 운영 지침의 영역 비교

영역	
2009 개정 '정보' 교육과정	소프트웨어 교육 운영 지침
정보과학과 정보윤리	정보문화
정보기기의 구성과 동작	자료와 정보
정보의 표현과 관리	문제 해결과 프로그래밍
문제 해결 방법과 절차	컴퓨팅 시스템

주: 정보 교육의 교육과정(안의 내용 중 대영역만 표로 구성)

표 7 | 2009 개정 교육과정과의 내용 요소 비교(중학교)

2009 개정 '정보' 교육과정			소프트웨어 교육 운영 지침		
영역	중영역	내용 요소	영역	핵심 개념	내용 요소
정보 과학과 정보윤리	정보 과학	정보과학기술의 역사	정보 문화	정보사회	정보사회의 특성과 진로
		새로운 정보기술의 윤리적 활용			
	정보의 활용	개인 정보의 침해와 대응 방안		정보윤리	개인정보와 저작권 보호
		지적재산의 보호와 정보 공유			
	정보 사회의 역기능과 대처	인터넷 중독과 예방			사이버 윤리
		악성 프로그램과 대응 방안			
		정보기기의 보호			
정보 기기의 구성과 동작	컴퓨터의 구성과 동작	컴퓨터의 구성 요소	자료와 정보	자료와 정보의 표현	자료의 유형과 디지털 표현
		컴퓨터의 동작 원리			
		컴퓨터의 종류와 활용			
	운영체제의 이해	운영체제의 개념			
		운영체제의 동작 및 기능			
		운영체제의 종류와 활용		자료와 정보의 분석	자료의 수집
	네트워크의 이해	네트워크의 개념			
		네트워크의 동작 및 기능			정보의 구조화
		네트워크의 종류와 활용			

2009 개정 '정보' 교육과정			소프트웨어 교육 운영 지침		
영역	중영역	내용 요소	영역	핵심 개념	내용 요소
정보의 표현과 관리	자료와 정보	자료와 정보의 개념	문제 해결과 프로그래밍	추상화	문제 이해
		다양한 표현 방법			
		디지털 정보			핵심 요소 추출
	정보의 이진 표현	수치 정보			
		문자 정보		알고리즘	알고리즘 이해
		멀티미디어 정보			
	정보의 구조화	정보 구조의 개념			알고리즘 표현
		정보의 구조화 방법 및 사례			
문제 해결 방법과 절차	문제 해결 방법	문제의 분석과 표현		프로그래밍	입력과 출력
		문제 해결 과정			변수와 연산
					제어구조
					프로그래밍 응용
	문제 해결 절차	알고리즘의 이해와 표현	컴퓨팅 시스템	컴퓨팅 시스템의 동작 원리	컴퓨팅 기기의 구성과 동작 원리
		알고리즘의 설계와 작성			
		정렬과 탐색 방법의 이해			
	프로그래밍의 기초	프로그래밍 언어의 이해		피지컬 컴퓨팅	센서 기반 프로그램 구현
		변수의 개념과 활용			
		자료의 입력과 출력			
		제어문의 이해			

2011년 정보 교육

2011년 고시된 정보 교육은 정보과학기술의 기본 개념과 원리를 이해하고, 실생활의 다양한 문제를 계산직 사고 computational thinking로 관찰하며 해설하는 능력과 정보윤리적 소양을 기르는 데 중점을 두고 있다. 여기 2011년에 고시된 정보 교육에서 추구하는 사고력의 명칭은 컴퓨팅 사고로 명명하기 이전의 영어 번역을 그대로 사용하였다. 이에 따른 세부 목표는 다음과 같다.

- 정보과학기술의 기본 개념과 원리를 습득하고, 계산적 사고력을 익혀 창의적이고 효율적인 문제 해결 능력을 갖춘다.
- 정보사회의 일원으로 갖추어야 할 소양인 정보윤리 및 정보보호, 정보기술 및 기기에 대해 이해를 바탕으로, 이를 올바르게 활용하고 실천할 수 있는 태도를 기른다.
- 정보과학의 논리적·절차적 사고를 통해 일상생활 문제를 효율적인 알고리즘으로 해결하고, 실생활과 정보기기에 적용하는 능력을 기른다.
- 다른 학문들과 통합되어 새로운 형태로 확장, 발전시켜 나가는 융합 학문 분야를 개척할 수 있는 역량과 태도를 기른다.

이러한 목표에서 컴퓨터 과학의 기초와 정보윤리, 활용 능력, 절차적 사고와 알고리즘을 통한 문제 해결 능력 신장, 융합 학문으로서의 역량과 태도를 중시하는 내용으로 구성되었다.

2014 초 · 중등 소프트웨어 교육 활성화 방안

2014년 7월 23일 교육부에서 초 · 중등 소프트웨어 교육 활성화 방안을 제시하였다. 글로벌 사회의 국가 경쟁력 강화를 위해 창조경제를 선도할 창의 융합형 인재 육성의 필요성과 그에 맞게 모든 학생에게 능력과 적성에 맞는 소프트웨어 학습 기회를 제공하고자 하는 것을 추진 배경으로 하고 있다. 정부는 '소프트웨어 중심 사회 실현' 정책을 통해 초 · 중학생부터 소프트웨어를 필수로 배우게 하겠다고 발표하여 2018년부터 초등학교, 중학교, 고등학교에 정규교과로 적용하였다.

표 8 | 2013년 정보 교육 관련 수업 운영 시수

구분	정보 선택 학교(2013년)	창의적 체험 활동 시간(2013년)	
		컴퓨터 활용	소프트웨어 관련 교육
중학교	1,000여 개 학교(35%)	2.8시간	0.4시간
고등학교	690여 개 학교(30%)	7.4시간	2.5시간

〈표 8〉처럼 2015년 이전의 소프트웨어 교육은 디지털 세대의 관심과 흥미를 충족시키지 못했을 뿐만이 아니라 학생의 발달 단계에 적합한 체계적인 교육에도 매우 미흡하였다. 이에 따라 정부는 소프트웨어 관련 초 · 중등학교에서 소프트웨어 교육을 필수 이수하는 방안을 적극 검토하여 교과 내용을 개편하게 되었다.

2014년 7월에 '소프트웨어 중심 사회 구현' 정책의 발표 후 초안으로 작성된 소프트웨어 교육은 각 학교급에 따라 단계적으로 소프트웨어 교육을 이수할 수 있도록 개편하였는데, 초등학교에서는 소프트웨어 기초 소양 교육으로, 중학교에서는 '정보' 교과를 '소프트웨어' 교과로, 고등학교에서는 '정보' 교과를 '소프트웨어' 교과 일반 선택으로 전환하도록 제안하였다.

하지만 2015 개정 교육과정에서 소프트웨어 교육을 교과명으로 사용하기에 부적절하다는 공청회 의견에 따라 소프트웨어 교육을 기존 정보 교과로 편재하여 운영하기로 하였다. 2015 개정 교육과정의 가장 큰 변화는 초·중등학교에서 소프트웨어 교육을 필수로 이수하도록 교육과정이 개발되었다는 것과 고등학교에서 기존 심화 선택 영역에 있던 정보 교과가 일반 선택으로 편성되었다는 점이다.

표 9 │ 개정 주요 사항의 신·구 대비표 주요 내용

2009 개정 교육과정	2015 개정 교육과정(안)
• (초) 교과(실과)에 ICT 활용 교육 단원 포함 • (중) 선택 교과 '정보' • (고) 심화 선택 '정보'	• (초) 교과(실과) 내용 SW 기초 소양 교육 • (중) 과학/기술·가정/정보 교과 신설 • (고) 심화 선택 '정보' 과목을 일반 선택 과목으로 전환하고 SW 중심으로 내용 개편

초등학교의 경우 소프트웨어 관련 교과(실과) 내용을 정보 기초 소양 교육 내용으로 개편하였는데, 이는 기존 ICT 활용 중심의 정보 단원을 소프트웨어 기초 소양 중심의 대단원으로 구성하여 17시간 이상 확보하고, 저작권 보호 내용 등 정보윤리 내용을 포함하였다. 중학교의 경우 '과학/기술·가정' 교과군을 '과학/기술·가정/정보' 교과군으로 개편하고, 과학/기술·가정/정보 교과군 시간 배당 기준 34시간을 증배(대신 선택 교과 34시간 감축)하여 정규 교과로 편재하였다. 고등학교의 경우에는 심화 선택으로 분류되었던 정보 과목을 일반 선택 과목으로 전환하고 소프트웨어 중심으로 개편하였다.

표 10 | 개정된 정보 교과 시수

2009 개정 교육과정		2015 개정 교육과정(안)	
구분	1~3학년	구분	1~3학년
과학/기술 · 가정	646	과학/기술 · 가정/정보	680
선택	204	선택	170

주: 선택 교과의 정보 과목을 SW 중심으로 개편하고 '과학/기술 · 가정/정보' 교과군에 필수 과목으로 포함 (34시간)

교육과정 개편에 따른 학교급별 소프트웨어 교육 모형도 제시하였다. 교육 모형에는 학교급별 교육 목표, 교과 내용, 창의적 체험 활동과 관련한 내용이 제시되어 있으며, 그 내용은 〈표 11〉과 같다.

표 11 | 학교급별 소프트웨어 교육 모형

구분	초등학교	중학교	고등학교
교육 목표	• SW 소양 교육 • SW 툴 활용한 코딩 이해	• SW 소양 교육 • 프로그램 제작 능력 함양	창의적 산출물 제작 및 대학 진로 연계 학습
교과 내용	• 놀이 중심 활동 • SW 툴 활용	• 문제 해결 프로젝트 학습 • 논리적 문제 해결력 학습	• 프로그램 제작 심화 • 프로그래밍 언어 학습
창의적 체험 활동	논리적 사고 체험 활동 (SW 코딩 활동)	컴퓨터 프로그램 제작 (SW 개발 활동)	컴퓨터 시스템 융합 활동 (SW 융합 체험)

소프트웨어 교육 활성화를 위한 지원 체제도 구축하였다. 소프트웨어 교육 운영 지침을 개발 · 보급하여 초등학교에서는 2015년부터 희망 학교에서 소프트웨어 교육이 가능하도록 지원하였고, 중학교에서는 2015년 신입생부터 소프트웨어 교육을 필수 이수할 수 있도록 하였다. 2015년에는 전국 68개 연구 학교를 지정하여 운영하였다.

2016년에는 900여 개의 선도 학교와 연구 학교를 운영하고, 2017년에는 2,000여 개의 학교로 확대하여 적용하는 계획을 발표하였다.

또한 정보보호 영재 교육원을 신설(2014년 9월)하여 전국 4개 권역의 대학 부설에서 운영하고, 사이버 영재 교육 프로그램을 개발·도입하여 시·도별 영재 교육 기관을 개편하였다. 소프트웨어 마이스터 고등학교도 신설하여 운영하고 있다.

초·중등학교의 소프트웨어 교육을 더욱 활성화하고 고등 교육과의 연계를 추진하기 위해 정부에서는 2015년부터 소프트웨어 중심 대학을 선정하고 향후 대학 입시에 소프트웨어 특기자 선발 방법을 반영하여 소프트웨어 인재들을 양성하기 위한 다양한 정책을 시행하고 있다.

appendix 2 | 다른 나라의
소프트웨어 교육 정책

다른 나라의 컴퓨터 교육과 관련된 교육과정의 변화를 살펴보면, 컴퓨터 활용 교육에서 컴퓨터 과학 교육으로, ICT 활용 교육에서 ICT 소양 교육으로, 소프트웨어 활용 교육에서 소프트웨어 개발 교육으로, 정보기술의 전문 지식과 기능 습득에서 사고력을 중심으로 하는 CT 교육으로 변하고 있다. 컴퓨터 교육 관련 교과 또한 선택 교과에서 필수 교과로, 보조 교과에서 필수 도구 교과로, 고등 직업 교육에서 초·중등 교육으로 바뀌고 있다. 여기에서는 영국의 도전적 컴퓨팅 교육에 대한 내용과 함께 선진국에서 시도하고 있는 코딩 교육과 프로그래밍 교육을 중심으로 컴퓨팅의 기본 능력을 체계적으로 향상시키는 다른 나라의 소프트웨어 교육 사례를 살펴본다.

영국의 소프트웨어 교육 사례

영국에서는 2014년 9월에 '컴퓨팅Computing' 과목을 포함한 새로운 국가 교육과정 개편을 발표하였다. 컴퓨팅 과목은 기존의 ICT 활용 교육을 대체하며 5~16세에 이르는 모든 초·중등 학생들이 코딩을 포함한 컴퓨터 과학을 필수로 배우는 필수 교과목으로 운영되고 있다.

영국의 교육과정 및 편제

2014년부터 시행하고 있는 영국의 개정 국가 교육과정은 〈표 1〉과 같이 필수 교과와 기초 교과로 구분되는데, 그중 컴퓨팅 과목을 기초 교과목으로 포함하고 있다. 특징은 기초 교과에 포함된 컴퓨팅 교과와 체육 교과가 다른 기초 교과와는 다르게 필수 교과처럼 모든 Key Stage 1~4에 편성되어 모든 학생들이 초등학교부터 중등학교에 걸쳐

표 1 │ 영국의 국가 교육과정

구분		Key Stage 1	Key Stage 2	Key Stage 3	Key Stage 4
나이		5~7	7~11	11~14	14~16
학년		1~2	3~6	7~9	10~11
필수 교과	영어(English)	⊙	⊙	⊙	⊙
	수학(Mathematics)	⊙	⊙	⊙	⊙
	과학(Science)	⊙	⊙	⊙	⊙
기초 교과	예술과 디자인(Art and Design)	◎	◎	◎	
	시민성(Citizenship)			◎	◎
	컴퓨팅(Computing)	◎	◎	◎	◎
	디자인과 기술(Design and Technology)	◎	◎	◎	
	언어(Languages)		◎	◎	
	지리(Geography)	◎	◎	◎	
	역사(History)	◎	◎	◎	
	음악(Music)	◎	◎	◎	
	체육(Physical education)	◎	◎	◎	◎

출처: https://www.gov.uk/national-curriculum

11년 동안 컴퓨팅 교과를 학습하도록 되어 있다.

이처럼 영국의 교육과정에서 컴퓨팅 교과의 위치는 기초 교과에 위치하고 있지만 체육 교과와 함께 1학년부터 11학년까지의 전 과정에서 필수적으로 배우게 함으로써 다른 기초 교과들과는 달리 핵심 교과인 영어, 수학, 과학에 준하는 교과로서의 역할을 하고 있다.

영국에서 컴퓨팅 교과를 유치원부터 고등학교까지 모든 단계에 넣은 이유는 디지털 중심 사회 정책과 미래 사회에서의 필요성, 직업적 요구 등을 적시에 반영하기 위해서이다. 컴퓨팅 교육에 국가의 경쟁력을 넘어 국가 존속을 건 영국 정부의 강력한 의지를 볼 수 있다.

영국 교육과정의 특징 중의 하나는 디자인 영역이 교과에서 두드러지게 나타나고 있다는 점이다. 미술 영역의 디자인과 기술 영역의 디자인 그리고 컴퓨팅 교육과정 내에서의 디자인 사고 부분이 강조된 것을 볼 수 있다. 일상생활 속에서 삶을 설계하고 미리 그려보는 폭넓은 사고력과 확산적 사고, 깊은 성찰을 고려한 디자인 사고의 중요성을 찾아볼 수 있다. 이 책에서 중요하게 다루는 창의컴퓨팅에서의 디자인 사고 역시 이러한 영국 교육과정의 내용과 일맥상통하는 부분이다.

컴퓨팅 교과 목표

영국 컴퓨팅 교과에서 모든 학생들에게 기대하는 목표는 다음과 같다.

- 추상화abstraction, 논리logic, 알고리즘algorithm, 자료의 표현data representation이 포함된 컴퓨터 과학의 기본 원리와 개념을 이해하고 적용할 수 있다.
- 컴퓨팅적 표현 방식으로 문제를 분석하고 이러한 문제를 해결하기 위해 컴퓨터 프로그램을 기술하는 실제적 경험을 반복해본다.
- 분석적으로 문제를 해결하고 새롭거나 친숙하지 않은 기술을 포함한 정보기술을 평가하고 응용할 수 있다.
- 정보와 통신 기술에 대하여 책임감을 갖고 창의적이며 자신감 있는 숙련된 사용자들이 된다.

이러한 교과 목표는 우리나라 2007 교육과정에서 제시된 정보 교육과정의 목표와 유사하다. 한 가지 큰 차이라면 초·중등 교과에서 적용될 시수의 차이인데 영국의 컴퓨팅 교과는 교육 목표에 도달할 수 있는 시수가 충분하다는 것이다. 시수가 적은 우리나라의 정보 교육과 소프트웨어 교육의 이상적인 목표보다 실질적인 목표로서 제시되어 있는 점에 컴퓨팅 교과의 역할이 주목된다.

컴퓨팅 교과 내용

영국 컴퓨팅 과목의 단계별 교육 내용은 〈표 2〉와 같다.

표 2 | 영국 국가 교육과정에서 제시한 컴퓨팅 교육과정 내용

단계	내용
Key Stage 1 5~7세 (1~2학년)	• 알고리즘의 이해 • 간단한 프로그램의 작성 및 디버깅 • 간단한 프로그램의 동작을 예상하기 위한 논리적 추론 • 디지털 콘텐츠의 생성, 조직, 저장, 조작, 검색을 위한 기술의 활용 • 학교 밖의 일반적인 정보기술 활용에 대한 이해 • 사생활 보호를 위한 안전하고 책임 있는 기술의 활용
Key Stage 2 7~11세 (3~6학년)	• 특정 목표 달성을 위한 설계–코딩–수정 능력 이해 • 순차, 선택, 반복의 활용, 변수와 다양한 입출력 • 단순 알고리즘의 동작을 설명하기 위하여 논리적 추론의 사용, 알고리즘 에러 검출과 수정 • 컴퓨터 네트워크의 이해, 서비스 제공 방법의 이해 • 검색 기술의 활용 • 데이터와 정보의 수집, 분석, 평가, 제시 등을 포함한 목표 성취를 위한 프로그램, 시스템, 콘텐츠의 설계와 생성을 위한 디바이스에서 다양한 소프트웨어의 선택, 활용, 결합 능력 • 사생활을 위한 안전하고 책임 있는 기술의 활용
Key Stage 3 11~14세 (7~9학년)	• 컴퓨터 과학적인 추상화(computational abstraction)를 설계, 활용, 평가 • CT를 반영한 주요 핵심 알고리즘을 이해, 동일 문제에 대한 알고리즘들의 유용성 비교 • 2개 이상의 프로그래밍 언어를 활용, 적절한 자료구조의 사용, 함수를 사용하는 모듈 프로그램을 설계 및 개발 • 단순 불 논리의 이해, 수의 표현, 2진수의 단순 계산 • 하드웨어 및 소프트웨어의 이해 • 명령의 저장 및 실행 방법의 이해 • 복수개의 응용프로그램을 선택, 활용, 융합한 창의적 프로젝트의 실행 • 디지털 산출물의 생성, 재사용, 변경 • 사생활을 보호하기 위하여 안전하고 책임감 있게 기술을 사용하는 다양한 방법의 이해
Key Stage 4 14~16세 (10~11학년)	• 모든 학생들에게 상급학교 진학이나 전문 경력으로 나아갈 수 있도록 컴퓨터 과학과 정보기술을 습득할 수 있는 기회 제공 • 컴퓨터 과학, 디지털 미디어, 정보기술에 대한 역량, 창의성, 지식의 개발 • 학생들의 분석적 문제 해결, 설계, CT 역량을 개발하고 적용 • 온라인 프라이버시를 보호하기 위한 새로운 방법을 포함하여 안전에 영향을 미치는 기술의 변화 이해

출처: 김홍래 · 이승진, "외국의 정보(컴퓨터) 교육과정 현황 분석", 한국교육학술정보원, 2013.

미국의 소프트웨어 교육 사례

CSTA 교육과정

　미국의 컴퓨터 과학 교사를 위한 협회Computer Science Teachers Association, CSTA에서 발표한 CSTA K-12 컴퓨터 과학 교육과정을 살펴보면, 총 3수준level으로 되어 있으며 5개 영역의 목표를 달성하기 위해 표준화된 자료를 제시하고 있다. 각 수준은 [그림 1]과 같이 총 다섯 개의 영역strands으로 구성되어 있다.

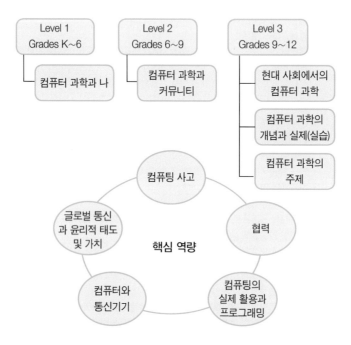

그림 1 | CSTA K-12 컴퓨터 과학 교육과정과 핵심 역량

출처: http://www.csta.acm.org/Curriculum/sub/CurrFiles/CSTA_K-12_CSS.pdf

5개의 핵심 역량 영역은 컴퓨팅 사고력, 컴퓨터와 통신기기의 지식 이해, 컴퓨팅의 실제 활용과 프로그래밍 능력, 협력 프로젝트, 윤리적 이슈로 구분되어 있다. 기반이 되는 컴퓨터 과학 지식, 절차적 사고와 알고리즘, 컴퓨팅 사고력, 타인과의 협력, 윤리적 태도와 가치를 고르게 신장시키도록 구성되었다. 교육과정의 각 수준별 내용은 〈표 3〉과 같다.

표 3 │ CSTA에서 제시한 컴퓨터 과학 단계별 교육과정 내용

단계	내용
Level 1 (K~6학년) 컴퓨터 과학과 나	• CT와 관련된 간단한 개념에 적용되는 기초적인 기술들을 통합함으로써 컴퓨터 과학의 기본적인 개념 소개 • 학습 과정 중에 형성된 학습 경험들은 학생들에게 컴퓨팅이 삶의 중요한 부분임을 인식 • 능동적인 학습과 창작, 탐구에 초점을 맞추어 설계되어야 하며, 사회과학과 언어, 수학, 과학과 같은 다른 교과 영역 내에 포함
Level 2 (6~9학년) 컴퓨터 과학과 커뮤니티	• 문제 해결 도구로서 CT를 활용하기 시작하며 컴퓨팅이 도처에 사용되고 있다는 것과 컴퓨터 과학이 의사소통과 협업을 용이하게 한다는 사실을 인식하고 자신과 관련된 문제뿐 아니라 자신을 둘러싼 삶 전체와 관련된 문제를 해결하는 수단으로서 CT를 경험하기 시작 • 이 과정에서 형성된 학습 경험은 학생과 연관되어야 하고, 주도적 권한을 가진 문제 해결자로서 자신을 인식 • 능동적인 학습과 탐구에 초점을 맞추어 설계되어야 하고, 순수한 컴퓨터 과학 과정 내에서 가르치거나 사회과학, 언어, 수학, 과학과 같은 다른 교과과정 영역에 포함
Level 3 (9~12학년) 실세계 응용 및 문제 해결	• 더 높은 수준의 컴퓨터 과학 개념을 익히고 이러한 개념을 가상과 실제 제품을 개발하는 데 적용 • 이 학습 경험은 실생활에서의 문제들을 탐구하고 그 해결 방안을 만들어 내는 데 있어 CT를 적용하는 데 초점 • 협력 학습과 프로젝트 관리, 효과적인 의사소통에 초점을 맞추어 설계하되 3개 주제로 구성 　-9~10학년 권장: 현대사회와 컴퓨터 과학 　-10~11학년 권장: 컴퓨터 과학의 개념과 실제 　-11~12학년 권장: 컴퓨터 과학의 지식

창의컴퓨팅

미국의 컴퓨터 교육의 방향은 컴퓨터 과학을 기반으로 하여 프로그래밍을 중심으로 하는 전통적인 방식과 함께 새로운 방식이 제시되고 있다. MIT를 비롯한 다양한 연구기관과 대학에서 실용주의적 산출과 그에 따른 사고력을 중시하는 방향으로 컴퓨팅을 교육에 적용하고 있다. 대표적인 것이 MIT 미디어랩과 하버드대학교의 스크래치 팀에 의해 주도되고 있는 창의컴퓨팅Creative Computing 교육이다. 전통적인 프로그래밍 교육을 목표로 하는 대신 다음과 같은 목표를 제시하고 있다.

- 절차적 프로그래밍을 익히면서 정보과학적 창의성의 개념을 이해한다.
- 자신만의 정보과학적 창의성의 가능성을 상상할 수 있다.
- 정보과학적 창의성을 지원하는 자원들과 친숙해질 수 있다.
- 구체적으로 온라인 스크래치 계정 만들기, 스크래치 스튜디오 탐색하기, 디자인 저널 만들기, 평가 집단 조직하기 등을 통해 창의적인 컴퓨팅 프로젝트를 준비할 수 있다.

인도의 소프트웨어 교육 사례

인도의 CMC

인도는 컴퓨터를 정규 과목으로 가르친 지 10여 년 정도 되었다. 2013년 이전에는 컴퓨터 교과가 9학년부터 12학년까지만 정규 교과로 편성되어 있고 초·중등 학생들은 일정한 교육과정 없이 학교별로 자체적인 교육을 하였다. 체계화된 컴퓨터 교육과정의 필요성을 인식한 인도 정부는 2007년부터 3차례에 걸친 교육과정 작업을 통해 2013년에 K-12를 위한 컴퓨터 과학 교육과정 모델A Curriculum Model for K-12 Computer Science, CMC을 발표하였다. 이 모델은 지넷 윙과 CSTA에서 제시한 CT와 유사한 사고력 향상을 위한 목표를 포함하고 있다. 사고과정기술Thinking Process Skill이라고 명명하여 컴퓨터 과학이나 프로그래밍 기술만을 가르치는 범위에서 확장된 목표를 제시하고 있다(Indian Institute of Technology Bombay, 2013).

CMC에서 강조하고 있는 교육 철학

인도의 컴퓨터 과학 교육의 기본 철학은 다음과 같다.

첫째, 컴퓨터 리터러시literacy가 아니라 컴퓨터 유창성fluency을 기른다. 컴퓨터 리터러시는 컴퓨터에 대한 지식을 가지고 컴퓨터와 정보를 얼마나 효율적으로 사용하는지에 대한 능력이라고 한다면, 컴퓨터 유창성은 필요한 곳에서 어떠한 방식으로 정보기술을 효과적으로 사용할 것인지를 잘 이해하는 것을 말한다. 다시 말해, 단순한 컴퓨터 지식을 갖추는 것이 아니라 디지털 세계에서 어떻게 적응하여 살아갈지를 알려주는 교육이다.

둘째, 교육 내용의 전문성과 기술 습득이 아니라 고도의 사고력을 신장시키는 역량을 기른다. 컴퓨터 과학의 교육 내용과 기능을 숙달하는 것도 분명 중요하지만, 컴퓨터 과학자들의 사고 과정을 경험해 봄으로써 정보기술 전문가들이 사용하는 인지적인 과정을 향상시키고자 하였다. 이를 통해 복잡한 현실의 문제를 이해하고 문제 해결을 위한 탐구 과정과 집단 지성의 효율성을 안내하도록 구성되어 있다.

셋째, 독립적이고 단편적인 교과나 학습 주제가 아니라 다양한 분야의 교과 개념과 현실 세계의 다양한 지식의 연결에 대하여 강조한다. 하나의 영역이나 주제를 이해하는 것도 중요하지만, 융합적으로 연계되어 있는 다양한 주제와 생각을 재구성하는 과정은 더욱 전문가적인 지식 구조를 형성해준다. 주제 융합과 나선형 교육과정의 형태로 교육과정을 구성하고 있다.

CMC의 교육과정

인도의 CMC 교육과정은 크게 5가지 영역으로 구분되며 우리나라의 정보통신기술 교육(ICT 소양 및 활용 교육)의 교육과정과 유사하나. 하지만 프로그래밍을 통한 사고 과정 스킬이 포함되어 있어 큰 차이가 있다. 즉, ICT 활용의 풍부한 경험을 통하여 컴퓨터 과학의 필요성과 개념을 이해하고 문제를 해결하는 데 프로그래밍 능력을 신장시키도록 구성되어 있다. 그 세부적인 내용은 다음과 같다.

- 컴퓨터 친해지기: 기본적인 컴퓨터 다루기
- 컴퓨터 활용: OA를 활용하여 컴퓨터를 유창하게 다루기
- 사고 과정 스킬: 컴퓨팅을 이용한 절차적 사고와 추론, 문제 해결, 정보 수집, 확산적 사고 신장시키기
- 컴퓨터 프로그래밍: 프로그래밍을 통한 알고리즘적 사고 신장, 의사 코드 작성, 프로그래밍 기술의 전문성 신장
- 사회적 이슈-보안과 윤리: 정보화 기술에 따른 윤리적 문제와 보안 능력 신장, 지적재산권, 저작권에 대한 이해와 올바른 사용 태도

이스라엘의 소프트웨어 교육 사례

이스라엘은 세계 최초로 초·중등 컴퓨터 과학 교육을 도입하여 일반 과학 교과에 통합하여 교육하고 있다. 1992년에 구성된 과학-수학 기술 위원회를 통해 미래의 필수 역량으로 컴퓨터 과학을 제시하고 그 결과를 'Tomorrow 98' 보고서로 발표하였다.

최근 이스라엘의 초등학교에서는 로보틱스를 활용한 프로그래밍 교육이 이루어지고 있으며, 중학교에서 HTML5, 스크래치, 로보틱스를 가르치고 있다. 중학교 과학 기

술 교육 내에 컴퓨터 과학 교육과정을 포함시켜 컴퓨팅 사고를 신장시키기 위해 교육 초기 단계에서 학생들에게 컴퓨터 과학을 경험시키고 있다. 또한 미래 직업적 소양을 키울 수 있도록 컴퓨터 과학으로 전공을 고민하는 학생들의 진로와 연계되도록 구성하였다. 기본적으로 CT를 강조하고 프로그래밍에서 사용되는 절차적 알고리즘—기초 문법과 조건문, 반복, 호출문, 변수 등—을 이해하고 코딩 기능을 이해하는 데 집중하도록

표 4 │ 이스라엘 컴퓨터 과학 내용(고등학교)

단원	컴퓨터 과학의 교수 요목		시간(h)
	핵심 내용	세부 내용	
1단원	컴퓨터 과학의 기초	• 컴퓨터 과학 소개 • 기본 개념: 클래스, 변수, 입출력, 함수, 메소드 • 조건문: 불대수, 논리연산자, If문 • 반복문: For문, While문, 필터링, 문서화	90
2단원	객체지향 언어의 기초	• 순차 자료구조: 배열, 검색, 정렬 • 객체지향 언어: 객체, 속성, 생산자, 캡슐화, 인터페이스	90
3단원	실험실	• 웹프로그래밍 환경: CS 환경, DB 서버, 보안 • 컴퓨터 구조와 기계어: 구조, 2진수, 어셈블리어, 인터럽트 • 정보시스템과 DB: 모델링, 테이블, 키, SQL	90
4단원	자료구조와 비판적 사고	• 재귀: 재귀형, 정의, 트레킹, 콜 • 복잡성: 런타임 분석 • 스택: LIFO, 일반형, ADT • 큐: FIFO • 연결 리스트: 노드, 리스트, 참조, 메모리 할당 • 자료구조 구현: 추상 자료형, 스택과 큐 구현 • 2진 트리: 2진 트리 개념, 노드, 탐색, 검색	90
5단원	고급 프로그래밍	• 컴퓨터 시스템과 어셈블리: 8086 CPU, 레지스터 • 성능 분석 소개: 최적화, 알고리즘, 그래프 • 전산적 모델: 퍼즐, 오토마타, 튜링 기계 • 객체지향 언어: Java, C#, 유전, 상속, UML, 설계	90

하고 있다.

고등학교에서는 선택 과목으로 편성되어 컴퓨터 과학과 소프트웨어 공학 과정을 통해 프로그래밍 교육을 한다. 프로그래밍 기본 과정인 '컴퓨터 과학'은 전체 학생 중 10~15% 정도의 학생들이 선택하고 있으며 주요 내용은 〈표 4〉와 같다(정영식, 2014).

에스토니아의 소프트웨어 교육 사례

에스토니아는 인구 약 132만 명의 작은 국가이지만 이스토니아e-stonia라 불릴 정도로 정보화가 잘된 나라 중 하나로 꼽힌다. 에스토니아는 교육 분야에서 ICT를 필수적인 교육 및 학습 환경으로 보고, 1996년 시작한 타이거 립 재단Tiger Leap Foundation을 필두로 에스토니아의 교육 정보화를 이끌어 왔다. 또한 아이들이 정보화된 사회 환경에 적응하고 혁신에 유연하게 대처하기 위해 범교과 주제로서 '정보 환경information environment'과 '기술과 혁신technology and innovation'을 교육과정에 포함시켰다.

따라서 교과목에 관계없이 모든 과목에서 ICT 활용을 통한 교육을 권장하고 있다. 에스토니아의 정보 교과는 2011년 개정 교과과정에서 독립 교과로서 Basic education의 선택 과목과 Upper secondary education의 과학군의 선택 과목으로 배정되어 있다(에스토니아 교육 연구부, 2011).

에스토니아의 정보 교육은 타이거 립 재단에서 2012년 1월에 시작한 프로게 티게르Proge Tiiger(의미: 프로그래밍 호랑이programming tiger)라는 프로젝트로 유명해지기 시작했다. 이 프로젝트는 초등학교 1학년부터의 프로그래밍 교육과 초등학교 1학년부터 고등학생까지 학생들의 수준에 맞는 교육 내용 개발 및 교사 연수와 교수 자료 제작 및 배포 등의 일이다.

정보 교과 내용

에스토니아의 정보 교육은 크게 국가 교육과정과 정규 교과 외 활동으로 구분해볼 수 있다. 국가 교육과정 관점에서는 〈표 5〉와 같이 기초 교육과 상위 중등 교육에서 선택 교과로서의 정보 관련 교과를 개별 학교가 선택할 수 있으며, 범 교과 주제로서 정보와 관련된 내용을 다른 교과와 융합하여 가르칠 수 있다.

선택 과목인 정보학은 컴퓨터 공학적인 내용을 가르치는 것이 아니라 학생들이 컴퓨터와 인터넷의 사용자로서 일상에서 필요로 하는 소양 내용을 가르치는 것을 목표로 하고 있다. 1단계에서는 독립된 과목 없이 다른 과목과 통합하여 가르치다가, 2단계에서는 '컴퓨터로 일하기', 3단계에서는 '정보사회기술'이라는 주제로 가르친다. 주된 내용은 워드프로세싱, 스프레드시트, 프레젠테이션, OS 다루기, 인터넷에서 정보 찾기 및 비판적 분석, 컴퓨터 사용과 건강, 가상세계의 ID, 이미지, 비디오 클립, 음성, 보안, 학습 환경(블로그, 인터넷 커뮤니티, 위키), IPR, 에스토니아 이스테이트e-state와 이서비스e-services에 대한 이해 및 활용으로 구성되어 있다.

'프로그래밍 기초와 응용 소프트웨어 개발'이라는 상당히 긴 이름의 교과는 다음의

표 5 | 에스토니아의 정보 교육

구분	수준	형태	과목명/프로젝트명	비고
국가 교육 과정	기초 학교	단독 교과	정보학	선택
	고등학교	단독 교과	프로그래밍 기초와 응용 소프트웨어 개발	선택 (자연과학군)
	기초 학교 & 고등학교	융합 교과	기술과 혁신	
정규 교과 외	전체	단독	프로게 티게르	–
	전체	융합	프로게 티게르 (프로그래밍 호랑이)	–

내용을 포함하고 있다.

- 창의적 · 논리적 · 분석적 · 알고리즘적 사고 방식을 개발하고 문제와 문제 해결을 위해 체계적으로 토론한다.
- 프로그램에 의해 관리되는 시스템의 원리와 정보 처리의 주요 과정을 인식 및 경험한다.
- 애플리케이션과 프로그램을 만드는 도구의 사용과 방법을 익힌다.
- 프로그램과 알고리즘을 짜고 문제를 해결하는 기본적 기술을 습득한다.
- 객체지향 모델링, 분석, 디자인의 원리를 이해한다.
- 객체, 데이터의 원리와 알고리즘과 프로그램에서 이들의 특성이 미치는 영향을 안다.
- 알고리즘, 프로그래밍의 주요 개념과 프로그래밍을 위한 기술(계획, 컴파일, 테스트 등)을 습득한다.

또한 스크래치의 사용을 권장하며 앨리스, 스몰 베이직, 비주얼 베이직, 파이썬 등을 학교에 따라 추가적으로 사용할 수 있다.

프로게 티게르

프로게 티게르는 단순히 컴퓨터 소프트웨어를 활용하고 잘 다루는 정보기술 활용 교육으로 머물러서는 안 된다는 의지를 기반으로 시작하였다. 점점 더 많은 기술이 빠르게 학생들의 삶에 침투하고 있으며, 이러한 기술들의 원칙을 이해해야만 더 잘 대처할 수 있게 된다. 이 원리를 이해하기 위해서는 프로그래밍과 더불어 일반적 기술과 컴퓨터 과학의 지식을 보편적으로 이해할 수 있어야 한다는 것이다. 프로게 티게르의 목표는 다음과 같다(HITSA, n.d).

첫째, 학생들의 논리적 사고, 창의성, 수학적 역량 등을 개발한다.

둘째, 프로그램이 매우 흥미롭고 누구든지 할 수 있다는 것을 보여준다.

셋째, 실습practical activity을 통해 프로그래밍의 기본을 가르친다.

넷째, 각 다른 연령에 적합한 프로그래밍 언어를 사용하도록 가르친다.

아시아의 소프트웨어 교육 사례

아시아의 소프트웨어 교육 사례로 일본과 중국의 교육을 살펴본다(김현철, 2015).

일본은 초등 교과를 제외한 중등 정규 교과 중에서 중학교 55시간, 고등학교 70시간을 정보 교과 필수로 이수하고 있다. 2010년 기술·가정과 정보를 통합하고 175시간 중 의무적으로 1학년 20시간, 2학년 18시간, 3학년 17시간을 배정하여 가르치도록 하고 있다. 고등학교는 정보 교과를 독립 필수 교과군으로 정하여 '사회와 정보', '정보과학'의 2과목 중 하나를 선택하여 가르치도록 하고 있다. 이것은 산업 경쟁의 기반을 IT와 소프트웨어에 두고, 미래 인재의 역량으로 디지털 소양 기술을 보고 있으며 지속적인 교육을 강조하고 있다.

중국은 정보 교육을 필수 교육과정인 '종합 실천 활동'에 한 과목으로 포함하고 있다. '종합 실천 활동'은 국가가 지정한 필수 교과이지만, 구체적인 내용은 지역과 학교가 교육부의 관련 요구에 근거하여 자율적으로 개발하도록 하여 지역의 특성에 따른 다양한 수업 방식을 전개하고 있다. 베이징 시 '종합 실천 활동' 시수 중 초등 3~6학년까지 정보기술을 70시간 가르치도록 하고 있다. 중학교에서도 70시간, 고등학교에서는 기술 교과에 포함하여 정보기술을 72시간 이수하도록 하고 있다. 고등학교 정보기술 교육과정은 알고리즘과 프로그래밍, 멀티미디어 응용 기술, 네트워크 기술 응용, 데이터 관리 기술, 인공지능으로 구분하여 편재하였다.

국내 · 외 소프트웨어 교육 분석 내용의 시사점

국내 · 외 컴퓨터 과학 관련 교육의 동향 분석을 통해 각각의 주요 시사점들을 종합한 후 소프트웨어 교육의 이해와 관련된 영역을 연관 지어 보면 〈표 6〉과 같다.

표에 따르면, 소프트웨어 교육의 성격은 컴퓨터 과학 및 관련된 사고 과정에 대한 이해의 바탕 위에 실제적인 컴퓨팅 연습과 프로그래밍 툴 등의 활용을 통해 실제 문제 상황을 해결할 수 있는 창의적인 정보통신기술 사용자를 양성하기 위한 교육이라고 규정할 수 있다. 이를 위해 어린 시기(유치원 및 초등학생)부터 소프트웨어 교육을 실시할 필요가 있다. 또한 실생활 중심의 소재를 활용한 컴퓨팅 원리의 탐구와 창의적 적용 및 사고력 훈련 등에 관련된 교육 내용을 구성하고, 언플러그드 및 온라인 학습, 방과 후 학습, 캠프 등의 다양한 형태로 보다 넓은 범위의 학습자들을 대상으로 교육을 적용할 수 있어야 한다. 아울러 학생들을 대상으로 한 일반적인 교육뿐만 아니라 소프트웨어와 관련된 진로 멘토링이나 교사 연수 등의 입체적인 구조로 소프트웨어 교육의 체계를 구축할 때, 일회성 또는 이벤트성의 형태가 아닌 지속 가능한 형태로 보편적 가치를 지닌 교육으로 의의를 가질 수 있을 것이다.

표 6 | 국내 · 외 동향 분석을 통한 소프트웨어 교육의 시사점

구분	주요 시사점	대상 시기
CSTA K-12 컴퓨터 과학 기준안	컴퓨터 과학의 핵심 원리로서 컴퓨팅 사고(CT)에 대한 이해의 바탕 위에 실제적인 컴퓨팅 연습과 프로그래밍 툴의 활용 등이 이루어져야 함	K-12
영국 컴퓨팅 교육과정	컴퓨터 과학적인 원리의 이해와 논리적 추론 능력, 분석적 사고력, 컴퓨팅 사고(CT) 등을 바탕으로 한 실제 문제 상황을 해결할 수 있는 창의적인 정보 통신기술 사용자를 양성해야 함	만 5~16세
Code.org	언플러그드 학습과 온라인 학습이 결합된 형태의 수업 형태로서 지역을 초월한 파급 효과 있었음	만 5~15세
	어린 나이 때부터 컴퓨터 과학과 컴퓨팅 사고 등을 훈련했을 때, 다양한 분야에 걸친 진로에 대한 적용 및 실현 가능성이 높아질 수 있음에 주목했고 학생들에게 이러한 원리를 학습하고 새로운 활동들이나 프로그램들을 개발하면서 꿈을 키워갈 수 있도록 하였음	
국내 IT 관련 기업	방과후 교실뿐만 아니라 캠프와 진로 멘토링, 교사 연수까지 입체적인 프로그램 운영을 통한 소프트웨어 교육 모델 제공	만 9세

참고문헌

고영님 · 김종우, "Computational Thinking을 통해서 초등 교육 바라보기", 한국정보처리학회 2011년도 제35회 춘계학술발표대회 논문집, 18(1), pp.1534~1537, 2011.

교육부 블로그, "미래의 교육은 어떤 모습일까?", 2015 세계교육포럼(http://if-blog.tistory.com)

교육부, "2015 개정 교육과정 시안", 교육부 공청회 발표 자료, 2014.

교육부, "초 · 중등학교 교육과정 총론 및 각론 교육과정", 교육부 고시 제2015-74호, 2015.

교육부, "소프트웨어 교육 운영 지침", 2015.

권정인, "Computational Thinking 기반의 교수-학습이 학습자의 창의적 문제 해결에 미치는 효과성 연구", 성균관대학교 박사학위논문, 2014.

김수환, "Computational Literacy 교육을 통한 문제해결력 향상에 관한 연구", 고려대학교 대학원 박사학위 논문, 2011.

김수환 · 이원규 · 김현철, "개정된 정보교육과정에서 교육용 프로그래밍언어의 교육적 적용방안", 한국컴퓨터교육학회, 12(2), pp.23~31, 2009.

김수환 · 한선관 · 김현철, "프로그래밍 과정에서 나타나는 초보학습자들의 행동 및 사고과정 분석", 컴퓨터교육학회, 14(1), pp.13~21, 2011.

김수환 · 한희섭 · 한선관 · 김현철, "Computational Literacy 교육에서 다중지능전략 교육방법의 효과", 컴퓨터교육학회, 14(6), pp.11~18, 2011.

김수환 · 한선관, "스크래치데이 참여 학생들의 소프트웨어 교육에 대한 인식 연구", 정보교육학회논문지, 18(4), pp.461~470, 2014.

김익환, 《글로벌 소프트웨어를 말하다-지혜》, 한빛미디어, 서울, 2014.

김진형, "소프트웨어 중심 사회로의 변화", 한국정보교육학회 워크숍 발표 자료, pp.3~30, 2014.

김현철, "외국의 소프트웨어 교육 사례와 시사점", 교육개발 웹진, 2015(http://www.kedi.re.kr/2015/summer/mobile/m_world_02.jsp)

김홍래 · 이승진, "외국의 정보(컴퓨터) 교육과정 현황 분석", 한국교육학술정보원 이슈리포트 RM 2013−17, 2013.

네이버 매거진 캐스트, "세상을 바꿀 마법, 3D 프린터", 2013(http://navercast.naver.com/contents.nhn?contents_id=7248&category_type=series)

도시 IN JSB 웹진, "지능형교통체계(ITS)", 2011(http://www.jsbce.co.kr/webzine/webzine_sub.asp?wdate=2011112&id_webzine=34)

류미영 · 한선관, "초등 SW 교육을 위한 CT 교육 프로그램 개발", 정보교육학회논문지, 19(1), pp.11~20, 2015.

메이커 소개 영상, "A Documentary on the Maker Movement"(https://www.youtube.com/watch?v=mklywR7TQxs)

미래인재연구소, "창의컴퓨팅 소개", 창의컴퓨팅 이슈리포트 1호, 2015(http://computing.or.kr/wp−content/uploads/이슈리포트1호.pdf)

미래인재연구소, "창의컴퓨팅의 이모저모", 창의컴퓨팅 이슈리포트 2호, 2015(http://computing.or.kr/wp−content/uploads/이슈리포트2호.pdf)

미래인재연구소, "Computational Thinking 특집", 창의컴퓨팅 이슈리포트 3호, 2016(http://computing.or.kr/wp−content/uploads/이슈리포트3호.pdf)

박영숙, 제롬 글렌, 테드 고든, 《유엔미래보고서 2》, 교보문고, 서울, 2009.

블로터, "기술로 세상을 이롭게", MIT 플루이드인터페이스 그룹(http://www.bloter.net/archives/189653)

스마트정보문화포털, "한국정보올림피아드 기출문제, 시 · 도 예선 정보올림피아드 초등부 문제", 2008년~2012년(https://www.digitalculture.or.kr/koi/selectOlymPiadDissentList.do)

신수범 · 구진희, "교육용 프로그래밍 언어의 선택 기준 개발", 한국컴퓨터교육학회, 17(4), pp.13~21, 2014.

신승기 · 배영권, "인도의 초등학교 컴퓨터교육에 대한 분석 및 시사점", 정보교육학회논문지, 18(4), pp.585~594, 2014.

안상진 · 서영민 · 이영준, "계산적 사고에 내재된 추상화의 특성 연구", 한국컴퓨터교육학회 동계 학술발표논문지, 16(1), pp.43~46, 2012.

안성진, "초중등 컴퓨터 프로그래밍 교육과 논리적 사고력 향상과의 상관관계 연구", 정보통신산 업진흥원 연구 보고서, 2014.

안준별, "디자인 기반 학습을 활용한 초등 피지컬 컴퓨팅 교육 프로그램 개발", 경인교육대학교 교육전문대학원 석사학위논문, 2015.

염용철, "정보교과에서 텍스추얼 교육용 프로그래밍 언어를 이용한 프로그래밍 학습 환경", 고려 대학교 대학원 박사학위논문, 2008.

예병일의 경제노트, "레고교육과 구성주의 교육이론"(http://www.econote.co.kr/blog/view_post.asp?blogid=andy9615&post_seq_no=61321)

유승욱, "초 · 중등 정보교과 교육과정에 교육용 프로그래밍 언어의 적용", 고려대학교 대학원 박 사학위논문, 2008.

유진투자증권, "이젠 소프트웨어 산업에 투자하라", 2014 Insight Report(http://www.eugenefn.com/common/files/amail/20140915_B4530_jongsun.park_235.pdf)

이지선, "융합 교육을 위한 디자인 사고 발상 방법론 연구: 테크놀로지 교육 사례를 중심으로", 한 국디자인문화학회지, 19(2), pp.433~445, 2013.

이지연, "21세기 학습자의 핵심 역량과 우리 교육의 과제", 물리학과 첨단기술학술지, 22(4), pp.13~16, 2013.

인도 봄베이 기술원, "CMC 교육과정"(http://www.it.iitb.ac.in/~sri/papers/CMC-curriculum-03June2013.pdf)

정영식, "해외 초 · 중등 소프트웨어 교육의 현황, 컴퓨터교육 분과위원회 워크숍 자료", 4(1), pp.43~55, 2014.

정인기, "정보 교과의 문제 해결 주제의 성취 목표 및 교수-학습 방법에 관한 연구", 정보교육학 회논문지, 18(20, pp.243-254, 2014.

최상현, "게임 중독 완화를 위한 융합인재교육(STEAM) 프로그램 개발 및 적용", 경인교육대학교 교육전문대학원 석사학위논문, 2015.

최숙영, "21st Century Skills와 Computational Thinking 관점에서의 '정보'교육과정 분석", 컴퓨터 교육학회 논문지, 14(6), pp.19~30, 2011.

최태산·안재영, "가정의 심리적 환경과 대인관계기술이 청소년 인터넷 게임중독에 미치는 영향", 한국컴퓨터학회논문지, 23호, pp.131~140, 2010.

포브스지, "미래 유망 직업", U.S. 뉴스 앤 월드리포트(U.S. News & World Report), 2014.

한국과학창의재단, "Computational Thinking과 생명과학", 월간과학창의 2014년 2월호, pp.6~9, 2014.

한국과학창의재단, "초·중등 단계 Computational Thinking 도입을 위한 기초연구", 한국과학창의재단 연구보고서, 2014.

한국과학창의재단, "초·중등 소프트웨어 교육 강화를 위한 실천방안 기획 연구", 한국과학창의재단 연구보고서

한국교육과정평가원, "OECD PISA 2012 컴퓨터 기반 문제 해결력 평가 결과", 한국교육과정평가원 연구보고서 RRE 2014-4-2, 2014.

한선관, "융합인재교육(STEAM) 예비교원 양성 강좌 시범운영", 한국과학창의재단 2013-12 연구보고서, 2013.

한선관·김수환, "초등 소프트웨어 교과의 필요성에 대한 학부모의 인식", 한국정보교육학회지, 19(2), pp.187~196, 2015.

한선관·김수환·서정보, "스크래치 프로그래밍을 활용한 게임중독 치료 프로그램의 개발", 정보교육학회논문지, 14(1), pp.61~68, 2010.

한선관·한희섭·김영기,《정보 교육 방법의 실제》, 한국학술정보, 파주, 2007.

허희옥·임규연·서정희·김영애, "미래학교 지원을 위한 21세기 교수학습활동 개발 시리즈 1편 21세기 학습자 및 교수자 역량 모델링", 한국교육학술정보원 연구보고서 KR2011-2, 2011.

ACM, "Computing Curricula 2013"(https://www.acm.org/education/CS2013-final-report.pdf)

Alan Bundy, "Computational Thinking Is Pervasive", 2007(https://www.inf.ed.ac.uk/publications/
online/1245.pdf)

Alan Bundy, "One Essential Direction: Information Literacy, Information Technology Fluency",
Journal of eLiteracy, Vol. 1, pp.7~22, 2004.

Alexis C. Madrigal, "IBM's First 100 Years: A Heavily Illustrated Timeline", JUN 16, 2011.

Computer Science Teachers Association & International Society for Technology in Education,
"Computational Thinking Teacher Resources", 2011(https://csta.acm.org/Curriculum/sub/Cu
rrFiles/472.11CTTeacherResources_2ed-SP-vF.pdf)

CSTA, "CSTA K-12 Computer Science Standards", 2011(http://csta.acm.org/Curriculum/sub/
K12Standards.html)

David Barr, John Harrison, Leslie Conery, "Computational Thinking: A Digital Age Skill for
Everyone", ISTA(Learning & Leading with Technology) issue report, pp.20~21, 2011.

Don Tapscot, 《디지털 네이티브》, 비즈니스북스, 서울, 2009.

IDEO, 인간중심통합디자인연구실 번역, 《교육자를 위한 디자인 사고 툴킷》, 2011(https://www.
facebook.com/groups/HCIDLABS/files/)

Jeannette M. Wing, "Computational Thinking", Communication of the ACM, 49(3), pp33~35,
2006.

Jeannette M. Wing, "Computational Thinking and Thinking and Thinking about Computing",
Philosophical Transactions of the Royal Society, 366, pp.3717~3725, 2008.

Jonassen, D., Carr, C, "Mindtools: Affording Multiple Knowledge Representations for Learning",
In Computers as Cognitive Tools, Volume 2: No More Walls. Retrieved, 2000(http://web.
missouri.edu/jonassend/Mindtoolschapter.pdf)

Karen Brennan, Christan Balch, Michelle Chung, *Creative Computing Guide Book & Workbook*,
Harvard Graduate School of Education 2014

Karen Brennen, Christan Balch, Michelle Chung, 한선관 외 역,《스크래치와 함께하는 창의컴퓨팅 (Creative Computing) 가이드북 & 워크북》, 생능출판사, 파주, 2015.

KERIS, "ICT 리터러시 검사도구 개발 연구—초등학생용", KERIS 연구보고서 KR 2007—18, 2007.

LG 경제연구원 리포트, "전자금융이 쌓아 온 금융 아성 핀테크가 뒤흔든다", 2015(http://www.techforum.co.kr/bbs/board.php?bo_table=report&wr_id=2496)

Marc Lowel Andressen, "Why Software Is Eating the World", Wall Street Journal, 2011. 8. 20.

Micheal Resnick, "Distributed Constructionism, Proceedings of the International Conference on the Learning Sciences Association for the Advancement of Computing in Education Northwestern University", 1996(https://llk.media.mit.edu/papers/Distrib—Construc.html)

Tech M 커버스토리, "ROBOT 세상을 바꾸다"(http://m.technbeyond.co.kr/bbs/board.php?bo_table=article&wr_id=347)

Wing, J. M, "Computational Thinking; What and Why?", Carnegie Mellon University School of Computer Science. Link Magazine, pp.8~13, 2011.

Wolz, U., Hallberg, C., & Taylor, B, "Scrape: A Tool for Visualizing the Code of Scratch Programs", Poster presented at the 42nd ACM Technical Symposium on Computer Science Education, Dallas, TX, 2011.

참고 사이트

구글 Computational Thinking, https://www.google.com/edu/resources/programs/exploring-
    computational-thinking

구글 코드 스크래치 언플러그드 https://code.google.com/p/scratch-unplugged

국토교통과학기술진흥원 http://www.kaia.re.kr

그린풋 사이트 http://www.greenfoot.org/door

네이버(박문각), 시사상식사전 http://terms.naver.com

대한민국 온라인 SW 교육 사이트 http://koreasw.org

디스쿨 d-school http://dschool.stanford.edu

러플 XWMOOC http://rur-ple.xwmooc.net

러플 교육 사이트 http://rur-ple.sourceforge.net

립모션(Leap Motion) https://www.leapmotion.com

미래창조과학부, 소프트웨어 중심 사회 실현 정책 보고 자료 http://www.msip.go.kr

비틀블록 사이트 http://beetleblocks.com

샌루이스 박물관, 미니 메이커 운동 http://www.sloma.org/events/mini-maker-faire.php

스냅 사이트 http://snap.berkeley.edu

스크래치 http://scratch.mit.edu

스크래치 주니어 http://www.scratchjr.org

알고스팟 https://algospot.com

앨리스 http://www.alice.org

앱 인벤터 http://appinventor.mit.edu/explore

에스토니아 교육연구부 https://www.hm.ee/en

엔트리 http://play-entry.com

울프럼 알파 수학 홈페이지 http://www.wolfram.com

21세기 학습을 위한 파트너십, 21세기 학습자 역량 http://p21.org

창의컴퓨팅 사이트 http://computing.or.kr

커리어캐스트닷컴, 2013년 주요 직업 200개 평가 결과 www.careercast.com

컴퓨터과학 언플러그드 http://csunplugged.org

컴퓨터과학교사 협회 http://csta.acm.org

코두(KODU) http://www.kodugamelab.com

코드닷오알지 http://code.org

파이썬 http://www.python.org

페어프로그래밍 팁과 기술 http://c2.com/cgi/wiki?PairProgrammingTipsAndTricks

플레이 봇 http://cafe.naver.com/hardrestore/88, http://playbot.spaceii.com

CSTA CT 교육 http://www.csta.acm.org/Curriculum/sub/ComputationThinking.htm

MIT 미디어랩 Fluid Interfaces, http://fluid.media.mit.edu

Scrape 스크래치 소스 분석 http://happyanalyzing.com

UK Bebras Computational Thinking Challenge http://www.beaver-comp.org.uk

찾아보기 INDEX

ㄱ

감성적 체험 343

개념 형성 수업 모형 226

개발 중심 모형 167

개인정보보호 54

객체지향 428

객체지향 설계 400

객체지향 패러다임 262

객체지향 프로그래밍 266

객체지향 프로그램 288

게임 중독 409, 410

계산 과학 208

계산적 사고(computational thinking) 458

계층(layers) 93

골드버그 326, 392

공감(empathy) 368

관찰법 76

교육용 프로그래밍 언어 243, 244, 248, 253

구글 97, 415

구글의 CT 절차 모형 99

구동기(actuators) 299

구성주의 44, 45, 113

구조지향 프로그래밍 265

군집 분석 357

귀도 반 로섬(Guido van Rossum) 268

그래픽스 시각화 208

그린풋 251, 250

극한 프로그래밍 모델 수업 397

기계 학습 356, 415

기술과 혁신 474

기술 시스템 51

기술 활용 51, 52

ㄴ

나노기술 337

나선형 모델 수업 396

난해성 217

네트워크 209, 225

넷세대(net generation) 28

논리적 사고 113

ㄷ

다중 척도 모델링 22

단계 명시적 방법 198

단계 은닉적 방법 198

데이터 261

데이터 마이닝 355, 356, 357

데이터베이스 시스템 211

데이터 수집 117

데이터 표현 118

데일 도허티(Dale Dougherty) 348

도구 기반 200, 201, 203

동적 타이핑 428

두리틀 251, 423

디버깅 76, 261, 401

디자인 315, 389

디자인 기반 학습 328, 365, 373, 374

디자인 사고 60, 112, 113, 136, 169, 269, 363, 374, 385, 389

디자인 사고 과정 365

디자인 시나리오 181

디자인 저널 180, 469

디지로그 157, 326, 441

디지털 교과서 교육 126

디지털 네이티브 27, 28, 40

디지털 논리 211

디지털 세대 27, 87

디지털 신호 처리 211

디지털 정보처리 모형 64

디지털 콘텐츠 413

딥러닝(Deep Learning) 23

딥마인드 415

딥 블루(Deep Blue) 23

뚜루뚜루봇 447

ㄹ

라이프롱 킨더가튼(Lifelong
　　　Kindergarten) 417

라즈베리파이 443

러플 251

레고 교육 45

레고위두 441

로고(Logo) 45, 423

로보틱스 306, 357

로봇 교육 306

로봇기술 337

로봇 상호작용 357

리믹스 421

리틀비츠 304, 438

립 모션 442, 446

ㅁ

메이커 운동 44, 66, 348, 350

메인보드 314

메타포(methphor) 디자인 389

모델링 109, 111

모델링하기 106

모듈화 261

모라벡의 역설 415

모션 인식 장치 322, 323

모터 314

몹 프로그래밍 289

무인자동차 18

문제 정의(define) 368

문제 해결과 프로그래밍 52, 057

문제 해결 모형 227

문화콘텐츠기술 337

미래 교육 43

미셸 레스닉(Micheal Resnick) 46

미시적 예술(fine art) 389

ㅂ

바코드 435

반도체 디자인과 개발 211

반복 51, 55, 58, 261

발견 학습 모형 165, 227

방송받기 280, 281

방송하기 280, 281

배열 59

백팩(개인 저장소) 422

버블 정렬 230, 232

번디(A. Bundy) 89

베이직 255

변수 55, 58

병렬 및 분산 컴퓨팅 209

병렬 처리 261

보안 225

보안 암호 224

보트빌더 355

분산 구성주의 46

분석적 사고 113

분해 39, 97, 103, 106, 109, 194

블록 기반의 교육용 프로그래밍 도구
　　　59

비주얼 베이직 251

비주얼 언어 255

비트화 96

빅데이터 355, 358, 415

빛 센서 314

ㅅ

사고 114

사고 과정의 자동화 112

사고 중심 프로그래밍 267

사물 인터넷 307

사이버 윤리 54

사회와 전문적 이슈 211

사회적 이슈 210

산업용 프로그래밍 언어 253

산출 기반 인터뷰 182

상황 모형 226

상황 제시 342

생명공학기술 337, 351

생물정보학(Bioinformatics) 351

선택 51, 55, 58

선행 조직자 모형 62

성공의 경험 342

세대 40

센서 59, 299, 313, 327, 328, 331

센서보드 317, 440

센서 분리형 보드 318, 319, 321

센서 통합형 보드 318

소리 센서 314

소셜 네트워크 분석 357

소프트웨어 51

소프트웨어 개발 기초 210

소프트웨어 공학 210, 211, 388, 391

소프트웨어 공학적 디자인 390

소프트웨어 교육 450

소프트웨어 교육 운영 지침 31, 32, 47, 456, 457

소프트웨어 교육의 평가 67

소프트웨어 마이스터 고등학교 462

소프트웨어 융합 337

소프트웨어 중심 대학 462

소프트웨어 혁명 17

소프트웨어 혁신 전략 29

수렴적 사고 113, 363

수업 기법 61

수업 모형 61

수업 전략 61

순차 51, 55, 58

스냅 60, 251, 425

스냅(SNAP) 프로그래밍 언어 409

스마트 교육 126

스마트팜 19

스몰 베이직 251

3D 프린터 20, 389, 407

스퀵 이토이 251, 431

스크래치 46, 250, 251, 255, 417

스크래치 스튜디오 탐색하기 470

스크래치 주니어 251, 422

스타로고 TNG 251

스택 236, 239

스토리텔링 67

스파게티 소스 263

스파게티 코드 264

시선 돌리기 프로그램 410

시스템 기초 210

시스템 설계 능력 48

시연 중심 모형 161

시퀀스 261

신경망 모델 358

신체 활동 기반 199, 201, 203

실험하기와 반복하기 185

◎

아두이노 301, 324, 441

아마존닷컴 356

아이디어 내기(ideate) 329, 369

안면 인식 시스템 344

알고리즘 59, 65, 111, 118, 208, 211, 218, 224, 225

알고리즘 설계 100, 107

알고리즘 평가 77

알고리즘화 97, 109, 196

알파고(AlphaGo) 23

암호 225

애니메이션 미디어 240

액추에이터 326, 327, 328, 331

앨런 튜링(Alan Turing) 268

앨리스 255, 250, 430

앨리스 2 251

앱 인벤터 251, 255, 424

양적 평가 68

어포던스(affordance) 디자인 389

언플러그드 65, 306

언플러그드 자료 214

언플러그드 컴퓨팅 59, 60, 125, 149, 191, 192, 194, 205

언플러그드 컴퓨팅 수업 단계 201
언플러그드 컴퓨팅 수업 모형 226
언플러그드 컴퓨팅의 유형 198
언플러그드 컴퓨팅 학습 전략 227
엔트리 251, 427
연결하기 261
연산 261
예술 활동 기반 240
예측 능력 272
오픈 소스 407
오픈 소프트웨어 407
오피니언 마이닝 357
온라인 강좌 22
왓슨(Watson) 23
우주항공기술 337
운영체제 211, 219
울프럼알파 384
원형 모델 395
원형 모델 수업 394
원형 모형 226
유전자 알고리즘 358
융합 교육 45
융합인재교육(STEAM) 418
융합적 사고 112, 113, 136, 362
융합적 사고력 342
융합적인 사고 60
융합적 창의력 114

응용 분야 219
의사 코드 104, 105, 107, 108, 109, 256, 257
이벤트 261, 271
이산 구조 208
이스토니아 474
21세기 학습자 역량 29, 30
이야기 기반 198, 201, 203
이진수 194
이진화 96
2009 개정 교육과정 455, 456
2009 개정 '정보' 교육과정 456
2015 개정 교육과정 47, 460, 461
인간-컴퓨터 상호작용(HCI) 389
인공지능 224, 415
인지주의 43
인터뷰 76
인터프리터식 428
임베디드 306
임베디드 시스템 211
임베디드 컴퓨터 300
입력 51, 268
입력장치 299

ㅈ

자동 단속 시스템 354
자동 운행 자동차 338

자동화 93, 115, 120, 197, 275, 305
자동화 능력 52, 275
자료구조 208, 218
자료와 정보 52, 054, 56, 57
자바스크립트 255, 429
자연 언어 처리 356
재구성(리믹스) 421
재구성 중심 모형 165
재사용 261
재조합 261
저작권(copyright) 56, 406
저작권 보호 54
적용 및 개선 372
전기자동차 17
전문가 시스템 379
전문성 실습 210
전자 공학 211
전자 태그 435
절차적 114
절차적 사고 51, 65, 113, 269
절차지향 설계 400
절차지향 패러다임 262
절차지향 프로그래밍 263, 266
절차 표현 217
절차화 117
정렬 203
정렬 비교 알고리즘 352

정렬 알고리즘 235

정보과학 교육 125

정보과학 원리 기반 교수 학습 전략 62, 64

정보 관리 209

정보 교육 362, 414, 450, 459

정보기능 모형 64

정보기술 32, 125, 206, 338, 351

정보기술전 21

정보기술 환경 기반 교수 학습 전략 62

정보기술 활용 능력 48, 49

정보문화 52, 54, 56, 57

정보문화 소양 52

정보보안 56

정보보호 영재 교육원 462

정보 부정(information neglect) 92

정보사고 모형 64

정보 소양 교육 126, 414

정보 시스템 125, 206, 213

정보 은닉(information hiding) 92

정보의 사용자 인지 심리 기반 교수 학습 전략 62

정보 인증 및 보안 208

정보통신기술 교육 126, 451

정보통신 활용(ICT) 교육 414

정보 표현 224

정보 환경 474

제프 호킨스(Jeff Hawkins) 272

조건 261

조나선(D. Jonassen) 114

주먹구구식 모델 수업 392

중앙처리장치 299

지넷 윙(J. Wing) 89, 114

지능형 교통 시스템 352, 354

지능형 교통 시스템 기술 353

지능형 시스템 209, 378, 415

지식재산권 306

직접 교수 모형 62

직접 교수법 161

진자 운동 103, 109

질문하기 261

질적 평가 76

ㅊ

창의성 112, 113

창의 · 융합 능력 52

창의 융합 인재 86

창의적 문제 해결력 112

창의적 설계 342

창의적인 사고 60

창의컴퓨팅 46, 252, 260, 283, 469

창의컴퓨팅 가이드북 385

체인리액션 326, 327, 328, 331, 392

초코파이 445

추상화 93, 97, 109, 115, 117, 118, 120, 195, 261, 305

추상화 능력 52

추상화와 알고리즘 55, 58

출력 51, 268

출력장치 299

ㅋ

카피레프트 406

칸 아카데미 415

커뮤니케이션 209

컴퓨터 공학 206, 211

컴퓨터 과학 60, 65, 89, 113, 114, 116, 192, 193, 204, 206

컴퓨터 과학 교육 125

컴퓨터 구조 219

컴퓨터 구조와 구성 208, 211

컴퓨터 그래픽스와 시각화 389

컴퓨터 네트워크 211

컴퓨터 리터러시 471

컴퓨터 시스템 공학 211

컴퓨터 시스템의 활용 90

컴퓨터와 상호작용 217

컴퓨터 유창성 471

컴퓨팅 교육 130

컴퓨팅 교육과정 389

컴퓨팅 능력 96

컴퓨팅 디자인 148, 361, 362, 365, 373, 388

컴퓨팅 디자인 모형 376

컴퓨팅 사고 50, 60, 85, 86, 88, 90, 110, 136, 255, 275, 283, 362

컴퓨팅 사고력 48, 49, 52, 117

컴퓨팅 시스템 48, 49, 52, 55, 57, 59, 114

컴퓨팅 융합 153, 337

컴퓨팅 융합 인재 97

컴퓨팅 프로젝트 398

컴퓨팅 활동 50

코더(coder) 123

코두 251, 255

코드닷오알지(Code.org) 38

코딩 111

코딩 교육 65, 124, 252

코세라 415

퀀텀(양자) 컴퓨팅 415

클라우드 컴퓨팅 기술 358

키넥트 444

ㅌ

타이거 립 재단 474

타일스크립팅(tile-scripting) 431

탐구 학습 모형 167, 227

탠저블 사용자 인터페이스 300

탠저블 컴퓨팅 152

터치 센서 314

테스트 76

테스팅 261, 401

테스팅과 디버깅 185, 186

테크 네이티브 세대 40

텍스트 기반의 프로그래밍 60

텍스트 기반 프로그래밍 언어 58

텍스트 마이닝 357

텍스트 언어 255

텍스트형 기반의 교육용 프로그래밍 언어 60

통합형 언플러그드 수업 기법 234

통합형 언플러그드 수업 전략 233

팀 벨(Tim Bell) 64, 191

팀 티칭 모형 62

팀 프로그래밍 289

ㅍ

파이썬 251, 253, 255, 268, 428

패턴 109

패턴 인식 97, 99, 104, 106, 194, 356

패턴 추상화 100, 106

퍼지 논리 358

페어 프로그래밍 66, 288, 292, 294

페퍼트 45, 89, 300

포켓코드 434

포텐시오미터 314

폭포수 모델 수업 393

표현하기 261

프로게 티게르 474

프로그래밍 55, 58, 65, 111, 224, 225

프로그래밍 교육 065, 124

프로그래밍 기초 211

프로그래밍 언어 210

프로시저 호출 280

프로토타입(prototype) 369

플랫폼 기반 기술 209

플레이 봇 251, 430

플루이드 인터페이스 322

플립플롭(flip-flop) 92

피아제 45

피지컬 컴퓨팅 59, 60, 65, 152, 299, 306

피지컬 컴퓨팅 교구 301

피지컬 컴퓨팅 도구 301

피지컬 컴퓨팅 시스템 49

피지컬 컴퓨팅 툴 기반 240

핀테크 20

ㅎ

학습자 문서 분석 183
학습지 기반 200, 201, 203
함수 59
행동주의 43
허버트 사이먼(Herbert A. Simon) 363
협력적 문제 해결력 48, 49, 52, 54
호출문 280
확률과 통계 211
확산적 사고 363
환경공학기술 337
회로와 신호 211
효율적 사고 275

Ⓐ

ACM 125, 206, 207, 389
APTS 353
ATIS 353
ATMS 352
AVHS 353

Ⓑ

Brennen 260
BT(Biology Technology) 153

Ⓒ

CMC 470
Code.org 479
Color search engine 181
Computational X 337, 338
CSTA 94, 96, 467, 479
CT 111, 112
CT(Culture Technology) 153
CT 교육 119
CVO 353

Ⓓ

DDD 모형 168
DMM 모형 163
DPAA(P) 모형 175
Drjava 250
D-school 365

Ⓔ

EPL 306
EPL의 요소 245
EPL 컴퓨팅 60
EPL 컴퓨팅 개요 243
ET(Environment Technology) 153

Ⓗ

HCI 208, 389
HRI 기술 357

Ⓘ

ICT 교육 119, 450
ICT 소양 능력 평가 82
IDEO 363
IR 센서 314

Ⓚ

KODU 427

Ⓛ

LED 314
Logo 300

Ⓜ

MOOC형 415

Ⓝ

NDIS 모형 171
NFC 칩 436
NT(Nano Technology) 153

O

OLPC(One Laptop Per Child) 프로젝
트 432

P

P21(Partnership for 21st Century
Skills) 385
PHP 255
processing 268

R

RFID 칩 434
RTRobot Technology 153

S

SAP 매치 인사이트 356
STEAM 341, 343
STEAM 수업 준거 342
ST(Space Technology) 153

T

Tomorrow 98 472

U

UMC 모형 165